小峯敦編著『戦争と平和の経済思想』初版第1刷（2020年3月30日発行）の《執筆者紹介》にて、一部誤りがござい
ました。下記の通り訂正させていただくとともに、深くお詫び申し上げます。

誤	中野聡子（なかの　さとこ）［第3章］ 　明治学院大学経済学部教授 　主要業績 　"Jevons' market view through the dynamic trajectories of bilateral exchange: a radical vision without the demand function," in Ikeo, A. and Kurz, H. D. eds., A History of Economic Theory, London & New York: Routledge, 2009, pp. 169-201. 　「『経済人』という人間本性概念を乗り越える——ヴェブレンの経済学リハビリテーション・プラン——」只腰新和・佐々本憲介編「ジェヴォンズとエッジワースの研究計画とマーシャルの研究計画の相違——近代経済学の深遠な断層——」『経済研究』（明治学院大学、2015年）
正	中野聡子（なかの　さとこ）［第3章］ 　明治学院大学経済学部教授 　主要業績 　"Jevons' market view through the dynamic trajectories of bilateral exchange: a radical vision without the demand function, " in Ikeo, A. and Kurz, H. D. eds., A History of Economic Theory, London & New York: Routledge, 2009, pp. 169-201. 　「ジェヴォンズとエッジワースの研究計画とマーシャルの研究計画の相違——近代経済学の深遠な断層——」（『経済研究』（明治学院大学）、第150号、2015年）。
誤	石田教子（いしだ　のりこ）［第4章］ 　日本大学経済学部准教授 　主要業績 　『経済学方法論の多元性——歴史的視点から——』（蒼天社出版、2018年） 　「ヴェブレンの進化論的経済学における機械論の位置」（『経済集志』第84巻第3号日本大学経済学部、2014年）
正	石田教子（いしだ　のりこ）［第4章］ 　日本大学経済学部准教授 　主要業績 　「『経済人』という人間本性概念を乗り越える——ヴェブレンの経済学リハビリテーション・プラン——」、只腰親和・佐々木憲介編『経済学方法論の多元性——歴史的視点から——』（蒼天社出版、2018年）。 　「ヴェブレンの進化論的経済学における機械論の位置」（『経済集志』（日本大学）、第84巻第3号、2014年）。

戦争と平和の経済思想

小峯 敦 編著

War and Peace
in the History of
Economic Thought

晃洋書房

ま え が き

　隣国との軋轢、テロリズムの恐怖、米ソ時代に戻ったような軍拡レース、ヘイトスピーチやフェイクニュース。世界の軍事費は1兆8220億ドルにも達し（GDPの2.1％）、使用可能な核兵器は1万3865発もある。[1]現代を危機的状況と見る人もいれば、紛争の解決など不可能として、諦めたり無関心を装ったりする人もいるだろう。

　作家ノーマン・エンジェルは『大いなる幻想』(1910) において、莫大な戦争コストと貿易による密接な関係を考えれば、戦争はけっして起こらないと力説した。1933年にノーベル平和賞に輝いた彼の主張は《理想主義》と分類され、後の《現実主義》から厳しく批判された。前者は貿易が平和を導くという信念（ロック的世界）、後者は実際の国際政治は利害対立のみという冷徹な論理（ホッブズ的世界）、と一般に受け止められている。

　どちらも単純すぎる見解ではないか、というのが本書の出発点である。ノーマン・エンジェルは、貿易の相互利益が平和を導く（ゆえに戦争の原因は政治の失敗）と捉えている。他方、「現実」主義の論者は、国家間は衝突するのが常で、互いに引き出せる利益はないと捉えている。経済や政治という領域の強い独立性が、いずれの側にも暗黙裏に存在する。理想主義や現実主義などという浅薄なレッテルは、剥がすべきである。

　経済学者の思考法は、通商による平和論（経済＝貿易拡大＝平和）や、限られた資源の効率的な使用法だけなのだろうか。こうした典型的なイメージを越えて、何か平和に貢献する知は存在しないのだろうか。実は、経済学の歴史を紐解けば、一般的な印象と異なり、多くの経済学者は戦争や平和を様々な角度から論じていた。本書でその一端を再評価できれば、と考えている。

　やはり約100年前、第一次世界大戦を終結させるパリ平和条約への大蔵省主席代表だったケインズは、世間が醸し出す敗戦国への憎悪に絶望して、その地位を捨て、『平和の経済的帰結』を書き上げた。必然的に経済的な統合が進んでいた欧州の運命に悲観したケインズであったが、その最終行にやや希望がある言葉を残している。

……声なき意見もまだ形づくられていない。未来の世論の形成のために、私は、本書を捧げる［Keynes CW vol. 2: 189］。

本書の潜在的な読者は、経済学＝稀少性＋選択　の図式を少し疑っている普通の経済学者、典型的な経済学的思考を嫌悪する異端派、戦争・平和を専門／教養として扱う政治学・社会学・国際関係論・平和学・哲学・倫理学・文学などの隣接の研究者、そして日本の国防や世界の平和に同時に関心がある社会人・大学生・高校生だと想定している。

本書から何らかの希望や深慮を引き出せれば、編者として望外の幸せである。

第16師団の跡地にて

編著者　小峯　　敦

注

1）　ストックホルム平和研究所（SIPRI）の2019年次報告書による。

目　　次

まえがき

序　章　戦争と平和の経済思想 …………………………………………… *1*
　　　　——経済学史からの概観——
　はじめに——本書の動機と論点—— 　*(1)*
　1　戦争と平和の経済思想群 　*(5)*
　2　戦争と経済（学）の不可分性 　*(12)*
　3　各章の意図と内容 　*(16)*

第Ⅰ部　経済学の黎明期と国民国家の対立・協調

第1章　主権国家間の戦争と経済学の生成 ……………………………… *25*
　はじめに——近代国家と経済の生成—— 　*(25)*
　1　資本主義生成期の重商主義戦争と経済学 　*(26)*
　2　植民地争奪戦争と経済学 　*(39)*
　3　反フランス革命・ナポレオン戦争と経済学 　*(43)*
　おわりに——与件としての戦争・国家—— 　*(48)*

第2章　アダム・スミスにおける国防と経済 …………………………… *52*
　はじめに——商業文明と自由—— 　*(52)*
　1　富の生産力と国家の力 　*(52)*
　2　複合国家の安全保障と租税負担力 　*(60)*
　おわりに——国民経済の発展と平和—— 　*(71)*

第Ⅱ部　20世紀前半からの平和構想と経済学

第3章　エッジワースの契約モデルと戦争論 ……………………… 77
——戦争状況のモデル化への試み——

　は じ め に——エッジワースの戦争論——　　(77)
　1　契約の不決定性と戦争——1881のアプローチにおける戦争——　　(79)
　2　戦争回避のシステム分析——1915の不決定性問題の戦争への応用——　　(86)
　お わ り に——エッジワースの独自性——　　(97)

第4章　ヴェブレンの平和連盟構想 ……………………………… 101
——大戦争と未完のプロジェクト——

　は じ め に——大戦争と平和の希求——　　(101)
　1　アメリカの参戦と「調査委員会」　　(103)
　2　ウィルソン大統領宛の覚書が描き出す世界秩序　　(105)
　3　サボタージュ資本主義の超克を目指して　　(113)
　お わ り に——平和連盟構想の挫折とその3つの合意——　　(118)

第Ⅲ部　戦間期から戦後における平和構想と戦争概念

第5章　戦後構想における経済助言者の役割 …………………… 127
——福祉国家理念の戦時浸透——

　は じ め に——経済助言者という媒体——　　(127)
　1　1941年予算から『ベヴァリッジ報告』へ　　(128)
　2　『ベヴァリッジ報告』の余波　　(133)
　3　『雇用政策』白書の作成過程　　(136)
　お わ り に——有効な経済助言活動とは何か——　　(142)

第6章　ミュルダールにおける戦争と平和 ……………………… 149
——スウェーデン中立・非同盟の国際主義——

　は じ め に——スウェーデン人経済学者から見た戦争と平和——　　(149)
　1　大戦間期のアメリカ・スイス・スウェーデン　　(150)

2　第二次世界大戦下のスウェーデンにおける「中立」論議　*(153)*

3　冷戦下の UNECE における東西融和　　*(157)*

4　平和と平和研究　*(161)*

お わ り に——ミュルダール平和論の歴史的限界と今日的意義——　　*(166)*

第7章　冷戦期以降の戦争と経済思想 ……………………………………… *171*
　　　　　——E. シューマッハー、J. ガルブレイス、K. ボールディング——

は じ め に——世界終末時計から平和の構築へ——　　*(171)*

1　問題の背景　*(172)*

2　根本問題の定式化　*(175)*

3　問題に対する三者の応答　　*(177)*

お わ り に——平和を導く経済思想——　　*(189)*

第Ⅳ部　日本の戦時体制と経済思想

第8章　帝国主義・総力戦と日本の経済学者 ………………………… *195*
　　　　　——石橋湛山とその周辺を中心として——

は じ め に——ネットワークの視点からみた石橋湛山の思想と行動——　　*(195)*

1　石橋湛山の基本的な思想　*(196)*

2　経済論争と戦争　*(203)*

3　総力戦による経済学知のネットワークの形成——実証面での役割——　　*(211)*

4　平和のための国際秩序構想——規範面での役割——　　*(215)*

お わ り に——ランダム・ネットワークとスケールフリー・ネットワークとの間で——　　*(218)*

第9章　日本陸軍の戦争経済思想 ……………………………………… *223*
　　　　　——大正期から日中戦争まで——

は じ め に——軍部の経済思想——　　*(223)*

1　第一次世界大戦と陸軍の経済思想　*(223)*

2　満洲事変と陸軍の経済思想　*(230)*

3　華北分離工作（1933年6月～1937年6月）　*(234)*

4　石原作戦課長　*(239)*

5　日中戦争と戦時経済体制　*(242)*

お わ り に──国防国家と資源の呪縛──　*(244)*

第10章　戦時における官立高等商業学校の調査機関 ………………… *251*
──無力のベクトル──

は じ め に──経済学者の役割──　*(251)*

1　高商と調査活動　*(252)*

2　戦時下の高商と調査活動──方向性の模索と実態──　*(260)*

3　戦時下の大学と調査活動──東京商大を中心に──　*(265)*

お わ り に──時局に翻弄された学問──　*(274)*

終　章　経済学の浸透は国際紛争の緩和に貢献しうるか ………… *278*

あ と が き　*(285)*

参 考 文 献　*(287)*

人 名 索 引　*(315)*

事 項 索 引　*(318)*

序 章

戦争と平和の経済思想

——経済学史からの概観——

は じ め に

——本書の動機と論点——

　本書は経済学の歴史という視点から、戦争と平和の問題を扱う論考である。
この序章および続く10の論考を踏まえて、最終的には《経済学の浸透は国際紛
争の緩和に貢献しうるか》という難問に答えることを企図している。この序章
では、本書の動機や達成目標をまず示した上で（本節）、本書を読み解くために
必要な概観を与える（第1節と第2節）。さらに四部に分かれた各章を簡単に要
約する（第3節）。

　本書の特徴は、まず序章で全体的な見通しを与えた後、本論で経済学の黎明
期・転換期・完成期に応じて、イギリス・アメリカ・スウェーデンの経済学者
の眼を通じて、戦争と平和の多様な経済的思考を論じた点にある。ここで《戦
争》とは、単なる武力闘争だけでなく、「破壊のための組織的企て」［カイヨワ
1974（1963）／邦訳 7］と説明しておこう[1]。もう1つの特徴は、太平洋戦争という
戦時下において、日本の在野思想家・陸軍・官立高商教員それぞれがどのよう
な思考・行動だったのかを明らかにした点である。11人の執筆者は、上記の難
問に答えるべく、対象となる経済学者・思想家を通じて、戦争や平和の問題を
自身の専門に引きつけて論じる。最後に結論で、戦争や平和という問題につい
て、経済学的な観点から考察する利点と落とし穴を同時に示唆する。

　以下で、戦争と平和を経済思想という観点からを扱う動機・達成目標（論点）、
および本書の構成を説明しよう。動機および達成目標は、大まかに各々2つず
つに分かれる。

　第1の動機は、日本および世界を取り巻く状況に対する危機感である[2]。第一
次世界大戦を終結させたパリ平和条約から100年、冷戦の象徴である「ベルリ

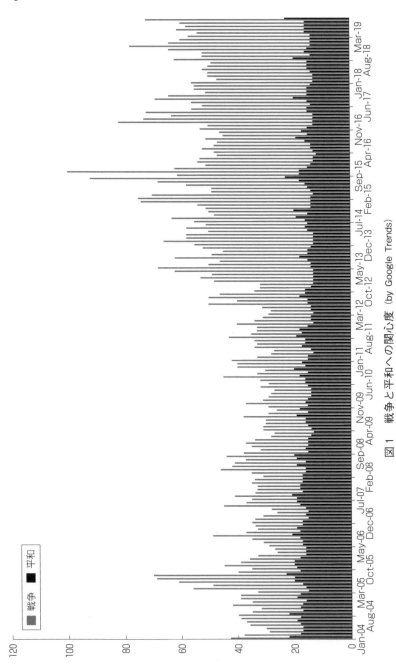

図 1　戦争と平和への関心度 (by Google Trends)

出所）　https://trends.google.co.jp/trends/?geo=JP（2019年 8 月18日アクセス）。

ンの壁」崩壊から30年。その間に世界は、総動員体制の総力戦、福祉国家および国際協調の実現とその裏側の冷戦体制と南北格差、「平和の配当」と謳われた冷戦終結や、バブル崩壊・通貨危機を経て、21世紀を迎えた。そして現在、民主主義の危機、様々なポピュリズム、フェイクニュース、ヘイトスピーチ、ナショナリズム、難民、テロリズム、安全保障の経済負担（基地問題）、ビッグデータの拡散と一元化など、戦争・戦闘の潜在化に合わせて、《戦前化》を危惧される様々な（隣国排撃や報復関税など）徴候も見逃せない[3]（図1）。戦後の自由や平等化・公平性の獲得は幻想だったのかという反省も踏まえて、現在、戦争と平和の問題を、様々な学問体系で取り上げる機運は高まっている。

　第2の動機は、経済学（および経済学の歴史）を取り巻く状況に対する危機感である。かつて（合併論議・税制改革・民営化賛否・金融論争などで）世評に少なからぬ影響力を及ぼした経済学者も輩出したが、2015年7月に可決された安全保障関連法案を巡る論議が典型的であるように、安全保障論に関しては、憲法学・政治学・国際関係論などの論者に比して、経済学者の貢献が見えにくい[4]（図2、3）。この事情には経済学者自らも縛る2つの通念が関係している。① 経済学では《通商による平和》（第1節（2）で後述）が核にあり、その信念を疑う必要もないこと。② 戦争や平和などの難事は、経済学の考慮外にある与件であり、科学者たる者は与件について軽々に発言すべきではないこと。本章では、両者とも疑うべき通念であり、平和の実現を妨げうる遠因であることを主張する。

　さらに進めて、政治学・歴史学・国際関係論・平和学など、戦争や平和を正面から扱ってきた学問体系のみならず、経済学の歴史および思想を十全に考察することで、その貢献しうる諸相を明らかにできると期待する[5]。なぜならば経済学史は、経済学を隣接領域や公共空間との関係の中で位置づけようという学問領域だからである。現在、諸国間の対峙という近代以来の戦争観は、テロリズムとグローバリズムによってそのまま当てはまらなくなった。政治的領域を易々と越える経済の論理を、経済の生態を扱う学問の誕生期に遡って理解すること──つまり経済学史のアプローチが、強く求められている。

　本書の達成目標（第1の論点）は、現実の戦争・紛争に直面した経済学者個人が、どのような理念や論理に基づいて戦争や平和に向き合ったのか、という点を解明することにある。この論点は、① 戦時経済の推進、および② 平和構築の構想、という2つに分かれる。特に後者が、本書の最終的な問いに直接対応

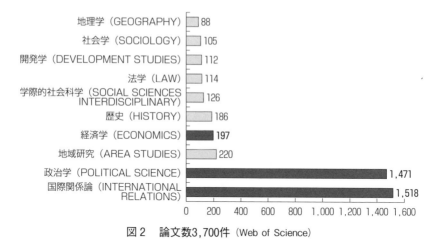

図2　論文数3,700件（Web of Science）

出所）　https://apps.webofknowledge.com/（2019年8月24日アクセス）。

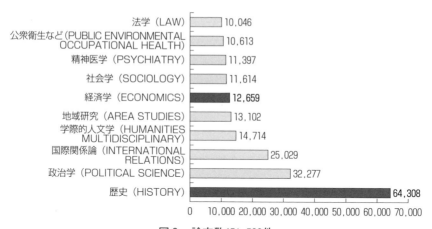

図3　論文数451,588件

出所）　https://apps.webofknowledge.com/（2019年8月24日アクセス）。

するであろう。本論である10の論考は、直接にはこの論点に関わる論考に属す。

　達成目標の第2は、経済学は戦争をどのように捉えたか、という長期的な動向を剔抉することにある。この論点は、③ 時代によって典型的な思考法を類型化すること（学派的、つまり共時的・静的）と、④ 経済学が戦争によってどう発展・変容したのか（全体的、つまり通時的・動的）という2つに分かれるだろう。多くの優れた経済学者が戦争論を展開しているにも関わらず、それらは様々な

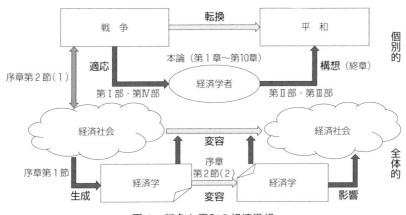

図 4　戦争と平和の経済思想

出所）　筆者作成。

著作に拡散しており、経済思想の観点から再構成が必要だと、既に Coulomb
[2004 : 4] は指摘した。経済学者の戦争に対する態度として、自由主義への固
執、それへの批判と経済改革、資本主義の拒否という 3 つの視角[7] もある
[Coulomb 2004 : 7]。これらの論点は主に序章の担当となる。

　本書は序章、本論（10の章）、終章で構成される（図 4 も参照）。特にイギリ
ス・アメリカの経済学者を対象とする（スウェーデン人も 1 人含まれる）。序章で
は、古代・中世を含めて 6 つの時期を概説する。本論はさらに 4 つの部に分か
れ、第 I 部は経済学の黎明期を扱う。第 II 部は20世紀前半における平和構想を
扱う。第 III 部は戦間期から戦後における平和論を主に扱う。第 IV 部は太平洋戦
争に直面した日本の在野思想家・軍部・学者の経済思想を対象に、日本の戦時
体制と経済思想を扱う。最後に、序章・本論を引き取る結論として、3 つの歴
史的時期に注目することで、《経済学の浸透は国際紛争の緩和に貢献しうるか》
という問いに一定の答えを与える。

1　戦争と平和の経済思想群

　以下では、経済学的思考の発展を追いながら、戦争と平和の経済思想につい
て、6 つの時代区分によって略述しておこう。

（1） 古代と中世の哲学

　主権国家同士の戦争や経済学の誕生は近代（または近代初期）の捉え方ではあるが、その起源（少なくとも比喩）としては、ギリシャ時代の哲学的考察、さらには中世の神学者による考察まで遡ることができる。ギリシャ哲学者が考えた平和な領域とは、孤立した少人数の高潔な独立国である（そこでは兵士たる成年男子のみが市民となる）。独立の維持には自衛・武装が不可欠で、そのためにもある程度の富が必要となる。しかし、欲望と結びつく過剰な富は不要であり、特に高利貸しのような貨殖術は忌み嫌われる。古代ギリシャではこのような都市国家がしばしば戦争を経験した。ただし、『オイコノミクス』を著したクセノポンのみは例外的に、戦争による領土拡大よりは平和的な貿易拡大を好んだ（平和監視団も視野にあった）。また、在留異国人のために苦役（重装歩兵）を免除し、逆に名誉な軍役（騎兵隊）への参加を認めるなど保護と名誉を与えれば、彼らをアテネに引きつけて、その経済活動を活発化できるだろうとも論じた[8]。《経済学》の起源となる用語（オイコノミア）を著作名に持つ者が、通商による平和を唱えていた事実は興味深い。

　中世では外部から夷狄を排撃するための論理[9]（平和や安寧を基礎とするはずのキリスト教徒として、その目的・条件を厳しく制限した上で戦争を許容する考え）を完成させた上で、内部からは商業の活性化に合わせた教義の発展が起こる。すなわち、トマス・アクイナスによる「節度ある利得」の許容であり、損失回避や共同の利潤という形で利子を事実上容認していく態度である。商業の発達によって、複式簿記（現金の勘定のみならず、対応する資産価値の明示）が中世イタリアで発明された（13世紀頃）ことは特筆して良い。

（2） 近代初期の貿易拡大

　15〜16世紀以降の西洋は、市民革命と産業革命に代表される劇的な変化に向けて、徐々に《近代化》の波が押し寄せていた。この時期を代表する重商主義と啓蒙主義を要に、戦争・紛争に関する経済的思考の類型が徐々に定まっていった。その類型化には、社会契約説で知られる3名の哲学者の思考を借りよう。

　一方の極である重商主義者は、戦争と通商を代替可能な存在と見た[10]。彼らはホッブズの世界観「万人の万人に対する闘争」を念頭に置いて、主権国家同士の利害対立という悲観論を前提として、いかに自国に有利になる国内外の政策を実行するかという問いを提起した。ゲーム理論の用語を用いれば、ゼロサム

（どちらかの利得は相手の損害）の状態である。

　他方の極には、啓蒙主義者の一部による《穏和な商業》*doux commerce* の考えがある。利潤と効率を考える商業は、各国間に平和や正義をもたらすという楽観論である。Hirschman［2013（1977）：70／邦訳 68］によれば、この議論の代表者はモンテスキュー（フランス）とジェイムズ・ステュアート（スコットランド）であり、彼らは経済的な《利益》interests の追求によって、《情念》passions の暴走を抑圧できると論じた。元首や特権階級の個人的な領土的・政治的野望が、より大人数の広範な経済的利得に転換されれば、戦争による対立は重要性が薄れた。交易を続けるには相手を理解し、野蛮な習俗が洗練された慣習に置換しなければならない。この考えは現在まで続く《通商による平和》論の明示化である。

　より経済学の生誕に貢献したヒュームおよびアダム・スミスは、そこまでの楽観を示さなかった。ヒュームは「貿易の嫉妬」という表現によって、特に他国の貿易黒字が国民的な（根拠はないが強い）敵意を駆り立てる事態を想定した。もしこの妬みが競い合い（切磋琢磨）に昇華すれば、貿易の拡大は平和的な友好関係をもたらすだろう。スミスが『国富論』（諸国民の富、アメリカ独立戦争と同じ1776年の出版）を著したとき、文明国同士の互恵的・平和的な貿易を指向したのか[11]、それともスペインやフランスに対するブリテン（連合王国の安全保障）の優位性を重視したのか、大きく解釈は分かれる（本書の第2章は後者の立場[12]を鮮明にしている）。

　どちらの立場にせよ、ヒュームやスミスは、他方の極である《穏和な商業》にも（条件次第では）到達しうる（あるいは到達するのが望ましい）という観点を有していた。この立場は、ロックの世界観に近似したものと言えよう。すなわち、ホッブズとは異なり、資源は人間の労働によって拡大しうる。つまり、プラスサムの状態である。ただしロックにあっては、貨幣という貯蔵庫によって、価値が際限なく拡大できる結果、富の不平等（不誠実で無益な余剰の結果[13]）が顕在化して、争いの源になる可能性も考慮されていた。

　最後に、マイナスサムというルソーの世界観も既に出現していた。これは所有権に基づく市場社会の発展こそ、人間を不平等に導く元凶であるという判断である。ルソーは政治と法律が形成されるにつれ、民族・国民同士の戦争・殺戮・報復が始まると論じた（自然状態からの乖離[14]）。この発想の連続的な発展として、マルクスは資本主義社会の構造的欠陥を指弾した。さらにその延長として

帝国主義論が発展した。資本主義は必然的な発展段階として、植民地戦争に明け暮れるという糾弾である。

（3） 19世紀の自由主義時代

　スコットランド啓蒙・重農主義・重商主義からそれぞれ批判的な摂取を果たし、スミスは経済学を誕生させた。この場面で、国際対立よりは国内産業の育成（分業による資本蓄積）に視点が移った。スミスの後継者たちは、分析の対象と方法をほぼ確立した上で、自由な市場の働きを擁護した。戦争論に置き換えれば、自然法による社会の秩序という観点よりは、市場の機能による経済社会の秩序を好むようになった。重商主義時代は政治と経済は不可分、あるいは政治に従属する経済という位置づけであったが、18世紀末からは経済が独自の論理で秩序を作るという確信が広がり、逆に、市場の不調は経済外部の要因と判断されることになった。それゆえ、紛争の種は経済の中には存在せず、問題は国内外の政治的な要因にありと見なす思考法が急速に広がった。古典派経済学は、生産・分配・交換に特別な関心を寄せ、また利潤率の長期的（下落）傾向にも警鐘を鳴らした。さらに平和的な国際貿易の意義が理論的に解明され、特にリカードウや J. S. ミルは比較優位説に基づく国際貿易の互恵性を命題化した[15]。現実の世界では、アメリカの独立戦争で勝利を譲った後は、クリミア戦争までイギリスは勝利を続け、その終結（1856年）とともに軍事同盟すら不要となる大帝国を築き上げていった（光栄ある孤立）。

　ナポレオン戦争の末期（1815年）に成立した穀物法（保護主義の象徴）に関して、マルサス～リカードウ等が激論を交わし、その大論争が経済学の論理をより洗練させた。政治的には、コブデンやブライトによる穀物法廃止運動が大きな力を得て、ついには19世紀半ばに法律は廃止され、自由貿易論者が勝利したことになった。コブデンは単に自由貿易体制を賛美するだけでなく、それが平和を推進するという意味で道徳的にも正しいことを確信していた。古典派を代表する J. S. ミルも、通商には経済的利益をはるかに凌駕する知的道徳的な効果があると判断した[16]。

　もちろんこれは多数派・正統派の言い分であり、制度派・ロマン主義・マルクス主義など少数派・異端派では、倫理・政治・社会などと経済の相互依存関係を強く主張する者も存在していた。また、19世紀末から20世紀初頭にかけて、主流に属する人でもそうでない人でも、少なくない論者が個別に戦争論・平和

論を展開したのも、この時代の特徴である。例えば、エッジワース（本書の第3章）、ワルラス、パレート、カッセル、ゾンバルト、シュンペーター、ヴェブレン（本書の第4章）、J. B. クラークなどがいる。[17)]

（4）　20世紀前半の総力戦

　一世を風靡したノーマン・エンジェル『大いなる幻想』（1910）であったが、その数年後にヨーロッパは世界大戦に突入した。一般にエンジェルは国際的な貿易・金融の相互依存性により戦争は起こらないとする楽観主義の極地と思われている。しかし彼は、政治家が経済の相互利益を正しく理解していれば、と但し書きを付けており、戦争を起こす種は経済にないという経済学者の信念をそのまま表明したとも考えられる。

　このような楽観が崩壊し、いったん世界大戦が持続すれば、史上初めて、大規模な形で多くの経済学者が官僚として、戦時経済を運営することになった。戦間期、1920年代には再び世界大戦を防ぐための多くの努力（国際機関の設置、軍縮条約の締結、理想的憲法の成立など）が実を結んだように見えたが、1930年代に迎える前に、世界は暗転した。世界大恐慌・金本位制再離脱などの経済的失態は、全体主義の台頭、国家間・民族間の軋轢という政治的な困難さと同時性を持つ。ブロック経済は予想以上に世界貿易を縮小させ、政治体制の挟撃（ファシズム体制と社会主義体制）もあって、資本主義体制は崩壊の危機に直面した。

　二度の世界大戦に直面した経済学者の絶望は、Pigou［1921］とその改訂版Pigou〔1940〕で測ることができる。正統派代表のピグーは経済学の知識を用いて包括的に戦争論を展開した。その題名『戦争の経済学』には19世紀的なpolitical economy が用いられた。これは、平時の経済学（見えざる手の機能）と戦時の経済学（見える手の機能）の根本的差異が強調され、後者があくまで例外と見なされていると解釈できる。ただし、戦争（warfare）は国民の福祉（welfare）に多大な影響を与えるから、経済学者は関心を逸らせてはいけない。目標は、平時には経済的繁栄の最大化だが、戦時には戦争基金（軍事的勝利のために国家が使える資金）の最大化である［Barber 1991b：133；Coulomb 2004：169］。ピグーは戦争の原因を支配・利益への欲求、国際的な膨張政策への民間業者の支持、兵器産業の利益追求に求める。ゆえに恒久平和には、鉄道・石油関連の国際的な競争の制限、兵器産業の国有化、貿易上の差別撤廃を挙げるが、国際連盟に期待したこれらの案は再び世界大戦に突入した後の改訂版では、削除された

[Pigou 1921：24-26]。交易・旅行・意思疎通手段の発展によって、互いが理解を深めるだろうという一般的な助言が残ったのみだった [Pigou 1940：27]。ピグーは改訂版の最後に、「一経済学者として、……私は何の力も持っていない」[Pigou 1940：169] と記すしかなかった。

　この時期の特徴としては、管理経済の進行と、平和構想の具体化がある。予算制御の必要性から、国民所得計算・複式簿記に基づいた国家予算がイギリスで完成した。特にケインズの「戦費調達論」は、労働者の生活を防衛すること (戦後による貯蓄口座の払戻し、生活必需品の確保) も含みつつ、インフレーションを制御した上で、戦争に必要な経費を調達する方法である。このケインズ案は、総需要政策に懐疑的だった層にも浸透し、まさに国民的規模で後押しされた。この案をきっかけとして、戦時中において戦後構想 (福祉国家) の必要性が理解され、実現していった。

　さらに国際連盟という具体的な国際的調停機関が発足したこと、国際知的交流委員会 (ユニセフの前身) 等の民間の文化交流による戦争回避が模索されたこと、カーネギーやロックフェラーなどの財団が巨額の資金によって平和研究を国際的に促進させたこと、などにより、外交問題評議会 (CFR) や王立国際問題研究所 (RIIA) といった研究グループにおいても、戦争・平和を研究する国際的な知識人・経済学者ネットワークが進展した。特に国連の経済金融部は部長ソルター (ケインズの盟友) のもと、ラブディ、ハーバラー、コンドリフ、ティンバーゲンなど、著名な経済学者が参集した (後にはヌルクセも招かれた)。1940年に調査部門がジュネーブからプリンストンに移転したことは、ナチスによるユダヤ系知識人の迫害という大きな潮流を背景にしつつ、技術・経済や平和に関する知がアメリカに大量に流れ込んだことを象徴している。なお、ロビンズはイギリスの内閣経済部の部長として第二次世界大戦中に活躍したが、既に1930年代中葉から平和構想を持っていた。[18]

　しかし平和に関する多くの願いも空しく、世界大恐慌やブロック経済で失速した経済状況は、戦時経済への準備という形でしか回復せず、しかも世界大戦に突入した後には、その回復も灰燼に帰した。

（5）　20世紀後半のアメリカ化

　第二次世界大戦後の世界は、すべての中心がアメリカに移ったことにより、大きな性格変化を遂げた。欧州大陸で育ったミクロ経済学とマクロ経済学は、

サミュエルソン等の尽力で新古典派総合として確立し、ロビンズが唱えた稀少性定義を正解と受け止める形で、稀少性と選択を経済学の本質と見なす理解が、1950年代以降、徐々に浸透した。戦争に関しては、冷戦構造を受けて、次の三潮流を生み出した［Goodwin 2008：700］。第 1 に、寡占的な戦略を考察するゲーム理論である。原爆の開発に関わったフォン・ノイマンが経済学にも大きな産物を残した。第 2 に、オペレーションズ・リサーチである。当初は軍事作成研究であったが、限られた資源を有効に使って最大の効果を生むための意思決定論（線形計画法・待ち行列理論など、統計やシミュレーションも用いた理論）である。これは戦後、生産計画や在庫管理など、企業経営など広範な応用を見せた。第 3 に、比較体制論・ソ連研究・開発経済学である。敵と味方、宗主国と保護国を区別した上で、冷戦構造や南北問題を解明できうる新分野が必要とされた。

　先駆的な業績は1960年に辿れ、1970年代も大きな力を持ちつつあったが、防衛経済学（defence economics）として独立した名称が全面的に認知されるのは1980年代以降であろう。これは稀少性と選択、あるいは費用〜便益という視角から、経済学を軍事問題に応用する分野である。軍事請負業者、軍隊の部門、軍事調達手続きなどが俎上に上がり、分配的な効率性、公共選択の考慮、防衛問題の分配的意味、安定問題などが主な論点となっている［Goodwin 2008：702］。また、軍拡競争、武器拡散、軍隊の人事、軍事費の経済発展への効果など［Hartley 2008：394］、多くの領域を実証的・理論的に精査している[20]。さらに、最終生産物（投入よりは、平和・安全保障・脅威削減などの結果を重視）、代替関係（常備軍から予備役、戦車から攻撃ヘリ）、競争関係（外国の軍事産業を参入させると国内独占体の非効率性が破られる）など、従来の経済学より進化した提言が可能となるという理由で、防衛経済学が正当化されている［Hartley 2008：397］。

（6）　冷戦後から現代へ

　冷戦終結後、国家間の紛争という戦争の一般的性格は瓦解してしまった。ベルリンの壁以降、歴史の終わり、自由と市場の勝利、平和の配当などという楽観が覆った瞬間もあったが、地域的・民族的・宗教的な紛争は絶えず、テロリズムや内乱の横行とそれに反応する極端な施策・感情が噴出している。このような事態を新たな帝国の出現、文明の衝突と捉えるべきかにわかに判断できないが、戦時と平時の差がますます融解し、戦争や平和の意味自体が変容しているのは間違いないであろう[21]。ソ連・東欧諸国の資本主義化、中国の改革開放路

線によって巨大な市場が出現し［森田 2019：98］、また金融工学の発展にも後押しされて、新たな金融市場（現物・株式のみならず債券・為替・天候・信用力に基づいた先物・先渡し・オプション・スワップなどの取引を行うヴァーチャルな派生商品の登場）が創出され、一方で莫大な資産が生み出され、他方でその脆弱性や遍在性が拡大した。

　この時代に、防衛経済学が興隆するだけでなく、平和の経済学（peace economics）も提唱されることになった。平和の経済学とは、防衛経済学を専ら「一面的な視角からの事実解明的技法」と捉え、むしろ規範的な側面も強調する立場である［Brauer and Caruso 2011：6］。そして、政治的・経済的・文化的な制度を構想し、社会の内外に存在する現実的・潜在的な破壊的紛争を防止し、緩和し、解決する政策に関心を向ける。ガルトゥングが提唱した概念である消極的平和（直接的暴力の偶発的な不在）と積極的平和（間接的・構造的な暴力の持続的な不在）に触発されて、平和の経済学は積極的平和の良い測定方法を提案できること、進歩概念を問い直すこと、などが具体的目標となっている［Brauer and Caruso 2011：9］。貿易の利益という経済的な要因だけでは、持続的な平和を導くには足りず、何らかの公共的な仕組み（ただし経済的な誘因にも合致するもの）を具体的に構築するには何が必要かという認識も広がりつつある。

2　戦争と経済（学）の不可分性

　この節では、前節の整理を前提に、戦争・紛争が市場経済および経済学の発展において不可欠な要素であったことを論じる。本節（1）では、近代社会・現代社会において戦争が必要悪であるかのように捉える側面を四点挙げる。本節（2）では、戦争が経済学を発展・変容させる契機となったと見なせる事例を三点挙げる。いずれも戦争と経済（学）の影響関係・不可分性を論じるもので、だいたいの場合、因果関係までは踏み込まない。

（1）　必要悪としての戦争
　まず、資本主義の成立と発展にとって、近代的な戦争が不可欠である、あるいは密接に関係しているという論点を取り上げる。資本主義が発達する各段階に応じて、生産・信用・海外販路・平等それぞれの拡大を説明しておこう。
　第1の段階は、生産の拡大（工業化と大規模市場）である。ゾンバルトは「戦

争がなければ、そもそも資本主義は存在しなかった。……戦争は資本主義の発展を促進した」[Sombart 1913：11／邦訳 24]と特徴づけた。ゾンバルトは「資本主義」という概念自体を初めて学術用語として定着させたドイツ歴史学派だが、『戦争と資本主義』(1913) という著作を残している。資本主義は、冒険的な企業家と堅実な市民が合体して精神的支柱を形成したが、そこに奢侈および戦争によって十分な条件が整った。戦争は関連する産業（工業のみならず農業も）を大きく発展させる。例えば、軍隊の装備には製鉄・製銅が必須で、兵士の食糧には穀物を大量に買いつける必要があった。さらに被服として制服の普及は織物工業を発展させ、造船には大量の木材・索具・鉄が入り用である。また、運河網・鉄道・自動車の発明・改良によって、兵站能力が格段に向上し、戦争の長期化が可能になった［小野塚 2018：456］。要するに、「戦争ははるかに直接的に資本主義的経済組織の育成に関与した」[Sombart 1913：14／邦訳 30]。

　第 2 の段階は、信用の拡大（財政制度・金融制度の発達）である[22]。長期債・徴税・中央銀行の各システムなど、戦争維持を可能にする近代的制度がイギリスを筆頭に次々と整っていった[23]。絶対王政は常備軍・官僚制・重商主義政策を整えているが、いずれも莫大な費用がかかる。財源探しに奔走する各国は、徴税問題を発端として内乱や独立運動が起こりやすい。その中で、税金問題をうまく解決したのが英米であり、フランスは失敗したためにより過激な革命運動（そしてナポレオン戦争）を招いた。イギリスは農業生産性の飛躍的向上によって、土地利害関係者（地主）を中心に資本蓄積を進めていたが、17世紀末にイングランド銀行をオランダ方式によって公募で設立させてからは、金融システムも軌道に乗り、金融利害関係者も台頭することになった。イギリスは借換制度[24]（短期債で資金を調達し、長期債に切り替えて利払いを安定させる効果）、減債基金（公債の計画的な償還のために、国庫の余剰金から一定額を別建てで管理し、公債濫発を避け、利払いを安定させる効果）、課税ベースの拡大（関税・土地税・消費税、やがて所得税）などの工夫[25]によって、膨大な戦費を賄うだけでなく、戦争以外にも金銭を分配できる余地を得た[26]。こうした財政上・金融上の工夫がフランスとの戦争に勝利した一要因となる。

　第 3 の段階は、海外販路の拡大（原料産地と販路としての植民地依存）である。財政上の工夫によって潤沢な資金の安定的な供給がもたらされ、大規模な戦争の持続が可能になれば、経済関係は主権国家から自立して、独自の発展を遂げることが可能になる。これがスミス以降の近代であり、ここでいったん戦争に

資する経済という段階、国家に従属する経済という段階は過ぎ去った。それゆえ19世紀後半、イギリスは《光栄ある孤立》によって、軍事同盟を組む必要もなくなった。しかし、産業革命による近代化を通過した欧米列強は、帝国主義的な植民地政策に向かっていった。帝国主義論は、ホブソン・ヒルファーディング・レーニン等が彫塑した概念であり、資本主義が内部に抱える矛盾（富の不平等、富裕層の過剰投資、貧困層の過少消費、生産の集中、寡頭的な金融資本、原材料の獲得競争など）に基づく。こうした帝国主義は高度に発達した資本主義の必然的・最終的な発展段階であり、列強同士で同盟と戦争をもたらす[27]。こうしていったん近世の戦争を飼い慣らした近代国家は、列強同士の同盟的激突である世界大戦を引き起こした。

　第4の段階は、平等の拡大である。これは世界大戦という大規模な破壊によって結果的に生じた富および階級の平準化である。マルサスは18世紀末に、人口の爆発的な増加率を強制的に削減する要因として、飢饉・疾病・貧困・戦争という積極的な制限を挙げ、食糧の需要と供給を一致させる方策としての戦争を指摘した。近年の歴史家は、4つの要因が平等化に資すると論じる。総力戦の戦争、変革的な革命、国家の崩壊、致死的伝染病である［Scheidel 2017：6／邦訳 8］。中でも国家総動員体制である世界大戦は、産業の物理的な破壊、没収的な課税、インフレーション、物品・資本の世界的循環の遮断という事態によって、当時の富める者を積極的に没落させた。例えば日本では、1938年に富の占有率で上位1％の者は19.9％だったが、これが7年間で6.4％まで低下した［Scheidel 2017：116／邦訳 151］。第二次世界大戦の最中では、ジニ係数でもトップ所得のシェアでも、不平等は大幅に縮小した［Atkinson 2015：67／邦訳 66］。銃後を守った女性に戦後、参政権が部分的に与えられたり、ベヴァリッジ報告（福祉国家の青写真）が戦後計画の文脈で策定されたりしたように、大規模戦争と政治的な権利は密接に結びついている［Scheidel 2017：167／邦訳 163］。

　上記の言説は、クズネッツ仮説およびピケティ検証［Piketty 2014］によって、より具体的になる。クズネッツは1950年代半ばに、逆U字型カーブを示し、不平等は増大してから縮小すると唱えた。これは経済成長と平等が両立することを含意していた。しかし、ピケティ等によれば、この仮説はデータの制約によって限定した場面のみに当てはまり、200年ほどの包括的な税統計などを用いれば、平等化が進んだのは戦後の30年ほどに過ぎず、近年は一貫して不平等化していると喝破された。この検証によって、世界大戦による富・所得の平等

化は実際に広範囲で観察されるのだが、その所得再分配機能が縮小するにつれ
て、やがて資本主義は不平等の方向に舵を取ると言える。この不平等拡大がさ
らなる戦争を引き起こすかどうかは、さらなる精査が理論的・実証的に必要と
なるだろう。

（2）　経済学を変容させる契機としての戦争

　ここではさらに進めて、戦争という難事を前提として、経済学が大きく変
容・発展を遂げた事例を３つだけ挙げる。それぞれは、経済学の黎明期・転換
期・完成期にほぼ対応している。

　第１に、経済学を誕生させ、その体系的発展を促した土壌そのものが戦争の
存在から大きく影響を受けている。前述のように、主権国家同士の争いが重商
主義期の根底にあるが、その豊穣な議論を引き取ることによって、スミス、リ
カードウ、ミルなどの古典派経済学者が経済学を確立した。特に、名誉革命後
や七年戦争後の莫大な戦費を背景に、貨幣不足・公信用（公債）・戦費調達・貿
易差額などの現実問題を受けて、主に貨幣的側面の論理（例：ロックの貨幣数量
説、ヒュームの物価・正貨流出入メカニズム）が整理された。さらには、ナポレオン
戦争に対処した兌換停止による激しいインフレーションの原因は何か（地金論
争）、大陸封鎖令が解かれた後の穀物をどのように守るか（穀物法論争）、など、
戦争に密接に関連した論争は、単なる時論を越えて、普遍的な論争として経済
学の歴史に刻まれた。また自由貿易の利益については、リカードウの比較生産
費説、J. S. ミルの相互需要説、マーシャルの貿易論によって、限定条件を明示
した《不変の法則》として市場社会の根幹を支える論理となった。[28]

　第２に、マクロ経済学を現実経済に応用する過程で、戦時経済の存在が不可
欠であった。ケインズは『一般理論』（1936）によって、貨幣的循環に基づいた
経済の巨視的把握を体系的に提唱したが、その革新性はイギリスの戦時経済体
制によって実現した。すなわち、1941年予算（国民所得勘定と複式簿記の採用、イ
ンフレギャップの組み込みや経常予算・資本予算の分離）、および総需要を重視する完
全雇用政策（1944年の政府白書）である。こうした現実化の出発点にはケインズ
の「戦費調達論」（1939）がある（第１節（４）で詳述）。彼のマクロ経済学は総需
要の管理という思想を含んでいたが、それはデフレ局面だけでなくインフレ局
面にも適用可能である。ケインズは戦時の完全雇用状態にあって、インフレを
制御し、なおかつ国民生活に害悪が少なくなるような戦費調達論を考えた。そ

の過程で、国家予算そのものがマクロ経済学の発展に合わせて進化したのだった。戦時体制でなければ、このような適用は困難だったかもしれない。

第3に、経済学の中心がイギリスからアメリカに移転する過程で、稀少性と選択の経済学が冷戦および冷戦後の必要性と合致していた（第1節（5）で詳述）。イギリスの伝統では経済学は内省と価値判断、および動機・期待・心理的な不確実性を扱う科学（ケインズ）であり、経済学者はどのモデルが現実に合致しているかを直感できる技巧 art を持つ必要があった。しかしケンブリッジ学派に対抗していたロビンズが唱えた稀少性定義[29]は、新たな覇権国アメリカでの実用主義・合理性に最も合致していた。かくして経済学の自己像および他己像は、冷戦構造の中で現在の姿となったのである。ただし、こうした正統派・多数派に対抗する異端派・少数派の言説も、脈々と受け継がれていることにも留意しよう。その1つの形が規範的・学際的な側面を重視する平和の経済学である。

3　各章の意図と内容

この節では以下の10章を要約し、全体的な見取り図を示そう。

（1）　第I部の概要

第I部は経済学の生誕期におけるイギリスにおいて、スミス『国富論』を挟み、その前後の期（重商主義の時代からリカードウ・マルサスまで）を扱う。

第1章（千賀論文）では、本書の出発点として、経済学の生成と主権国同士の戦争を包括的に要約する。この時代の経済学者が戦争をどのように受け止め、平和の構築にどのような展望を持っていたかを出発点とする。重商主義者たちは商業と戦争を不可分と見たが、その外国貿易への偏重は次の古典派経済学者たちによって批判の対象となり、むしろ国内産業の育成に重点が移った。その過程で、自立して資金調達（徴税と公債発行）を自在に操る国民国家の強大さに気づくことになる。国家および戦争は否定できない与件であったが、やがて競争＝平和という図式を描くことで、その与件を忘却することができた。

第2章（古家論文）は国防を重視するスミス像を自由の確保という点から描く。Brewer［1988］や Hont［2005］に依拠する形で、ヒュームやスミスは無定見に貿易拡大＝平和と信じているわけではなく、むしろ戦争と貿易を不可分と捉える現状認識から出発した、という基本的な視角がある。国家の独立と国民

の財産権保護は、最重要の正義の項目となる。当時のスコットランドとイング
ランドが典型だったように、一人の元首に複数の国民が集う体制を《複合国
家》と捉え、礫岩（異質な要素が接着剤によって固められた存在）のごとくブリテン
を形成したのは、集団的な安全保障が最優先されたからである。その単一の自
由市場圏の中で分業を進め、国内産業を発展させ、莫大な戦費に耐えられる経
済をスミスは構想していた、という結論になる。

（2）　第Ⅱ部の概要

　第Ⅱ部は20世紀前半からの平和構想を、2つの章で論じる。

　第3章（中野論文）はエッジワースによる戦争回避論を、契約という概念か
ら議論する。エッジワースは無差別曲線や契約曲線を発明した数理経済学者で
あり、王立統計学会会長やエコノミック・ジャーナル初代編集長も歴任した。
ワルラスもジェヴォンズも市場経済の決着点（＝均衡点）における効率的な配
分を重視した点は変わらないが、後者に影響を受けたエッジワースは現実的な
観察から出発する。すなわち、取引の決着点が複数あったり、合意できない状
態こそが分析の出発点となる。エッジワースは契約成立を平和、契約が定まら
ない不安定な状態を戦争と呼ぶ。その上で、市場による通常の競争条件がなく
ても、当事者間で適切な費用評価を含む交渉プロセスを設定し、自らで戦争回
避が可能になる制度デザインが考察された。時間と不確実性が明示的に考慮さ
れ、当事者が相手の状況・リスク配分を勘案しながら、両者の良好な協力関係
を引き出せる可能性が理論的に示されている。

　第4章（石田論文）は異端者ヴェブレンの平和連盟構想（経済政策）を取り上
げる。ヴェブレンは略奪本能ではなく製作者本能を、有閑階級ではなく生産階
級を重視していたが、実生活では世捨て人の印象がある。しかし1917年のウィ
ルソン大統領宛の覚書は、例外的に政治的・党派的であり、ヴェブレンの平和
にかける熱意が窺える。ヴェブレンは現在の営利企業が国内では労働者を圧迫
し、国外では発展途上国の発展を阻害している存在と理解する。そこですべて
の既得権益や独占を排除するために、ヴェブレンは国境廃止・中立化・産業的
効率性を複数の小論で提案した。新しい知識を求める技術的な変化は、国境を
越えて普及しなくてはいけない。列強の営利企業が対外進出している投資先は、
いったんその土地固有の領土として中立化（無秩序な市場進出の排除）しなければ
ならない。営利企業による企業体制（金銭的効率性）ではなく、自由貿易の原理

による国境を越えた産業的効率性（生産効率の向上）が必要である。独占的な営利企業ではなく、コスモポリタンで公共的な性格と工夫を持つ個人が取引の中心にいるべきだった。

（3）　第Ⅲ部の概要

　第Ⅲ部は戦間期から戦後における平和構想を、３つの章で論じる。

　第５章（小峯論文）は第二次世界大戦の戦後構想（社会保障と完全雇用を核とした福祉国家の理念）について、ケインズとベヴァリッジという傑出した思想家の助言が、どのように政策過程に入ったかを探る。戦間期には「情報収集」や「情報分析」が急速に普及したが、ケインズの役割は「協調的説得」として大蔵省事務次官と共同で、新奇なアイデア（総需要管理）の政府白書への採用が計られた。ベヴァリッジは「包括的設計」という役割で、官僚・政治家に危機感を与え、独自の白書作成を急がせる効果を持った。ここでの戦後構想は平和で安全な世界のグランドデザインのうち、国民統合を果たすアイデアであった。国際協調には別のアイデア（国際清算同盟など）が必要であったが、本章では経済学者の思想が政府の公文書に届く条件を考察したことになる。

　第６章（藤田論文）はノーベル経済学賞・受賞者ミュルダールの平和論を、母国スウェーデンとの関係で論じる。彼は福祉国家を擁護するだけでなく、その国民主義的限界を《福祉世界》という国際的統合によって実現するアイデアを既に出していた。その体系は、スウェーデンの軍事的中立、国連欧州経済委員会の初代事務局長、ストックホルム国際平和研究所の所長、ベトナム戦争への反対などの体験に根づいている。ミュルダールによれば、自由貿易の有効性は経済・政治の好循環から認められるが、他方、先進国と低開発国との軋轢や格差を招くことから負の側面もある。スウェーデンは冷戦期の単独主義・国際主義から、欧州地域主義に移行したので、ミュルダールの前提や提言がそのまま現在に通じるわけではない。しかし、政治学・社会学・心理学・自然科学を総覧する平和研究は、国際的統合というミュルダールの価値前提とよく合致するだろう。

　第７章（橋本論文）は冷戦以降の世界で平和が可能なる条件を、異端派３名の平和構想を素材に考察する。本章は独自に、戦争＝物理的暴力＋消耗的紛争、平和＝非暴力＋非紛争　と定義したうえで、目指すべき《平和》を単なる活動停止の状態（タナトス）ではなく、多様性と繁栄という生の動態（エロス）と見

なす。シューマッハーは強欲・嫉妬に溢れた物質的利益を追求するのではなく、農村・小都市における創造的な自由・活動を平和の基礎においた。ガルブレイスはイデオロギーという政治的対立を経済取引の関係に転換し、実用主義を推し進め、すべての国が合衆国ノースダコタ州と同じ規模になるように自動的に再分割し、海洋に領有権を設定しなければ、平和が可能になると見る。ボールディングは世界連邦政府の樹立による平和を渇望し、様々な提案を行った。戦争の因果連関は複雑であり、その原因をすべて絶つというよりは、和解というイメージ戦略によって、究極的には各国の軍隊を１つに統合することが必要と説く。このように三者三様の思想を、タナトスとエロスという平和理論の枠組を用いて検討している。

（4）　第Ⅳ部の概要

　第Ⅳ部は日本の戦時体制における経済思想を、３つの章で論じる。

　第８章（牧野論文）は、戦争と経済学の双方向性を明示できる人物として、石橋湛山の自立主義とネットワーク主義を取り上げる。金解禁論争、ハブとしての経済倶楽部、戦後研究の調査室という三場面が、周辺人物の高橋亀吉と荒木光太郎と共に考慮される。第一次世界大戦の余波で各国は金輸出を禁止していたが、戦後、いつ・どのように金解禁を行うかで大論争があった。石橋・高橋は国内デフレの悪影響を鑑み、平価切り下げによる金解禁を賛成したが（荒木は多数派の旧平価を支持）、世界恐慌による各国の金輸出再禁止後、日本は為替急落による景気回復を見せた。一国のみが景気回復する事態は保護主義的なブロック経済化（少数のハブが莫大なリンクを持つ型）をさらに助長する側面も見えた。石橋の基本線は、各主体が自立して、それぞれが繋がり影響し合う《ネットワーク主義》であるが、結果的にこの意図とは逆に、経済のブロック化という戦争への道を用意した可能性もある。

　第９章（荒川論文）は陸軍の経済統制思想を、第一次世界大戦・満洲国建設・日中戦争という三段階で論じる。第一次世界大戦後、生産力の拡充という目標が薄れ、資源の確保が前面に出てきた。国家総動員という思想は、限られた資源の中で最大限の国防効果を発揮させるもので、戦時の自給自足経済を目標とした重商主義と解釈できる。満洲事変（1931）を主導した石原莞爾の主眼は、英米露との最終戦争に備えるために日満ブロック経済を作ることにあった。永田鉄山はむしろ将来戦の科学的研究が優先されるとコメントした。関東軍の

発想としては、経済封鎖されることへの危機感と、経済統制すれば生産力の拡大に結びつくという暗黙の前提と楽観があった。日中の全面的な戦争（1937）では一層に場当たり的な軍需優先となり、国防国家論が陸軍を覆った。これは資源と市場を武力によって確保し、平時においても国家総力戦体制を整えることである。本章は陸軍首脳の経済へのアプローチが、非常に限定された視角であったことを描き出した。

第10章（大槻論文）は戦時下における経済学者の活動・不活動を論じる。特に、官立の商科大学・高等商業学校15校に所属した研究者が対象となる。これらは現在の大学・経済学部の前身であることが多い。帝国大学や大学昇格を意識して、1909年に調査部が開設された。アントワープ方式を真似て、植民地研究や地場産業研究が指向された。赤松要は特に、文献・実験に加えて第3の窓、つまり調査室（経験的・統計的法則の発見）の必要性を説いた。1930年代以降、思想統制の高まりに対応して、植民地研究など時局が要請する対象に自らの専門性を適用させるような模索が進んだ。1940年代には強制転換が行われ、《商業》の文字は消去された。特に東京商科大学（当時は東京産業大学に強制改称）の東亜経済研究所では、南方調査を通じて軍部へ協力した。高商の方向性や成果は、戦争の回避に役立つというよりは、時局に逆らえずむしろ積極的に荷担した面も強い。その場合でも、軍部の判断にほとんど影響を与えなかった。本章は経済学者の無力さを素描している。

注

1) この意味づけによって、戦争が単に軍人・政治家・戦略に関わることだけでなく、人間および社会すべての言動・機能に関係することになる。本書の主眼は経済・合理性にあるので、カイヨワの視点（戦争は恐怖と魅惑の源泉たる聖なるもの）やフロイトの視点（涅槃のみが戦争を終結させる）という文化的・心理的側面は脇に退くが、平和の構築に当たってはこの側面を無視することはできない。フロイト [2008（1915）／邦訳 95] も参照。

2) Ikeda & Rosselli eds. [2017：序章] も、特別な事情と一般的な感覚が、経済思想における戦争論の必要性を喚起したと指摘している。その他、異端的な側面の著作 Bientinesi & Patalano eds. [2017], *History of Political Economy* 補遺の特集 [Goodwin ed. 1991], *Defence and Peace Economics* の特集（[Coulomb et al. 2008] など）、*Œconomia* の特集（[Caldari 2016] など）が経済思想と戦争を集中的に扱っている。

3) 図1は、日本における google 検索の結果を指標化したもので、検索者の関心度を最高100として数値化している。《平和》に関してはほぼ横ばいだが、《戦争》については、

2013年1月の前後で比べて、近年は関心度（不安感や興味）が1.59倍に増えている。

4）　Web of Science のデータベース（1993年から2019年までの登録された英語論文）を用いて、war, peace, conflict＊に関して、図2ではトピックの AND 検索（3700件）、図3では OR 検索（45万1588件）の結果を出した。いずれも、国際関係論・歴史学・政治学・地域研究に比して、戦争・平和・紛争に関する経済学の論文数シェアは非常に小さい（AND 検索：5.3％、OR 検索：2.8％）。

5）　新制度学派の North et al.［2009］によれば、19世紀以降の先進国では、様々な組織への参加権（アクセス）が競争的に開放されていることで、組織された暴力が制御されてきた。以上は確かに一国内の秩序形成は説明できる考察だが、国家同士の戦争を説明するには不十分である。

6）　Silberner［1940（1939）：vii］は、19世紀に限定しているが、自由主義（イギリスとフランス）・保護主義・社会主義という3つの学派による戦争論を要約した。

7）　別の表現では、①「経済が平和の前提」という規範（重農主義、古典派経済学）、②このドグマを批判して外交政策と経済政策の結びつけ（重商主義、リスト、歴史学派、その後の異端派）、③軍事問題を市場経済そのものと統合して考察（マルクス、制度学派、ケインズ派など）とも分類できる［Coulomb and Fontanel 2009：12-13］。

8）　クセノポン［2000：111］による。ペロポネソス戦争当時のアテネは人口約15万人で、奴隷・女性を除けば、市民はその20％程度だったと推定されている［山下編 2019：329-330］。

9）　アウグスティヌスの正戦論である。本来は望ましくない戦争を、限定的に正当化する論理。後の国際法の父・グロティウスに繋がる。松元［2013：105］を参照。

10）　当時の戦争は総力戦ではなく「制限戦」であるため、重商主義期の思想家でも「貿易は平和の友」「平和は商業の基礎」と見なす立場（デフォー）もありえた。天川［1966：22］を参照。

11）　堂目［2008：118］は国際的な「公平な観察者」の可能性を強く示唆しているが、木宮［2010：98］は同感の条件として同胞感情の存在を挙げ、その難点を指摘している。

12）　Paganelli and Schumacher［2019］も商業が戦争を促進する可能性を見るスミスに注目している。

13）　「貨幣の使用によって……私有財産の不平等を招き……」［ロック 2011（1690）V. 50／邦訳 76］。

14）　「一方で競争心・敵愾心が生まれ、他方では利害の衝突が生まれる。……これらの悪は生まれたばかりの不平等から切り離すことができない……」［ルソー 2008（1755）／邦訳 148］。

15）　ただし、完全特化、収穫一定の仮定、生産性が変動する動態の排除など、理論としての完結性に留まり、リスト等が批判したように、現実の状況すべてに直接に適用できる命題ではない。

16）　「かつては戦争がそうであったが、今日では通商がこの接触［異なった思考・行動に触れ、比較によって自らの行動を洗練させること］の主な源泉となっている」［Mill

1848 III. 17.5／邦訳（3巻）276]。

17）　ワルラスとノーベル平和賞については Sandmo［2007］、1910年代の有力な経済学者の戦争論については Barber［1991a］を参照。

18）　市場には戦争の萌芽はなく、むしろ独立した国家主権の存在、そして調停する場としての世界統治機構の不存在が戦争の究極原因と見なした。その解決手段としては、国家の単なる連合ではなく、紛争解決の強制力を伴った連邦制が提示された［Komine 2017］。

19）　例えば、Schelling［1980（1960）：57／邦訳 75］は、互いに意思疎通が欠けている場合でも、手掛かり・調整要因・異彩性がある点が協調ゲームのように選ばれると論じた。Boulding［1963（1962）］はゲーム理論から出発しながら、そこに留まらない包括的・体系的な紛争管理論を展開した。

20）　Jackson and Nei［2015］は1823〜2003のデータに基づき、貿易の拡大と国家間戦争の減少を実証づけている。これは《通商による平和》論を裏づけた形だが、データの取り方自体も議論の対象となる。

21）　冷戦後、戦争の民営化（軍事の外部委託）によって、制御可能な公的部門が縮小した。また「ならず者国家」「テロリスト」という概念の発明で、《人権》の例外を正当化できた。モーリス・スズキ［2004：第6章］、西谷［2019：111-112］を参照。

22）　戦争は金融部門を発展させ、一財産をもたらし、競争精神を促し、大市場を形成させることになった［Coulomb 2004：157］。

23）　ブルハルト［2006：124］はより包括的に、近世国家が戦争を誘発する要因として、平等の欠如、制度化の未成熟、自立性の不足（宗派・経済・記憶）を挙げた。

24）　スミスは減債基金の存在自体が、新規の起債を容易にする側面を指摘した［Smith 1789（1776）V. 3／邦訳 第4巻 302）。

25）　当時、財政論議と重商主義政策は深く関わり、中でも内国消費税と戦時国債は論争の的であった［大倉 2000：vii］。

26）　「財政‐軍事国家 fiscal-military state」と呼ばれる。ペティやダヴナント等は、経済力と軍事力をつなぐ財政機構（特に徴税）の整備を通じた効果的な戦費調達方法を考えていた［大倉 2000：47、87］。

27）　協調的闘争である同盟と、暴力的闘争である戦争は、帝国主義の中で交錯する世界経済と世界政治の中で同じ発生基盤を持つ［レーニン 2006（1917）／邦訳 235-236］。

28）　国際貿易の理論は1930-40年代に、ヘクシャー＆オリーン、ストルパー＆サミュエルソンによって拡張され、定理として一般化されたように見えた。しかし、それらも多くの仮定に依存している。両定理の政治的な意味は、Bernstein［2012（2008）：第3章］を見よ。

29）　Backhouse and Medema［2009：815］によれば、1960年頃、この定義が一般的に受け入れられたものとして経済学者が言及するようになった。しかし全会一致で賛成とは言えない状態であった。

第 I 部

経済学の黎明期と
国民国家の対立・協調

第1章

主権国家間の戦争と経済学の生成

はじめに
──近代国家と経済の生成──

　中世の解体以降のヨーロッパでは、生成した諸王国の間で、国家覇権をかけて、また外国貿易の利権や植民地の争奪をめぐって、いわゆる重商主義戦争が繰り返された。これらの戦争が、近代ヨーロッパ社会の展開に与えた影響は大きくまた多方面に及んだと考えられるが、本章では、同時期に誕生した近代諸科学のひとつとしての経済学（英国に限定）との関わりを検討する。

　人々の物質的な生活についての考察（経済学）は、中世までは政治や法に関する考察と切り離されることはなかったが、大航海時代の到来とともに市場経済が発展し、その影響が拡大するにつれて、経済問題（主として外国貿易問題）を独自の対象とする経済学的考察が現われ、論争が起こるまでになった。彼らは経済学の視点から、政治問題、とりわけ戦争にも言及し、戦争と経済との関係を論じることになった。本章では、その言説の跡を辿ることによって、戦争が、近代国家と経済の生成と展開にどのような影響を与えたのか、経済学は戦争をどのように受け止め、平和の構築に向けてどのような展望をもっていたのかなどについて、一定の示唆をえたい。[1]

　考察の順序は、第1節では、主として17〜18世紀に展開された重商主義戦争を念頭に、外国貿易をめぐる戦争が、国家覇権（主権の確立）と商業的利権とをめぐる戦争として把握されていたことを論じる。またこれらの戦争の経費調達のための租税制度と公債発行の評価をめぐる経済学が考察される。さらに18世紀になって出現した、戦争への懐疑の言説が取り上げられる。第2節では、重商主義戦争が、植民地をめぐる戦争でもあったことに注目、そうした植民地戦争のいわば総決算となった18世紀後半の英国とアメリカ植民地との戦争に焦点

を絞り、それに関する経済学者の発言を検討する。第3節では、18世紀末から19世紀初頭の英国の対仏・対ナポレオン戦争を念頭に、戦争と景気との関係、戦後不況への対応などをめぐる論争が考察される。

1　資本主義生成期の重商主義戦争と経済学

（1）　外国貿易と戦争

　重商主義戦争は、政治的領域を拡大統合しようとする諸王家による覇権争いであると同時に、外国貿易が興隆しその利益をめぐる経済的戦争でもあった。イングランドに眼をやると、15世紀後半から17世紀初頭の対スペイン戦争、17世紀中葉から後半の対オランダ戦争が、まず想起される。経済学者達はどう対応したのだろうか？

　われわれは最初に、17世紀前半における重商主義者の巨頭、トーマス・マン（1571-1641）の経済論と戦争論を取り上げる。マンは、『東インド貿易論』（1621）と『外国貿易によるイングランドの財宝』（1664。死後出版で、執筆時期は1620年代前半と推定されている）の著者として知られている。エリザベス女王によって1600年に貿易振興のために設立された東インド会社の重役であったマンは、1620年代に激しくなった経済不況の原因を、東インド貿易（会社）が銀を輸出したために生じた国内の貨幣不足にあるする非難に応えるために執筆した[2]。マンは、東インド会社の銀の輸出は、胡椒、香料などの物品の輸入に充てられ、それらは大陸諸国に再輸出されて、持ち出した以上の金銀が戻ってくるのであるから、全体として見れば貿易は黒字になり、東インド貿易はイングランドの国富の増加に多大の貢献をしていると、非難に応酬した（全般的貿易差額説）。

　マンの議論で注目されるのは、為替価値の変動や貨幣の国際的移動などの貨幣的原因が貿易差額（黒字）に与える影響を否定し、貿易差額を増大するための原則は、「年々、われわれが消費する外国商品の価値額よりもなお多く外国人に販売すべし」［Mun 1910：5／邦訳 17］ということだと主張し、そのための「方法と手段」として、以下のことを提言していることである。すなわち、農業、漁業など自然的富の増大、内外の贅沢品の消費抑制、輸出競争に勝てる製品の生産とその価格設定、輸出におけるイングランド船舶の使用、加工貿易・中継貿易・遠隔地貿易の推進、関税政策の適宜な運用、そして最後に国産品の最大限活用。マンが、貿易差額を国富増大の指標と見ていること、また遠隔地

貿易が近隣地との貿易より多くの財宝を稼ぐという商業差額利潤を重視していることなど、重商主義的枠組みで議論していることは間違いない。しかし、財宝獲得の根源として、勤労による実質的富の増大とその節約という生産に関わる実物的な経済力を重視していたことにも注目しておかなければならない。

　というのは、マンの戦争への言及はまずこの観点からなされているからである。すなわち、イングランドの商品に対して外国から貨幣が流入しても、「わが国の財宝を使い尽くすような、前述の贅沢とか戦争とかいう有害な原因が除去されないかぎり、われわれに何の助けにもならないのである」[Mun 1910：29／邦訳 43]。つまり戦争それ自体は国富増大に有害なのであり、それには実例があるとマンは指摘する。「スペイン人は、その国産品によってはその必要とする外国商品の調達ができないうえに（それゆえ、かられは貨幣をもってその欲望をみたさなければならないのだが）、かれらはさらに戦争という癌をもっている。戦争はかれらの財宝をかぎりなく使いはたした」[Mun 1910：33／邦訳 47-49]。スペインは、実物的富を国内生産できないが故に、戦争によって衰退しつつあるという時局認識がマンにはある。

　しかし、対オランダとなると、マンの戦争観の別の面が見えてくる。当時のオランダは、スペインからの隷属から脱して、大きな富と力を獲得しつつあった。オランダの興隆は、外国貿易を勤勉に行うことによって達成されたのであり、その勤勉さは敬服すべきだが、それは同時にイングランドから富を奪うことによっても成り立っていると、マンは、オランダへの敵愾心を露わにして言う。争奪の舞台は、「わが陛下の海上である」ブリテン沖で展開されているニシンやタラの漁業であり、オランダ議会が国の「主要な金鉱」と認めているほどである。マンは、彼らの漁業権について、グロチウスが何を言っているかはさておき、「そのような権原は、言 words によるよりも剣 swords によってさっさと決定されてしまうものだ」[Mun 1910：103／邦訳 131] と断じた。彼はさらに、オランダは単に漁業だけでなく貿易路をめぐってもイングランドの敵であると糾弾したのである。[3]

　さて、17世紀後半、東インド会社はふたたび世論の批判にされることになった。東インド貿易によって持ち込まれる、インド綿織物（キャラコ）やペルシャの絹織物が、イングランドの毛織物や絹織物の国内生産と競合するという非難であった。毛織物製造業者などから、輸入規制や、輸入衣料の着用禁止をもとめる請願がだされ、18世紀に入って法が制定されるまでに至り、ダヴナント

(1656-1714) の『東インド貿易論』が、東インド貿易を擁護するために、17世紀末に執筆、出版された。

　まず東インド産のキャラコや絹織物の輸入について、それが国内でもまた植民地においても人々に有用な衣料品となっており、この貿易を手放すことは得策ではないと、ダヴナントは言う。彼は、東インド衣料が、毛織物市場を妨害していることは認めるが、大事なのは、イングランドの国民に低廉な商品を供給することである。そうだとすれば、毛織物の製造は奨励されてよいが、それは輸出用にして、国内の消費のためには東インド産の衣料を輸入すべきである。毛織物を上質にし、しかもできる限り安価に生産して海外で販売する方が、わが国の貿易差額の増大に寄与することは明らかだと彼は言う[4]。

　しかし、ダヴナントが東インド商品の輸入規制や禁止に反対したのには、経済的損得だけではなく、それ以上に、国家的、戦争遂行上の理由があった。当時のイギリスは、香料諸島（モロッカ諸島）方面においてオランダとの角逐に敗れ、香料貿易の大部分を失っており、イングランドが東インドから輸入するものの主要部分が、キャラコや絹織物になっていたのである。もしこの貿易を失しなえば、イングランドの交易はほぼ毛織物の輸出だけになってしまい、それは国家的な問題だと彼は指摘する。

　　　国家の問題として、貿易より以上に関心を払わねばならないことが、ことに島国のばあい、一体全体ほかに何がありましょう。……一国民たるもの、武力なくして安泰たりえましょうか……経費のかさむ当面の戦争を、イングランドがこんなにも長くつづけることができたのは、もっぱら、わが海外通商によって、三十年にわたり流入しつづけた巨額の富ゆえではないでしょうか [Davenant 1967：86／邦訳 126-127]。

　要するに、ダヴナントにおいても、対外商業と戦争とは一体だったのである[5]。

（2）　戦費調達と国家財政

　戦争は、17世紀のイングランドの対内戦争（ピューリタン革命、アイルランド内乱）においても、また継続する対外戦争においても、その莫大な戦費をどのように調達するかという課題をつきつけ、そこから財政学という経済学の重要分野を生み出した。ペティ（1623-87）は、「政治算術」（近代統計学、経済学）の創

造で不朽の名声を遺すが、同時に近代財政学の先駆者としての評価も高い。著書としては『租税貢納論』(1662)、『賢者には一言をもって足る』(1691、出版は死後、執筆1665年後半) 等があり、内乱の経験を経て、また後者は第二次オランダ戦争の渦中に執筆されたが、それらの主要なモチーフは戦費調達問題であった [大倉 2000：23]。

　ペティは、共和国政府からアイルランドに派遣された征服者としてのキャリアをもつが、戦争それ自体については懐疑的に見ていた。「侵略的対外戦争は、公共の美名をもっていろどられてはいるが、実は多くのことから、つまり種々さまざまの、かくれた、個人的な嫌悪からひきおこされる。これについて、われわれはなにも言うことができない」[Petty 1986：21／邦訳 42]。また、ヨーロッパの内乱は宗教に由来することが多いが、それは異端者への罰則が重すぎるからであると批判した。内乱が、統治の形態への意見の違いや、統治の混乱が自分の境遇を改善するのではないかという空想から起こったり、富の偏在や不公平な分配の結果としての貧困から起こったりするという指摘にも、ペティの戦争への否定的な評価を見ることができるだろう。

　しかし同時に、ペティが当時の戦争体制を肯定していたことを疑うことはできない。『租税貢納論』は、「アイルランドは、アイルランド人が将来反乱を起こして自分たちを害したり、またはイングランド人を害したりしないようにするために、かなりの大軍隊を保持しておかねばならない国である」[Petty 1986：5／邦訳 27] と断じて書き始められているし、『賢者』は、「もしオランダとの戦争が、昨年どおりの価値を支出しながら、もう二年もつづくならば……」[Petty 1986：introduction／邦訳 168] と戦争を与件として議論を展開していたのである。

　彼が提言する戦費調達の方法の核心は、当時の政府による戦費調達のための租税「月割査定税 (Monthly Assessment)」が、実際上は、地主と借地農だけの負担となっていることを改め、国民全体で戦費を負担する租税体系を構築することにあった。国富は、単に土地や資財という過去労働の所産 (資産家の財産) から成っているだけでなく、現在の労働 (所得) からも成っているのだから、その双方で負担するべきだというのが、経済学 (政治算術) に精通したペティの提言であった。彼は、具体的には、資産家への課税として、土地税、家畜等への税、動産税、家屋税を挙げ、労働する国民への課税として、人頭税、エクサイズ (内国消費税) を挙げたのである。

　ペティの提言は、単に戦費調達方法の公平化や効率化という意味をもつだけ
でなく、国家財政が、土地収入を基盤とした旧体制から国民全体への課税によ
って賄われる近代国家体制（租税国家）への転換という画期をなすものとして
評価されねばならない[6]。

　ペティの戦費調達論は王政復古期の議論であったが、名誉革命後に、ペティ
の議論を踏襲して、戦費の国民全体での負担を主張したのが、ダヴナントの
『戦費調達論』（1695）である。名誉革命は、議会主権の立憲君主制を成立させ
たが、カトリック排除をかかげた政権は、カトリック国アイルランドの再征服
に着手する一方、オランダ、オーストリアなどと同盟を組んで、対フランス戦
争を展開、財政逼迫を招いていた。政権側は、土地税（1692）と国債制度を導
入（1693）、国債引き受けを主な業務とするイングランド銀行を設立（1694）す
るなどに拠って戦費調達を図ろうとしたが、こうした対応を批判したのが、ダ
ヴナントであった。

　まず注目すべきは、本書に現れるダヴナントの戦争観である。彼は、対仏戦
争（九年戦争）を、ルイ14世という強大な君主に対抗して自由を守るための戦
いと意義づけていたのである。国民は誇りをもって現下の戦争を終わらせ、安
全で持続する平和をつくるために、公共の負担に耐えなければならない。国民
は、贅沢や私的野心を慎み、公共善のために尽くすべきだと、ダヴナントは説
くのである[7]。

　この戦争観があって、ダヴナントの戦費調達論が展開された。彼は、現行の
ウィッグ政権の戦費調達政策の不都合として租税体系を取り上げ、地主にのみ
負担が掛って不公平な土地税、外国貿易の障害となるトン（船舶）税や関税、
さらに、国民に不満を抱かせる人頭税等を批判した。税負担は公平にし、また
対仏戦争のような長期戦に備えられるように改革すべきであり、それはエクサ
イズに拠るのが妥当であると主張した。

　エクサイズが推奨される第 1 の理由は、自由を守るという公共的善から行わ
れている戦争に国民全体を動員できるからであった。この場合、ダヴナントの
念頭には民衆の動員というだけでなく、イングランド銀行の設立や公債制度の
整備に依存して成長してきた新興の貨幣所有階級に応分の負担を負わせるとい
う意図が含まれていたとの研究がある［大倉 2000：122］。

　ペティとダヴナントの戦費調達論は、それぞれの特有の思想的主張を含みな
がらも、重商主義戦争を支え、戦争が導いた近代国家の確立とその財政政策の

創出に貢献したのである。

（3）　産業力への自信と重商主義戦争への懐疑

　名誉革命（1688）とともに始まった九年戦争は1697年に終結したが、18世紀に入るやスペイン継承戦争（1702-13）が勃発、つづいて四ヶ国同盟戦争（1718-20）、Jenkin's Ear War（1739）、オーストリア王位継承戦争（1740-48）、さらに七年戦争（1756-63）へと、18世紀もまた英仏の対抗を軸に戦争の世紀となった。しかし、18世紀に入ると、経済学のうちに、戦争への懐疑的な見解を見出すことができるようになる。

　デフォー（1660-1731）は言う、「戦争によってますます失うように、われわれは平和によって一層利得する。私が言うのは貿易についてである」。この発言は、彼の代表作『イギリス経済の構図』［Defoe 1967：Appendix 35／邦訳 362-363］においてなされたが、本書にみなぎるのは、世界におけるイギリス経済の最優位という自信である。[8]

　　　われわれは豊かで人口多く、強力な国ではないのか。そしてある点では、
　　　世界におけるこれらすべての個々の国々のなかで最大のものではないのか。
　　　しかもそうであることを、われわれは誇りにしているのではないか。すべ
　　　ては商工業に由来していることは明らかである。［Defoe 1967：9-10／邦訳 26］

　デフォーがかく問うのは、当時のイングランドには、地主層（貴族、ジェントリー）は誇り高い存在だが、商工業者は出自が浅く卑しいとさげすむ世相があると見たからである。しかし、この世論は歴史認識としても、現状認識としても誤っている。商工業は人類史とともに古く、また何よりもイングランドの現在の繁栄は商工業がいち早く発展したことに起因しているのであり、上流階級とされる地主層を支えているのは実は商工業者であることは、前者がしばしば後者と縁組することからも明らかであった。[9]

　現在のブリテン経済の強さには、他の商工業国にはない2つの優れた特性があると、デフォーは指摘する。1つは、高賃金に支えられた品質の高い製品である。フランスの労働者は低賃金で働くので低価格の商品を生み出すが、結果的にはブリテン商品に打ち勝つことができない。

　いま1つの強さは、ブリテンにおける商業活動が、すべて内部調達で成り立っていることである。例えばこの国の輸出品を代表する羊毛製品をあげれば、

原料である羊毛を刈り、それを織物に製造し、それを海外に運ぶのは、すべて
この国の商工業によって遂行されている。このことは、単なる買いと売りから
成り立っているオランダ経済との違いである。デフォーは、イングランドを単
なる羊毛輸出国から羊毛製品輸出国に転換したのは、偉大なヘンリー王やエリ
ザベス女王の治世によってであったと誇示する。

　デフォーの戦争論は、このようなブリテンの経済的強さを背景にして論じら
れた。彼によると、われわれの時代には、戦争の技法が広く知れわたっている
ので、「今や敵を征服するのは中身のいちばんタップリした財布であって、最
良の剣ではない」[Defoe 1967：52／邦訳 62]。貧困や欠乏は人々をパンのために
戦争に駆り立てるが、「商工業は彼らをしてパンのために戦わせるのではなく、
それを得るために彼らを仕事につかせるのだ」[Defoe 1967：98／邦訳 100]。商工
業が栄え、雇用を保障するようになった現在、もはや戦争する必要はないので
ある。[10]

　戦争への懐疑を、重商主義戦争を肯定する根拠とされてきた貿易差額論に向
けたのは、ヴァンダーリント（?-1740）であった。

　　　われわれは容易に戦争にひきこまれてはならず、むしろ貿易が戦争なし
　　　に維持できないときには、貿易の重要な利益の方を断念すべきである
　　　[Vanderlint 1970：65／邦訳 77]。

　ヴァンダーリントの『貨幣万能論』（1734）は、ウォルポールの長期政権（平
和）のほぼ半ばに生じた経済不況の原因と対策を論じた。この間の不況は、軍
役に携わっていた人々が仕事を失い、過大な人口に対する農産物の不足からそ
の価格が高騰したことに原因があるので、その対策は人口の増加に見合ったよ
り多くの土地を耕作することだとヴァンダーリントは提言した。

　耕作地の拡大は、より多くの人々を就業できるようにするばかりでなく、大
地の生産物を豊富にすることによって、食糧および飲料の価格を低下させ、そ
れは労働の賃率も低下させ、あらゆるものを低廉とするであろう。この結果、
人びとは多くの貨幣を必要とせず（手持ちの貨幣の購買力の上昇）、また低廉な商
品は貿易差額を稼ぎ出すので、国内の貨幣量は豊富になる。豊富になった貨幣
は、さしあたりは物価を上昇させるかもしれないが、他方で人々の消費を増大
させ、人口を増大させるので、それが耕作のさらなる拡大につながれば、むし
ろ物価を下落させる、とヴァンダーリントは主張した。

　このように彼は、不況対策の鍵を貨幣の豊富の実現に見ていたので、貿易差額の追求自体は評価していたが、それが「人類が受ける最大の災難」である戦争を伴うことの方を問題視した。そこで、「われわれが戦争を避けるために、われわれの貨幣を増大させる貿易の利益を慎重に考えて断念するならば、われわれはこういう貿易の利益を失い貨幣に不足するために、あらゆるものを、わたくしがしめしてきた方法によって、国内でずっと低廉に生産するにちがいない」[Vanderlint 1970：66／邦訳 78]。戦争を避けるためには、耕作の拡大 → 低廉な諸商品 → 貨幣の購買力の上昇によって貨幣の豊富を図るべきだというのが、彼の提言だったのである。

　なお、彼が戦争を忌避したのは、平和の大事さだけでなく、「戦争の負担（すなわち公債や租税）は、たとえ長期にわたる平和がたまたま生じたとしても、一世代ではほとんど支払きれるものではない」[Vanderlint 1970：65／邦訳 77] と財政破綻を懸念していたからでもあった。

　貿易差額論の誤謬を正面から論じたのは、ヒューム（1711-76）である。彼は、現前の戦争体制を、経済と政治権力との関係という視座から批判した[11]。「事物の最も自然のなりゆきによれば、産業活動と技術と商業とは、臣民の幸福だけでなく、主権者の力をも増大させるものである」[Hume 1882：292-293／邦訳 17]。ところが、現下のように、主権者がその声望をひろめるために、国家の海外領土を拡張し、遠隔の諸国民を、命令によって本国の海軍や陸軍に使用することにでもなれば、「国家の偉大さと臣民の幸福との間に一種の対立関係がある」[Hume 1882：290／邦訳 12] ということになるだろう。「現代の政策によれば、戦争はあらゆる破壊的な事態を伴う。すなわち人員の損失、諸税の増加、商業の衰退、貨幣の費消、海陸からのじゅうりんがそれである」[Hume 1882：362／邦訳 133]。

　歴史的にみれば、商業と奢侈がなかった古代ではただ国家を強大にすることにのみに重きがおかれ好戦的だったが、文明国が誕生し、改良された農業が生み出す剰余生産物を軍隊の維持に用いるようになり、産業＝労働と国家の力との結合が図られた。しかし「各人の胸中に尚武の精神と公益の感情を大いに吹き込み、こうして国 the public のために各人に最大の困難をもすすんで耐え忍ばせるのはことができるならば」[Hume 1882：294-295／邦訳 20-21]、こうした結合も可能であろうが、「こうした原理は、利己心にうったえないし、またあまりにも支持しがたいものであるから、人びとを他の感情によって支配し、

貪欲と産業活動、技術と奢侈の風潮によって活気づけることが必要である」
（同上）というのがヒュームの見地であった。ヒュームが、面前に展開している
重商主義体制＝戦争を、人びとを精神力によって動員する反自然的な体制であ
るという批判意識のもと、その体制を転換して、利己心が商業と奢侈の発展と
結びつき、それが国力の基礎にもなるような自然的な体制を到来させるという
革新的な展望を示していたことがわかるだろう。

　現行の重商主義体制を支えているのは、「商業国民のあいだにごく広くいき
わたっている、根拠のないしっとである」[Hume 1882：345／邦訳 113]とヒュー
ムは考える。財貨の輸出を禁止して自国内に保持しようという政策がとられ、
金銀が自国から流出することを危惧する考えが流布し、そこから「貿易差額に
関する激しいしっと」[Hume 1882：331／邦訳 87]が生まれた。ヒュームによれ
ば、貨幣は財貨相互の交換を容易にするために人びとが承認した道具にすぎな
いのであって、貨幣量の多少はなんら問題ではない。たとえ貿易差額によって
貨幣が流入しても、物価が上昇して輸出が減り輸入が増大するので、やがて流
入した貨幣は流出してしまうのであり、貿易差額に嫉妬するのは虚しいことな
のである。だが、貿易上の嫉妬には、貨幣の性質についての誤解だけでなく、
そもそも外国貿易の成り立ちについての誤解が伴っている。

　商業が進歩した諸国家のあいだには、「貿易国をすべて競争相手とみなし、
いずれの国も近隣の諸国民を犠牲とせずには繁栄しないとの考え」[Hume 1882：
345／邦訳 113]がある。だが、歴史の教えるところでは、「外国貿易が国内の製
造業のいかなる洗練にも先行し、それが国内産の商品による奢侈を発生させて
きた」[Hume 1882：295／邦訳 22]のであり、その奢侈の快楽と商業の利益が、
国内製造業を外国人の改良と競い合わせ、あらゆる商品の完成度をあげてきた
のである。さらに、外国貿易は、国際的な分業を発展させ、各国に相互依存の
利益をもたらしている。「ある一国民の富と商業との増大は、その近隣の諸国
すべての富と商業とをそこなわないどころか、それらを促進するのが普通であ
る」[Hume 1882：345／邦訳 113]。

　以上のような貿易差額論・貿易観が、自由貿易に基づく平和共存をめざして
いることが解るが、ヒュームがより強く、戦争への懐疑をもつにいたったのは、
重商主義政策がもたらした財政破綻にあったように思われる。

　古代では、戦争や騒乱に備えて、平時から軍需品や財宝を準備しておくこと
がよく行われていたが、現代にあっては、国家の将来の歳入を抵当に入れて借

金によって戦費を賄うことが一般的になっている。子孫から子孫へと借金を先送りするこのような慣行が、破滅的であることは議論の余地がない、とヒュームは当時の多額の公債発行を非難する。

　ところが、公債発行は、たとえ外敵の圧迫を受けていないとしても、商業を促進し富を増加させる効果があるのではないかという逆説について、どう考えたらいいのだろうか。公債は、一種の貨幣であり、貿易商人が同時に公債所有者でもあるようなイギリスのような国では、貿易商人はわずかな利潤で貿易を行うことができるのであり、公債が「流通を促進し、産業活動を奨励することによって、貿易にある利益を与えるものであることが認められねばならない」〔Hume 1882：364／邦訳 137〕が、このような利益はあまり重要ではなく、その不利益の方が、はるかに大きいとヒュームは論じる。まず、公債が利得をもたらす貿易商人や公債所有者は首都に居住し、その利子支払は地方が担うという、地域格差を生じる。次に、公債は一種の貨幣でありそれ自体物価上昇の原因になり、またその利子支払のための諸税が労賃を上昇させる。また、公債所有者の多くは怠惰な国民であり非活動的な生活を助長し、また公債が外国人の所有になるときは、彼らはイギリスを属国にするかもしれない。しかしこれらの商工業への悪影響は「帳尻の上」では重大だが、「この損害は……国家に帰する損失と比較すれば、取るに足らぬものなのである」〔Hume 1882：366／邦訳 140〕、つまり国家にとっての危機の方が深刻だというのが、ヒュームの立場であった。

　例えば、新公債の引き受けが困難な状況が生まれたとして、そうした最中に外国から侵略が起きたり国内で反乱がおきたりすれば、公債利子返還のためにとって置かれた基金が横流しされることになり、国家信用の「自然死」〔Hume 1882：372／邦訳 152〕が生じる。ところが人類は欺かれやすいので、戦争でも起これば、「人気と愛国心があおられ」再び公債が引き受けられる。国家破産の危険が高まるが、議会は上院も下院も地主によって構成されているので、「執拗に国家の信用 public faith をまもるであろう」〔Hume 1882：374／邦訳 154-155〕。だが、「われわれの子供たちは争いに飽き、債務にとらわれ、安全第一と座り込んで、近隣の諸国が圧迫をうけ征服されるのを黙視するかもしれない。そしてついに最後には、かれら自身もかれらの債権者も、征服者の意のままになるであろう」（同上）。このような危機を、ヒュームは「国家信用の暴力死」と呼んだのである[12]。

　戦争が国家破産をもたらすのではないかという危惧は、近代の政治経済の進

行における為政者の役割に着目したステュアート（1713-80）の戦争観でより強くなっているように思われる。

　ステュアートは、『経済の原理』（1767）を、為政者に近代政治の諸原理を開示するために書いた。欲望が解放され、人びとが利己心によってのみ行動することが前提される近代においては、社会が維持されるために不可欠な公共心は一手に為政者によって担われなければならない。「あらゆる人間が公共のために行動して、わが身をおろそかにするならば、為政者は困惑してしまうであろう」［Steuart 1995 Ⅰ：221／邦訳 1/2編154］。

　人びとが大地の自生的な産物で充足している状態では、たとえ農業において剰余が生じても腐敗するだけである。農業剰余が無駄にならないためには、農業者に農産物以外の必需品への欲望が生じるとともに、その必需品を生産する人々が農業剰余を消費することが必要になるが、このような「相互的欲望」reciprocal wants を創出し、勤労の促進をはかるのは、まずは為政者の務めとなる［Steuart 1995 Ⅰ：3／邦訳 1/2編26］。ステュアートもまた、奢侈が勤勉を促進すると想定したが、奢侈の契機を外国貿易に求めたヒュームと異なり、その契機を貨幣の導入に求めた。彼によると、貨幣は、質量的な用途はもたないが、人びとが相互的な欲望を充たそうとする場合に、価値の尺度になり、譲渡される物の等価物となる「想像上の富」this imaginary wealth［Steuart 1995 Ⅰ：43／邦訳 1/2編31］である。しかし、いったん貨幣が生まれると、誰でも労働することなく財を獲得する手段になりうる貨幣を持つことを好むようになり、そこに奢侈が生まれる。人々は貨幣を求めて勤勉になり、「富者がよろこんで貨幣を手放すと思われるあらゆる事物にその労働を向けるようになる」［Steuart 1995 Ⅰ：43／邦訳 1/2編31］。貨幣は、「全機構の起動力となる」［Steuart 1995 Ⅰ：154／邦訳 1/2編107］。

　ステュアートは、外国貿易の意義を認めなかったわけではない。特に相手国からの需要に応じた貿易は重要で、それは製造業者への「大きな需要」を生みだすばかりでなく、その需要の変化が急激な場合には「高い需要」生みだし、それは価格を騰貴させ、高い利潤を生じることになろう。しかし高い需要は経過的であり、大きな需要を維持していくためには、その需要に応じる生産を支えるために、国内の生活資料生産部門での雇用を維持拡大していくことが必要となろう。ステュアートにおいては、「需要と仕事の均衡」を達成することが、国内経済安定の要と考えられており、為政者の最も重要な任務となる。

　国内経済のあり方に注目するステュアートは、ヒュームの貿易差額論批判を、反批判する。ヒュームは貨幣が流入すると物価が上昇すると想定したが、この想定は誤った価格論に基づいている。ステュアートによれば、「〔穀物〕価格は市場における貨幣に比例してではなく、その貨幣を所有する人々の穀物を獲得しようとする欲求に比例して騰貴するのである」[Steuart 1995 II：94／邦訳 1/2編368]。たとえ貨幣が国外から流入したとしても、穀物への需要がなければ、貨幣は余剰となって「蓄財家たちの手に滞留するであろう」[Steuart 1995 II：114／邦訳 1/2編382]。逆に、蓄財の行き過ぎや国外への流出で、「〔その国の〕正貨が流通の維持に必要だと思われる比率以下にまで減少してしまうと、ただちに貸付が始まるであろう」[Steuart 1995 II：115／邦訳 1/2編382]。つまり、国内の価格水準は、その国の需要に裏づけられた購買力によって決定されるのであり、貨幣は流通に滞留したり、あるいは信用によって代替されたりするのであって、価格決定にあたって主導権をとりえないのである。

　ヒュームを批判する一方で、ステュアートは、貿易の利益を貨幣の流出入によって判断する旧来の重商主義思想にも批判的であった。一国が貧しくなるのは、金銀を輸出するからでなく、外国の財貨を輸入して消費するからであり、逆に「〔ある国の〕土地なり住民の労働なりによって生産されたなんらかの財貨が外国人によって消費されている限りは、それだけ差額はその国民にとって有利だということである」[Steuart 1995 II：113／邦訳 1/2編381]。つまり貿易の有利不利は、実質的財貨の輸出入の状態で判断されなければならないのだが、こう考えているからといって、彼が、一国全体としての消費抑制を呼びかけたわけではない。そもそも交易と勤労の始まりは剰余への嗜好であるという彼の議論から導かれるように、一国のうちのある階層による一定の奢侈は必要であり、肝要なのは、豊かな階層の奢侈と勤労者の質素との均衡が保たれることであり、それを指揮するのはやはり為政者の務めであると言うのである。

　ステュアートは、重商主義が押し進めた公信用についても、功罪の両面があるとした。公信用は一方で、国内に滞留している貨幣や貿易差額がもたらす金銀を、活動的な資産に変えるという積極面がある。しかし、他方で、公債という債務が継続的に膨張する場合には、さまざまなリスクが発生しうる。「債務者が支配者である間は債務を清算するのに何の困難もない。しかし……債権者が支配者になる」[Steuart 1995 IV：117／邦訳 3/4/5編517]と困難が生じる。彼は、外国人が債権者になる場合の危険性にも言及しているが、問題視しているのは、

「長期にわたって確立された貨幣階級 a monied interest」が債権者として「一
国民の精神と生活様式との変化を生み出すのに十分な影響力をもちうる」（同
上）ということである。貨幣階級の利害が、議会の内外で日々力を増している
だけではない。「国民に貨幣階級の感情が受け入れさせるようになることがあ
る」[Steuart 1995 IV：123／邦訳 3/4/5編520] のであって、貨幣階級が地主になり
たがるとともに、地主は「紙入れに資本を持っている人々の安楽さと豊かに」
（同上）魅惑されるようになっている。

　だが、公信用の最大のマイナス面は、それに頼って戦争が起こされ、利子支
払と元本の返済のために租税が増大していくことなのである。「公共の精神と
いう外見をまとった野心……をわれわれは幾度目にすることか。こうして戦争
がおこり、戦費のゆえに信用が頼みとされ、貨幣が借り入れられ、債務が契約
され、租税が増大する」[Steuart 1995 IV：120／邦訳 3/4/5編518]。

　ステュアートは、戦争の原因は、「近隣に覇をなそうとする」[Steuart 1995 I
／329訳1/2編228] 君主たちの野心であると見ていて、マンやダヴナントのよう
に、国家としての経済的必然性を想定していない。と同時に、戦争が、結果と
して、交易と勤労を促進するという側面があると認識していた。「帝国が戦争
をしているときには、戦争遂行のためにその国の富みは、なされた奉仕への等
価物として流通させられた。…戦争はこういった状況のもとで、現代における
勤労の発生にほとんど類似した効果をもたらした。それが仕事をつくり出し、
そしてこのことが、すでに述べたように、いっそう規則的な流通を生み出した
のである」[Steuart 1995 I：429／邦訳 1/2編294-295]。

　それにもかかわらず、ステュアートの時代においては、戦争の負の側面が大
きくのしかかっていた。「イングランドの国債に支払われる利子が新たな戦争
ごとに累積をみているとすると、その帰結はより多くの貨幣がその支払いのた
めに臣民から調達されねばならない、ということになる」[Steuart 1995 IV：182
／邦訳 3/4/5編527]。ステュアートが最も憂慮するのは、外国人によって購入さ
れた国債への利払いが不可能になる事態であった。「外国人に支払う利子の額
が、その国が交易から利得しうる総額を超過すると想定しよう。……このよう
な状況においては破産を回避するどんな方法も発見できないということを、私
は明確に認識している」[Steuart 1995 IV：143／邦訳 3/4/5編534-535)[13]。

　ステュアートは結論する。「ヨーロッパの人々の精神に生じた変化の全体を
考えてみると、戦争が現代国家の繁栄と両立しないことほど明白なことはない

のであるから、私は時に自分の想像を遠く飛翔させて、戦争が消滅するにいたる日が間近であるとつい思うことがある」[Steuart 1995 Ⅱ：150／邦訳 1/2編406]。

2　植民地争奪戦争と経済学

これまで考察してきたように、重商主義戦争は、まずは外国貿易の利権との関わりで争われたが、それは、しばしば植民地争奪をめぐる戦争を伴った。先進経済にとっての植民地の存在は、経済学にとっても、必ずしも外国貿易問題に解消しえない独自の主題をもっており[14]、われわれはここでは、植民地をめぐる争いが国家対立をもたらした18世紀の戦争、なかでもアメリカ独立戦争を、スミスとタッカーの経済学との関係で考察することにしたい。

（1）　スミスのアメリカ植民地戦争論

スミス経済学の主題が、商業（外国貿易）を優先する重商主義を批判して、農業や工業など国内産業を基盤におく自律した産業経済の優越を対置するものであったことはよく知られている。だが、スミスの重商主義批判は、単に経済政策を問題にするだけではなく、その政策が諸国間の対立をあおり、戦争の誘因になっていることにも向けられていたのである。

> 各国民は、自国と貿易するすべての相手国の繁栄を嫉妬の目をもって見、かれらが利得すればじぶんたちが損をするのだとみなそう、仕向けられている。商業は、個々人のあいだにおけると同様、諸国民のあいだにおいても、その性質上、そもそも和合と親善の紐帯たるべきものなのだが、その商業が、かえって不和反目の最大の源泉になっているのである［Smith 1976（1776）vol. 1：493／邦訳 770-771］。

このように述べるスミスの念頭には、重商主義によって、輸出奨励策や輸入制限策などの規制政策が採られていることがあった。例えば、当時、フランスの葡萄酒には、ポルトガルその他のものより高い税がかけられており、スミスは直接にはフランス産のすべての商品にたいして25％の税がかけられた1692年の輸入税法に法的根拠を求めているが、さらに、ポルトガル産の葡萄酒にはフランス産の葡萄酒に課している税の３分の２の税で輸入することを認めた1703年のメッシェン条約も念頭においていることは間違いないであろう。スミスは、

このような貿易制限が、金銀に拘泥した誤った富観に基づくばかりでなく、メッシェン条約の場合には明らかにイングランドの毛織物業者によるポルトガル輸出の独占的利益を保持しようと謀ったのであり、自由貿易によってフランス産の安価な葡萄酒を享受する楽しみをイングランド国民から奪うばかりでなく、イングランドとフランスを敵対させ、両国間の親善と平和を奪っていると批判したのである[15]。

　スミスが経済学を生誕させた背景には、重商主義によってあおられた英仏の対立が、アメリカ植民地の争奪にまで発展した七年戦争があった。しかし、『国富論』執筆の最終段階で眼前に展開していたのは、アメリカ植民地の独立に対する大ブリテンの戦争であり、本章ではそれを取り上げたい。スミスの見解では、古代の植民地建設やスペイン・ポルトガルの西インド諸島の植民地化に比べて、イングランドによる北アメリカの新植民地政策は寛大で、植民地を繁栄に導いた。しかし、大ブリテンと植民地との間の交易については、航海法による制限が課されてはいたほか、特に、植民地生産物がブリテンの市場における商人や製造業者の独占と対立する場合には、その輸入を妨害したり、その産業が植民地で勃興するのを阻止されたりしていた。スミスは、このような植民地への干渉を「母国の商人や製造業者の根も葉もない嫉妬から、植民地に課せられた奴隷状態の無礼きわまりない刻印」[Smith 1976（1776）vol. 2：582／邦訳918]ときびしく非難する。したがって、イングランドが寛大であったといっても比較の程度の問題であり、植民地が得たであろう利益は、完全な自由貿易が行われていた場合より少ないというのがスミスの見識であった。

　それでは、ヨーロッパは植民地経営からいかなる利益を得たのだろうか。2つ考えられ、1つ目はヨーロッパ全体が受けた一般的利益であり、アメリカから輸入された余剰生産物はヨーロッパの享楽を増加させたし、輸出市場としてのアメリカはヨーロッパの産業を拡大させた。2つ目は、ヨーロッパ諸国が各国の植民地から得る個別利益であり、まず、属国が母国の兵力を分担するとか民政のための分担金を提供することが想定されるが、前者が行われたことは一度もなく、後者に関してわずかな事例しかない。いま1つは、先に見た植民地の不利益の裏面として、植民地のもつ特殊な利益を母国が独占したことである。しかし、スミスによると、そのような独占的利益は、自由貿易が行われた場合に得られる「絶対的利益」に比して、他の国々の産業や生産物を抑圧することによって得られる「相対的利益」にすぎない。むしろ「現在の植民地経営のや

り方のもとでは、大ブリテンが、その支配する植民地から得るところは損失ばかりだ、ということになるだろう」[Smith 1976 (1776) vol. 2：616／邦訳 973]。

　このような現状を見れば、植民地を自発的に放棄し、母国と植民地のあいだでの自由貿易協定を結ぶことの方が、商人階級には不利であろうが、国民大衆にははるかに有利になるだろうと考えられる。だが、植民地を自ら解放するというような提案は、「いまだかって、世界のいずれの国民も採用したことがなく、また、将来もけっして採用されることはないであろう」[Smith 1976 (1776) vol. 2：616／邦訳 973] とスミスは見る。それは国民の［経済的］利益に合致しても、国民の誇りを傷つけ、また一部の支配者の利益に反するからである。現状では、大ブリテンの議会は、帝国を維持しようとして、植民地の課税に固執しており、植民地は植民地で、自分たちが代表も出していない議会から課税されるのを拒否している。大ブリテンが、植民地の離反を阻止しようとすれば、「各植民地にたいして、母国と同様の租税を課す代わりに母国の国民と同様の貿易の自由を認めてやり、この大帝国の公共的収入に寄与する程度にふさわしいだけの数の代表者を大ブリテンの議会に出させること」[Smith 1976 (1776) vol. 2：622／邦訳 982]、つまり、アメリカ植民地を説得して本国との「合邦」を納得させるほかないであろうというのが、スミスの到達点であった。[16]

（2）　タッカーの植民地放棄論

　スミスが植民地放棄という結論をださず、合邦論を併記したのに対して、J. タッカー（1712-1799）は、経済論的にも、また自らの政治的判断からも、植民地の完全放棄をいち早く提起した論客として知られている。彼の主張が鮮やかに提出されている『政治経済問題四論』（1774）を見てみよう。

　タッカーはまず、富国は貧国と競争できるかどうか否かという問題に取り組む。当時、貿易差額説を批判したヒュームの見解は、富国が貿易によって貨幣を獲得しても、物価が上昇するので、やがては貧国に負ける主張としたものとして問題視されていたのである。[17] タッカーはしかし、問題は、富国への貨幣流入が、怠惰――例えば金銀の大豊鉱の発見とか、それらを積載した船の拿捕といった――によるのか、それともその国の大衆の勤労によって獲得されたのか、であるとする。前者の場合には諸財の価格は法外な騰貴もするし、金持ちによって浪費もされるので、確かに貨幣が富国に長く保持されることはなく、貧国に負ける。しかし後者の場合には、決して貧国に負けることはない。なぜなら、

富国は、長期の勤労によって、生産のための諸設備や熟練や知識をもち、豊富な資金と低利による資本投下もあり、高い賃金によって優れた人材の育成と海外からの移住も進む、等等、によって、特に手の込んだ製造品などは、富国において最も廉価になり、さらなる輸出が期待できるからである。

　タッカーの主張は、これまでの英国の経済学のうちに綿々とつらなり、次第にその声を大きくしてきたところの、一国の富裕は戦争によってではなく産業によってこそ実現できるという思想を継承するものであったと言えるだろう。「過去200年間におけるヨーロッパの諸戦争は、そのすべての参加者の認めるところとして、実際、誰の利益にもならず、かえって、万人に明らかな損害を与えるに終わっている」［Tucker 1931：291／邦訳 65］。

　過去の戦争の損失を説き、本書執筆当時の七年戦争に反対したタッカーは、アメリカ植民地の独立、それに伴う戦争にどのような対応をとったのだろうか。タッカーによると、アメリカ植民地と大ブリテン母国との間の不和は、何も印紙条例の不手際から始まったものではなく、植民地は当初から私利私欲で行動し、王国の法令に従おうとしなかったのであり、航海条例も遵守されず、大ブリテン帝国のための一般支出や植民地防衛のための戦費の負担にも応じようとしなかったのである。われわれはいったいどうやって、これら植民地を、母国の利益に貢献させて、母国の法律と政府に従わせることができるだろうか、とタッカーは問い、現実的な選択肢としては２つを提示する。

　１つは、植民地の代表を大ブリテン議会に参加させ、合邦することである。現行の大ブリテン議会にはアメリカ植民地の利害を代表する議員の席がないので植民地に一定数の議席を割り当てるべきだというこの提案は、議会についての誤った認識に基づいているとタッカーは指摘する。現行の議会は代議員制度に基づいており、代議員に与えられる権限は、仮に全国民が一堂に会した場合の国民の権限と同一のものなのである。すなわち、選出された代議員は、選出母体の利益を代表して行動するものではなく、国民全体の利益に立って発言し投票すべなのである。この観点からすれば、大ブリテンにおいていまだ選挙権をもたない600万の人々も、アメリカの200万の人々も、代表を出していないという不平には根拠がない、とタッカーは断じる。利害代表という誤った考えこそ、大ブリテン議会とアメリカ植民地の利害を分かち、印紙条例を紛争に導いた論理であった。タッカーからすれば、アメリカが大ブリテン帝国の一翼である限り、帝国の利害を共有するべきであるのに、アメリカの地域利害を通すた

めに代議員の参加を認めるという合邦案は認められない提案であった。

　2つ目は、北アメリカの独立を認め、大ブリテンがアメリカ植民地から完全に手を引くことである。タッカーは、分離の不利益として想像されていることは杞憂だと指摘する。両者の貿易がそして海運が失われるという不安については、現にアメリカが大ブリテンに輸出している品目の大半は、大ブリテンにおいてこそ最高値で売られるものであり、大ブリテンからの輸入品の大半も諸国のなかで最安値であるので、分離後も、貿易は利己主義に駆られて現状が継続すると見通す。分離後のアメリカがフランスの支配下に入るのではないかという懸念は、共和主義を志向するアメリカが、専制主義のフランスの統治下に入るはずがないと一蹴する。逆に、彼は、分離の利益として、大ブリテンからの移民流出が抑制される、植民地統治の費用や植民地物産への奨励金が節約される、分離後の植民地は母国への負債の支払に現行より応じるようになる、大ブリテンの恩恵に対する思慕が強くなり母国に戻ってくる可能性などを挙げる。さらに彼は、現在の植民地との対立は、大ブリテンにおける反政府派を利しているのであって、「〔分離という〕良策は、反政府派の喧噪、誹謗の最も豊かな源泉の1つを彼らから奪ってしますだろう」[Tucker 1931：291／邦訳 205]、という政治的見地を表明したのである。

　タッカーのアメリカ植民地放棄論とは、植民地が税負担に応じようとしない現状ではその維持経費は母国には負担であるとし、分離して自由貿易体制になっても母国はその産業＝勤勉によって国際的に優位に立てるという経済合理的判断を示し、国王と制限的代議制議会に支えられた名誉革命後の大ブリテンの政体を共和主義の挑戦から守るという政治的戦略を伴なったものだったのである［小林 1955：211-270］。

3　反フランス革命・ナポレオン戦争と経済学

　アメリカ植民地の独立に帰結したアメリカ独立戦争（1775-83）を終えて、重商主義体制＝名誉革命体制の再編を迫られていた19世紀末の英国は、再び、大きな戦争に突入した。それは、フランス革命（1789）が急進化するなかで始まった反フランス革命戦争が、小休止をはさみながら、クーデターで政権をとったナポレオンへの戦争へと続いた対仏戦争（1793-1815）であった。この戦争は、フランス革命の是非を問い、また対仏戦争に巻き込まれた国々での民族意識を

高めるなど、従来の重商主義戦争とは性質を異にするイデオロギー的、政治的意味を伴った[18]。しかし、ナポレオンによる大陸封鎖や戦後処理のなかでの植民地争奪など、重商主義戦争の性質を継承する経済的意味をあわせもち、同時代の景気変動およびそれをめぐる経済学に少なくない影響を与えた。

　この戦争は、その開始以来の長い期間とその後の終戦までの 2 年間では、経済的影響という点では異なっており、前半が好景気を伴ったのに対して、後半の 2 年間は、一転して不況に見舞われ、不況対策として穀物法が上程され、その是非をめぐって、マルサス（1766-1834）とリカードウ（1772-1823）の間で論争が生じることになった。

　まず戦争前半の好景気の原因を何に求めるかについて、早くも、両者は見解を異にした。マルサスがその繁栄を戦争中の外国貿易への資本投資の拡大によって引き起こされた利潤（利潤率）の増大に帰したのに対して、リカードウは、この間の利潤率の増大は、英国および外国の農業が改良されたからだと応じた。マルサスの推論は、外国貿易を含むどこかの部門で利潤率が高まれば、一般利潤率は高まるというアダム・スミスの説を継承したものであった。しかし、リカードウはこれに真っ向から反論し、外国貿易で高利潤が生じてもただちに一般利潤の水準まで沈下するのであり、一般利潤を主導することができるのは食糧を生産する農業利潤だけであると論じたのである。この時期のマルサスとリカードウの経済理論はそれぞれの完成された理論からみれば未熟なところがあったが、戦争がもたらすような需要の増減が一般利潤率に与える影響を認めるマルサスと、それを認めず、一般利潤率に影響を与えるのは食糧価格のような分配率を左右する要因だけだとするリカードウの対立は、その後の両者の経済理論に決定的な影響を与えたと考えられる。

（1）　戦争とマルサス経済学

　戦時下の好景気の原因について、マルサスはその後、その時期には穀物価格が上昇したこともプラスに作用したとも指摘もしていたが（Cf.［Ricardo 1951-73：III 168]）、『原理』（1820）では、大きな生産力と大きな消費および需要との結合があったからだと総括した。彼によれば、英国やアメリカのような、戦争の圧力が大きな生産力と資本の増加を生みだした国では、「戦争によって損害をこうむることもっとも少なくまたむしろそれによって富裕になり、そしてそれらの国々はいまや平和によってもっとも損害をこうむっているのである」

［Malthus 1986：336／邦訳（下）367］。

　戦費による大きな需要創出は、生産力と資本蓄積による供給と比例することによって、好景気を生み出したのであり、逆に大きな供給力をもつ国であったからこそ、平和による突然の大きな需要喪失によって大きな困窮を被ったというのがマルサスの見解であった。この見解は、戦争中の国債増発を評価するものでもあったことは、次の発言で明らかである。「ヒュームおよびアダム・スミスが、国債が当時の額以上にわずかに増大すればおそらく破産を招くであろう、と予言したときに、かれらの誤りのおもな原因は、その後国民が到達すべき生産力の巨大な増大をみることができなかったという、きわめて当然なものであった」［Malthus 1986：336-337／邦訳（下）368］。

　マルサスによると、前半の好景気に対して、終戦前の二年間は、土地の粗生産物の価値下落、それによる地主と農業者の収入の減少、したがって彼らの製造品や外国商品への購買力の減少などから、商工業の利潤の下落が生じた。そして戦後は、戦争中に人口増加が促された結果として労働の供給が増えたうえに、解除された陸海軍の兵士が加わり、他方で農業者および商人の損失から生ずる需要不足が生まれて、一般的に労働の賃金が低減し、それがさらに需要を減少させた。要するに、現在起こっている不況は、過剰な人口が溢れている一方で、終戦二年前から始まった穀物価格の下落を起点として生じている「消費および需要総額の大きな減少」とのギャップによってもたらされているというのが彼の診断だったのである。

　したがって、マルサスによれば、この不況から脱出するためには、人口増加は奨励されてはならず、また貯蓄によって資本を増加することは無駄でかつ無益である。この国で欠乏しているのは資本ではなくて、利潤率が低すぎて、資本を投下すべき用途がないことなのである。また、この不況を、リカードウなどが主張するように、貧弱な土地の耕作、通商に対する制限、および過度の課税のせいにすることはできない。そのような事情があっても、英国は繁栄したことがあるからというのが、マルサスの消極的反論ではあるが、租税については、もし政府筋が、徴収した租税を、労働および諸財にたいするより大きなかつより確実は需要をつくりだすように支出し、一定程度の期間つづけることができるとすれば、戦後不況も恐れるに足らずとの見解を示した。そして、彼の提案する不況対策は、まずは国民収入の増大をはかり需要を創出することであり、そのためには ① 土地財産を分割＝分配し、中産階級を増加させること、

② 国内および外国貿易を伸長すること、③ 不生産的労働の維持すること、であった。

　マルサスは戦争を肯定したわけではなかった。富の増進には漸進性が必要であるというのが彼の観点であり、「できるかぎりいっさいの戦争と過大な支出避けること…もし戦争が避けえないものであるなら、戦争中に人民に圧迫を加えることをもっと少なくし、かつその終結のさいに需要の状態に混乱をひきおこすことをもっと少なくすること」[Malthus 1986：336-337／邦訳（下）387] を主張したのである。「変動はつねに福利よりも害悪をより多くもたらすにちがいない。したがって、社会の大衆の幸福のためには、できるかぎり、平和を維持しかつ平等な支出を維持することを、われわれの目的とすべきである」[Malthus 1986：348／邦訳（下）389-390] というのがマルサス『原理』の結びの言葉だった。[19]

（2）　戦争とリカードウ経済学

　戦争の経済にとっての害悪は、景気変動の振幅が大きくなりかつ急激になるからであるとするマルサスに対して、リカードウは、戦争に伴う政府の介入がなければ進行するだろう自然な経済活動が歪められることが、最大の害悪だと考えた。マカァロクが戦費のための租税調達は、一国の雇用量を半減させると主張したのに対して、リカードウは、問題なのは、租税が雇用量に影響を与えるかどうかではなく、「租税が労働にたいする通常の需要をかき乱すからだ」[Ricardo 1951-73 Ⅷ：177／邦訳 199] と論じたのである。また、戦争中の好景気を国債や課税による需要創出によって説明するマルサスに対しては、戦争が巨大な陸海軍が多くの雇用を実現していたことを認めるとしながら、次のように反論した。

　　　もし私が、陸海軍兵士となっている人々に支出される、戦時中の500ポンドの租税を求められないならば、私はおそらく、私の所得のなかかのその部分を家具、衣服、書物等々に支出するだろう [Ricardo 1951-73 Ⅰ：394／邦訳 452]。

つまり、戦時中のように兵士の雇用が増大すれば、必需品生産の雇用が不自然に増大するのであり、もし戦争がなく自然な進行にまかされていれば、便宜品や嗜好品の生産での雇用が増大し、より豊かな生活と結びついた資本投下が実

現されるはずだと見たのである。

　戦後不況についてのリカードウの現場認識も、「戦争の終結が、以前ヨーロッパに存在していた資本投下部門の分割を非常に攪乱したので、どの資本家もまだ、現在必要になっている新しい分割のなかで自分の適所を見つけていないのである」[Ricardo 1951-73 I：90／邦訳 106]というものだった。一般に、英国のような大製造国では、戦争のような大きな変動のあとに、資本が適所を見つけるのが難しいという事情がある。特に彼が問題視したのは、戦争末期に進行した劣等地耕作を伴う農業部門の拡大であり、それを追認して農業部門を肥大化させる穀物法であった。もし自由な貿易にまかされていれば、安価な食料が輸入され、利潤率は上昇し、資本蓄積は回復して、労働者にも自然賃金を上回るような市場賃金が実現する可能性をもたらし、戦時中とは異なった高い生活水準を保障することになるだろう。

　そもそもリカードウは、戦時体制の産物であった兌換停止という不自然な体制が、当時の通貨価値の不安定をもたらしていることを告発する地金論者としてエコノミストの道を歩み始めた。この問題へのリカードウの最終解決策は、イングランド銀行という私人が銀行券を発行している人為的な体制を解体し、国立銀行を設立し、鋳造権という貨幣発行益を伴う権限を、議会の監督下の独立の委員会が保持する体制をつくるというものであった。さらに、リカードウは、ナポレオン戦争下で累積した公債については、財産税によって一度にすべてを償還してしまうという大胆な提案を行った。そこには、国家による国債発行制度そのものを失くそうという意図が込められていたのである。リカードウによると、戦争が勃発したとき、戦費を調達する方法としては、全額を租税で調達する、全額を公債発行で調達する、公債発行で調達しながらその利子と償還の費用を租税で調達する、という3つの方法がありうるが、「これらの3つの方法のうちでは、だんぜん第一の方法を選ぶべきである、というのがわれわれの意見である」[Ricardo 1951-73 IV：186／邦訳 227]。「戦争を続けようとするなら、国民に納税を要請しなければならないように大臣たちを強制しておくことほど、平和継続の保障に役立つことはほかにない」[Ricardo 1951-73 IV：197／邦訳 239]からであった。

　リカードウが植民地体制も不自然だと見ていたことは、母国による「植民地貿易の独占が資本の方向を変化させ、またしばしばそれを有害に変化させるであろう」[Ricardo 1951-73 I：345／邦訳 396]という発言から明らかである。あら

ゆる国が自立して、その国の産業の生産物をその欲する時と所において自由に
交換できるようになることが、世界の資本と労働の最適な配分を実現し、平和
と豊かさを保障するというのが、彼の見通しだったのである。しかし、彼には、
外国貿易は貿易する双方の国に労働を節約させるという理論がある一方、発達
した先進国は後進国から安価な食料を輸入することによって高利潤を実現でき
るという主張があった。また、貿易している二国のうち一方の国で製造業の改
良が起こると、相手国から金が流入して、当該国の貨幣価値を低下させ、その
国の全収入を増加させるという議論も展開していた。製造業の優れた生産力に
よって国際的に優位に立てるのは英国だというリカードウの自負は、原則的に
J. S. ミルにも継承され、両者は自由貿易体制によって平和（パクス・ブリタニカ）
が確保できるという展望にたっていたと言えよう。後代の目から見れば、彼ら
の展望は、19世紀に新たに拡大した植民地を包含した大英帝国の姿であり、自
由貿易帝国主義だと評されることになるのである。

おわりに
——与件としての戦争・国家——

　全体として見ると、この時代の経済学にとっては、戦争は、政治の問題とし
て、与件であったと言えるだろう。むしろ、経済学は、戦争は経済的には損失
であり、巨額な支出の浪費であったと捉え、戦争回避の方途を探ったのであっ
た。われわれの考察した英国の経済学者達は、多かれ少なかれ、強い産業の育
成こそ、世界における大英帝国の地位を高めるものだと進言していたのである。
　この時代の初期には、利潤獲得のための戦略的経済活動が主として外国貿易
によって遂行され、重商主義経済学者たちが商業と戦争を不可分離だと把握し
たのは確かであるが、彼らが経済のうちに戦争の原因を見いだすことはなかっ
たと見るべきだろう。経済活動の重心が次第に国内の産業に移行するにつれて、
経済学者達は余りに外国貿易の振興が強調されてきたことを批判するようにな
り、産業的競争力を強化する必要を訴えたのである。戦争を通じて、これらの
経済学者達は、経済活動に解消されえない、独自権力としての国民国家の存在
に遭遇することになった。国家は、戦争のために課税し公債を発行することで
強化され、逆に国家として確立されることで巨額の費用のかかる長期の戦争を
支えることとなり、その結果、経済と国家は破産の危機にまで進んだのである。

　経済学者達は、スミスを含めて、戦争に伴う公債の過剰発行と公債で生きる貨幣階級とを批判したのではあったが、しかし、国家の存在自体を問題視することはなかった。ステュアートとマルサスの場合には、国家または為政者は、経済にとって不可欠な擁護者と把握された。この時代のすべての経済学者にとって、国家とともに戦争の存在は、否定することはできない与件だったのである。

　リカードウは、産業化を重視する英国経済学の伝統を継承し、特に戦争が地主階級の利益と結びついていることを批判し、外国貿易についても一国の利潤率の形成要因ではないとし、公債制度の全面的な廃止を主張することによって、産業化の推進の頂点を極めた。リカードウは、一方で産業化された経済が、労働（産業）価値論によって支配される自律的体制であることを闡明にしたが、他方では国家の独自の存在理由を問題にすることはなく、そのことが、彼の平和主義を支えていたように思われる[20]。リカードウは、政治が経済に包含され、経済によって支配される時代に直面していたのである。われわれはやがて、経済学が自由競争に平和と安寧を託し、国家と戦争の存在を忘れる時代を見ることになるだろう。

注

1）　戦争と経済の関係については、戦争は特定階層の経済的利益に起因するとする通説があり、良く知られているのはレーニンが第一次世界大戦は独占資本主義の利益追求から生じたと論じたことである。しかしこの主題は多くの論争を引き起こしたのであり、以下のような見解は今なお示唆に富む。「レーニンにおいては、後期資本主義の時代では国家は独占主義者の戦略の道具と見なさなければならないとされている」［Robbins 1939：35］。「あなた達は、平和か戦争かの選択が市場を通じて表現されると考えることはできない」［Robbins 1957：29-30］。「多くの歴史家が暴力〔戦争〕を経済的に説明してきたが……彼らは、帝国主義時代にのみ適応可能なことを初期の時代にも遡ろうとしたに過ぎない」［Lefebvre 1991：276］。

2）　マンの論説は、当時の経済不況は為替におけるイングランド貨幣の過小評価に主な原因があると主張したマリーンズ（fl. 1641）を批判したものだった（［吉田 2014：16-7、29］参照）。

3）　オランダ人の研究者は次のように主張する、「多分〔マンの本の出版の〕日付が重要である。マンの議論の全ての論理は、アンチオランダとして現れるだろう」［Wilson 1978：19］。

4）　ダヴナントは、貿易の目的は金銀にはなく（それは手段）、資源と産業力によって実

質的な富を増大させることにあると捉えており、こうした観点は大部分の重商主義者で共有されており、重商主義は貨幣と富とを混同していたという後のアダム・スミスの批判は間違いだという、最近の研究がある（[Magnusson 2015：217-218]参照）。

5）「ダヴナントとチャイルドは、〔国〕力（または安全）と利潤をひとつのものとして論じた」[Schumpeter 1954：347-348]。

6）　なお、ペティが、イングランドの産業構造を変革し、知識と技術によって「必需品を安く製造し」、より多くの労働が「海外から貨幣をもたらしたり、招来したりするような諸物の生産に従事すべきである」[Petty 1986：118-119／邦訳 192-193]との展望を示していたことは注目される。ペティは、ダヴナントと同じく、貿易差額による金銀の流入を一国の実質的な富裕の指標と見ていると言えるだろう。

7）　ダヴナントが、国民は自由のための戦士でなければならないというとき、その自由は二重の意味であり、1つは国家の独立をさし、いま1つは所有権の安全と課税という名で行われる法的な略奪からの保護を指していた[Hont 2005：203／邦訳 151]。

8）　デフォーは、「イギリス経済」とは、地理的なイングランドの経済を指すのではなく、ブリテン、アイルランド、植民地を含む商業圏を念頭においているとしている（Cf. [Defoe 1967：70-71／邦訳 77]）。本章でも、イギリス、英国、イングランド、大ブリテンなど、文脈に応じて使い分ける。

9）　軍事力ではなく自由な商業の発展こそイングランドの利益になるというデフォーの主張が、土地利害と貨幣利害ないし商業利害は相互依存的であるという主張と重ね合わさっていたと説く研究がある（[林 2012：205-19]参照）。

10）　デフォーが、戦争への懐疑的見解とともに、これまでの戦争がイングランドの富を増大するのに貢献したという認識を合わせもっていたことについては、天川[1966：22-5]を参照。

11）　ヒュームが自らの戦争体験を経て、彼の文明社会論を構築した次第については、坂本[1995：第3章]を参照。

12）　ヒュームの公債累積問題への批判については、森[2010：第8章]を参照。またヒュームの「自然死」と「暴力死」については、Pocock[1975：496]および Hont[2005：329]を参照。

13）　ステュアートの公債論については、竹本[1995：294-308]を参照。

14）　熊谷次郎「重商主義帝国の経済循環」[竹本・大森 2002：第2章]を参照。

15）　スミスは、重商主義によってあおられた戦争を批判したが、戦争それ自体が容易になくなるとは想定していなかった。「活気と野心をもった人が……対外戦争あるいは国内不和を待ち構えている」[Smith 1976（1759）：55／邦訳 142]と述べ、自らの生きる時代が、「『国民的偏見』という共鳴盤で補強されながら直接には政治家や特権階級の利害を反映した政治の制度が、その国の住民の真の利益をさまたげると同時に、国際対立をひきおこしている現状」[内田 1970：18]であることを熟知していたからである。また、スミスは年をとるにつれ、軍事問題を重要視するようになったと説く、Winch[1978：104-5／邦訳 127]を参照。

16)　スミスの合邦論については、次の2つの指摘が参考になる。「太平洋をはさむ連邦という概念は、政治的変化を考慮に入れ、経済的変動過程に対応し、古い対立を克服するための新しい制度を生み出し、そして革命的精神の発揮しうる余地をも残そうそうとする意欲を示すものである」[Ross 1995：268-269／邦訳 306]。「スミスにとって、実際に役立つ唯一の解決策は、スコットランドで少し前に行われたことにあった。彼はこのように問いかける。1707年の議会合同によってイングランドや植民地との自由貿易が開かれた以上に、スコットランドの経済成長と税収入を活気づけるのに貢献したものがあっただろうか」[Philipson 2010：235／邦訳 310-311]。

17)　ヒューム自身は、富国は貧国に負けるとは主張していなかったと思われるが、彼の当初の主張が必ずしも鮮明でなかったこともあって発生した「スコットランド啓蒙における『富国―貧国』論争」については、Hont［2005：267-322／邦訳 200-234］を参照。

18)　Clausewitz［1993（1832）：第3編第17章］は、戦争が国民によって担われるようになるのを近代戦の特徴だとして、ナポレオン戦争に言及している。

19)　マルサスの人口の原理の主張は、「土地と食物との獲得競争に起因する戦争を廃止すること」という付随的意義をもっており、実際、戦争を推進する野心家は過剰人口を祈願しているという認識をマルサスはもっていたと論じる Winch［1987：52／邦訳 81］を参照。

20)　リカードウは、タッカーのように、代議制議会というものを国民的諸利害が統合されるべき場としては捉えてはおらず、経済的な階級的利害が競合し相互作用を起こす場であり、容易に満場一致は実現しないと見ていたのであり（Cf.［Milgate and Stimson 1991：106-107]）、国家が経済的利害から乖離して、独自に存在意義を発揮するような事態（戦争を含む）を彼の学問の中に組み込むことはなかった。

第2章

アダム・スミスにおける国防と経済

は じ め に
──商業文明と自由──

　アダム・スミスの『国富論』（1776年）の大きなテーマの1つは、商業の発展と自由の確立の相互作用について考察することである。経済的自由を政策上確保することで、市場経済の発展につなげていこうとするスミスの議論については、経済学史研究を中心にこれまで多く取り上げられてきた。しかしこれは、スミスが考察した商業と自由の相互作用の一面に過ぎない。商業文明の興隆が自由や正義のあり方にいかなる影響を及ぼすのかという逆方向の作用についてのスミスの議論は、あまり顧みられてこなかった［Winch, 1978 : 70］。本章では、商業の文明化作用が社会的分業の体制を拡大し、その一環として民兵組織に代わる常備軍の編成など、ポリティカル・エコノミー（ポリスまたは国家の家政学）の大変革をもたらし、国際的通商の拡大とともに「第二の百年戦争」とも呼ばれる18世紀の幾つもの大戦争が引き起こされる中で、スミスが国防の問題をいかに受け止めていたのかを、自由の確保という観点から考察してみたい。

1　富の生産力と国家の力

（1）　商業と戦争

　スミスは、「商業は、個人間と同様に国民間においても、自然に和合と友情の絆となるべきである」と述べたが、近世の欧州では、商業が平和をもたらすよりも、むしろ「不和と敵意の最も豊かな源泉」となってしまったのが、スミスも認めた現実である［*WN*, IV. iii. c. 9, p. 493］。ヒュームが「市民的自由について」で論じたように、中世以来、商業に特化してきた小共和国や都市国家から、

オランダとイングランドという 2 つの海洋国家が貿易市場を奪い、16世紀末から17世紀にかけて台頭してくると、それに対抗してフランスやスペインのような大きな領土を持つ大陸国も、貿易の主体として国際商業の場に登場した。ヒュームの言葉では、17世紀には商業が初めて「国家の営為」となったわけである［Hume 1987：88-89］。17世紀後半までには、欧州では商業と貿易が国内政治を左右する大きな要因となった［Hont 2005：22-23］。この事情が、いわゆる「重商主義」のポリティカル・エコノミーを登場させた。これはマキャヴェッリに始まるルネサンス期の国家理性論が経済の領域に応用されたものとして、「新マキャヴェッリ的ポリティカル・エコノミー」とも捉えられる［Pocock 1975：423-461；村松 2013］。重商主義の時代には、もはや商業は国民同士の平和の絆ではなく、戦争の根源であり、それ以前のいかなる紛争よりも、国家間対立を激化させ、その結末をより予想困難なものにしてしまった［Hont 2005：187］。

　近世の戦争は戦費を急拡大させ、従来の仕組では対処できないほどの規模の財政需要を生み出した。この状況が、欧州の主要な国家をさらなる国際的な貿易競争に駆り立て、財政収入と国防や軍事の財源を外国貿易からの収益に依存させるようになった［Hont 2005：186, 366］。特に英国を率いた大ピットの戦争指揮が光る七年戦争（1756-1763年）は、ロンドン・シティの商業権益と侵略的（aggressive）な商業拡張のイデオロギーの優勢を反映しており［Brewer 1988：169］、戦時に特有に見られる敵国からの妨害で貿易が一時的に縮小するようなこともなく、むしろ貿易が拡大を見た唯一の戦争であり［Brewer 1988：175］、商業競争が戦争の推進力となってしまった典型例であった。商業が平和の絆となったのではなく、商業競争こそが国防のみならず軍事の必然性を高め、それがさらに商業の拡大を刺激し、欧州の商業文明をもたらしたのだと言える。

　イングランドやフランスなど、従来からの軍事上のライバル国同士で貿易が増加すると、商業競争もまさに貿易戦争と化していった。スミスはこの原因を、市場と利益を争奪する製造業者たちや貿易商人たちの「嫉妬」（jealousy）に帰している。彼らの「あさましい強欲」や「独占の精神」は、「国家の営為」となった商業を、国民同士の互恵的関係を育む契機とする代わりに、競争を制限し市場をコントロールして、商業上だけでなく政治的にも国家同士で対立させるような政策策定の理由付けに利用してしまった［*WN*, IV. iii. c. 9, p. 493］。

　……〔フランスとイングランドの〕二国間で開放されていて自由な商業を、両

国にとって有利にしたはずのまさに同じ事情が、その商業に対する主要な障害を引き起こしてしまっている。……商業上の嫉妬（mercantile jealousy）が刺激され、国民同士の敵意の猛烈さを燃え上がらせ、またそれによってさらに燃え上がってしまう［*WN,* IV. iii. c. 13, p. 496］。

　ヒュームもスミスも、商業が互恵的であるからと言って、それが政治的対立を和らげ、戦争を防止するはずだと、始めから結論づけていたわけではなかった。ヒュームのエッセイのタイトルからイシュトファン・ホントが「貿易の嫉妬」で特徴づけた時代には、国民の政治的・軍事的生き残りが国際商業での成功にかかってくるようになり、政治の領域で戦争と貿易が結びつき、かつての征服や属国化による帝国主義よりも危険な、全世界での植民地の争奪戦へとつながっていくような商業戦争という新しい種類の交戦状態をもたらしたのである［Hont 2005 : 5-6］。

　20世紀の国際関係論で論じられた規定を用いて、政治を道徳的・倫理的考慮とは無関係に国益を促進する実践と捉え、戦争もその一環と理解する立場を「現実主義」（realism）［Doyle 1997 : 41-201］、反対に自由貿易の拡大が全世界を平和にするはずという理想を信じる立場を「自由主義」（liberalism）と呼ぶとすれば［Doyle 1997 : 205-311］、ヒュームもスミスも、単純に自由主義者であったとは言えない[1]。『国富論』は、カント流の恒久平和についての議論などではなく、ホントが論じたように、グローバル市場経済の世界における国民の生き残りと競争的な経済戦略についての論考である［Hont 2005 : 8］。国家として、貿易を筆頭に、製造業、商業などにおいて、経済的に成功できなければ、莫大な戦費がかかるようになった近世の時代に戦争はそもそも実行不可能であり、持続することもできないわけであるから、戦争に関して現実主義者であるためには経済に関しては自由主義者でもなければならないし、その逆も同時に成り立つであろう。ヒュームもスミスもそうであったし、それを「実際主義」（pragmatism）と名づけるとすると、イデオロギーの時代であった20世紀の思想的対立とは対照的に、啓蒙の時代である18世紀のポリティカル・エコノミーの大きな特徴が浮かび上がってくるであろう。

（2）　スミスにおける国防

　スミスは国防を「主権者の最も重要な任務」であると述べた［*WN,* V. i. a. 1,

p. 689]2)。

> 国内の平和が完全には確立されることなどないとしても、しかし国外から
> の侵害に対する安全保障がなければ、個人の財産権は安全にはなり得ない。
> ……したがって軍隊が維持されることは必須であり、国外からの侵害に対
> して国家を防衛することは、すでになされた侵害に対して賠償を得ること
> と同様に必須である［*LJ*（A）, i. 7, pp. 6-7］。

　スミスは、真に国防に資する場合には、貿易を政治的に保護することに対し
て躊躇なく是認を与えた［Hont 2005：53］。例えばスミスは、戦時中に国外の業
者からの供給に依存するわけにもいかない戦略物資の国内生産に対して、租税
を財源として国家が支援を与えることに賛成した。

> もし本当に社会の防衛に対して、何らかの特定の製造業が必要であるなら、
> その供給を私たちの隣国に依存することは、常に賢明であるとは言えない
> だろう。そのような製造業が他の方法では国内で持続できないとすれば、
> それを維持するために他の全ての産業が課税されるべきであるとしても、
> 不合理とは言えない［*WN,* IV. v. a. 36, pp. 522-523］。

スミスがイングランドの航海条例を是認していたことはよく知られているが、
スミスはその利点を、重商主義者のように貿易上の利益を促進するための通商
政策としてではなく、「しかしながら国防は富裕よりはるかに重要である」と
いう意味で、安全保障上の処置として捉えていた［*WN,* IV. ii. 30, pp. 464-465］。
かつてエリ・ヘクシャーも、スミスは「外国の支配力からの国家の生き残りに
対して、経済活動が従属されるべきであることを、誰よりも明確にした」と指
摘した［Heckscher 1935：vol. 2：16］。ヘクシャーは、国益が政策を決定づけざる
を得ないことを受け入れていた点では、重商主義者と自由貿易論者に違いはな
かったと見ていた［Heckscher 1935：vol. 2：13-14］。

　ホントは『貿易の嫉妬』の中で、正義は豊作の時期にも深刻な飢饉の時期に
も、それ自体では社会秩序維持という重大な目的の役には立たないため、「『国
富論』の中心的な機能範疇は功利であって正義ではない」と断言したが［Hont
2005：97］、これは明白に間違いである。むしろ正義こそが『国富論』の中心的
な機能範疇であって、功利ではない。スミスが安全保障を経済発展よりも優先
して考えたのは、それが功利の問題ではなく、まさに国家の独立と国民の財産

権の保護という正義の最も重要で最も根本的な事柄であったからである。これこそホントがかつて論じたように、『国富論』がシヴィック・ヒューマニズムや共和主義よりも、むしろ『戦争と平和の法』(1625年) を書いたフーゴ・グロティウス以来の自然法学の伝統の中で書かれた著作であった理由でもある[Grotius 1625]。

(3)　『国富論』における正義

　現実主義者としてのスミスは、欧州において戦争の政治的原因がなくなることはないと、達観していた。国家の生き残りは経済力の増大にかかっており、それを目指して領主としての主権者たちが戦争も辞さない政治スタンスを穏健化することは、まず期待できないからである [WN, IV. iii. c. 9, p. 493]。スミスは国民にとっての安全保障が不可欠であることと、それに対する経済力の重要性を、現実の問題として軽視してはいなかった。そして国防を目的として用いられる場合、富こそが力であるというホッブズの言明も、認めざるを得なかった。

> 全ての国の富は、そして力が富の大きさ次第である限りにおいて、全ての国の力は、毎年の生産物の価値に常に比例するはずであり、それを財源として全ての租税が究極的には支払われなければならない。しかして全ての国にとってポリティカル・エコノミーの第一の目的は、その国の富と力を増やすことである [WN, II. v. 31, p. 372]。

国防は租税負担で賄われ、国家の租税負担能力は国民の富の生産力に比例するわけであるから、ポリティカル・エコノミーの目的である富と力の増進は、究極的には安全保障を確立することにもつながっていく。これが本章でクローズアップしたい『国富論』の議論の道筋である。

> 例えば主権者は、彼に仕える全ての武官や司法官、全ての陸海軍ともども、不生産的労働者である。彼らは公共の下僕であり、他の人々の勤労の毎年の生産物の一部によって養われる [WN, II. iii. 2, pp. 330-331]。

たとえその務めが「いかに高貴で、いかに有益で、いかに必要不可欠で」あっても、軍は何ら物理的生産物を生み出すわけではないため、商業社会の生産的労働者層によって養われて初めて国防の任務を果たすことができる。したがって国防、もっと明確に言えば国家の力は、国民の生産性にかかっている。自由

市場の機能と分業の拡大こそが、国民の生産性を高め、生産的労働者層をして安全保障に必要な物資と財源の調達を可能ならしめるという結論が、『国富論』の議論から浮かび上がってくる。

　同時に自由主義者としてのスミスは、安全保障を究極的に支える生産的労働者層の社会保障を、安全保障と同じ土俵で正義の問題として捉えていた。かつて『富と徳』でホントとイグナティエフが論じたように、『国富論』は所有の不平等という商業社会の現実の中で、財産を持たない生産的労働者層に生存の基本的必要を満たせるだけの食糧をいかにして行き渡らせるかという正義の問題を主要な関心事とする論考であった。それに対するスミスの答えは、食糧供給と労働供給に対して競争市場の仕組みが機能すれば、労働貧民層にも生存に充分な食糧を保障できるという、当時としてはスキャンダラスなものであった。そしてスミスは、貧民層は生存に最低限必要な食糧に対しては富裕層の財産権に優先して権利を持つと信じていたモラル・エコノミストたちだけでなく、食糧の市場については政府が管理すべきであると論じた当時の大多数のポリティカル・エコノミストたちに対しても、堂々と対抗したのであった［Hont 2005：390；Hont and Ignatieff eds. 1983］。[3]

（4）　スミスにおける分業と常備軍

　国民の生産性を高め、財産を持たない貧民大衆にも生存に必要な食糧を行き渡らせる根拠とスミスが見た分業の原理は、農業主体であった中世の封建社会から近世の商業社会を台頭させた。また分業は、兵器の技術的進化をもたらし、職業としての軍隊の専門分化をも進め、戦費の増大とも相まって戦争そのものを技術的に高度なレベルに引き上げた。16世紀から17世紀にかけて起きたいわゆる「軍事革命」（military revolution）は、欧州における戦争の性格を変えた。作戦行動の大規模化、連続的な戦闘隊形、移動をあまり伴わない攻囲戦といった新戦法は、軍事行動をより複雑で長期的なものにした［Brewer 1988：7-8］。近世の時代の国防は、したがって民兵組織ではもはや対処できるものではなく、よく訓練され適切に統率された常備軍の編成と維持を不可欠とするようになったというのが、民兵論優勢であった当時にスミスが打ち出した議論である。17世紀末以降、18世紀を通して、英国の陸海軍は国家の財政能力の向上によって常備軍として確立したため、かつて見られたことのないレベルの高度な専門職業意識を身に付けるようになった［Brewer 1988：55］。これもスミスの言う近世

の社会的分業がもたらした結果の1つと言える。

国防は軍事力に依るしかないが、軍事費は社会の発展とともに著しく増大してきた [*WN*, V. i. a. 1, p. 689 ; *WN*, V. i. a. 42, p. 707]。社会が最も未開であった狩猟民の時代には、全ての国民が狩猟民であると同時に戦士でもあった [*WN*, V. i. a. 2, pp. 689-690]。牧羊民の時代でも同様である [*WN*, V. i. a. 3, p. 690]。中世初期の自給自足的な農業の時代でも、種まきの時期が終わり収穫の時期が来る前であれば、農民は負担なくいつでも戦士になり得たので、主権者に軍事費の負担はほとんどかからなかった [*WN*, V. i. a. 6, pp. 692-693]。ところが自給自足の農業経済が崩れ、製造業が発展すると、国民が負担なく戦地に赴くことが全く不可能になった [*WN*, V. i. a. 8, p. 694]。種まき後、収穫前であれば、農民は自らの所得を大きく減らすことなく軍事遠征に加わることができたが、製造業従事者の場合、従軍するために仕事を中断したとたん、収入源を失ってしまう。この間の所得は、したがって国家が負担せざるを得ないが、商業社会では人口の多くがこうした製造業従事者であり、国家の戦時負担は大きく増えてしまう [*WN*, V. i. a. 9, pp. 694-695]。また社会の発展とともに戦争技術が高度化して複雑になった。

> しかしながら戦争の技術は、間違いなく全ての技術の中で最も崇高なものであるので、改良の進展とともに必然的に全ての技術の中で最も複雑なものの一つになっていくのである。……それが特定の階層の市民の唯一、または主要な職業となっていくことは必然であり、他の全ての技術と同様、この技術の改良のためにも、分業は必要不可欠なのである [*WN*, V. i. a. 14, p. 697]。

戦争そのものも長期化したため、国民が自己負担で戦場に赴くことはますます不可能になり、国家が戦争従事者を養うことは必須となる [*WN*, V. i. a. 10, p. 695]。戦争の専門職化が進むと、国民の大多数は非戦闘的になると同時に、改良につれて蓄積された国富は、近隣国からの侵略を誘発するようになる。勤勉で富裕な国民ほど、攻め込まれる可能性が高くなるのである [*WN*, V. i. a. 15, pp. 697-698]。このような状況では、富裕国の国家は、兼業で兵士を務める民兵軍ではなく、兵士を専業として雇用して常備軍を維持し、国防に当たるしか選択肢はないというのが、スミスの議論である [*WN*, V. i. a. 18-19, p. 698]。銃器の発明以後は、兵士個人の腕力ではなく、集団での訓練によって得られる熟練

と技能がより重要になってきているのであり［*WN,* V. i. a. 21, p. 699］、継続的な
訓練ができない民兵軍では、よく統制されよく訓練された常備軍ほどには、銃
器の扱いにおいて熟練に達することはできない［*WN,* V. i. a. 23-25, pp. 699-700］。
特にスコットランドのハイランド民兵軍は、遊牧民ではなく定住牧羊民である
ため、遊牧民ほどには士族長に常に従う習慣を持っておらず、統制の面で民兵
軍として最低レベルであるとスミスは論じている［*WN,* V. i. a. 26, p. 701］。よく
統制された常備軍が民兵軍に対して圧倒的な優位性を持つことは、マケドニア
王フィリッポスの時代から、古代ローマを経て、中世から近世に至るまで、全
ての時代の歴史が証明していると、スミスは結論づけている［*WN,* V. i. a. 28-
38, pp. 701-705］。

　文明国が国防を民兵軍に委ねることが危険なのは、周辺の野蛮国の民兵軍の
方が優勢だからである。よく統制された優れた常備軍を維持できるのは、富裕
な文明国だけであり、常備軍だけが、貧しく野蛮な近隣国から文明国を防衛で
きるのである［*WN,* V. i. a. 39, pp. 705-706］。「いかなる国の文明といえども、永
続され、またはある程度の期間であっても維持されることができるのは、常備
軍によってのみである」［*WN,* V. i. a. 39, p. 706］。

　また、野蛮国が常備軍を導入すると、野蛮な社会を文明化する効果も発揮す
ると、スミスは述べる。国内では抵抗されることのない圧倒的な武力でもって
法の支配を国内の隅々にまで行き渡らせ、国内の静穏を実現し、規則正しい政
府を確立するからである。ピョートル大帝の時代以来のロシアが好例だとスミ
スは論じている［*WN,* V. i. a. 40, p. 706］。その理由は、常備軍こそが自由の護持
者たり得るからである。主権者自身が司令官となり、主要な貴族や大地主階級
が将校を務めるなど、国家の体制維持に最も大きな利害を持つ階層が支配する
常備軍であれば、共和主義者が警戒するような自由にとって危険な存在にはな
らず、むしろ自由にとって好ましい効果をもたらす［*WN,* V. i. a. 41, pp. 706-
707；*LJ*（A），pp. 269-270］。常備軍こそ、自由の友なのである。「放縦にまで近づ
くレベルの自由は、主権者がよく統制された常備軍によって守られている国々
においてのみ許容され得る。主権者にこのような放縦な自由の節度を超えた奔
放を鎮圧するためという程度の自由裁量的な権限すら委ねられることを公共の
安全のために必要としないのは、そのような国においてのみである」［*WN,* V. i.
a. 41, p. 707］。

　近世の戦争では、費用のかかる常備軍を維持でき、銃器など高価な武器に支

出できる富裕国の方が、貧しい野蛮国に対して大きな優位性を持つ。「銃器の
発明は、一見すると破壊的な発明に見えるが、文明の永続と拡大のためには間
違いなく好ましい発明である」[*WN*, V. i. a. 44. p. 708]。スミスにとっては常備
軍こそが、近世の文明の具現化であり、それは商業社会における分業の拡大に
対する適切な対応の結果でもあった。

2　複合国家の安全保障と租税負担力

（1）　複合国家と近世の国防

　近世欧州における国防と常備軍の運営主体は、1 つの国民、ネイションが主
権国家を戴く国民国家ではなく、領主としての主権者であり、その下には連合
王国英国のように、複数のネイションが礫岩のように寄り集まっている場合が
一般的であった。これを歴史学では「複合国家」(composite state)、「礫岩国家」
(conglomerate state) などという用語で言い表している。「礫岩国家」という用
語は、スウェーデン史家のハラルド・グスタフソンが提起したものであるが、
英国史においても「王朝コングロマリット」(dynastic conglomerate) や「王朝的
集塊」(dynastic agglomerate) などの言葉が使われる [Gustafsson 1998；Morrill
1995；モリル 2012；後藤はる美 2016：158]。

　ブリテン諸島における複合国家の編成は中世以来の長い過程を経たが、本章
の議論に関係する近世の時代については、「第二の百年戦争」とも呼ばれる18
世紀欧州の地政学的背景を抜きにしては理解できない。スミスの『国富論』に
おける議論も、国防については言うまでもなく、ポリティカル・エコノミーに
関する論考全体が、当時の一連の大戦争とその状況下での国家編成の文脈を色
濃く反映している。

　海洋国家英国と大陸国家フランスは、17世紀末から19世紀初頭まで継続的に
交戦状態にあった。九年戦争（1688-1697年）、スペイン継承戦争（1702-1713年）、
ジェンキンズの耳戦争とオーストリア継承戦争（1739-1748年）、七年戦争（1756-
1763年）、米国独立戦争（1775-1783年）、フランス革命戦争（1792-1802年）、ナポレ
オン戦争（1803-1815年）　である [Brewer 1988：29；Colley, 2009：1]。　名誉革命
（1688-1689年）でオランダのオラニエ公ウィレムが国王に即位したイングランド
は、領土拡張の野心に満ちたフランス国王のルイ14世を抑止するための欧州大
陸連合に否応なく引きずり込まれ、四半世紀に及ぶ戦争に巻き込まれた

[Brewer 1988：138]。イングランドにとって、九年戦争とスペイン継承戦争の主要目的は、欧州大陸諸国と連携して強大国フランスを抑え込むことを通して、名誉革命で実現したプロテスタントによる王位継承を護持することであった。欧州大陸におけるルイ14世の覇権を放置しておくことは、名誉革命体制を危険にさらすことを意味し、イングランド議会内の最も孤立主義的な議員たちにとってすら、出来ない相談であったため、彼らでさえ九年戦争とスペイン継承戦争を支持していた [Brewer 1988：171]。

　19世紀初頭までの一連の戦争の時代を通して、イングランドは自国よりも大きなカトリック国フランスの軍、人口、野心的な海軍を恐れ続け、自国への侵攻の可能性を常に意識せざるを得なかった。それがイングランドをして、プロテスタントを軸とした英国という新しいネイションの形成に向かわせたのだと、リンダ・コリーは論じている [Colley 2009：xx]。実際に一連の戦争におけるフランスの主要目的の1つは、九年戦争では王位を追われてフランスに亡命していたジェエムズ二世、スペイン継承戦争ではその息子の老僭王エドワード・ステュアート、オーストリア継承戦争では孫の若僭王チャールズ・ステュアートの英国王位奪還を目指して、ジャコバイト（ステュアート朝支持者）を支援して英国に侵入することであった。彼らはカトリックであり、これら一連の戦争は、アン女王の死後の英国王位継承者はプロテスタントのハノーファー朝のソフィアまたはその子孫と定めた1701年の王位継承法だけでなく、英国内におけるプロテスタント教会、ひいてはそれらを政治的・宗教的基盤とする国内秩序、安全保障に対する脅威であった。七年戦争でも、フランスがジャコバイトを支援して英国に侵入する恐れがあったのである [Colley 2009：4-5]。数次にわたるフランスとの戦争が1707年から1837年の130年間に英国という新しいネイションを誕生させたのだというのが、リンダ・コリーの『英国民』（2009年）のテーマであり、英国とは戦いに慣れた文化であり、戦争を通してそれ自体を定義づけてきたとさえ、コリーは述べている [Colley 2009：9]。特に九年戦争とスペイン継承戦争は、イングランドにとっては自衛戦争であり、激しい国際通商競争の時代には、名誉革命以前の17世紀までのイングランドのような孤立主義的で島国風の弱小軍事力では対応できなくなった現実を示すものであった。

　これら一連の対フランス戦争は、英国内では国家権力に対する大きな試練となり、政府の規模拡大に対して何よりも強力な刺激剤となった [Brewer 1988：65]。戦争がもたらした緊急性こそが、軍事を始めとして行政に対する需要を

急増させ、政府のあらゆる部門を拡大させた [Brewer 1988 : 67]。フランス国王ルイ14世によるスペイン王位継承問題の処置の失敗 (1699-1700年) と、その結果としてのスペイン継承戦争を筆頭に、数々の歴史的偶発事件が、英国家をジョン・ブルーアの言う「財政・軍事国家」へと大きく変貌させていった [Brewer 1988 : 70]。1688年から1714年にかけて、英国家がスコットランドとのユニオンを含めて大変革を経たのは、その必然的な結果であった [Brewer 1988 : 137]。チャールズ・ティリーが述べたように、「戦争が国家を生み、国家が戦争を生んだ」のである (Tilly [1975 : 42], Tilly [1990 : 14-15] も参照)。

　戦争における国防は、何よりも人員と軍需物資の適切な供給に左右され、それらは充分な予算と適切な行政運営にかかっている。現代風に言えば、インフラとロジスティックスである。国家が大きな国力を手にするためには、経済的繁栄や商業的洗練を基盤とした豊富な資源と、それら資源を国力の増進に向け換えていくだけの組織的な機構が必要となる [Brewer 1988 : xv]。一連の対フランス戦争で英国が米国独立戦争を除いて成功できた理由も、「財政・軍事国家」の編成によってこれらの条件を満たすことが出来たからである [Brewer 1988 : 64]。

　「財政・軍事国家」の登場は、租税徴収と公債発行による財源調達能力の向上によって、戦争の遂行のためにかつて経験したことがないほどの重い財政負担を可能にしつつ、大規模化しながらよく組織化された行政機構と常備軍の編成によって、それら財源を欧州における英国の軍事力の向上につなげた [Brewer 1988 : xvii, 137]。「財政・軍事国家」は、1688年から1714年の期間には、歳出の75%以上を軍事費と公債の利払いに使い [Brewer 1988 : 137]、国民所得のうち租税として徴収した負担率を、1670年代の3.5%程度から、米国独立戦争中には11%から12%程度にまで引き上げた [Mathias 1979 : table 6.1, 118 ; Brewer 1988 : 91]。欧州諸国に較べて、英国の税負担は軽かったとする伝統的な見方は成り立たない。近世の「財政・軍事国家」の時代の英国は重税国家であり、租税負担率は同時代のフランスの二倍程度もあったのである [Brewer 1988 : 91]。

　1707年のイングランドとスコットランドのユニオン成立は、複合国家「英国」(Britain) を「連合王国」(United Kingdom) として誕生させたが、その背景にはスペイン継承戦争中の国防をめぐるイングランド側とスコットランド側の利害の一致があった。子のいなかったアン女王の死後、もし王位継承が混乱す

れば、市民戦争からカトリック側による王位簒奪へと至るリスクが高まるとの
懸念から、イングランド側はカトリックのフランスがジャコバイトを支援して
スコットランド経由で介入してくる可能性を見越して、スコットランドとのユ
ニオン結成へと動いた [Colley 2009：xxv]。

　他方のスコットランド側も、ハイランドのジャコバイトを抑え込み、ローラ
ンドを中心にプロテスタントの長老教会の基盤を確立することの重要性への認
識から、イングランドとの議会の統一への抵抗が薄れていった（Whatley and
Patrick［2006：353、265］も参照）。イングランドの北米植民地を含め、イングラ
ンドの市場との自由貿易圏に参入できるメリットも、大きな決定要因となった
[Hont 2005：63；Whatley and Patrick 2006：253；Colley 2009：xxiv, 118-134]。スコッ
トランド側がユニオン後のブリテン諸島を極めて有益な 1 つの自由貿易圏と見
る傾向が強かったのに対して、イングランド側はユニオンを経済面の有用性よ
りも自国の安全保障の観点から不可欠と判断し、ユニオンを主導したと言える。

　このようにして成立した英国を一例とする近世欧州の複合国家とは、究極的
には 1 人の君主・主権者、単一の立法府によって統治されるものの、政治的・
文化的に独特の個性を依然として保持する複数の国民（ネイション）の複合体と
して成立した国家であり、19世紀以降に登場するいわゆる「国民国家」とは異
なる [Hont 2005：457-458, 460]。自然法学者のザミュエル・フォン・プーフェン
ドルフはこれを「諸国家の体系」と呼んだ。複合国家は、元から存在してきた
諸国が「一つの身体を構成しているように見える」体系であるが、それでも複
合国家を構成する各国が、その下である程度の主権を保持しているような統治
の仕組みである [Pufendorf 1729 (1672)：VII. 5. 16-18：681-684]。プーフェンドル
フの言う「諸国家の体系」を、フランス語で「複合国家」(*Etats composez*) と
訳したのが、ジャン・バルベイラックである [Pufendorf 1740 (1672)：VII. 5. 16-
18：vol. 3, 173-177]。これ以降、18世紀から19世紀の国家理論で、この「複合国
家」という用語が使われるようになっていく [Hont 2005：458, note 14]。[4]

　近世の複合国家は、その内部に複数のネイションを抱え、連合王国英国内の
イングランドのように支配的なネイションが存在する場合でも、スコットラン
ドやウェールズ、アイルランドのような弱小ネイションを統合してしまうこと
なく、その独自の言語や法体系、教会、教育制度、慣習、文化を存続させてき
た。弱小ネイションの側も、複合国家の統治を受け入れながら自らの伝統を保
持し続けることに、特に矛盾を感じていたわけでもない [Colley 1986：111-113；

Colley 2009 : 6]⁵⁾。スコットランドの北方のキースネス出身のジョン・シンクレ
ア卿は、ハイランド社会やスコットランド文化に熱烈な愛着を持っていたが、
そのことと、ロンドンの農業会議所の初代会頭として英国の政治の中枢で活躍
することの間に、何ら矛盾を感じていなかった [Sinclair 1813 : 1-2, 27, 35, 37]。
むしろスコットランド人のように、「北英国人」(North Briton) などという新し
いアイデンティティを生み出して、時代に合わなくなった自らの伝統を積極的
に刷新していこうとした弱小ネイションも存在した [Hobsbawm 1992 : 35]。ス
コットランド啓蒙も、そのような伝統変革の一側面として、ユニオン後の後進
的弱小ネイションで進行した思想運動である。

　このことは近世の複合国家が、支配的ネイションによる弱小ネイションの帝
国主義的な統合では必ずしもなく、ましてや主権者としての君主の領土拡張の
野心の結果でもなく、むしろ安全保障のための集団的国防を主要な動機として
形成され編成されていったことを示している。欧州には小さなネイションが数
多く群雄割拠し、単独では常備軍の維持による国防や、国内社会の平和的存続、
国民の安全保障と私有財産権の保護が非効率、もしくは不可能な国家が多かっ
た。それら複数のネイションが、集団的安全保障を図って「集塊」(agglomerate)
し、形成されたのが複合国家であり、礫岩政体である。イングランド、スコッ
トランド、ウェールズ、アイルランドが、程度の差はあるものの、それなりに
独自の慣習や伝統を保持したまま、また相互の差異や多少の利害対立には目を
つむってプロテスタントを軸に連合王国英国を成立させたのも、カトリックの
フランスに対する集団的安全保障という、はるかに重要性の高い公共善のため
であった [Colley 1992 ; Colley 2009 : 6, 376]⁶⁾。いわゆる国民国家は19世紀以降も、
多かれ少なかれ礫岩的であり、複合国家の痕跡を残してきた。英国の場合には、
スコットランド独立の是非を問うた2014年の住民投票に見られるように、21世
紀に入った現在に至っても、その国内に取り込んだはずの弱小ネイションを完
全に統合したわけでもないのである。

（2）　スミスにおけるネイション

　スミスの『国富論』(*An Inquiry into the Nature and Causes of the Wealth of Nations*)
は、タイトルに「ネイション」を含む最も有名な著書であろうが、「富の性質
と原因」についてはポリティカル・エコノミーを最も広い意味で表現したテー
マとして [Hont 2005 : 123]、その内容が広範に分析されてきたのと比べると、

スミスにおける「ネイション」については、これまで驚くほど取り上げられることが少なかったと言える。スミスの言う「ネイション」も、19世紀以降の国民国家で言う「ネイション」と同等のものと、無条件に前提されてきたからであろう[7]。

「国民国家」では、ネイションと国家が対等に位置づけられ、ネイションは市民の集合体として、その共同の主権が政治的意思表示としての国家を構成するものと捉えられている。ネイションが何を指し示すにせよ、国民国家では市民権と、大衆による政治参加、民主主義という要素が不可欠と見なされている[Hobsbawm 1992：18-19]。19世紀後半の自由主義全盛期にジョン・ステュアート・ミルが『代議制統治論』（1861年）の中で、ある国籍を共有する構成員たちが「同じ政府の下で暮らすことを望み、その政府が彼ら自身、または彼らの代表者によって統治されることを望む」ような集団としてネイションを描いたのが、典型的である[Mill 1865：120]。

しかしこのような国民国家という意味でのネイションの概念が広く受け入れられていくのは、早くとも1830年代以降である。19世紀以降、支配的となっていく自由主義の思想では、自由が単に経済的なだけではなく政治的な意味をも持ち始め、20世紀に入ると普通選挙権を当然の前提とするようにもなっていくが、ウィンチが正しく批判したとおり、これをスミスにおけるネイションの概念と重ね合わせることは間違いである[Winch 1978：39-40, 85-87, 169-170, 180-181]。スミスの言う「ネイション」とは、まだ民主主義ではなく貴族政治の時代であった近世の複合国家を構成してきた下部要素としての国民である。国民国家の下のネイションは市民の集合体として、上位の権力に従属しない独立主権国家の民主政治の主権者であるが、対照的に帝国の属州（province）は中核になる国家や首都の周縁部として機能する[Hont 2005：449]。スミスに限らず18世紀の文脈で言及される「ネイション」は、むしろこの意味でのプロヴィンスであり、より大きな複合国家の一構成要素である[8]。

そもそも英仏語の「ネイション」という語は、出自や血統を意味し、それらを共有する小集団をネイションと呼ぶ限り、国家とは直接の関係はないはずである[Hobsbawm 1992：15]。出自や血統の近い人々が集まっている地方がプロヴィンスであり、そこから「ナシオン」というフランス語が生成してきたと、言語学では見なされている[Huguet 1961：400；Hobsbawm 1992：16]。スミスの言う「ネイション」は、近世フランス語でプロヴァンスを意味する「ナシオ

ン」から来ている。フランス重農主義を英国に最初に紹介したのがスミスであるが、「商業の体系」（*systéme mercantile*）　や「諸国民の富」（*la richesse des nations*）　という表現は、　スミスがその典拠として使った『農業哲学』（*Philosophie Rurale*, 1763）をはじめ、1760年代の重農主義の文献から来ているのである［*WN*, Ⅳ. ix. 38, pp. 678–679；Judges 1969：37；Hont 2005：372］。

（3）　スミスにおける「商業の体系」への批判

　ホントが論じたように、「第二の百年戦争」の時代だった18世紀の戦時財政が、商業を「国家の営為」とし、ポリティカル・エコノミーの重要性を著しく高めた。スミスによる「商業の体系」の批判は、国家による国益追求の放棄を主張しているのではなく、近世の競争的国際経済の状況に合わせた国益追求の新しいあり方を示唆するものである。この意味では、スミスはマキャヴェッリに始まるルネサンス期の国家理性論を経済の領域に応用した「新マキャヴェッリ的ポリティカル・エコノミー」の系譜に連なっていたのであり、スミスが『国富論』で説いたのは、国家安全保障への考慮を包摂した産業政策であった［Hont 2005：77-78］。それは分業と自由市場機構を活かして経済発展を実現し、国民の富を増やすとともに、国民の租税負担能力を高め、国家の常備軍を拡充しつつ国防力を高めるというものである。

　商業が「国家の営為」となる以前の欧州では、貴金属の輸出を禁止して、戦時のために国家積立金を蓄積するという財政戦略が一般的であった　［*WN*, Ⅲ. ii. 21, p. 396］。18世紀でも、プロイセン王国やスイス連邦のベルン州政府はこの戦略を採っていた［*WN*, Ⅴ. iii. 3, p. 909］。ベルン州は欧州で他国の公債に投資している当時唯一の政府であった［*WN*, Ⅴ. i. g. 41, pp. 812–813；*WN*, Ⅴ. ii. a. 9, pp. 819–820］。商業が「国家の営為」となった時代には、このような「重金主義」（bullionism）では対処し切れなくなり、貿易の拡大に押されて国家は貴金属の輸出規制を弱め、貿易差額を稼いで戦時財政に備えるという教条主義的な貿易差額説が国内政治を支配するようになった［Heckscher 1935：vol. 2, 296］。

　スミスが「商業の体系」を批判したのは、単にそれが商人階層や製造業者層を優遇するあまり、ネイション全体の経済発展を阻害するからというよりも、貴金属の蓄積や貿易収支からの積立金だけでは、戦時財政への備えとしては不充分であり、国家の安全保障を危険に晒すからという理由の方が大きい。確かに「財政・軍事国家」の下の英国における公債を含めた信用市場の発展は、金

融を柔軟かつ容易にし、戦時には巨額の軍事費の調達を可能にしただけでなく、余剰資本を遊休させることなく経済の金融資源としてフルに活用することを可能にすることで、鉱物資源に乏しい島国である英国で正貨となる貴金属が不足していたという障害の克服に有用であった［Brewer 1988：187］。またスミスが批判した貿易差額説は、金銀鉱山を持たない英国が貨幣に用いる地金を入手するほぼ唯一の手段として、政策上の存在意義があったことも、事実であろう［Magnusson 2015：112］。さらには、特権的貿易会社や保護主義的な関税など、いわゆる「重商主義国家」の多くの特徴は、取り立てて「重商主義的」であったわけでもなく、政府の金融上の必要と財政的要求を満たすためであったとの理解も成り立ちそうである［Coleman 1980：774-785］。

　しかしながら、蓄積した貴金属や貿易差額だけではなく公債発行も合わせて行って戦費を賄うとしても、公債を返済するための政府の財政能力と償還に対する確固たる意思が示されなければ、公債に対する市場の信頼は得られないわけであり、公債発行による戦費調達も不可能となるであろう。チャールズ・ダヴナントが述べたように、「大幅な高値でも高金利でもなく、確実で期日を厳守する償還こそが、信用をもたらすのである」［Davenant 1771：vol. 1, 156］。充分かつ定期的な歳入を政府にもたらす効果的な租税制度こそが、新しい公債制度に信用を与える上で必要不可欠な条件なのである［Brewer 1988：88-89］。

　ピーター・ディクソンの古典的な『イングランドにおける金融革命』（1967年）は、公債市場の発展についての最も包括的で明快な考察を提供し、18世紀初頭の英国家の生き残りとその後の帝国主義的拡張に公債が果たした中心的な貢献について余すところなく立証したが［Dickson 1967：10］、しかしながら公債制度の発展の要因をイングランドの租税制度の未発達に帰したことで、ディクソンは金融革命に対する租税の重要性を過小評価したと、ブルーアは批判している［Brewer 1988：88］。むしろ租税制度が効果的だったからこそ、英国家は定期的で確実な歳入を得ることができ、そのことが国家としての財政上の信用を担保し、公債発行を安価で容易にしたため、18世紀を通して公的債務が桁外れに膨張したわけである［Brewer 1988：114］。名誉革命後の一連の大戦争によって、英国の公的債務は、1688年のゼロから1697年には1670万ポンドへ、1702年の1410万ポンドから1713年には3620万ポンドへ、1739年の4690万ポンドから1748年には7610万ポンドへ、1756年の7460万ポンドから1763年には 1 億3260万ポンドへ、そして1775年の 1 億2730万ポンドから1784年には 2 億4290万ポンド

へと大幅に増え [Brewer 1988：30]、わずか一世紀足らずの間に実質価格で15倍
も膨れ上がった [Brewer 1988：114]。1707年のユニオン以降、英国では全ての
年において歳入の30％以上が公的債務の利子支払いに費やされ [Brewer 1988：
116]、米国独立戦争末期には、この数字は66％まで跳ね上がったが、これは革
命が引き起こされた1788年から1789年にかけてのフランスよりも高い数値であ
ったと言われている [Morineau 1980：326；Brewer 1988：116]。

　英国の公的債務の膨張は、18世紀の戦争で最も費用がかかったとされる七年
戦争の終結後 [Brewer 1988：255, note 27]、その残高の大きさに対する懸念を高
める結果となり、公的債務の圧縮に対する関心が呼び覚まされた。1763年以降
には、公的債務の金利支払いの負担だけでも国民の租税負担能力をいずれ上回
るようになり、国家破産を引き起こすのではないかと危ぶまれるようになった
のである [Brewer 1988：124]。この政策課題が後に小ピットによる1786年の減
債基金（Sinking Fund）の設立に結び付くのであるが [Brewer 1988：123]、ヒュ
ームやスミスの公債批判は、18世紀後半の英国のこの文脈においてなされてい
る。ヒュームは国家の安全保障に対する究極的な必要性が公債を生み出したと
認めつつ、それがこのまま膨れ上がっていくと、「国民が公債を撲滅しなけれ
ばならない、さもなくば公債が国民を撲滅するであろう」と述べた [Hume
1987 'Of Public Credit'：360-361]。ヒュームは公債発行以前の時代の方法である国
家の積立金と毎年の歳入からの戦費調達を擁護し [*ibid.*：349-351]、自発的な国
家破産、または公債の自然死を提案したが [*ibid.*：363；Hont 2005：329, 332, 335-
336]、これに対してスミスは関税増税によって公債を償還し、発行残高を減少
させていく方法を模索することになる。そのため、彼らが租税を重視して公債
に否定的であったイメージがあるのかもしれないが、少なくともスミスの公債
批判の要点は、安全保障を公債発行による軍事費の調達に依存すべきでないと
いうことではなく、1760年代以降の公債発行残高は将来的に租税で償還すると
しても持続可能な水準を超えつつあるのではないかということである [*WN*, V.
iii, 45-46, pp. 922-924]。国家による貴金属の蓄積や貿易収支、それらを担保とす
る公債発行に頼らなくても、あるいはたとえ公債発行の手段を用いるとしても、
究極的には国民の租税負担によって国防費の支出が可能となるよう、税制を整
備することは、近世の政府にとっては安全保障上の課題でもあった。

（4）　スミスにおける安全保障と税制

　スミスは『国富論』第五編の第一章で、国家の役割である国防、司法、公共事業のための経費をいかに調達するかについて論じ、国防費は社会全体で租税を負担して賄うべきで、司法と公共事業については基本的には受益者負担で賄い、受益者の負担能力を超える部分については社会全体の租税負担で賄うという政策を提示した［*WN*, V. i. i, 1-6, pp. 814-816］。第五編の第二章では、社会全体の租税をどのように調達すればよいかについて論じている。租税の四原則は、公平（能力と収入額に比例した負担、ただし累進課税ではない）、確定性（恣意性を排除すること。納税は国家から受けた便益への対価だから）、納税者の便宜、徴収費用の低減化である［*WN*, V. ii. b, 2-6, pp. 825-827］。しかしスミスには、税収額は少ない方が経済にとって望ましいとの主張はない。それでは富裕よりはるかに重要とスミスが位置づける国防への支出が賄えないからである。

　その上で、結論としては地代税と［*WN*, V. ii. c, 1-27, pp. 828-836］、貸家の借地料への課税［*WN*, V. ii. e, 9-12, pp. 843-844］、官吏の給料への課税と［*WN*, V. ii. i, 7, pp. 866-867］、国内関税と輸出入関税で租税を調達すべきとスミスは論じる。

　地代は純余剰であり、また奢侈品への支出は不要な消費支出だから、関税をかけてもネイション全体の生産には影響を与えずに税収を調達することが可能である。それ以外のネイションの収入、つまり利潤と賃金への課税は、結局は地代と、国内産の奢侈品の価格に転嫁されるので、課税してはいけないとの議論である。結局、主権者の経費のみならず、莫大な国防費と公債費を賄うためには、関税に依存するしかないとの結論になる。実際にも、国内関税と輸出入関税は、17世紀末以降の英国家の歳入の主要部分を賄ってきた［Chandaman 1975；Hughes 1934：266-316］。国内関税は、国内産の商品に対する間接税であり、18世紀には塩、石鹸、石炭、革製品、蝋燭といった日用品から、羊皮紙のような高級紙類、馬車など富裕層が購入する贅沢品に至るまで、課税対象商品が急速に拡大された[10]。国内関税は英国家にとって最大の税源となり、国内関税の収税史は官公吏で最大の組織体となり、国内関税省は「財政・軍事国家」の効率性の代名詞となった［Brewer 1988：68］。チャールズ・ダヴナントも、次のように述べていた。「国内関税は長期の戦争で政府を支える最も相応しい方法と手段のように思われる。なぜなら国内関税は社会全体にかかり、公共の大きな必要に比例したまとまった税収を生み出すからである」［Davenant 1771：vol. 1, 62］。「そのような種類の歳入はかなり大きくなければならず、人々の大多数がそれ

に向かって常に何がしかを支払い続けることになる。また全ての人が自分の意志と財力に応じて消費を決め、ある意味で自分自身で課税することになるので、かなり簡潔な税でもある」[Davenant 1771：vol. 1, 63]。国内関税は行政上の簡潔性を確保しながら、充分に幅広い階層に負担されたことから、高税収をもたらしたわけである [Brewer 1988：146]。

　輸出入関税に関しては、スミスは国内生産物に課税されている品目と同種の輸入品への課税を容認していた。それが必需品の場合、賃金を、したがって国内の物価全般を、課税分だけ押し上げるので、それに応じて全輸入品にも課税すべきという結論になる [WN, IV. ii. 31-36, pp. 465-467]。スミスは実は全般的な関税増税論者である。しかもこの議論は、『国富論』の中でただ一箇所だけ「見えざる手」が登場し [WN, IV. ii. 9, pp. 456]、スミスの自由放任論の頂点とされている第四編第二章で展開されているのである。またスミスは、貿易相手国が輸入制限として関税をかけている場合の報復関税も認めていた。ただし報復関税が認められるのは、相手国に輸入制限を撤回させる効果がある場合だけである [WN, IV. ii. 38-39, pp. 467-468]。その判断は経済理論ではなく、政策上の判断に委ねられる他はない。輸入制限を撤廃して投資の自然的順序を実現し、社会の利益を最大にすることが政策目標ではあっても、急激な自由化も望ましくないし、実際上も実現困難とスミスは論じており [WN, IV. ii. 43, p. 471]、ネイションについてのスミスのポリティカル・エコノミーは、実際主義的な政策判断に主導されて経済理論が組み立てられていく構成になっていることがよく分かるという点で、第四編第二章は『国富論』の中で最も重要な章である。

　スミスは、「商業の体系」が推し進めた政策のせいで国家の税収が減少したと批判している [WN, V. ii. k, 25-28, pp. 881-882]。スミスの重商主義批判は、それが国民の富の増加を妨害したからというよりも、輸出入関税収入を減少させたからという理由が実は大きい。それは結果的に、安全保障上のリスクをももたらすことになる。輸出入関税を、輸入奢侈品の消費が減らない程度に低率にすれば、輸出入関税収入は最大化するとスミスは論じている [WN, V. ii. k, 33-38, pp. 884-885]。常備軍維持のための国防費の調達を念頭に、スミスは低税率よりも税収の最大化を政策目標として設定していた。

　課税対象を地代と、貸家の借地料、官吏の給料、関税に限定すれば、租税は余剰の資本蓄積を妨げるのみなので、ネイションの年生産と再生産には影響しないとスミスは見なしている。スミスは租税をネイションの生産力を高めるた

めの国家の活動資金源として捉えている。その根幹が国防である。

おわりに
──国民経済の発展と平和──

　とはいえ、効率的な税制だけでは国防に対して充分ではない。近世欧州の複合国家は集団的安全保障のためにネイション同士が「集塊」することによって形成され始めたが、そこで留まることなく、次には近隣のネイションやコミュニティを取り込んでいったり、他の複合国家と合体してさらに大きく複雑な複合国家、礫岩政体を形成していった。しかしそれと並行して、集団的安全保障のための国防力のベースとして、複合国家内の経済や社会を均質化・一体化しながら強化していく動きも同時進行した。

　1707年のユニオンは、集団的安全保障のために連合王国英国を成立させただけでなく、ブリテン諸島を単一の自由交易圏に変えた［Colley 2009：xviii-xix］。その下で英国という新しいネイションが創造されていったというのが、コリーが打ち出した18世紀英国史理解である。イングランド、スコットランド、ウェールズという別々のネイションが、フランスという強大な勢力を前にしてブリテン島という1つの島を共有する運命共同体でもあるのだという現実の下、イングランドを核とした帝国が提供する数々の好機の魅力、自由交易圏となったブリテン諸島内部での国内商業の拡大と運河や道路の整備、それに伴う人々の移動、コミュニケーションの拡大、新聞や定期刊行物の普及、標準語としての近代英語の普及といった様々な要因が、イングランド、スコットランド、ウェールズといった旧来のネイションを残したまま、それら全体を包摂する英国という新しいネイションの形成を促していった［Colley 2009：xxvi, 378；Hobsbawm 1992：10］。

　18世紀の英国では、一連の戦勝の要因は大部分、経済の繁栄に帰すことができると、人々が確信するようになった。戦争を継続させる上での貿易と商業の重要性と、同時に貿易を継続させる上での戦争の重要性への認識である［Brewer 1988：178-179］。また国家の税収力と経済の商業化の相互作用も重要である。18世紀の英国経済は、すでに農業の商業化や、都市における工場制の大規模生産、地域間をつなぐある種の国民的市場、よく発達した金融・信用制度を実現していた。これらの市場経済の特質は、経済への課税を容易にし、徴税

に当たって国家が直面する 3 つの大きな障害である税額査定、実際の税の取り立て、国庫への送金を容易にした。対照的に18世紀のフランス経済は、自給的な農業、農村を中心とした小規模生産、地域ごとの市場、未発達な交通、現金や信用よりも現物での取引といった特徴があり、徴税上の障害の克服を困難にした。経済が商業化すればするほど、国家の徴税能力を高めるわけである［Brewer 1988：182］。地域間をつないで形成された国民的市場は、農業でも製造業でも地域間の専業化、分業の進展を可能にしたが、これこそが18世紀の英国経済の際立った特質であった［Brewer 1988：183］。

　これらの要因は、スミスの『国富論』における英国の概念の素地でもあった。スミスは『国富論』の中で、「イングランド」や「スコットランド」や「ウェールズ」を差し置いて「英国」（Great Britain）という国名を363回も連呼しているが［Glahe 1993：231-232］、『国富論』自体が、単に集合的安全保障のために「集塊」した段階の複合国家から、単一の大きな国家の下で、統合されるわけではないとしてもより緊密に繋がり合ったネイション同士が経済的・社会的に均一化していった方が、国内平和を確立して共通の福利を増進できるだけでなく、安全保障上もより効果的に国防に対処できることを示すことで、コリーの言う英国民の創造の一翼を担っていたとも言える。

　それに応じて『国富論』の中では、「国民」（nation）、「国民的」（national）といった言葉が、単にイングランド、スコットランド、ウェールズといった英国を構成する元のネイションだけでなく、英国そのものを意味する方向へと、ネイションの言語に変革が起き始めている。スミスが「国民的憎悪」（national hatred）、「国民的競争」（national emulation）、「国民的気質」（national temper）、「国民的性格」（national character）などと言う時、それらはすでに英国的（British）という意味である［Hont 2005：123-124］[11]。ユニオンの後の英国の確固たる国家安全保障の母体として、単一の自由市場圏の内部で分業を拡大させて国富の生産性を高め、戦時の租税負担にも耐えられるだけの強靭な社会・経済を持つ英国という新しいネイションの像を、スミスは示そうとした。そしてその先に、スミスはフランスや新生米国との間の平和を見ていた。

注

　1）　ドイル自身は、スミスを自由主義の典型的な主唱者として取り上げている［Doyle：1997：231-241］。

2 ）　そもそも英語の「duty」（任務・義務）とは、「兵役」を意味する。

3 ）　スミスの主要関心事は正義の問題であったとするホントの『国富論』解釈は正しいが、先に触れた「『国富論』の中心的な機能範疇は功利であって正義ではない」[Hont 2005：97]との言明と、どのように整合するのであろうか？　『国富論』を、いわゆる「新マキャヴェッリ的ポリティカル・エコノミー」あるいは「貿易の嫉妬」の系譜に連なる議論との視角からの表現だったとすれば、スミスにおける自然法学的な正義論への関心とどのように連関しているかを明らかにすることが、ここから課題として浮かび上がってくる。

4 ）　「複合国家」や「複合君主制」（conglomerate monarchies）といった用語は、ジョン・エリオットとヘルムート・ケーニヒスバーガによって再定義され、歴史学では再び広く用いられるようになった[Elliott 1969：47-50；Elliott 1992；Koenigsberger 1986；Koenigsberger 1989；近藤 2016]。コンラッド・ラッセルは英国史に適用される場合の複合国家を、「複数の王国」（multiple kingdoms）という用語で論じている[Russell 1987；Russell 1990：27；Russell 1995；後藤はる美 2016]。

5 ）　さらにはオークニー諸島のような、スコットランド内部のサブ・ネイションも存在する[古家 2010；古家 2011；Furuya 2011；古家 2014；Furuya 2015]。反対に、英国とはロンドンの商業・金融業や、イングランド南部を拠点とする王国政府の拡張主義的な野心の産物と論じたのは、トマニーである[Tomaney 2000：676]。ヘクターも、イングランドの帝国主義的コアが地方的・地域的文化に「徐々に取って代る」ことによって「単一の国民文化」を確立することで英国を形成したのだと論じた[Hechter 1975：47-78；164-207]。

6 ）　英国というネイションのアイデンティティの核にあるのはプロテスタントであり、英国に限らず欧州におけるネイションにとって決定的な形成・統合要因は宗教であるというのが、コリーの結論である[Colley 2009（1992）：377]。近代を世俗化の時代と見なし、理性の力で蒙昧なキリスト教の影響力を排除していったプロセスとして西洋思想史を論じることが現在でも主流であるが、史実とは正反対であろう。

7 ）　英仏語では「ネイション」は国民を意味し、ドイツ語の「人民」（Volk）に近いが、ドイツ語では「ナツィオン」は国民や市民ではなく民族に近い意味を持つため、社会科学においてマルクス主義などを経由してドイツ語の影響力が強かった日本では、スミスにおける「国民」の概念の理解に困難が生じてきたという理由もあるかも知れない。

8 ）　ヒュームも国（country）という言葉を、人々（people）や国民（nation）、そして最も意義深い言葉としてプロヴィンス（province）と互換的に用いている[Hont 2005：271, note 5]。

9 ）　とはいえ、スミスが述べるように近世の政府は、グローバルな貴金属市場から商業ベースでいつでも金銀の入手が可能になった[*WN*, IV. i. 28, pp. 443-444]。

10）　ただしスミス自身は、国内関税は奢侈品に課税して、地主と富裕な消費者による支出で負担するのがベストであり、必需品への課税は、年生産と資本蓄積を減らすので

すべきではないと論じていた［*WN,* V. ii. k, 3-9, pp. 869-873］。

11)　ジョン・シンクレア卿も19世紀初頭になって次のように述べている。「イングランド、スコットランド、アイルランド、ウェールズといったナショナルな、または今ではおそらくより適切に地方的と呼び得るかも知れない特色を生かし続けることこそ、連合王国の利益になる」［Sinclair 1813：35］。

20世紀前半からの
平和構想と経済学

第3章

エッジワースの契約モデルと戦争論

──戦争状況のモデル化への試み──

はじめに
──エッジワースの戦争論──

　F. Y. エッジワースは『数理心理学』［Edgeworth 1881］において、現代のミクロ経済学の分析ツールにつながる議論を展開した。しかし、その出発点となる人間行動を「契約」と「戦争」によって規定し、他者の同意がある場合を契約、ない場合を戦争と定義したことはあまり知られていない。エッジワースは第一次世界大戦を契機として、戦争と経済学の関係に非常に関心を寄せていた。中でも Edgeworth［1915b］で「経済学は戦争回避ないし平和への移行に役立つ」と述べ、戦争回避に向けて経済理論家として積極的に指針を提示しようとした。[1]

　本章は、『数理心理学』の契約モデルを背景に、エッジワースの戦争論における戦争回避のロジックを明らかにする。Mirowski［1994：53］は「エッジワースは、読者に対しての配慮に欠けるため、戦争をスペリオル湖上での嗅ぎタバコ入れの取引に例え、戦利品と戦争の犠牲者を功利主義計算の対象にする荒っぽい議論をした」と評価している。本章は、エッジワースの戦争回避論が、曖昧でも荒っぽい議論でもないことを論じる。

　著者は、エッジワースの経済理論の特徴を、ジェヴォンズを端緒とする不均衡分析の流れの中で評価する研究を行ってきた。[2]ジェヴォンズやエッジワースの視野には、多様なあるいは不規則な動きをする個別主体の行動が経済全般の挙動にどのように結びつくかについて、不均衡下での分析の試みがあった。ジェヴォンズは、気象学や電磁気学を視野に入れながら、複雑な力学現象を基本的な力学原理からどのように科学的に扱いうるかを考察していた。その延長上で、理論と実証の両面からの研究方法が展開され、ミクロ経済学と統計学の基礎が開拓された。その影響下にあるエッジワースは、『数理心理学』（1881）の

中で特異な設定で経済社会をとらえている。エッジワースは自身のオリジナル
のダイアグラムで、契約の連結が離合集散する競争の場を表現している。経済
の諸力をいわゆる需給バランスではなく、契約が決定する範囲が収束していく
力と発散していく力に注目し、エッジワースは分析の中心に不決定性の問題を
据えた。そして、不決定性の範囲が発散していく状況を、当初から「戦争」と
定義していた。エッジワースボックスという命名にもかかわらず、よく知られ
たボックスダイアグラムそのものはパレートに由来し、エッジワースのオリジ
ナルなダイアグラムは、戦争状態をも視野に入れたオープンなダイアグラムで
あった。

　戦争は協力関係を破綻させ、不適切でバイアスのある費用評価によって、社
会に甚大な被害をもたらす。戦争回避の交渉を成立させる当事者は、エッジワ
ースによると企業家（アントレプレナー）の特性を有する。オープンな経済シス
テムの中から企業家が利潤を見出し、契約関係を形成するように、戦争回避の
ために契約関係を修復する可能性が示される。エッジワースの戦争論は、彼の
経済ロジックを応用した戦争回避の制度デザイン論であるだろう。またそれは、
２国間の戦争をめぐるバーゲニング分析としてのみ見るべきではなく、企業家
や企業組織に備わる契約関係を生み出す力を、戦争問題に応用していると解釈
すべきである。同時にこのような制度デザイン論の発想は、功利主義思想が持
つ制度設計的な視点と矛盾しない。19世紀的な功利主義の枠にとどまらず、今
日まで影響力のある彼のミクロ経済学の分析道具で、エッジワースが制度デザ
イン論へ踏み込む契機が垣間見られる。

　戦争回避のロジックの概要は以下である。Edgeworth［1915b］では、競争が
ない交渉過程の分析が、国家間の戦争に至る交渉問題となる。取引の交渉に不
確実性を伴う外部の選択肢（outside option）として、外部の市場利用の可能性
が導入される。交渉の当事者が互いに、強気で相手に不利な条件を提案する場
合と、譲歩して相手に有利な条件を提案する場合を比較し、競争がなくても当
事者の歩み寄りにより交渉が決裂しない可能性が指摘される。この経済取引の
分析は、戦争という外部の選択肢を考慮して相手に強気な提案をする状況と、
戦争を回避する方向で相手に譲歩した提案をする状況にそれぞれ対応しており、
当事者が自ら戦争回避のプロセスを生み出す仕組みの分析が示唆される。

　エッジワースは、現代の逐次的なバーゲニング理論や時間を通じた投資プロ
ジェクトの評価のためのリアルオプションにつながるようなアイディアを含む

議論をしている。その際、適切な費用評価や相互の状況把握のプロセスの役割を考慮して、交渉の修復の可能性も示す。完全競争モデルほどの均衡化への諸力を前提とせずとも、経済の領域で発揮される部分的な調整力を前提として、そのほころびをミクロ的な構造から修復する見方が取られている。エッジワースが彼の戦争論で目指す経済学の利用とは、戦争という社会の病巣を、健康な社会で機能する経済メカニズムを用いて治療する方法といえる。

1　契約の不決定性と戦争
——1881のアプローチにおける戦争——

（1）　契約モデルのダイアグラム

エッジワースはすでに『数理心理学』（1881）で、契約一般の分析において、契約当時者の競争の場を戦争と類比し、戦争状態を分析の視野に含んでいた。

問題意識の中核は、契約の不決定性の問題である。経済取引の契約関係の繰り広げられる場は、「競争の場」（*The field of competition*）と称された。契約関係は、すべての取引者の同意があり、そこから離れようとしない点で決着点（*settlement*）となり、最終決着点（*final settlement*）は、競争の場の中で再契約によってもはや変動しえない配分である。最終配分が不特定数ある場合、契約は不決定である。エッジワースは、初めから完全競争を仮定するのではなく、完全競争以外の点も含まれる形で、「契約はどの程度不決定であるかという問題」［Edgeworth 1881：20］を重視する。つまり、現実の社会構造が、不決定性を含む契約関係として分析される。

契約の不決定性は、合意される最終配分が複数ある場合だけでなく、合意が破綻し最終配分が定まらない状態も含む。後者の状態が、「戦争」である。エッジワースは、テニスンのクリミア戦争に関連する詩 Maud を引用する。

> 'Maud' を愛するものが、経済競争について「それは、平和それとも戦争？」と疑問を投げかける。……それは、両方でありうる。契約のなかで、契約者同士の平和あるいは合意が成立することもあるし、契約者の誰かが他者の合意なしで再契約するときは戦争となる［Edgeworth 1881：17］。

このような定義は、エッジワースの経済モデルのユニークな特徴である。一方で、経済的な契約の合意は、必ずしも人々の十分な満足の上に立たなくても、

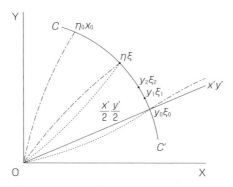

図 3-1　エッジワースのオリジナルの図

出所)　『数理心理学』[Edgeworth 1881 : fig. 1 : 28]。

とりあえずの合意が社会の中で契約の連結として紐帯を保ち平和を維持してい
る。他方、平和と表裏一体の関係で、戦争が起こりうる不安定な状況がある。
エッジワースは、社会の一般構造を、多数の契約の連結の場で捉えている。一
方で、(1)契約関係が、同意を通じて安定し、1つの状態に収束していくならば、
それは競争的な市場を表す。もし契約関係の落ち着く先が、複数あるなら、競
争市場に限定されない多様な市場制度がそこに体現される。他方で、(2)契約関
係が相手の同意なくして破綻していくならば、それは社会一般の戦争状態を示
す。前者の(1)の問題は、エッジワースの極限定理の定式化において扱われてき
た設定である。

　ここでは、エッジワースのオリジナルのダイアグラムを示し、上記の(2)の戦
争状態が、図のイメージの中に反映されていることを指摘しよう。エッジワー
スのオリジナルの図は、交換者の人数は任意で、共通の原点から純交換量を示
すので、交換者は相対するのではなく横並びになり、財の存在量もオープンな
図になっている。[3]

　図 3-1 が、経済学史上エッジワースボックスダイアグラムの最初の形であ
る。この図は、現代の教科書に現れる一般的なエッジワースボックスといくつ
かの点で異なる。第1に、現代では2人の交換取引を行う主体の初期保有量の
合計で財配分の可能な集合を長方形で表し、対角線上の頂点2点をそれぞれの
原点とする。それに対して、エッジワースの図は、1つの原点から2財の量を
共通に示し、交換する純量をそれぞれ x、y で示している。また CC′ がいわゆ
る契約曲線として表されていることは、共通している。そして、契約曲線の一

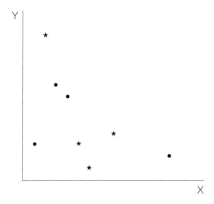

図3‑2　４人のロンビンソンと４人のフ
ライデーの契約を表す競争の場

出所）　Hildenbrand［1993：483］の fig. 4 をもとに筆
者作成。

部は、２点、北西の $\eta_0 x_0$ 南東の $y_0 \xi_0$ の２点の間にあり、この２点は、各主体
について原点を通って引かれる無差別曲線（*curves of indifference*）が、契約曲線
と交わっている点である。この２点を通る無差別曲線は、現代の無差別曲線と
同様に解釈できる。しかし、２点の間の契約曲線上の点に引かれている原点を
通る曲線は、現代の意味の無差別曲線とは言えない。これまでの評価では、こ
れはオファーカーブとして解釈されている。エッジワースは、マーシャルの初
期貿易論におけるオファーカーブに影響を受けて、この図の中にオファーカー
ブを書き込んでいる可能性がある。Creedy［1986］に従って議論を整理するな
ら、エッジワースの貢献は、無差別曲線を用いてオファーカーブの分析を基礎
づけている点にある。

　エッジワースのオリジナルの図は、複数の契約者の交換量をベクトルとして
図の中に書き込めるので、Hildenbrand［1993］もエッジワースの議論に従って、
レプリカ経済が２人、３人と拡大していくときの図を描いている。図3‑2は、
Hildenbrand［1993］に倣って描いたもので、星型と黒点型はそれぞれ同じタイ
プの取引者で、４人ずついるときの図である。どのような形であれ少なくとも
取引が実現可能であるならば、それぞれのタイプの純取引量のベクトル和は、
一致する必要がある。エッジワースは、様々な取引者たちを、「交換の分子」
（Catallactic molecule［Edgeworth 1881：31］）という言葉を用いて表現している。
あたかも気体運動の分子になぞらえている。具体的に「交換の分子」の構成員[4]

として、企業家、労働者、資本家、地主の集合をエッジワースは考慮してい
る[5]。

　エッジワースの証明は、まず上記のように散在する契約が、それぞれの取引
者にとってより有利な契約に取って代わられることを示し、その上で**図3-1**
[Edgeworth 1881：fig. 1：28] の cc′ で表される契約曲線上にのることを示す。そ
して、さらにその契約曲線上の点の集合が、競争均衡に収束していくことが示
される。このロジックは、同タイプの取引者の取引量を、現代の通常のボック
スダイアグラムの中の様々な位置に図示して、議論することは可能である[6]。エ
ッジワースのオリジナルな図が、より明確に表すのは、多数の契約が離合集散
するイメージと、その際に働く力が経済諸力としてエッジワースの経済モデル
の根底にあるということである。

（2）競争の場と戦争

　エッジワースは、その離合集散の繰り広げられる場を「競争の場」と呼ぶ。

　　1つの契約あるいは複数の契約と関連する、当該の、競争の場（*The field
　　of competition*）は、考慮にされている条項（品物）について再契約しようと
　　するあるいはすることができるあらゆる個人からなる。このようにして、
　　競売（オークション）においては、その場は競売人と最後の値付けより高い
　　価格を実際に提供しようとする人々からなる。この場合、取引が決定され
　　ると、その場は連続的に縮小し、そしてついに消失する。しかしこれは一
　　般にあてはまるわけではない。かなりの数の競売は、同じ点に到達すると
　　しよう、あるいは同じことであるが、市場が不確定な数の取引者からなる
　　としよう。例えば、財 x を取引する人 Xs、財 y を取引する人 Ys としよ
　　う。この場合、均衡が決定するまで、その場は不確定に大規模に存続する。
　　たしかに、均衡点で、場は消失すると言えるかもしれない。しかしその状
　　況は、場の定義を無効にするわけではない。このようにして、もし力の場
　　をある団体の体系に実際はたらいている力の中心として定義しようとする
　　なら、引きつける連続的な作用で、場は範囲が引き続き不確定かもしれな
　　いが、体系の動きに応じて変化するであろうし、体系が均衡に到達すると
　　き消失すると言える [Edgeworth 1881：17-18]。

「競争の場」（*The field of competition*）という用語は、物理学者マクスウェルが

分析した電磁場（Electromagnetic Field）と関連がある[7]。そして、「引きつける連続的な作用で、場は範囲が引き続き不確定かもしれないが、体系の動きに応じて変化するであろうし、体系が均衡に到達するとき消失すると言える」とエッジワースが述べるとき、競争の場が不確定ながら、集約していく力が働いていることが念頭に置かれている。つまり、この力が働くとき、先に述べたように(1)契約関係が、同意を通じて安定し、１つの状態ないし複数の状態に収束していく。他方で、先に述べたように(2)契約関係が相手の同意なくして破綻していくならば、それは社会一般の戦争状態であり、競争の場は集約するのではなく、離散して広がっていくことになると考えられる。

　エッジワースの定義する戦争は、彼のオリジナルの図の中では、競争の場が広がり、契約を通じて合意可能な範囲が拡散していく状態としてイメージされる。そして、エッジワースにとって平和とは、競争の場が消失し人々の契約の合意が確定し、より競争的な配分に近づいていくことである。エッジワースの経済分析は、ワルラスの一般均衡理論や現代の市場均衡の標準的なモデルの想定とは異なる世界観に基礎づけられており、戦争と平和という経済社会の構造を、経済的な契約関係の変容を通じて捉えるユニークな切り口を有していることがわかる。

　Morgan［2012］は、パレート型の通常のボックスダイアグラムとは異なるエッジワースのダイアグラムの特徴に注目し、モデルが形成される際に分析者が念頭におくイメージの果たす役割を重視し、エッジワースが念頭においた経済社会のイメージの特異性を示唆する[8]。モーガンは、エッジワースのイメージがどのようなものであるかについては踏み込んで議論していないが、第１に、エッジワースのダイアグラムのボックスは閉じていないでオープンな形になっている点に注目している。この点については、パレートを含むボックスダイアグラムの変遷を克明に列挙して指摘している。第２に、エッジワースは、ダイアグラムやそれに基づく分析結果を、抽象的―典型的表現（an abstract typical representation）［Edgeworth 1881：37］あるいは、特定の代表的表現（a single 'representative particular'）［Edgeworth 1881：83］と表現している点にモーガンは注目している[9]。そして、これらは、数値的な特定化がされていなくても、数学的帰納（'mathematical induction'）［Edgeworth 1881：83］により一般的な原理を確立するために十分な、信頼できる代表的表現であると説明されている。

　エッジワースは、交換取引の不決定性を分析し、交換主体の人数を増加させ

たとき何が生じるかを分析する際に、次のように述べている。

> しかし、ここでの当面の研究の目的は、交換の学の純粋理論の詳細ではないし、まして、その論争的な議論を展開することではない。が、むしろ、(γ) 契約は不完全な競争のケースにおいて、どの程度決定されるかを探求することである。この目的のためには、*競争的な契約の一般問題に挑戦す*ることは必要でない。この問題は、すでに扱った競争的でない契約の一般問題より、はるかに難しい。*競争の場の複合メカニズム*（the composite mechanism of a competitive field）を分析的（analytically）に解くことは必要でない。単純で典型的なケース（a simple typical case）において、その競争の場に付加的な競争者を継続的に導入する効果を観察して、総合的に（synthetically）に組み立てていく手順を踏めば十分であろう［Edgeworth 1881 : 34］。

　エッジワースのダイアグラムが、オープンであるのは、追加的な取引者を図の中に取り込むことができるだけでなく、上記から読み取れるのは、そもそもエッジワースは、閉じたモデルすなわち経済主体、生産技術、各主体の行動の選択範囲つまり戦略などを所与とした演繹体系を構想していないということである。追加的な主体、包絡線構造を通じて収穫逓増の技術が可能になるステップ、相手の合意なしに行動し戦争になるときに選ぶ行動は、議論の展開の中で追加的に導入されると解釈できる。その理由は、上にあるように、「*競争の場の複合メカニズムを分析的に解くことは必要でない。単純で典型的なケースにおいて、その競争の場に付加的な競争者を継続的に導入する効果を観察して、総合的に組み立てていく手順を踏めば十分であろう*」という前提に立っているからである。エッジワースの経済分析の方法を明らかにすることは、ここでは紙幅を超える問題である。少なくとも言えるのは、エッジワースは、ワルラスの一般均衡理論のように「競争の場の複合メカニズム」を演繹する分析をするつもりはなく、「単純で典型的なケース」、ここでは２者の間の交渉を扱い、そこに様々な付加的要因を追加していくことを前提とするある種の帰納法を想定しているということである。ワルラスの一般均衡を前提とした通常のボックスダイアグラムは、財の数や主体の人数を拡張すれば、本質的に一般のケースと変わらないミニチュアモデルになっている。これに対して、エッジワースのダイアグラムは、具体的なケースに適用した場合どのような形で複合メカニズが成

り立つかについて規定せず、あくまでも抽象的典型的表現になっている。具体的な競争の場において働く離合集散は、抽象的典型的表現のもつ原理が機能するものの、その働きかたを規定する要因はケースに依存し、経済の具体的な制度ないしシステムとして現れる。そしてどの程度契約が不決定となるかは、そのシステムに依存することになる。

　この方法論は、エッジワースが、問題の文脈に応じて適度に不決定性を認めつつ、問題に即して理論的にも実証的にもできるだけ適切なモデルを構築しようとしたこと、言い換えれば、ロバストネス（robustness）を追求していたことと関連する。Sutton［1993］は、均衡の不決定性の問題の分析に、エッジワースが時代を先駆けて取り組んだこと、その結果現代に重要な影響を与えていることを指摘する。エッジワースの同時代人やその後の展開は、均衡を絞り込むために仮定を付加していくやり方をとった。これに対して、不決定性を認めつつモデルの対象となる現象に即して、シンプルでかつロバスト（robust）なモデルを組み立てる方法をエッジワースはとっていた[10]。不決定性の問題を場当たり的な仮定を置いて解消する方法は、モデルのエンピリカルな内容として意味が希薄であると Sutton［1993］は指摘する。エッジワースが、理論モデルのもたらす結果の予測について配慮しながら、一方で、エッジワースは理論家として最小限の原理を単純なケースについて議論し、他方で、複雑なケースについて統計学者として現実のデータと突き合わせたときに説明力を高めるモデルの堅固さに配慮していたと考えられる。

　このような経済学の方向性は、ジェヴォンズとエッジワースに共有される限界革命期の科学方法論に棹さしており、理論と実証を柱とする現代の経済学の重要な出発点になっている。しかし、抽象モデルを演繹的に展開するワルラスや使いやすい道具として部分均衡や平均概念を用いるマーシャルとも異なるため、一度は経済学の主流からは姿を消しながら、目立たない形で現代に浸透していった。

　本章の扱う戦争論との関係で次の点が重要である。エッジワースは、戦争という状況を、同意を伴う契約という経済社会の緩やかな紐帯が壊れる現象として見ている。戦争それ自体に伴う軍事衝突や紛争の現象の諸相ではなく、平和時の経済関係が壊れるという側面に着目し、不決定性の問題の1つのケースとしてエッジワースは戦争を捉える。その上で、元来経済社会において契約の紐帯は、どのように育まれていくか、この原理に基づいて破壊された紐帯を修復

する方法を示唆する。いわば、戦争という社会の病巣を、健康な社会で機能する単純なメカニズムを用いて治療する方法を示唆する。以下に見るように、エッジワースは、リスクを伴う時間を通じた生産のある経済社会における企業家の役割を、1904年アメリカの *The Quarterly Journal of Economics* で分析し、それを用いて、戦争回避のロジックを示す。

2　戦争回避のシステム分析
——1915の不決定性問題の戦争への応用——

（1）　戦争問題における経済学の役割

　エッジワースが、戦争と経済学の関係について、最初に主張する点は、経済学は戦争回避ないし平和への移行に役立つという点である。戦時において経済的資源が、軍事的資源に限らず、戦争を遂行するための土台として必要であるということは、古くから知られていることをエッジワースは指摘する。このことから、国富が戦争に勝つための手段であり、経済学の対象が国富であれば、経済学は戦争を首尾よく行うために役に立つと思われるかもしれない。しかし、経済学は、平和時にも、戦争の土台となる富を発展させるが、それは、政府が積極的に介入することによってなされるだけでなく、政府の過剰な介入に警告を発することによってもなされるのである。この原則に立ち返りつつ、直面する戦争問題に対して経済学者が期待されていることに言及している。

> 経済学という実践的な学問は、戦争から平和への逆の移行を円滑に行うために用いられるかもしれないという、希望を持とう [Edgeworth 1915b：3]。

　その上で、戦争問題への経済学の役割は重要ではあるが、エッジワースが行っている経済学研究の主たるものではない。

> 私は、戦争を行う手段をより効率的にする経済学の術ではなく、戦争がなされる際の目的が人々にとって望ましいものではないことを示す経済学の科学を考察しようとする [Edgeworth 1915b：4]。

　エッジワースは、戦争を遂行する政治的意思決定の下で経済学を手段として用いることに反対している。むしろ戦争遂行に伴う意思決定を戦争回避に向けて導くプロセスを科学的に応用しうると捉えている。

（2）　戦争の契約モデル——嗅ぎ煙草入れの例——

　エッジワースは、オルゴール付き嗅ぎ煙草入れの例を、戦争論に適用するための契約モデルの事例として取り上げている。エッジワースは、『数理心理学』においては、ジェヴォンズに倣って、単純で抽象的な2人、2財の物々交換を取り上げている。[11] なぜここではオルゴール付き嗅ぎ煙草入れが用いられているのか？　この事例は、もともと、De Quincey（1844）*Logic of Political Economy* で展開されており、J. S. ミルが『経済学原理』の交換分析を展開する際に、長々と引用したものである。エッジワースは、Palgrave の辞書で De Quincey の項を執筆している。その中で、この事例についての理解について、クインシーもミルも十分ではないと批判している。

　クインシーの事例とミルの引用箇所を以下示そう。

　　　あなたは今、蒸気船でスペリオル湖上にいる。文明の地より800マイル離れた定住者のいない地域へ向かって進んでいる。そして来るべき10年はどんな贅沢な品をも購入する機会は全くないということもわかっている。ある同乗の旅行者がいい音を出すオルゴール付き嗅ぎ煙草入れ持っている。そのような玩具が自分の感性にもたらす力を経験上よく知っているので、つまり、魔法のように時折自分の心の動揺をなだめてくれるので、それをどうしても購入したいところである。ロンドンを出発する際に、あなたは買ってくるのを忘れていた。これが最後のチャンスであるオルゴール付き嗅ぎ煙草入れの所有者は、その状況がわかっているので、あなたが払う気になる最も高い価格まで売ろうとしない。そしてついに、ロンドやパリでなら、6ギニーでそのような品を買えたであろうが、あなたはそれなしでいるくらいならと60ギニー支払った［Edgeworth 1915b：19；De Quincey 1859（1844）：24；Mill 1909（1848）：Book II, chapter II, 1：443］。

エッジワースは、クインシーの総効用の概念に相当する U（intrinsic utility）と入手の困難さを示す D（difficulty of attainment）を用いた分析を、限界概念を用いていない点で批判している。したがって、その部分の含まれている文章を排除して引用している。その上で、この事例に対して、エッジワースは自ら付加的な想定を挿入して議論を展開している。

　　この事例を我々の目的に合うよう、少し調整してみよう。同乗の旅行者は、

どこかのオープン市場で、6£ を見込めるとしよう。その時あなたが支払うことになる価格は 6£ と 60£ の間のどこかになるかもしれない。古典経済学者は、その決定にどのような原理も持ち合わせていない。価格がランダムに振動するような領域、つまりピグー教授の言葉で表現すると［裁定の範囲］である。その領域は、A と B の 2 点間の直線距離で表される；OA が 6£ であれば、OB は 60£ である［Edgeworth 1915b : 19］。

ここでエッジワースが、クインシーの孤立交換の事例に付加しているポイントは、蒸気船が寄港する場所でアクセスできる市場という外的な選択肢である。また、この選択肢は、事実上実際にその市場に行ってみないと本当に買えるかどうかわからないので、不確実性を伴っている。そして、この孤立交換に特徴的な点は、蒸気船の運行に伴って両者の意思決定がなされており、時間の経過というものが考慮されていことである。時間の経過に伴って、取引を遅らせることは、買い手にとってコストを発生させるという想定が、以下に見るように明示的にエッジワースによって導入されている。

エッジワースは、別のオルゴール付き嗅ぎ煙草入れの売り手となる旅行者が船上に現れ、2 人の売り手の間で競争が起これば、60£ から 40£ に上限価格が引き下げられる可能性があることを指摘した後、競争以外の要因で、裁定の範囲が変化する可能性を次のように説明する。

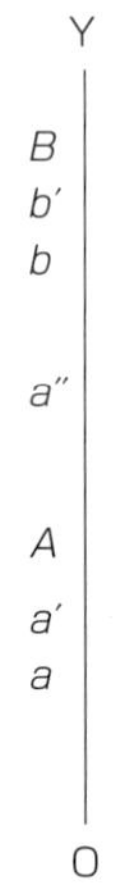

図3-3　エッジワースの直線によるイメージ図

出所）Edgeworth [1915b : 20]。

しかし、競争は当事者の 1 人が相手の不利になるように条件を緩和する唯一の方法ではない。（第 1 の）旅行者が 6£ を実現できるのは、船の進行のある地点まで（例えばある市場にアクセスできる港）としよう。蒸気船がこの地点を通り過ぎるまで、ただ取引しないことによって、あなたはこの同乗者がつける価格を例えば、5£ から 2£ に、たとえば Oa に、下げられる。しかし、そのように取引を延期することは、あなたにとって、1£、たとえば aa′ である、と見積もられる犠牲を伴うならば、あなたはそのような敵対的行動によって、せいぜい Aa′ 得することを見込むにすぎないであろう。（もちろん Oa は、OA より

も低いとしよう、というのはそうでなければ、そのような行動によって何の得もないからである。）最低の範囲をその下限で延長することによって（上述のように、上限でその範囲を縮小することによって）、低い価格の見込みを引き上げるよう、あなたは利得を求めて踏み止まることになる（あるいは高い価格の見込みを引き下げるよう）[Edgeworth 1915b：20]。

　エッジワースは、この直線を用いて双方独占の不決定性の問題を直感的に表現する[12]。おそらく、戦争問題に契約のモデルを応用するに際して、『数理心理学』における複雑な分析をそのまま援用することに伴う煩雑さを回避するため、エッジワースは、考え方の概要のみを示そうとしたと考えられる。特に、(1)不確実性を伴う外的な選択肢を導入していること。(2)時間の経過とともにコストが発生していること。この 2 点が、戦争問題の分析に適用するために、エッジワースが導入したポイントである。この 2 点が、戦争問題にどのように対応しているかを、以下見ていこう。

（3）　戦争問題の裁定の規範

　エッジワースは、戦争の帰結は、戦争に勝った方が裁定の範囲を勝者に有利なようにできるだけ引き下げ、敗者は勝者のなすがままになる。つまり、戦争前の交渉における裁定の範囲を超えて、武力で相手の交渉力をなくし、有利な点を実現することを意味していると考えられる。ただし、その状況を実現するコストが利得を超えないという条件のもとでと説明されている[13]。

　裁定の範囲のどこが選ばれるかという問題について、エッジワースは、規範的な観点からと記述的な観点の 2 面から述べている。規範的な観点からは、エッジワースは、功利の原理（the principle of utility）を掲げている。

　　「満足の総和が最大になる点」それは、私が裁定の範囲として描いた線の上の 1 点で、2 人の当事者が取引から引き出す満足の総和が最大となるような点である [Edgeworth 1915b：23]。

　ここで注意すべき点は、裁定の範囲から功利主義の効用最大化点を、政策者があるいは第三者が計算して指定し、実現すべきであるという形での功利主義をエッジワースは述べているわけではない。規範的な観点からこのような点が存在することを述べるにとどまっている。『数理心理学』において、競争均衡

やコアが契約曲線上にあることと、契約曲線上に功利主義の効用の総和が最大
となる点があることを、エッジワースは議論として峻別している。前者は競争
の場の記述的分析であるのに対して、後者は規範的な尺度についての議論であ
る。同様にして、エッジワースは、戦争論についても、これらを区別している。
アリストテレスの実際的に賢明な人、つまり経験によって直感的な判断に優れ
た人の例証されない判断に言及し、エッジワースは、次のように述べる。

> 功利の原理が、交渉に適切な規制的理念あるいは規範（the regulative idea
> or norm）として提示されるのは、このような精神においてなのである
> [Edgeworth 1915b : 28]。

　つまり、裁定の範囲の中から、一方で規範的に功利の原理をみたす点が存在
することを指摘し、他方でそのような点はどのようにして実現されるかを記述
的に分析しようとしている。
　実際、エッジワースは功利の原理に引き続いて、次のように述べて、交渉の
記述的分析について明らかにしていく。

> 経済学と戦争を類比することから得られる主な成果は、経済学における対
> 立的な主体間の交渉の分析が、戦争問題において何かの手引きとなる可能
> 性があることである [Edgeworth 1915b : 25]。

　そして、この交渉の分析こそが、経済学を援用するエッジワースの戦争論に
核となる議論と言える。

（4）戦争の意思決定と交渉の分析

　経済学と戦争の類比に際して、先に説明した嗅ぎタバコ入れの事例が経済学
における交渉の事例の出発点になっている。その上で、戦争問題の分析は、通
常の経済取引の問題構造に、戦争による事態の決定が付加されている。先の注
7に挙げたように、「‘戦争’の結果は、勝者に有利に裁定の範囲を引き下げる
こと」とあるように、交渉による決定がなされず戦争に突入した場合は、勝者
が配分を決められる。つまり、第1段階において2国間の交渉がなされ、交渉
が決裂した場合、戦争を行い、ある確率で戦争の勝敗が決定する。その結果に
応じて、勝者が配分を決定できるという問題構造になっている。両国は、第1
段階における交渉において、第2段階の可能性を考慮し、その見込みに応じて

第1段階の意思決定を行うものと解釈できる。

　このような戦争という武力行為による決定を付加した交渉問題として、戦争問題が捉えられている。ただし、経済分析と戦争論の相違点について、エッジワースは言及している。第1に、経済分析の交渉は、賃金のような物的なものが対象であるが、戦争においては、正義などが対象になる。しかし、エッジワースは、次のように述べその相違は深刻でないという。「私が思うに、その区別は、実際上存在しない。そして存在するとしても、差はほとんどない。経済的な交渉の原理ないし競争のない交換の原理はとても広範囲に及ぶ対象を考慮しており、物的な対象に限定されない」[Edgeworth 1915b：25]。

　第2の相違点として挙げられるのは、以下である。戦争問題においては、国家間の交渉であり、国家は複数の個人やグループからなる集団であるが、経済取引は基本的に個人間の交渉である。個人に適用できる理論を集団に当てはめることができるかという点が、指摘されている。これに対して、エッジワースは、集団と個人の意思決定では、前者において代表による意思決定を介することで事実上存在するが、戦争問題の分析を阻むほどの相違はないと考える。集団においても個人においても、様々な「相対立する衝動」と「世論を配慮した道徳的感情」が作用して意思決定がなされるとエッジワースは主張する。つまり、戦争に突入する意思決定において、次のようなことが生じていると、エッジワースは述べる。

　　軍事専門家が次のように考えるのに、私も同じ考えである。利己的な二者の間でもし一方が戦争によって有利な状態を獲得できるという明らかな見込みがある時は戦争が生じる。一般的な用語で述べると、政治行動と同様に経済行動にも当てはめることができるが、軍事行動の結果、最初に相手から提示される範囲の条件よりもより良い条件を相手に提供させる可能性があるなら、一方は他方の同意なしで軍事行動に訴えることになるであろう［Edgeworth 1915b：26-27］。

　エッジワースは、あくまで当事者の利益の観点から、戦争へ至る意思決定を分析している。そして戦争を行う意思決定に、交渉の経済分析のどの部分が対応するか？　先の嗅ぎタバコの事例で、寄港する港で市場にアクセスする可能性の見込みがあれば、当初の6£を下回る価格を相手に迫る敵対的交渉をする部分に対応していることを、エッジワースは脚注で示している[14]。つまり、嗅ぎ

タバコの経済取引の事例において、外的な選択肢である外部の市場を利用することちらつかせて、相手により有利な価格を交渉することは、戦争問題において戦争をも辞さないことをちらつかせて、交渉することと類似した問題構造であることが指摘されている。そして両者において、外部の市場も戦争も、実際に行動をとってみてからしかその成果がわからないという不確実性を伴っている点でも共通している。

　エッジワースは、戦況が不確実な状況下で戦争に突入ないし継続することが双方にとって利益があるかどうかを、手探りしている状況を次のように述べる。

> M. ブロッホは、相対する塹壕の中で互いに対峙させられている軍隊の長引く膠着状態を叙述している。勝敗は変動しており不確定である。撤退は壊滅的に最悪というわけではなく、戦争行為を迅速に一転させることを認めたいところである。この陰鬱な見込みはあまりにも明白に見える。その結果、知的に自己利益を追求する当事者は、将来的に戦争を続行することに利益を見出さないであろう。というのも、軍事的に勝利によって確保される新しい（諸）条件は、実際のところ好ましいものではないであろう、それらをもたらすのに払わなくてはならないコストを考慮するなら［Edgeworth 1915b：28］。

　この「知的に自己利益を追求する当事者」とはどのようなことであるか？　経済社会では、相手の立場を考慮しながら決裂を回避するプロセスが、すでに行われてきていることを、「共感」という言葉を使って、エッジワースは指摘する。

> 総利益を最大化するルールは、各当事者がその利益に注意を集中し、相手の欲しいものを理解する必要がある。このようにして、相互理解そして対立する利益と異なる精神を有する当事者間に可能な共感が促進される。少なくともそれに相当するものが、産業界では経験されてきた［Edgeworth 1915b：32］。

　エッジワースはどのような利益の計算とプロセスを想定しているのか？　エッジワースの分析を、彼の示す数値とロジックに即して、合理的に解釈してみる。エッジワースの嗅ぎタバコの事例で、数値例を考察してみよう。図3-4は、エッジワースの図にエッジワースが示した数値を書き込んだものである。

当初の裁定の範囲は、売手の最高値が 60£ で、買い手の最低値が 6£ で AB の範囲で、不決定となる。そこで買い手は、蒸気船が立ち寄る港に市場があるという情報をもとに、港に寄港するまで取引を待って、売手に 2£ で買うという安い提案を行う。この場合、相手が拒否したら外部の市場を利用することが選択肢になっている。ただし、寄港するまで時間が経過しコストが発生し、買い手は 1£ 犠牲を支払うことになる。ここまでがエッジワースの議論にある数値である。これに不確実な事態に対して、自然な確率を付与してみよう。

図3‐4　図3‐3に数値を書き入れた図

出所）　筆者作成。

① 売手に a＝2£ で買うという安い提案を行う場合

2£ という低い価格に、相手が応じる確率は、それほど高くなく1/4、そして拒否する確率を3/4としよう。拒否された場合は、外部の市場に行くことになるがここで同じような嗅ぎタバコが 6£ で売られている確率を1/2としよう。売られていない場合には、船に戻り、売手のつける最高値 60£ で買うことになる。a＝2£ の提案をする場合は、いずれも、時間の経過による 1£ のコストが発生している。

この時に期待購入価格は、以下のように計算できる。

$$\frac{1}{4}(2+1)+\frac{3}{4}\left[\frac{1}{2}(60+1)+\frac{1}{2}(6+1)\right]=26.25$$

①の場合は、外的な選択肢である外部の市場を利用することを考慮することによって、相手に強気の交渉をし、決裂した場合は、外部の市場を利用するが、これには不確実性がある。市場で手に入らない場合は、いわばこの賭けに負けて、相手の言い値に譲歩せざるをえなくなる。いわば戦争を仕掛けて負けることに類似している。また時間の経過に伴ってコストも発生しているのである。

これに対して、「共感」に根ざした「相手の欲しいものを理解する」というエッジワースの表現に該当するやり方は、どのようなものであろうか？　「相手の欲しいものを理解」して、「共感が促進される」ような「産業界ですでに行われている」方法についての先の引用箇所の脚注に、エッジワースは嗅ぎタバコの事例に即したやり方を説明している。

相手について共感が展開することは、（無差別曲線や）契約曲線の位置の変
化によって表されるかもしれない。……1次元の単純な例でみると、‘裁
定の範囲’は、Ba′ から Ba″ に狭められるであろう、もしタバコ入れの購
入者が Oa のようなあまりに低い価格を提案して売り手を失ってしまうく
らいなら a′a″ を払う気になるなら。このケースにおいて、Oa″ は OA よ
りも高い価格なので、取引は Oa のような価格では起こりえないであろう
[Edgeworth 1915b：32注1]。

そこで、この説明に即して外的な選択肢である外部の市場をあきらめて、あら
かじめ相手に有利な条件を提案することを考えてみる。例えば、a″＝20£ とな
る高い価格での購入を申し出る。

② a″＝20£ となる高い価格での購入を申し出る

　20£ という高い価格に、相手が応じる確率は、①の場合より高いと想定でき
る。例えば3/4とする。この高い価格でも、1/4の確率で相手が拒否する可能性
がある。その場合、ここで時間の経過を伴って、外部の市場に行くとすると、
①と同様に、1/2の確率で市場で手に入れる、あるいは市場になくて、再び売
手の言い値で購入することになる。
この時に期待購入価格は、以下のように計算できる。

$$\frac{3}{4}(20)+\frac{1}{4}\left[\frac{1}{2}(60+1)+\frac{1}{2}(6+1)\right]=23.5$$

　要するに、安い提案は拒否される確率が高く、そのため最終的に高くつく可
能性があり、高い価格の提案は一見損をして見えるが、他方で高くつく確率を
低くすることによって最終的に安くすむ可能性があるのである。上の数値例で
は、②の期待価格の方が安くすむのである。つまり、相手が提案を承諾するか、
決裂するかということが不確実であること、加えて外的な選択肢である外部の
市場を利用することの成果が不確実であることから、場合によって（つまり例
えば上の数値例のような確率を付与すると）提案の仕方によって利益が変動するとい
うことがわかる。[15]まさにこの問題構造が、戦争の分析に適用できる枠組みであ
るとエッジワースは考えている。すなわち、戦争に先立つ交渉において、相手
が提案を承諾するか、決裂するかということが不確実であること、加えて外的
な選択肢である戦争の成果が不確実であることから、様々な提案の仕方によっ

て利益が変動する。この変動を考慮に入れて、①と②のようなタイプの意思決定がどのようなプロセスを生み出し、戦争回避につながるのか？

（5）　戦争回避のプロセス

　戦争という事態に突入する前の交渉のあり方によって、戦争を回避する可能性がある。双方の利益の評価の仕方と交渉のあり方によって、それぞれが外部から調停を受けるのではなく、自国の利益に照らして自発的に戦争回避のプロセスが生じる可能性がある。この可能性をエッジワースは次のように述べる。

　　平和回復の機構は副産物として善意を生む。それが、その機構がよりスムーズに働くことを引き起こす特異な性質を持つ。「このように展開された共感の精神は産業の平和のメカニズムに反応する」。政治的平和回復のメカニズムが、同じようにして引き続き力を獲得すると望めないだろうか？
　　[Edgeworth 1915b：32]

　「① 売手に a＝2£ で買うという安い提案を行う」という選択肢は、高い確率で外部の市場にアクセスすることになり、エッジワースの類比では、戦争につながる可能性が高い。それは、相手に不利な最悪の条件を要求することで、この提案を前提とする相手の側の評価で、ますます戦争へ突入する誘引を引き上げることになる。つまり相手の側でも、[提案を受け入れる]あるいは[拒否する。その際、（戦争に勝って自分の有利な条件を通す）あるいは（戦争に負けて相手の言いなりになる）]という3つのケースの評価が行われる。もし「② a″＝20£ となる高い価格での購入を申し出る」というケースの類比に対応する提案がなされるなら、提案を受け入れる可能性が高まる。つまり、提案の内容に応じて、相手の反応がひきだされ、それが再び自分の行動に影響を与えるという、逐次的なプロセスが展開される。相手の立場に立った共感に基づく行為が、「副産物として善意を生む」プロセスにつながる。エッジワースの時代には、ゲーム理論の分析は明示的に展開されていないが、エッジワースが、逐次的プロセスを念頭においていたことが推察できる。Rubinstein［1982］の逐次的なバーゲニングモデルの分析との対応関係を考察することも可能であろう。

　しかし、エッジワースが想定しているプロセスは逐次的な戦略的相互依存性にとどまらない。上の事例で、①の提案の誘引に関わるのは、時間を通じた費用の発生という問題である。戦争の費用の評価について、エッジワースは繰り

返し注意を払っている。そして、たとえ戦争に突入して軍事行動に出た後でも、戦争終結に向けて事態を収束できる可能性を、戦争の犠牲、コストの発生の観点から議論している。

> 軍事専門家以上にあえて、次のことを指摘したい。軍事行動に出た後でさえ、交渉に訴える必要がある、可能な休戦協定の不決定領域、すなわち裁定の範囲の余地が残されている。……その領域は軍事専門家が認める以上に大きいということを主張する。この主張の根拠は現代戦争の特徴にある。つまり戦争のコストは、貨幣だけでなく人命や手足が失われることも含まれているからである [Edgeworth 1915b：27]。

　そして、エッジワースは、裁定の規範が満たすべき条件（功利の原理を含む）を議論する際に、利得やコストの評価について起こりうる心理バイアスを指摘している。次の叙述に見られるように、現状を起点に得られる利得と失うコストが、同額であっても、現状から失うものについての方が、得られる利得に比べて過大に評価されることが指摘されている。「分配の変化によってポールが失うのと同じだけ得るために、ペーターは頑張るわけではない」[Edgeworth 1915b：24] とエッジワースが述べるとき次のようなことが前提となっていると考えられる。現在の状況から悪化するのがポール、改善されるのがペーターという不特定の人間としたとき、たとえ同じだけの利得を失いあるいは獲得したとしても、人間の性向として、失うものが得るものよりに心理的に過大に評価される。したがって、戦争によって失うコストは、事前には過小に評価され、国民の多くが生命や手足を失う現状に直面してより多くの犠牲として認識されることになる。他方、戦争に突入する際のリーダーの目的は、領土など利益だけでなく、国の名誉など非物質的なものが誘引をしめ、それらが過大に利害の対立を先鋭化することが指摘されている [Edgeworth 1915b：30]。

　このように費用評価が、戦争の進行とともに変化する可能性があり、事前に適正に費用を評価できないため、その結果、事後的には合理的でない戦争の進行が推し進められることがありうる。そこで、戦争の進行に伴い現状が変化した場合、戦争から得られものに対する楽観的評価よりも、戦争によって失う犠牲に対する冷静な評価が増す場合、その変化をうまく戦争の終息につなげる可能性が考慮されている。つまり、エッジワースが、「共感」という用語で説明する側面は、適正な費用評価を引き出すプロセスを組み立てていくことが含ま

れる。実際、戦争の進行とともに費用が拡大していくと、先の数値例において
も、①の好戦的な戦略の方が、費用の影響を大きく受けることになる。つまり、
費用の拡大に伴い、①のような戦略は利益にかなっていないことが判明する可
能性が高くなるのである。にもかかわらず、一度戦争に突入したら後戻りでき
ないという意思決定システムは、不条理な戦争を回避できないまま、最悪の事
態を意に反して招くことになる。それをどう回避するかという点が、主な議論
のターゲットである。

　これに対して、②のような戦略は、相手が応じるかどうか不確定ではあるが、
戦争回避の方向へコミットすることにつながる。提案者にとっては、一度 a″
のような譲歩した提案をすると、それより自分にとって有利な条件を実現する
可能性を部分的に放棄することになる。その意味でこのような提案は、部分的
に自分の利益をあらかじめ投資することを意味しており、その投資によって部
分的に相手の譲歩を引き出す可能性を留保することにつながる。そして、戦争
に突入ないし部分的に突入していたとしても、時間の経過とともに戦争のコス
トが具体化する猶予を確保することにつながる。この考え方は、時間経過とと
もに価値が変動する不確実性下の投資のプロジェクトの評価方法の考え方であ
るリアルオプションに類似する。新技術の導入などのプロジェクトを、現時点
で一括して投資するのではなく、時間の経過とともに市場価値を参照しながら、
部分的な投資を行うような場合、その投資は金融商品のオプションに類似した
評価方法をとる。

　実のところ、エッジワースは、「共感」の概念を導入している箇所に脚注を付
け、自分の QJE 論文 Edgeworth［1904］を挙げ、②のような戦略を説明して
いる。この中で、エッジワースは、リスクを引き受ける企業家（entrepreneur）
について議論し、企業家が均衡においてゼロの利潤になるようなワルラスの考
え方と異なる企業観を整理し展開している。

　お わ り に
　　──エッジワースの独自性──

　Edgeworth［1904］の最後で、競争市場に限定されない経済を分析する豊か
な可能性として、共感の概念が示唆されている。

　肝要な考え方は、各当事者が相手の欲求や動機を考慮して、理解しなくて
はならないということである。もはや競争が審判とならない時に、経済学
者は極端な自己中心主義を放棄しなくてはならない［Edgeworth：1904：
217］。

　共感は必ずしも感情的な性質のものを意味しない。共感は、アダム・スミ
スによると、あまり社会的ではない感情、野心の基礎である。著名な心理
学者は、『共感は嫌悪と両立する』と言ってはばからない。……自己愛を
根絶したユートピア的な考え方では決してない［Edgeworth 1904：218］。

　時間を通じた不確実性下で、当事者が相手の状況やリスクの配分に目を配り
ながら両者にとってより良い協力関係を引き出す可能性を、エッジワースは模
索していた。そのような経済分析の先駆的開拓が、戦争回避の論理に敷衍され
た。現代の分析手法を駆使して、エッジワースの議論が再解釈される可能性を
示唆したい。

注

1）　Coulomb［2011：73］は、戦争のコストやベネフィットは計量できないので、経済
　　分析を戦争問題につなげられないと一連のエッジワースの戦争論［Edgeworth
　　1915a；1915b；1917；1919］を批判している。後に論じるように、エッジワースは交
　　渉対象の相違は問題でないという立場である。Schmidt［1987：34］は「競争の場」
　　と「戦争の場」を同一視してしまっては戦争による攻撃が表現されないと解釈し、そ
　　の試みを積極的には評価していない。

2）　中野［2012；2013；2015；2017a；2017b］を通じて、また近年の多方面の研究から、
　　エッジワースの未評価の部分が明らかになりつつある。

3）　エッジワースは、次のように図3-1を説明する。「ロビンソン・クルーソーがフラ
　　イデーと契約する場合である。契約する品物は次のようである。白人によって賃金が
　　支払われ、黒人によって労働が提供される。ロビンソン・クルーソーをXとしよう。
　　yは、フライデーが提供する労働で、想定される点から北側方向に水平な直線で測ら
　　れる。そしてxは、クルーソーが払う報酬で、同じ点から東側方向の直線に沿って計
　　測される……。この時、これらの線の間の任意の点は、契約を表す。それぞれの契約
　　で財の量を様々に変化させることは、一般に両当事者の利益にかなうであろう。しか
　　し、契約をいろいろ変化させても、もはや両当事者の合意が得られないような一群の
　　契約、つまり最終配分の集合がある。これらの最終配分は、不特定の数の点、契約線
　　（contract-curve）CC′、あるいはむしろその一部となる軌跡である。この契約線は、南
　　東から北西へ向かう方向に垂直な線が得られるが、その間のすべての点であると考え

られるであろう。このようにして得られる契約曲線の一部は、2点、例えば北西の$\eta_0 x_0$南東の$y_0 \xi_0$の2点の間にある。；各々の点は、各主体について原点を通って引かれる無差別曲線（*curves of indifference*）が、契約曲線と交わっている。このようにして、$\eta_0 x_0$で表される契約のもたらす効用は、フライデーにとってゼロであり、あるいは、むしろ契約がなかったかのような状態と同じである。その点において、直ちに交渉をやめ、おそらく自分で働くであろう」[Edgeworth 1881：28-29]。

4) この点については、Nakano [2009] で、ジェヴォンズの交換理論の有する不均衡理論の観点から、若干の考察を与えた。W. ソーントンの不均衡理論、ジェヴォンズの流体力学現象への関心、統計力学との関連、ジェヴォンズやエッジワースの確率・統計への貢献を背景に、エッジワースのビジョンを特徴づけることができる可能性がある。この比喩の背景に、ジェヴォンズの科学方法論や J. マクスウェルの気体運動の分析の影響を想定することができるであろう。ここでは、『数理心理学』に即してのみ、議論展開をみる。

5) Edgeworth [1881：31] を参照されたい。

6) 例えば、Negishi [1989] は、通常のボックスダイアグラムを用いてエッジワースのロジックを説明している。

7) エッジワースは、『数理心理学』の序論で、道徳科学に数学を用いる方法について論じ、物理学との関係も論じ、Lagrange, Thomson, Clerk Maxwell などに言及している。「電気の見えないエネルギーは、ラグランジェのすばらしい方法によって把握されている。快楽の見えないエネルギーも同じ取り扱いが可能であろう」[Edgeworth 1881：13] と述べ、脚注で Clerk Maxwell *Electricity and Magnetism* を参照するよう言及している。そして、Electro-magnetic force のマクスウェルの分析を、快楽の分析のアナロジーとして採用していることを説明している。

8) モーガンは次のように述べる。「エッジワースのイマジネーションと図において、世界は現代の様式に見出されるものとは大変異なった形で表現されている」[Morgan 2012：121]。

9) Morgan [2012：390-391] は、エッジワース以降、エッジワースの図の様々な特徴が、標準的なモデルに一般化され抜け落ちていく歴史的プロセスを、経済学の歴史におけるモデルの発展過程として特徴づけている。そのモデルの固有性そのものは、必ずしも議論されていない。

10) Sutton [1993] は、エッジワースの不決定性の問題に対するアプローチを「ブロックの議論（Blocking arguments）」として特徴づけ、現代の分析に与えた重要な思考法として評価している。完全競争の成立しない状況を一度問題にすると、経済学は市場の結果を絞り込むことができず、不決定性の問題に直面する。サットンは、多くの経済学者が不決定性の問題に気づいていたことを指摘すると同時に、同時代のエッジワースだけが、その問題に分析的に応えようとしたと指摘する。そして、その上で、エッジワースの貢献は、何世代にもわたって現代に至るまでの唯一の重要な貢献であると、サットンは評価する。[Sutton 1993：491] 不決定性の問題には、2つのアプロ

ーチがある。第 1 は、結果を絞り込むために、付加的な仮定を置き、制度構造をさらに特定化していくアプローチである。このやり方は、1 世紀にわたって主流の経済学に内在していた。第 2 は、経済理論は不決定性の結果を簡単には絞り込めないことをある程度認めて、分析を進めていく方法で、この第 2 のアプローチをエッジワースは暗に推し進めてきたというのが、サットンの理解である。第 1 のやり方の例として、1930 年代の不完全競争の理論展開が挙げられている。

11)　「最も単純なケースの契約で始めよう。2 人の個人 X、Y がおり、彼らの利益はそれぞれ、2 変数に依存し、その量を相互の同意なくしては変化させないよう合意されている。2 財の交換は、この種の契約の特別なケースである。x、y は、ジェヴォンズの例におけるように、交換される量であるとしよう」[Edgeworth 1915b：20]。

12)　これに引き続き、エッジワースは分析的に直線で取引者の緊要度が表現されているわけではないという分析上の問題を指摘している。「しかしあなたの利得の範囲は a′A（対応する貨幣）で大変不完全にしか計られないということが十分ありあるであろう。この指標が、その旅行者が、即金を確保するために（例えば船上でどうしても必要なためなど）嗅ぎタバコ入れをどうしても売りたいという度合いを示しているわけではない」[Edgeworth 1915b：19]。

13)　"In general, the result of a successful 'war' is to lower the range of arbitration in a sense favorable to the winner (provided, of course, that the cost of effecting this condition does not exceed the gain." [Edgeworth 1915b：22]。「一般に、成功した '戦争' の結果は、勝者に有利に裁定の範囲を引き下げることである（ただし、もちろんこの状況を実現するコストがその利得を超えないという条件の元で）」。

14)　Edgeworth［1915b：29］の注 1 を参照されたい。

15)　2£ という低い価格に、相手が応じる確率を p、20£ という高い価格に、相手が応じる確率を q とすると、①の期待購入価格が ②の期待購入価格を上回るのは、p/q＜14/31 の時である。このような確率の範囲で、交渉の決裂の回避の可能性がある。

第4章

ヴェブレンの平和連盟構想

——大戦争と未完のプロジェクト——

は じ め に
——大戦争と平和の希求——

　T. B. ヴェブレンと聞いて脳裏に浮かぶのは、大衆消費社会における見せび
らかしの消費の意義をいち早く見抜いた先見者だろうか。あるいは、新旧古典
派経済学が暗黙に依拠する楽観的な市場主義を批判した異端の経済学者だろう
か。資本主義体制下の均衡状態を1つの規範と見なすのではなく、あくまでも
実証にとどまるとともに、賛否を問わない科学者の立場を貫いたヴェブレンは、
政治的な発言を禁欲的に避けるのが常であった。しかし、彼にはもう1つの顔
がある。大戦争、すなわち第一次世界大戦前後の彼の論調は異彩を放っており、
特に1917年の諸論稿には、珍しく政治的ないし党派的な発言が散見された。そ
れはあたかも彼の文章とは思えないくらいに「簡潔的、概要的、率直な」文章
であった [Dorfman 1932：185]。一般的な人物像とは裏腹に、読者はそこに「大
戦争の指揮や最終的帰結に関わる強烈なまでに党派的な関心」[Ardzrooni
1934：ix] を見いだすことができる[1]。

　1914年にいわゆる大戦争が勃発すると、ヴェブレンの経済分析に帝国主義や
恒久的平和という新たなトピックスが加わった。同年は彼にとっていくつかの
意味で節目の年となった。長年の講義録に相当する『製作本能と産業技術の状
態』を出版し、先妻との離婚調停を終え、アン・ブラッドレーと念願の再婚を
果たしたからである。2人の新婚旅行先は彼の両親の祖国ノルウェーであった
が、彼らが開戦を目の当たりにしたのはその旅行中であった [Jorgensen and
Jorgensen 1999：145]。ハネムーンを中断して帰国した彼は、1915年にドイツ経
済の急速な発展とその帝国主義の侵略的性格を解明しようとした『帝政ドイツ
と産業革命』を上梓し、つづいてアメリカが参戦したまさに1917年4月初旬に

『平和の性質と恒久化の諸条件』（以下 INP、『平和の性質』）を出版した。後者の序文においては、I. カントの不朽の名作に言及しながら、恒久的平和の追究はその場限りの外交上の妥協策ではありえず、「人間固有の義務」（an intrinsic human duty）にほかならない［INP：vii］と語気を強めた[2]。

史上初の世界大戦勃発を受けて、多くの人々の関心はまもなく戦後の国際機関の形成に向かい始めた。ヴェブレンが『営利企業の理論』の出版以前から親交があった J. A. ホブソンが『国際政府へ向けて』を上梓したのは1915年であった。後藤春美［2016：28］によれば、イギリスでは早くも1915年の夏には、フェビアン主義者の L. S. ウルフや民主的統制連合のメンバーらが国際連盟ソサエティを結成した。アメリカの T. W. ウィルソン大統領も1916年の5月の演説において同様の考えを表明したが、任期中の1917年4月にアメリカが参戦すると、在野の思潮として育まれてきたこうした平和思想は、皮肉にも連合国の戦争参加を正当化する論拠の1つとして掲げられていくこととなった。ヴェブレンの協商国びいきの論調の背景にはこうした当時の思想動向がある。

ただし、ヴェブレンの思想的立場を意味づけるのは容易ではない。*The Masses* に『平和の性質』の書評を寄稿した Dell［1917：40］は、本書が「読者が平和主義者であれ、軍国主義者であれ、危険であると気づかないうちに、読者のその心情が彼の手でひどく打ち砕かれてしまう」内容であったから、「彼〔ヴェブレン――引用者〕は大統領の軍事諮問委員に任命されるか、反逆罪で監獄にぶち込まれるかのどちらかに終わるだろう」と書いた。結局のところ、Capozzola［1999：256］が指摘したように、彼が主戦論者か反戦論者かははっきりとは分からない[3]。

『平和の性質』によれば、平和の侵害は政府や国家によって行われるのであり、その意味では、政府や国家は休戦を提案することはできても、戦争を終わらせることはできない。つまり、それらは一時的な平和を構築する手段であったとしても、平和を恒久化する手段ではありえない。したがって、平和の恒久化を実現するためには、政府や国家を超越する組織が希求されることとなる。しかし、理論上の想定がつねに実現可能であるとは限らない。彼の暫定的な結論は、王朝的な帝国主義国家でありつづけるドイツと日本が排除されない限りは、恒久的平和は実現不可能であるというものであった。そして、この『平和の性質』における国際的平和機構の議論を再論しているのが、直後に執筆されたウィルソン大統領宛の覚書にほかならない。

　本章の目的は、覚書に描かれたヴェブレンの平和連盟構想の概要をまとめ、その変容過程を追うことによって、「経済学の浸透は国際紛争の緩和に貢献しうるか」という本書の基本的な問いに対する彼の回答を再構成することである。対象となる資料は覚書に加えて、1917年から1920年までに執筆された小論や書評である。

　本章の構成は次のとおりである。第 1 節では、アメリカが参戦した1917年前後のヴェブレンの足取りをたどる。特に、ウィルソン大統領がその平和戦略を実行に移すために設置した調査委員会（The Inquiry）に関わる動向である。第 2 節では、ウィルソン大統領宛に準備された 2 つの覚書を取り上げ、ヴェブレンの平和連盟構想の論理について検討する。つづく第 3 節では、調査委員会参加への道を断たれ、平和連盟の実現に確信を抱けなくなったヴェブレンが、どのようにして独自の文明史的視角から資本主義論を深めていったかを見ていく。彼の研究主題はまったく別の方向へ進んだようにも見える。しかしながら、恒久的平和を維持するための条件は、彼の表現を用いれば、サボタージュ資本主義の超克という後年の彼の主題と不可分であり、両者の議論は共通の論理に基づいているというのが本章の立場である。最後の「おわりに」では、以上の議論をふまえ、戦時というこの特殊な時期の議論が、ヴェブレンの思想全体においてどのような位置を占めると解釈できるのか、また、そうした彼の構想の現代的意義がどこにあるのかについて考察する。

1　アメリカの参戦と「調査委員会」

　1917年 4 月 6 日、アメリカはドイツに宣戦布告を行った。年初の無制限潜水艦作戦の再開やツィンメルマン電報事件が連邦議会を動かしたと言われている。同年の秋、ウィルソン大統領は、親しい友人でもあったハウス大佐に平和戦略を策定するとともに覚書を準備する調査委員会の設立を要請した。言うまでもなく、後に「十四カ条の平和原則」（1918年 1 月 8 日の演説）を書き上げる組織の立ち上げである。

　様々な専門家達がスタッフとして招集されたが、あいにく『平和の性質』を上梓したばかりの著名な経済学者ヴェブレンがメンバーに加わることはなかった。しかし、彼が参加した可能性があったことが分かっている。原資料に基づいた再検討が待たれるが、ドーフマンが過去に示した解釈が正しいとすれば、

次のような諸事実が浮かび上がってくる。調査委員会の委員長を務めた W. リップマンの証言によれば、1917年12月、ヴェブレンは、彼を通じて調査委員会に対して2つの覚書を提出した。そして、彼はこのときがちょうど「平和原則」の原稿を準備していたタイミングであったとも回想している [Dorfman 1972 (1934)：374／邦訳 525-526]。そして、1917年10月10日付のリップマン宛の手紙では、ヴェブレンは調査委員会への参加の可否について尋ねている。ヴェブレンは、そのポストに関心を抱いていることのみならず、自著『平和の性質』における彼の政策提言がウィルソン大統領が採ろうとしている方向に沿うものであることを熱心に伝えている [Dorfman 1973：200-201]。メンバーの1人であったヴェブレンの友人でスタンフォード大学時代の同僚 A. A. ヤングは、ヴェブレンが常任メンバーとして就任することを切望していた（1918年1月2日付）。ヤングがニューヨークに設置された調査委員会の本部の所在地を書き送っていることからすれば、ヴェブレンの参加は秒読みであるかのように思われたが、結局のところ彼の参加は叶わなかった。Dorfman [1973：206] によれば、責任者を務めたウィルソン大統領の義兄 S. E. メーゼスがヤングに宛てた手紙（1918年1月14日付）では、資金不足が理由とされている。デルが書評で書いたように、文脈によっては反政府的に見える玉虫色のヴェブレンは、大統領設置の委員会メンバーとしては不向きであると見なされたとしても不思議はないだろう。

　他方、ロシアに目を転じると、1917年11月に革命（10月革命）が勃発し、ボルシェヴィキへの権力の集中が進行しつつあった。この革命の途上で V. I. レーニン率いるソヴィエト政権は11月8日に「平和に関する布告」を発表した。周知のように、この「布告」は、無賠償、無併合および民族自決に基づく即時講和を全交戦国に提案するものであった。アメリカのウィルソン大統領もこれらの論点を慎重に引き継ぎ、年が明けて1918年1月8日、「十四カ条の平和原則」を公にした。そして、この演説はドイツの降伏を引き出すことに成功し、翌年のパリ講和会議やヴェルサイユ条約の基本原則を提供した。ヴィンクラー [2008：363] によれば、ウィルソンの構想はボルシェヴィキに対する応答であっただけではなく、英仏の2人の首相、D. L. ロイド-ジョージと G. B. クレマンソーの「報復の平和」に対する代替案でもあった。しかも、「民主主義のために世界を安全にする」というウィルソンのスローガンは、ドイツにおいてさえレーニンのプロレタリア「世界革命」の呼びかけよりもはるかに多くの人々

の心に訴えた。

　調査委員会への参加はついに叶わなかったが、次節では、お蔵入りとなった覚書を取り上げ、ヴェブレンの平和連盟構想を読み解いてみよう。

2　ウィルソン大統領宛の覚書が描き出す世界秩序

（1）　アメリカがイニシアティブを採るには

　2つの覚書は1917年の秋に執筆されたと考えられている。文量の少ない「将来の平和の諸条件に関する調査委員会のワーキング・プログラムについての提案」は基本的に調査委員会のあり方に関わる内容であり、4つの項目、① 外交上の妥協か、平和連盟による恒久的平和の追求か、② 調査委員会の運営方法、③ 調査委員会が陥ると予想されるジレンマ、④ 国際的な平和体制を主導する諸国、から成っていた。

　「提案」によれば、平和的調停に向かう道は2つある。第1の道は、同格を基礎とした主要8列強国を含む、外交上の妥協による平和であり、第2の道は、主として協商国の民主主義国家の国民を含む、国の権利放棄を基礎とした平和的国民の連盟（連邦）である［ECO：355］。前者のケースでは、アメリカは諸外国の利害に振り回される部外者の役割しか果たせない。なぜなら、このケースにおける調停は主としてヨーロッパ列強の間での取り決めになるからである。それに対して、彼は、後者のケースでは、アメリカは中心的かつ決定的な役割を果たすはずだと断言する。アメリカが世界的な平和体制においてイニシアティブを採るには後者の道しかないというわけである。

　そして、2つの道の存在は、調査委員会が陥ると予想されるジレンマを浮かび上がらせる。ヴェブレンによれば、調査委員会はまもなく2つの対立する陣営のどちらかを支持しなければならないというジレンマに陥るだろう。一方の陣営は、既得権益や既成の秩序を保守しようとするだろう。それに対して、もう一方の陣営は、揺るぎない平和の体制を確立しようと何にもまして努めるだろう。両者の目的は必ずしも一致しない。「……国内外の平和維持を脅かす既得権益者たちに味方するか、たとえこれらの既得権益者に甚大な混乱をもたらすという犠牲を払ったとしても、平和を維持するために国内の利用可能な資源に関する実行可能な再編成の考案を支持するか、ということである」［ECO：358］。そして、ヴェブレンが思い描いていた平和的な世界秩序の見取り図は、

この後者の陣営に沿うものであった。

（2）　平和連盟を主導する国々

　ヴェブレンによれば、世界的な平和体制は、平和的な諸国民によって主導されなければならないが、その任務を担うのは、フランスやイギリスおよびアメリカを始めとする英語圏の諸国民である。「……連盟を構築し、組織化し、持続させていくさいのイニシアティブと最終決定権は、実際には、主としてアメリカ政府に付与されるだろう。したがって、アメリカ政府は道義を負わせられるだろうし、同時に、その非利己的な宣言（unselfish profession）を実行に移せるだろう」［ECO：359］。

　ただし、こうした議論の行間を読む手がかりとなるのは、アメリカの「非利己的な宣言」の含意である。それは、この当時の文脈における民主主義の意義とも関わっている。ウィルソン大統領は参戦直前の4月2日の演説において次のように述べた。その言葉はアメリカの知識人たちに感嘆をもって受け入れられることとなった。

> 　民主主義のために世界は安全にされなくてはならない。その平和は、経験ゆたかな政治的自由を基礎に植え付けられなければならない。私たちは何ら果たすべき利己的な目的をもたない。私たちは征服を望むわけでもないし、支配を望むわけでもない。私たちは私たち自身のための賠償を求めているわけではないし、私たちがすすんで払った犠牲に対して物質的補償を求めているのでもない。私たちは人間の諸権利の擁護者の1人であるにすぎない。……私たちは憎悪を抱くこともなく、利己的な目的も抱かず、私たちのためには何も求めずに、私たちがすべての自由な人々と共有したいと願うことを求めてただ戦うというだけである……［Wilson 1917］。

議会の上下両院合同会議は熱狂的な拍手に包まれたという。スティール［1982：上156、157］によれば、J. デューイやC. ビアードのような革新主義者たちも一様に参戦を支持した。ナショナリズムの非合理性や戦争の帝国主義的起源に対して慎重な議論を重ねてきたリップマンですら例外ではなく、ウィルソンの宣戦布告を賛美したといわれている。

　ヴェブレンも表向きはウィルソンの民主主義的理想を評価する。

　　ウィルソン大統領の言葉では、将来の調停において追求されるべき目的は、
　　民主主義のために世界の安全を築き上げることである。したがって、時折
　　声明を出すときにアメリカ政府によって使われている言葉の意味に限れば、
　　民主主義とは、それによって挙国一致して畏敬の念を抱かせることではな
　　く、協同して幸せであることを人々が選び出す心構えと記述できるだろう
　　［ECO：363-364］。

ヴェブレンによれば、現代人は多少の差はあれ民主主義の精神を分かち合って
いる。それゆえに、どのような国民が連盟に参加するか、彼らがどのような役
割を果たすかという問題は、実質的には、その国民にこの「心構え」がどれく
らい浸透しているかに依存するし、加えて「畏敬の念を抱かせるすべての国家
を排除すること」［ECO：364］が平和連盟の義務となる。

　ヴェブレンの民主主義に対する力点は、このように、ウィルソンがアメリカ
にまき散らした理想主義の空気を反映している。だが、これは、ある程度はア
メリカ、そしてウィルソンに対するリップサービスであったと読むべきだろ
う[8]。ヴェブレンが描いたのは、民主主義国を一方的に称揚し、非民主主義的と
された諸国の欠点をあげつらうというような素朴な勧善懲悪の構図ではない。
つまり、彼は、アメリカが民主主義国の代表として、直ちにこの大役を果たし
うる理想の国家であると妄信していたわけではなかった。小原［1965：166］が
強調したように、ヴェブレンは「威信をかけた党派的連帯感」［INP：31］から
アメリカ的な愛国心に囚われたわけではなかった。すでにヴェブレン自身が多
くの著作で繰りかえしてきたように、ひいき目に見ても、アメリカは「国の資
源を犠牲にした私的利益の追求」［ECO：373］に耽溺する代表国の１つに違い
なかったし、「一皮むけば」ドイツの貴族も、イギリスの上流階級も、そして
アメリカの企業家も、とてもよく似た既得権益者集団にすぎない［INP：249］
からである。『平和の性質』において強調されたように、いかなる文明国であ
ろうとも利害関心や権利主張を完全に封じ込めることはできない。彼の平和連
盟構想の根底にはこのような極めて現実的な認識があった。それに対して、覚
書はそうした現実認識をできる限り行間に忍ばせ、アメリカが果たしうる役割
を明確に描写することに主題を限定している点で特殊であった。

　すでに見たように、外交上の妥協による一時的な平和は次の戦争の火種を内
包せざるを得ないのであり、その原因が取り除かれた国際関係が確立されなけ

ればならない。「予想される連盟の不変の目的は全体としての平和の永続にほかならず、商業的な企画の推進ではないし、国民的野心の追求でもない」。したがって、ヴェブレンによれば、平和連盟は「共に自らの富をあきらめ、自らの国民的野心を公共善の下位におく人々による、堅く団結した取消不可能な連合体」、換言すれば「継続的事業体（going concern）」でなければならなかった［ECO：363, 362, 365］。

このヴェブレンの論述は、彼自身がリップマンに書いたとおり、ウィルソンの宣戦布告演説、すなわち「非利己的な宣言」にしっかりと沿う内容であった。だが、残念ながら、協商国側には初めからそのような素養も、そうした「宣言」を実行に移す覚悟もなかったのかもしれない。というのも、1917年10月には、協商国——イギリス、フランス、イタリア、ロシアおよび日本——が秘密裏に戦勝後の領土分割の皮算用を行っていたことがボルシェヴィキによって暴露されたからであり、ウィルソンも協商国側とは距離をおくように自身の戦略を変えざるを得なくなったからである。⁹⁾

（3）　国境の廃止

世界には多様な独立国が林立している。それらの諸国はその国の方針で平和連盟には加入しないかもしれないし、民主主義的な「心構え」の点で、連盟に加わる資格を満たしていないかもしれない。ヴェブレンによれば、その範囲は広く、未開のアビシニアから擬似立憲君主制の文明国スペインにまで及んでいる。そのような現状を前に、彼が恒久的平和を実現するための手段として示したのは、極めてラディカルな提案であった。それは国境の廃止（abolition of national frontiers）という提案である。

> 連盟の領域内では、全体としての平和の恒久化に向かう健全な政策は、構成する諸国民の感情の偏見が許す範囲において、民族性（nationality）の区別を首尾一貫して放棄するか、少なくともそれを無視する傾向をもっていなければならない。この点で最も幸運な結果は、国の境界の全面的な陳腐化ないし喪失であろうが、現状の感情の状態から見て、予想可能な最善策は半信半疑でその目的にほんのわずかに接近することであろう。／国境の廃止は、経済政策に関わるたくさんの問題、特に市場進出と貿易に関わる諸問題を解決するのに役立つだろう（／は段落区切り）［ECO：368］。

　国境の廃止というと非現実的すぎるように思われるかもしれない。しかし、その目的はあくまでも諸国間の嫉妬、不信および不和の原因を取り除くことであり、強権的組織の権力により、世界中の人々を強制的に同化し統制することではなかった。「……民族性はいかなる市民的資格ももたなくなるだろう。だが、文化や感情の点での民族性の統合や連帯は妨げられることなく、実際には法律上気づかれないままにしておかれるだろう」[ECO：369]。彼の説明では、国境の廃止は実現可能な政策であり、多様な文化の共存、国民や民族としての統合や連帯を禁ずるものではなかった。例えば、何よりもアメリカ合衆国という多民族国家が現に存在しているし、英語圏におけるユダヤ人も自らの民族性の維持に成功している。また、バルカン半島の諸国やロシアの自治領においても、様々な文化圏の共存が成し遂げられている [ECO：369]。国境の廃止というヴェブレンの提案は、こうした諸国民の多様性を十分に許容したうえで、嫉妬、不信および不和の原因を生み出している金銭的な諸関係の「中立化」（neutralisation）[ECO：369] を図るための手段だった。

　国境の廃止、すなわち金銭的な諸関係の中立化という提案は「共に自らの富をあきらめる」ことを要請する以上、平和をかく乱したとされた諸国に対してのみならず、イニシアティブを採るとされた民主主義的諸国の側に対しても、決して一筋縄ではいかない課題をつきつける内容であったことは言うまでもない。[10]

（4）　後進国および未開発国の保護と自然資源の管理

　平和的な世界体制の概略を述べた後で、ようやくヴェブレンは本題に入る。もう1つの覚書のタイトル「後進諸国への『経済進出』と対外投資の制御に関する政策の概要」[11] から推しはかられるように、彼は、既存の対外投資の方法に戦争の一原因を見いだした。

　ヴェブレンは、基本的に、後進諸国（backward countries）や未開発諸国（undeveloped countries）が直ちに独立国家として自立すべきだと考えていたわけではなかった。なぜなら、歴史を紐解けば、こうした諸国の自然資源は文明諸国によってあまりにもたやすく搾取されてきたからである。これらの諸国が文明諸国と対等に渡り合うためにはそれなりに時間が必要となる。したがって、平和「連盟はやむを得ず全管轄権を不当に自らのものとするだろう」[ECO：370]。いかにその方法が不当であるとしても、それらの諸国民の福祉が侵害さ

れることは決して許されないからである。

> 　　……その業務の指揮を引き受けるとき、連盟は必要に迫られてこれらの辺
> 　境諸国の保護者、したがって、彼らの富の信頼できる後見人となるだろう。
> 　それと同時に、平和連盟は、民主主義における善を平和に、かつ安全に堅
> 　持することがその最高位の目標なのであり、その平和と善意の政策の副業
> 　の１つとして、寄る辺なき自治区や依存的隣国の搾取を継続してはならな
> 　い。道徳的な損益の問題として率直に考えれば、不誠実は最善の政策では
> 　ないのである［ECO：371-372］。

　では、誠実な政策とは何か。ヴェブレンによれば、後進諸国や未開発諸国に
関する報道などにおける一般的な論調は、一言で言えば、「できるだけ迅速か
つ包括的にすべてを開発すること」が、後進諸国や未開発諸国の国民にとって
も、開発を主導する文明諸国の国民にとっても最も望ましいという図式であっ
た［ECO：371］。しかし、彼にとってそのような方策は不誠実な政策にほかな
らなかった。彼はそうした従来の論調を強く牽制し、文明諸国は「公平さと道
徳的腐敗からの自衛」という根拠に基づき、「減速と自制の政策」を採らなけ
ればならないと主張する［ECO：372］。減速と自制の政策は向こう見ずな「開
発」（headlong "Development"）の対極にある［ECO：373］。平和連盟は「委託され
引き継がれてきた資源の実際的な最小の侵害や枯渇を視野に入れて、慎重かつ
堅実にこれらの諸国の自然資源――鉱物、森林、牧草地および農地――を保存
する義務」を負うこととなる［ECO：370］。

　そして、ヴェブレンが注視したのは開発の速度だけではない。もう１つの問
題は、開発を主導する主体である。結論から言えば、恒久的平和を実現するた
めには、そのイニシアティブは民間の営利企業の手に委ねてはならないという
のがヴェブレンの一貫した主張であった。「民間企業に対しては、この領域に
入るためのいかなる奨励も拡張すべきではないし、これらの諸前提においてい
かなる既得権益もその効力の発揮が許されてはならない」［ECO：374］。

（5）　平和連盟による中立化プラン

　では、健全な開発を含む平和的世界の構築はいかにして可能か――こうした
問いが当然浮かび上がるだろう。経済的なレベルにおける民族性の差異の撤廃
は、より具体的には、金銭的な請求や義務に関わる国という単位の放棄、すな

わち、中立化のプランであった［ECO：376］。

　　……貿易と投資に関わる国際関係を取り扱うための便宜的な道は、連盟に
　　属するいくつかの諸国民の間はもちろん、これらの諸国民と〔未加盟の――
　　引用者〕主要諸国との間の両方において、一国の領土の外にあるすべての
　　管轄権と一国の領土の外にあるすべての金銭的な請求権の遂行を放棄ない
　　し却下することであろう。つまり、すべての金銭的請求権や債務は、それ
　　が発生した地方の裁判にしたがって無条件に判決を下すという結果を伴わ
　　せて中立化されるべきである［ECO：376］。

ヴェブレンによれば、外国へ投資するのは国内への投資よりも利潤率が高いか
らである。外国への投資に関わる企業家や投資家は概して富裕階級であり、彼
らにもたらされる利益が増大するとすれば、彼らは贅沢な消費生活を満喫する
ことも容易になる。「このことは、国の産業の極めて多くの部分をそのような
消費に適した財の生産に振り替えると同時に、価格を高めるよう作用する。そ
のことは、その分だけ共同体のふつうの必需品に対応する財の生産を制限す
る」［ECO：378-379］。こうした対外投資の拡大によってもたらされるのは、物
価と生活のコストの上昇である。つまり、そうした現象の結果として、当然国
内の一般国民の生活が圧迫されることになる。
　そして、文明国による独善的な開発を排除する、より厳密には、営利企業に
よる後進諸国および未開発諸国への無秩序な市場進出の可能性を排除するとい
う大胆な条件を掲げたうえで、ヴェブレンが提案したのは「自由貿易の諸原理
（the principles of free trade）の無制限の拡張」［ECO：381］であった。

　　したがって、経済進出、外国貿易および対外投資を制御するために、平和
　　的な諸国民の間で集団的な政策を採る場合に何が便宜的かというと、原理
　　的には極めてシンプルであるように思われる。――論争の余地はありえず、
　　その提唱者を当惑させるくらいにシンプルである。原理的には、それは、
　　弱く貧しい者を保護し、人を偏り見ることなく、特権と特恵を協調的に否
　　認すること以外のものにはならないのである［ECO：381-382］。

もちろん、彼は無邪気に自由貿易それ自体を万能の処方箋と見なしたわけでは
なかった。彼によれば、自由貿易の提案には長所のみならず短所が伴うのが常
である。だが、彼は、自由貿易のメリットについては議論するまでもないので

あり、こうした政策への反論は「ほぼもっぱら利害関心、感情および偏見の問題であり、理性に適うわけではない」と述べている［ECO：381］。

　そして、ヴェブレンのいう貿易の自由の拡張は、当然無秩序な取引のそれを意味しているわけでもなかった。すでに述べたように、それは、金銭的な請求や義務に関わる中立化が受け入れられ、その意味において国境が廃止されたうえでの取引の拡張を示唆していたからである。また、彼によれば、この提案の新しさは通常の商業取引のみならず、対外投資に適用される点にある。

　　このルールに基づけば、商業取引や投資は、商人ないし投資家が彼自身のイニシアティブで、彼自身の目的のために、彼自身がリスクを負って従事する1つの私的な冒険的事業と見なされるだろう。そこでは、彼の同国人たちは利益も損失も共有しないし、その幸運な収益に関しても、彼らは共同の責任などまったく引き受けない。その結果は、共同体が自らの領土の境界を越えた私的利益の追求において、もはや集団としていかなる私的な事業も奨励しないし、それを保護することもしないということである［ECO：376］。

つまり、ヴェブレンのいう自由貿易は、国家や政府の庇護のもとでの取引でもなければ、営利企業が意のままに操る独占的な取引でもないのであり、その責務は商人ないし投資家個人に委ねられることとなる。

　あらゆる型の既得権益や独占の排除を求めたヴェブレンの視点が自由貿易の諸原理に導かれたこと自体には何ら違和感は生じない。だが、経済的自由の理念や市場のメカニズムに対する新旧古典派経済学の楽観的な盲信に異議を唱えた1890年代のレッセ・フェール批判を想起すれば、どうであろうか。この2つの主張は両義的にも見え、極めて興味深い論点であることは確かである。ともあれ、ヴェブレンのテキストからは、1917年の議論を除けば、後にも先にも自由貿易の諸原理を提唱する文脈を抜き出すことはできない。しかし、例えば、独占的な不在所有制に対して批判を行う文脈や、営利企業に牛耳られた政府による保護関税政策に対する批判を繰り出す文脈は同じロジックを用いていると見なすことができるだろう。一例を挙げると、『技術者と価格体制』（以下 EPS、『技術者』）によれば、「国境を越えた競争の妨害によってある種の特別な利益を保護する」保護関税は、「政府によって行われるサボタージュ」にほかならなかった［EPS：20／邦訳 25］。つまり、ヴェブレンは、経済学方法論の観点から、

新旧古典派経済学による自由貿易原理の盲信を事実認識と価値判断の混同であるとの理由から厳しく批判したことはあったが、経済政策の観点から眺めた場合、彼はその原理の効用それ自体を否認したわけではなかったということが判明するのである。

3　サボタージュ資本主義の超克を目指して

（1）　既得権益と公共善の相反

　ウィルソンの歴史的な「平和原則」の発表の10日後、1918年1月18日、ヴェブレンは国立社会科学研究所の年次大会において「再建の方針」と題された講演を行っている。メーゼスがヤングにヴェブレンを参加させるほど資金状況はかんばしくないと手紙を書いたのは1月14日であったから、この時点では、ヴェブレンはまだ調査委員会のメンバーに加わるつもりでいたかもしれない。ここでは、覚書において提唱された自由貿易の諸原理の背景にあった問題、すなわち既得権益と公共善の相反という問題に焦点が当てられている。

　ヴェブレンの考察では、労働者だけでなく企業家も資本主義的サボタージュの実践者である。

　　しかし、広い視野で解釈し共同体の利益の観点から見るなら、問題のこれらの2つの党派の既得権は、私的な目的を達成するために、中断させることなくにフル稼働で作業を続けるという共同体の差し迫った必要を顧みることなく、際限なきサボタージュを行使する権利と呼ばれるものといい表せるだろう。どの時点だろうと、どのような口実を使おうとも、産業設備やそこに従事する人員を制御する人々が産業のプロセスを遅延させたり停止させたりすることで、共同体に対してそれだけ悪影響をもたらすし、共同体が当然に期待する有用性を下回ることとなる［ECO：392］。

彼は、労働者と企業家という2つの集団が互いに私的な目的を求めて行為することによって、共同体の目的は裏切られ、産業技術がもたらすはずの最大限の恩恵を享受できずにいると分析した[12]。具体的には、こうした状況が与える悪影響には2つの種類がある。1つは、「雇用者と被雇用者の不和や敵意」であり、もう1つは、「事業の顧客に強いられる悪意ある浪費、支出および損害」である［ECO：395］。

　そして、ヴェブレンが強調するのは、産業プロセスの稼働それ自体は、必ず
しも金銭的な関心に長けた企業家ではなく、金銭的な関心に左右されずに、共
同体にとっての有用性に十分配慮するような人びとによっても可能だという点
である。「既得権益のための営利的方法によって国のより大きな産業的事業を
経営するという現在のシステムは、戦時下の緊張のもとでは破綻であることが
証明された」[ECO：397] のであり、「既得権や既得権益者の体制は、共同体の
物質的な十分さや持続的な安穏を視野に入れた修正、再建、再編成の必要に迫
られている」[ECO：397]。このことは、彼にとって疑いない事実であった。こ
の既得権益者びいきの体制から完全に脱却すべきだという彼の議論は、ウィル
ソン大統領の「非利己的な宣言」とも連なる論点である。つまり、この時期の
ヴェブレンは、平和連盟をどのようにして実現し、それを運営していくべきか
という国際的な課題に対峙しながら、それと同時に、いかにして既存の資本主
義体制を根本的に再建するかという国内外共通の課題とも格闘していたことが
分かる。そして、これまでの議論から明らかなように、後者の課題が解決され
なければ、前者の課題の実現もない。

　しかし、後に調査委員会参加への道が断たれると、ヴェブレンの平和連盟構
想は宙に浮いてしまう。すなわち、平和連盟構想は期間限定の議論であり、そ
の後姿を消すのであった。その意味では、ヴェブレンの構想は、未完のプロジ
ェクトに終わったということができるだろう。

（2）　小論「国境の消滅」

　1918年 4 月25日、ヴェブレンは *The Dial* に「国境の消滅」と題された小論
を発表している。この当時、彼は、シカゴ大学のかつての教え子 J. ラウック
が紹介した戦時労働委員会の仕事を引き受けるか、ラディカルな政治文芸誌
The Dial の編集者の仕事を引き受けるかで迷い、揺れ動いていたころであっ
た。最終的に彼が選んだのは後者の仕事であった。まもなく *The Dial* はニュ
ーヨークに移転し、編集方針を大幅に変更する旨を告知した。 6 月 6 日の号で
は、今後は文芸記事に限定するのではなく、「インターナショナリズムの議論、
産業および教育の再建プログラム」に関する記事を加えるとともに、ヴェブレ
ンが新たに編集者の 1 人として加わることが伝えられた[13]。

　一般に、インターナショナリズムは、国境を越えて人々が協調しようとする
立場の総称といえるだろう。その 1 つの形が、ヴェブレンにおいては「国境の

消滅」というコンセプトとして結実しはじめていた。そして、この視点は、大統領宛の覚書においてもすでに打ち出されていた視点であることに注意すべきである。前節で見たように、平和連盟が国際関係を再建するための1つの政策的手段こそは、「国境の廃止」であったからである。しかし、向こう見ずな開発主義を牽制し、自由貿易の諸原理を拡張するという一見クリアな解答が引きされてはいたものの、覚書は、新体制の経済政策を遂行していくための実践的指針を詳説しているわけではなかった。そうした論点を敷衍していると考えられるのがこの小論である。

　ヴェブレンがまず目を向けるのは、「国境」をめぐる次の2つの文脈の違いである。彼によれば、人類の知識は、一方の変化を嫌う制度や習慣の保守的な体系、他方の新しい知識を求める技術変化に関わる体系にまたがっている。そして、「現代の産業システムは世界的規模であり、現代の技術的知識が国境を分け隔てることはない」［ECO：385］。それにもかかわらず、立法者、保安部隊および企業家はこうした国内の産業技術の知識や使用権を独占しようとして最大限の努力を払ってきた。それと同時に、こうした独占的行為が諸国民の知識の進展や普及を阻止してきたというのが彼の主張である。「明々白々だが、産業的な知識や実践を制限するこれらの諸手段は、それらが人びとの誰の効率性、富ないし福祉も増大することなく、該当する人びとの産業的効率性の総計を減少させてきたという意味において、該当するすべての人びとにとって有害であった」［ECO：385］。ここには、技術や知識が国境を越えて普及すれば人びとの富や福祉は増大しただろうというヴェブレンの予測的観測が埋め込まれていると見ることができる。

　ここで注目すべきであるのは、効率性という概念に産業的という形容詞が付されていることである。彼のいう産業的効率性は、産業システムを事実上支配している営利企業が追求する商取引の効率化、すなわち、金銭的効率性の追求とは同義ではなかった。この2つの効率性の原理は、場合によっては二律背反に陥るリスクを孕んでいる。多くの場合、産業的効率の改善は金銭的効率の向上に貢献しうるだろうが、金銭的効率の追求がつねに産業的効率の改善に寄与する保障はない。効率性の概念が含有するこうした微妙な力関係を見抜いていたところに、ヴェブレンの考察の特徴がある。

　ヴェブレンは、金銭的効率性の追求原理が政治をも制御し、究極的には戦争をもたらしかねないと考えた。それに対して、産業的効率性の追求は、圧倒的

多数の一般の人々の日常生活の改善に寄与する可能性を秘めている。そして、この彼の議論に則れば、前者と区別された後者の効率性の追求には必ずしも国境は必要ではないということになる。

（3）　産業的効率性が内包するインターナショナリズム

　ヴェブレンによれば、営利企業の商取引の方法は産業システムの管理の方法とは根本的に違っている。営利企業は私的利益を追求するのが目的であり、往々にして、他の営利企業を犠牲にして利益を得ている。その意味では、営利企業はつねに競争的なのであり、「ビジネスにおける成功は、いつも結局のところは、しばしば他の誰かを犠牲にして得られる私的利益の問題である」[ECO：386]。それに対して、産業システムは本質的に非競争的であるという。

　　共同体の物質的利益は、産業的効率性——つまり、物的および人的な力の観点からみて実行可能な最小費用で途切れることなく財を生産すること——を軸としている。ある一方の産業の設備ないしプロセスの生産的効率性は、産業システムに含まれる他方の工場やプロセスの非効率性によって高められることは少しもないし、ある一方の生産的利益が他方に強いられる不利益からもたらされることもない。産業プロセスは全体として共同的性格（co-operative nature）を帯びており、少しも競争的ではない。すなわち、共同体の物質的利益が集中するのは、産業プロセス全体の生産効率なのである [ECO：386]。

競争的ではないということの意味は、このように、産業的効率性の高低が産業プロセス全体の動きと連動しているということであり、またその営み自体が他者の不利益を前提としない、言い換えれば、共同的な性格を帯びているということである。この点において、産業的効率性は、企業者が追求する金銭的効率性とは根本的に違っている。したがって、「国境は、現代の経済生活の位置づけや価値に関する限り、資本主義的サボタージュの一手段」にすぎないのであり [ECO：387]、産業の単位としては、もはや「国」は時代後れであるという判断が下される。

　そして、ヴェブレンの見方では、仮に金銭的効率性の追求よりも、産業の効率的管理が重視されるなら、そのような世界秩序はインターナショナルでコスモポリタンな性格を帯びたシステムとなる。

生活と物質的福祉は産業システムの効果的な働きと深く関係しており、産業システムはインターナショナルな性格を帯びる。――言い換えれば、おそらくそれはむしろコスモポリタンな性格を帯びると言われるべきであり、それは国が何の位置づけも価値ももたない物事の秩序の下にある［ECO：389］。

彼によれば、現行の産業システムにおいては、財の生産や分配、国内の法規やその国境および司法権は、実質的にはシステム全体の産業効率を妨害し、遅延させる以外の目的には役立たない。それどころか、それは、一般の人々の犠牲のもとに既得権集団に利が入るようにデザインされている。しかしながら、それとは違うシステムも十分に想定可能であるというのが彼の主張である。要約すると、営利主義の源泉である既得権益を守るための国境を廃止することは、同時に、産業に関わる技術や知識を普及させるための国境を消滅させることを意味しているのである。共に自らの富をあきらめ、技術と知識を共有する、これこそがヴェブレンのインターナショナリズムの骨子である。

　このように、ヴェブレンが示唆した「国が何の位置づけも価値ももたない物事の秩序」は、1917年の段階では、おそらく平和連盟が主導しうる世界秩序を指していたはずであった。しかしながら、1918年の小論「国境の消滅」では、もはや平和連盟の役割が引き合いに出されることはなかった。とはいえ、彼がカント的な「人間固有の義務」、すなわち恒久的平和の実現というテーマをすっかり放棄してしまったと解するのは早計だろう。というのは、後の議論においても、「不在所有制の廃止、つまり時が流れ変わりゆくなかで公共善にとって有害であると判明した制度の廃止」、「陳腐で役立たずな既得権益の無効化」は提案されつづけたからである［EPS：156／邦訳 150］。[14]

　カントやベンサムの名が真っ先に思い浮かぶように、思想史的には国際的平和主義の起源は18世紀にさかのぼるのが適当かもしれない。周知のように、カントは恒久的平和に関する古典的エッセイを著し、ベンサムはその功利主義の原理をすべての国家に共通する普遍的な法典の基盤と位置づけた。現実には、マゾワーが論じているように、国際政府の最初期モデルとしては、1815年にナポレオンに対抗するために形成されたいわゆるヨーロッパ協調（The Concert of Europe）と呼ばれる大国間の合議制が挙げられるだろうが、これは、基本的には戦争を回避するために革命的な動きを抑え込もうとする保守的機構であった

[Mazower 2012：xiv／邦訳 iv]。しかしながら、その後、19世紀中葉以降に台頭するインターナショナリズムは、それとは対照的に急進的な意味合いを帯びた様々な運動をはき出していくこととなった。金銭的な請求や義務の中立化を前提としたヴェブレンの平和構想は保守的思想からは縁遠く、むしろ後者の思潮の延長線上にあるものと位置づけられるだろう。それは、強者の論理で世界を同質化していく保守的なグローバリズムでは決してありえなかった。なぜなら、ヴェブレンの平和連盟構想は、富の格差に端を発する紛争を根絶するために、文化の多様性を許容したうえで国境を消滅させ、産業に関わる技術や知識を世界中に普及させようとするようなコスモポリタニズムの精神に根ざしていたからである。そして、その理論的核心は、平和連盟という主題が取り外されてもなお揺らぐことはなかった。

おわりに
——平和連盟構想の挫折とその３つの含意——

　これまでに本章で見てきたように、大戦争末期に示された恒久的平和や資本主義の再建に関わるヴェブレンの議論は、確かに理想主義的な印象を否めない。[15] とはいえ、それらの議論から浮かび上がるのは次の３つの含意である。

　第１に、ヴェブレンの議論は、政治学的議論というよりはすぐれて経済学的な議論であった。彼の議論には、平和、自由、民主主義という理念がちりばめられていたが、彼はそれらの理念を直接に検討したわけではなかったからである。彼が考え抜いたのは、内外の経済関係に影響を与える権力や格差の浸透する社会的構造であるとともに、その歴史的発生プロセスであり、さらにはそうした既存の体制を乗り越えるための経済政策的な手段であった。ただし、彼の議論において、平和、自由、民主主義という政治的諸理念が豊かな意味を含み持つのは、その考察に経済学的な議論が絶妙に絡み合っていたからである。言い換えれば、それらの諸理念においては、共同体の技術や知識が、国境を超えて、産業的な意味において効率的に活用かつ共有されることが前提されていた。そのようにして、彼は、共同体の福祉の増進と産業技術の発展が連動していく可能性を肯定的に描こうとしたし、おそらくそれらの諸理念がインターナショナルな理念として拡張されるべきであると考えていた。

　第２に、ヴェブレンの産業的効率性の概念は、利潤の追求を主とする金銭的

効率性の概念と峻別されるだけではなかった。それは、最小の費用で最大限の生産量を実現するという効率性の一般的な意味——生産的効率性——にとどまるわけでもなかった。なぜなら、彼の提案は資源のグローバルな浪費をもたらす向こう見ずな開発主義への牽制を含んでいたからである。産業的効率性の概念は、恒久的平和をもたらすための実践的な指針を提供するだけではなく、文明諸国による乱開発を回避し、後進国および未開発国の富と福祉とを保守しようとする反帝国主義者の観点から引き出された概念であった。そして、産業的効率性の追求を指導原理とする経済政策においては、当然ながら資源の浪費的消費が許容される余地はない。つまり、産業的効率性を向上させなければならないと彼がいうとき、それは文字どおりに効率的な増産を意味するわけではなかった。この論点は、後の議論にも引き継がれていく。例えば、技術者のソヴィエトの重要な一部門には、世界平和のみならず無駄のない資源管理を担う任務が課せられることとなった。[17]

　第3に、ヴェブレンが数々の著作において繰り返したとおり、戦争の一因が諸国民間の経済格差に由来するという視点それ自体は、依然今日の紛争の主原因を読み解く大前提ではないだろうか。彼は、そうした観点から、国という括りを持たない秩序、あるいは平和的世界の像を模索したのであった。もちろん、後進国および未開発国の保護を前提とした国際的な自由貿易体制がどのように運営されるかに関しては、肝心なところは依然明瞭ではない。だが、周知のとおり、発展途上国援助のための最初の国際機関であるコロンボ・プランが設立されるのが1951年、そして関税・貿易に関する一般協定（GATT）が発展途上国の貿易政策に対して特別な配慮を行うために「貿易と発展」に関する条項を追加したのが1965年であったことを考えれば、ヴェブレンの提案が時代に先んずる論点を含んでいたことは確かだろう。また、テロリズムに見られるように、今日の紛争が国という括りを持たない形態に変容しつつあるとしたら、同じく国という括りを持たない彼の平和構想がそうした病巣を読み解くための1つの鍵を提供するかもしれない。さらに、その構想は現代におけるグローバル企業の功罪を精査するうえでも、1つの参照軸を与えるかもしれない。

　いずれにせよ、本章の議論から導き出せるのは、ヴェブレンは、営利主義が貫かれた資本主義的サボタージュの体制が国境を越えた軋轢を生み出し、未曾有の大戦争をもたらす一因となったと理解したということである。ここで「経済学の浸透は国際紛争の緩和に貢献しうるか」という本書の問いを再掲するな

ら、次のように解答できるだろう。

　ウィルソン大統領が招集した調査委員会に参加することを前提に「覚書」を執筆するくらいであったのだから、たとえいかに細く険しい道であろうと、ヴェブレンが平和連盟による経済政策をつうじて平和的な世界体制が実現する道が残されている、換言すれば、国際紛争を緩和することは可能であると考えていたことは確かであろう。性急な将来予測を禁欲しつつも、彼は賢明なダーウィニストとして、理想的な世界秩序に向かう可能性を残し、またそれに望みを託した。ここに、平和は政治や外交によってではなく、平和連盟ないしそれに類する組織体が主導する経済政策によってしか実現しえないという彼の結論が浮き彫りになる。その意味で、彼にとって、経済学——経済政策——は、戦争を回避し、平和を構築する唯一の手段であった。そのような観点から、彼は、カント的な恒久的平和の理想、すなわち「人間固有の義務」に接近しようとしたのであった。

　しかしながら、国境の廃止および金銭的な権利や義務の中立化という彼の提案はラディカルすぎた。だが、誰の目にも明白であるのは、この提案により、彼はウィルソンの「非利己的な宣言」を実現するための青写真を大まじめに描いたということである。だからこそ、ヴェブレンは、その後の戦局や調停の進捗を眼前にし、身を切られるような失望を味わったはずである。彼の目には、ヴェルサイユ講和条約の調停は平和の恒久化を目指すどころか、既得権益集団を保護するためのいたって暫定的な調停にしか見えなかったし、ウィルソン大統領の果たした役割も従属的であるように映ったからである。

　それゆえに、J. M. ケインズの著作『平和の経済的帰結』(1919) に対するヴェブレンの書評は極めて辛辣であった。彼によれば、ヴェルサイユ講和条約の最も拘束力のある規定は、所詮「不在所有制に対する脅威」であるボルシェヴィズムを抑え込むための条項にすぎず、結局は旧状 (the *status quo ante*) の再建を企図するものでしかなかった。ケインズはイギリスの財務省の代表者として参加し、講和会議の動向に十分に通じていたにもかかわらず、こうした問題の本質を完全に見落としているというのである。ヴェブレンに言わせれば、結局のところ、列強の最高権力者たちがその安全を求めて守ろうとしたのは、「不在所有者の民主主義」ないし「投資家の民主主義」にすぎなかった [ECO：466, 468, 470／邦訳 84, 85, 87]。

　1918年の春には、ヴェブレンは、平和連盟の実現に対する希望をすっかり失

ってしまった可能性が高い。1920年1月10日にはヴェルサイユ講和条約が発効し、国際連盟が正式に発足したが、その大統領が提唱者であるにもかかわらず、アメリカは、この講和条約を批准することも、国際連盟に加盟することもできなかった。ヴェブレンは、平和連盟というテーマからは手を引き、サボタージュ資本主義の超克というかねてからの課題に再び専心することとなる。国際的な組織の存在を彷彿とさせる「国境の消滅」という議論は再論されたものの、産業技術の共同利用を軸とする「国という括りをもたない新秩序」についてそれ以上に具体的に論じられることはなかった。

注

1）　この点については、ヴェブレンの批判理論そのものを政治的性格を帯びた主張であると解す Plotkin and Tilman［2011：196］の「ヴェブレンにイデオロギーやプログラムが不在であることが、政治思想が欠如していることを意味すると誤解されてはならない」という解釈も挙げておこう。

2）　1884年取得の博士論文のテーマ、最初の雑誌論文のテーマはカントであった。大戦の勃発を受けて、その関心は認識の問題を超え平和論にまで及んでいったことが分かる。なお、本文では、ヴェブレンからの引用は書名の略語［INP：頁］のように示す。

3）　ドーフマンはアメリカの三国協商への参加はヴェブレンを喜ばせたと推測している。彼によれば、ミズーリ大学時代の教え子であり、『平和の性質』の索引作成を担った J. ウーリもそう受け取っていた。ただし、社会主義者や左派自由主義者たちの多くはヴェブレンを反戦派と位置づけたと言われている。［Dorfman 1972（1934）：371-372, 355／邦訳 522, 499, 500］。

4）　ジャーナリズム論の古典『世論』で名を馳せたリップマンは、1914年の *The New Republic* の創刊に関わった政治評論家である。彼は、同誌の編集に携わる過程でウィルソン大統領の補佐官であるハウス大佐と頻繁に会うようになったと言われており、ラスキン［1980：72-78］によれば、この時期の同誌の論調は「半ば官報的」であった。リップマンは、1917年6月には同誌を辞し、連邦政府勤務に踏み切り、大戦終結後に開かれる講和条約会議に備えるために「調査委員会」に関わることとなった。両者の影響関係については Goodwin［1995］も詳しい。

5）　メーゼスは、ヴェブレンが所属していた時期（1893-94年）にシカゴ大学で哲学を教えていたが、両者の私的な関係については不明である。なお、謝礼金の少なさなどを理由にヴェブレン側が拒否した可能性は低い。この点については、稲上［2013］第5章第2節が詳しい。

6）　例えば、『平和の性質』は司法省の役人たちに称賛され、ヴェブレンは愛国主義者と見なされたのに対し、ニューヨーク市の郵便局は前作『帝政ドイツ』をスパイ防止法違反で郵送禁止書籍に指定したという興味深いエピソードがある［Dorfman 1972

（1934）：381-382／邦訳 534-536]。また、ヴェブレンは、大戦中、政府サービスにまったく関与しなかったわけではない。1918年の2月、ミズーリ大学准教授の職を辞したヴェブレンは、食糧管理局統計部門において特別調査官として携わるためにワシントンD.C.に赴いた。戦時下の労働者の現状や穀物の価格や供給に関するいくつかの報告書では、田舎町を寄生的状態から脱却させるとともに、農業労働力の供給を増大するための政策が検討されている [Dorfman 1933]。その後、戦時労働委員会の事務局長をしていたJ.ラウックが失業中のヴェブレンに関係する仕事を紹介したが、彼はこの仕事を断り、*The Dial* の編集者となる [Dorfman 1972（1934）：395／邦訳 551-552]。

7） この覚書は、生前行方不明であったが、ヴェブレンの友人の厚意から伝記の著者ドーフマンに提供され、1932年に公にされた [Dorfman 1932]。

8） この時期の民主主義の称揚が当時のもう1つの世相を鏡のように映し出していることにも注意すべきであろう。宣戦布告後のアメリカでは、現実には戦争ヒステリーが昂じ、国内の自由な言論は次第に弾圧されるようになった。リベラリズムそのものが危険思想視される時代が到来したのであった。

9） スティール [1982：上180, 179, 181] によれば、ウィルソンは協商国の秘密協定の存在については公式には何も知らなかったと弁明したが、非公式には当初から知っていたことは明らかであり、ヨーロッパの利害から切り離されたアメリカ独自の平和構想を紡ぎ出す必要に迫られた。そうした状況から案出されたのが「十四カ条の平和原則」であった。

10） Henry and Bell-Kelton [2007] は、こうしたヴェブレンの政策提案が、所有権と価格体制の放棄を求めた点で、他の制度主義者たちとは根本的に違うと解釈する。

11） Dorfman [1932] によれば、この覚書は国立公文書記録管理局に保管されていた。

12） Hobson [1991（1936）：149／邦訳 110] は、ヴェブレンの『平和の性質』を「国際連盟」以前の分析と位置づけたが、そのサボタージュ理論は、第一次世界大戦後に多くの資本主義国が自由貿易政策を放棄し、保護主義に傾斜していった論理を予測していると評価する。

13） 新しい編集方針では、G.ドンリンが編集長を務め、デューイが教育の問題、ヴェブレンが経済と産業の再建をめぐる問題、H.マロットが労働組合問題の編集をそれぞれ担当する旨が説明されている。

14） Hodder [1956] は既存の制度を排除することによる調和的世界の到来を想定したヴェブレンの立場を哲学的無政府主義（philosophical anarchism）と呼んだが、そうしたラベルを付しうるとすれば、本稿で扱ったような平和論を含めたより広い構想として再解釈される余地があるだろう。

15） 例えば、稲上 [2013：443-444] は、ヴェブレンは戦争の芽を摘み取り、恒久的平和の道を切り開くためには、その営利原則を蚕食する機械過程の機能を十全に発揮させる必要があると考えていたが、その論理が彼のアキレス腱となっていると解釈する。窮地に立たされた営利原則が意図せずして古代的で武勇的な略奪精神を蘇生させ、帝

国同士の戦争というパンドラの箱を空けてしまうリスクに対しては議論が尽くされていないからである。

16)　ビドルとサミュエルズは、ヴェブレンによる自由貿易支持やコスモポリタニズムを「本質的に正統派的」［Biddle and Samuels 1991：114］と解釈したが、反帝国主義という論点は18世紀的正統派の視座とは袂を分かつと考えられる。

17)　例えば、*The Dial* の1919年5月17日の社説「平和」、1919年11月1日号に掲載された小論「実行可能な技術者のソヴィエトに関する覚書」を参照。両者は平和連盟についてはもはや一言も触れていないが、技術者が新たな組織のリーダーに位置づけられていることが分かる。なお、ヴェブレンの技術者論に関する Davis［1957：96］の評価はネガティブで、それを "technocratic utopianism" と特徴づけたうえで、その本質ではないとはいえ、マルクス主義以前のユートピア社会主義の特質を露出していると述べた。

18)　この点に関しては、進化主義と戦争論というテーマをめぐって、ヴェブレンと H. ジョージを比較している Horner and Martinez［1997］も参照。

19)　ヴェブレンの構想は、国際法や国際裁判所の設立に関わる議論が含まれていない点で、平和に関する国際組織構想を最初に示したとされるフェビアン・プランとは違う。他方、民族問題に力点をおいた点では、ホブソンの議論に近かったといえるだろう。フェビアン協会の思想動向に関しては藪田［2016］、ホブソンの国際政府論については尾崎［2007］が詳しい。また、インターナショナリズムとの関係でヴェブレンとホブソンの思想を比較している研究としては、Edgell and Townshend［1992］がある。

20)　雨宮・若森・凌による邦訳がある［Veblen 1920：462-70／邦訳 81-87］。

21)　しかし、周知のとおり、ケインズに同様の視角がないわけではない。「人類の大きな利益にとって戦前の半世紀のあいだに築きあげられた固定資本のあの膨大な蓄積は、富が平等に分配されている社会であったら、決して起こりえなかったに違いない」［Keynes 1971［1919］：11／邦訳 12］。とはいえ、「救済策」を論じる『平和の経済的帰結』の最終章は主として条約の改正案の提示にとどまり、資本主義体制そのものの持続可能性を論じたわけではなかった点で、ヴェブレンの問題意識とはすれ違うこととなる。両者の科学社会学的側面に着目している Griffin［1985］も参照。

22)　雨宮・若森［2011：91-92］が指摘したように、いわゆる「『民主主義』の本場アメリカの学者であるヴェブレンにおいては、誰もが『民主主義者』であることに自己のアイデンティティーを求めるこの国特有の事情を反映してか、『民主主義』は、相互に対立するような多義性を内包したコンセプトとして捉えられている」点にも注意する必要があるだろう。

第 III 部

戦間期から戦後における
平和構想と戦争概念

第5章

戦後構想における経済助言者の役割

——福祉国家理念の戦時浸透——

は じ め に
——経済助言者という媒体——

　本章の関心は、「経済学の浸透は国際紛争の緩和に貢献しうるか」という根
源的な問いに対して、《経済思想家 → 政策助言 → 政府公文書・法案》という
道筋から一定の回答を導き出すことにある。平和と安定を志向する戦後構想
——戦争を回避する一方策でもある福祉国家理念——が、4つの類型を持つ
「経済助言者」(economic adviser) という概念を通じて、どのように政策担当者
に影響し、政府の公式見解として受諾されたか。その道筋を示すことで、経済
思想の影響力を測りたい。

　第二次世界大戦後のイギリスにおいて、『ベヴァリッジ報告』(1942) と『雇
用政策』白書 (1944) の2つは、極めて重要な政府の——ただし官界・閣僚の
関わり方は対照的な——報告書である。前者は福祉国家に結実する社会保障の
包括的な提言であり、後者は安定的で高い水準の雇用維持を政府の責任とする
宣言である。しかし、両者の形成史はなお、(i)社会政策と経済政策という別個
に考察されがちで、(ii)内閣経済部 (Economic Section) と大蔵省の対立という単
純化された構図から逃れられず、(iii)「ケインズ的」「ベヴァリッジ型」など魅
力的だが曖昧な用語が蔓延する中で判定基準が曖昧である、という三重苦のた
めに、いまだに適切な評価が導き出せていない。

　本章では、「経済助言者」に4つの類型——情報収集・情報分析・協調的説得・
包括的設計——を見出すことで、思想家のアイデアから実際の政策形成に向か
う重層的関係を提示する。この4つは各々 information, intelligence, advisory
coordination, comprehensive design という英語に対応する。さらにケインズ
やベヴァリッジ自身の言葉に基づいた次の判定基準を明示して、その限りで、

ある戦後構想が政策過程に影響を与えた過程を詳述する。その基準とは、ベヴァリッジの社会保障の理念を、「最終目標としての福祉国家理念」「優先順位と手段としての窮乏からの解放、社会保険を中核とした包括的な社会保障制度」「形式的平等性の徹底」「市場との親和性」と捉える。また、ケインズ的考え方の基本は、「雇用と総需要のリンク」、「短期の消費関数」、「政府主導の投資安定化」、「所得変動による投資と貯蓄の一致」に代表される。

　本章は以下のように構成される。第1節では1941年予算から『ベヴァリッジ報告』(1942) が執筆されるに至った必然性を論じる。第2節は『ベヴァリッジ報告』が官僚と閣僚にどう受け止められ、変形を受けたかを論じる。第3節は『雇用政策』白書 (1944) の緊急出版を巡る様々な経済助言者の対立と協調を論じる。「おわりに」では社会保障と完全雇用の不可避な連関、経済助言者が果たした役割と意義、平和構築への展望について結論を導く。

1　1941年予算から『ベヴァリッジ報告』へ

　本節では戦時下で社会保障と完全雇用の構想が結びついて具体化していく契機、つまりケインズ「戦費調達論」(初出1939年) から『ベヴァリッジ報告』(1942) までを考察する。

（1）　ケインジアン予算と戦争目的

　第二次世界大戦が始まると、軍事的な勝利を至上命題としつつ、軍事を支える経済的管理が広範に必要とされた。また、国民を意識的に統一させる何らかの仕組み、つまり現在とは異なる社会の出現を公約する「戦後（再建）計画」が不可欠と認識されつつあった［毛利 1990：196］。

　経済的管理の典型は、経済のマクロ的・相互依存的な把握に基づいた国民所得計算である。ケインズはインフレ圧力という大恐慌時とは真逆の事態でも、同様のマクロ分析から現実の戦費調達を提唱した。この案は1939年11月に2回の投稿記事——副題は「社会正義」——として発表され、特に労働者の生活を考慮する修正を施した後、『戦費調達論』(1940) として上梓された。これは戦費調達（労働者の貯蓄口座を凍結する強制貯蓄）、インフレ回避、労働者の生活水準の確保（必需品割当や家族手当、凍結口座の戦後の開放）という三重の政策目標を持っていた。そこではインフレギャップ——超過需要にある現実の国民所得と、

潜在的な均衡国民所得との差──という枠組みが用いられ、複式簿記の原則によって各部門で辻褄の合う数値が提示されていた。『戦費調達論』は、管理経済に嫌悪を抱くハイエクや、抽象的理論から距離を置くベヴァリッジを含む各陣営からも絶賛された。

> 戦時予算の重要性は、その予算が戦費を調達するからではない。……その重要性は社会的である。つまり、……インフレという社会的な害悪を回避するため。社会的正義という一般的な良識を満たす形でそうするため（強調は原典）[3]。

『戦費調達論』を１つの契機として、内閣経済部は1940年６月末に国民所得の枠組みに基づいてイギリス経済の実態を推計する業務に着手した［Booth 1989：66］。こうして1941年予算は、前年までと完全に異なる推計となり、イギリス史で初めて、国民所得計算に基づいた予算となった。大蔵省も『戦時金融の源泉分析、および1938〜40年の国民所得および支出の推計』と題する『白書』を公表した。ケインズは「繰り延べ払い」のみならず、物価の安定と戦時予算の論理的構造も自分の功績であると指摘し、「戦時予算は新しい『白書』と共に、公共財政における真の革命である[4]」と断じた。

　1940年７月に大蔵省顧問に就任していたケインズは、国民を意識的に統一させる「戦争目的」の策定にも貢献し、「戦争目的に関するケインズ教授のメモ」（1941.1.13）を内閣に提出した。ここでケインズは労働大臣ベヴィンの提唱に賛成する形で「社会保障が戦後の国内政策の第一目標であるべきである」と冒頭で断言した。また、この社会保障は国内政策である以前に、欧州全体の人民に向けた対外政策にされるべきであり、さらに「雇用・市場・物価の無法な変動、これらを防ぐのが、他の諸目的に優先して我々の責任とすべき」（段落2）[5]である。大蔵省のホプキンスはケインズの「戦争目的」に全面的に賛成し、ケインズの原文を政府高官に閲覧させるために手元に保持したいと熱望した。このメモは1941年３月にはチャーチル戦時閣議に閲覧されて、政府の正式な文書となった。

　ケインズとホプキンス──ミードやロビンズも同じく──は戦争目的や戦後計画について、戦後計画の全体像の中で、包括的な社会保障の構想を当然視しつつ、同等の重要性として完全雇用の問題を把握していた。

（2） 『ベヴァリッジ報告』の三特徴

1941年6月にベヴァリッジ委員会（社会保険および関連サービスに関する省庁間委員会）が発足した。その年末までに五大悪（窮乏・疾病・無知・不潔・無為）の除去、3つの前提（家族手当、保健サービス、完全雇用）、国民最低限保障（National Minimum）の確保、生存費給付（subsistence benefit）の原則などの骨子（報告書の基本原則）が矢継ぎ早に確立していった［毛利 1990：202］。社会保険（拠出原則）を主、国民扶助（資力調査付きの国庫補助）を従、任意保険を補完と位置づける計画である。ベヴァリッジ議長のみの署名を持つこの報告書には、次の3つの特徴がある。

第1に、広範で包括的な理念（戦後構想）に基づきながら、具体的な社会保障制度が考案されたことである。ベヴァリッジは喫緊の課題として「窮乏からの解放」の役目を社会保障に担わせた。社会保障とは、収入の中断・稼得力の喪失・特別支出の場合に、最低限度の所得が保障されることであり、できるだけ速やかに所得の中断を終わらせる措置である（段落17）。国民の社会権（特に生存権）確立を国家が宣言し、国民がそれを選挙という形で支持する（結果として、階級・階層の分断を防ぐ）ことになる。この包括的な理念は、戦後、長らく一定の支持を集めた。

第2に、生存権の実質的な確立を「普遍性」の見地から実現したことである。「国民最低限保障」の概念はウェッブ夫妻が1897年に編み出したが、「生存費給付」（subsistence benefit、段落304、最低限の肉体的存続のための所得保障）に読み替えられ、国民全員に権利として付与されることになった。階層や貧富と無関係に、基本的な必要性（basic needs、段落311）が認定された。そこでは「貧民の汚名」（stigma）が払拭され、全員の福祉（段落20）、あるいは生老病死という人生のリスクの平準化（段落449）が問題とされた。権利の剥奪と引き替えに恩恵・施しが垂直的——多数派から少数派へ、富者やら貧者へ——に与えられてきた救貧法体制から、『ベヴァリッジ報告』は最終的に離脱した。

第3に、国民の代表的な政治理念（ideology）をすべて含む構想として、国民統合を指向したことである。(i)「社会正義の実現」という文脈は、労働党や社会民主主義と接合可能である。国庫負担増によって貧富の差を直接解消する、という要素である。(ii)「卓越性（人格陶冶）への希求」という文脈は、自由党や自由主義と接合可能である。強い拠出原則（段落21、22）を掲げ、社会保険の拠出と給付をできるだけ関連づける、最低限度の給付より先は自助努力（勤労）

の余地を残す、という要素である。普遍性の例外として、勤労による保険料の拠出が国民の義務となっている。(iii)「市場原理との両立」という文脈は、保守党や資本主義体制と接合可能である。すべての社会保障は労働可能な労働者を速やかに市場に復帰させるように指向している、最低賃金の引き上げという労働市場への介入よりは、所得保障や家族手当によって（賃金や児童数の異なる）労働者の福祉を直接に向上させる、という要素である。以上の三要素が１つの構想に融合していたからこそ、国民の大多数は熱狂的に『ベヴァリッジ報告』を受け入れたのであった。

（3）　社会保障の経済的側面

　『ベヴァリッジ報告』の作成過程で、委員会内外で注目を集めたのは、社会保障や福祉国家の理念だけでなく、むしろ雇用（失業）問題を筆頭とした経済問題であった。社会保障制度の全体像を描くには、失業率の予測、国民所得の推計、特別予算の措置などが少なくとも不可欠であった。さらに、ベヴァリッジ計画には、経済学者が注目する重要な論点が内包されていたのである。

　この議論に参加したのは、主に経済部のミード、大蔵省顧問のケインズ、ベヴァリッジ、そして大蔵省顧問のヘンダーソンであった。さらに大蔵省のホプキンス（事務次官）とイーディー（共同次官補）も調整役あるいは監視役として関与した。主な論点は、(a)景気循環に対抗する自動安定化装置を社会保険の拠出金に組み込むかどうか（付随して、有効需要を支える目標となるのが消費か投資か、失業率の標準はどこか）、(b)解雇に関する罰則、(c)家族手当の金額と範囲、(d)年金の額と移行期間、(e)社会保障費を特別予算にして経常予算から独立させるかどうか、に大別できる。本章では追加的な解説が必要な(a)と(e)のみを扱う。

　まず社会保険料の裁量的変更についてである。内閣経済部のミードは社会保険の拠出金を景気の状態に応じて臨機応変に変動させ、好況や不況を緩和する仕組みを提案した。[6]例えば最低の失業率を５％、標準の失業率を８％とする。８％で失業基金が収支バランスするようにある拠出金（あるいは拠出率）を定める。もし好況時に失業率が５％に向かって徐々に下がるとしたら、同時に拠出金を漸増させるように変更する。逆に不況で例えば12％に上がるとしたら、拠出金を最後はゼロになるように漸減させていくことにする。そして好況と不況の全期間を通じると、失業基金は平均すれば均衡を保つ。社会保障の根幹に景気安定化の装置を組み込む発想は、ミードの『経済学入門～分析と政策』

[Meade 1936] においてすでに萌芽的な形ではあるが、言及されていた。ミードは拠出金の率を四半期ごとに調整することを想定していたので、法律の変更が必要な税の調整よりも、保険の拠出金を変動させる方が、より機動的であると考えた。ケインズはミードよりもこの裁量政策に悲観的だったが、全体としては、非常に大きな魅力があると認めた。

　このミード提案を仄聞したベヴァリッジは「非常に夢中になり、これを特色として前面に出すことを切望した[7]」。実際、『ベヴァリッジ報告』の中でも、この提案は次のように明記されている。

　　雇用の安定における社会保険制度の最大の効果は、保険料を……好況時に引き上げ、不況時には引き下げることによって、達成されるだろう [Beveridge 1942：段落442]。

しかし、大蔵省顧問であるケインズはホプキンスの懸念（裁量的に税率を変動させる政治的危険性）を受け入れて、むしろミードやベヴァリッジを説得する側に回った。その結果、保険料の変動案がベヴァリッジ計画の本体に据えられることはなかった。

　二重予算について、ケインズはベヴァリッジ案を見た上で、社会保障予算を特別予算として独立させることを強く主張した（ベヴァリッジも後に同調）。まず彼は拠出金ではすべての社会保険予算をカバーできず、国庫補助を受けるという意味で「擬制」であることを認め、それでも十分な利点があると主張した。理由は次にある。

　　社会化すればするほど、個々のサービス費用を、それが提供される源泉と可能なかぎり関連づけることが、……いっそう重要となる。これは健全な会計を維持し、効率性を測定し、節約を励行し、物の費用を公衆が正しく自覚し続ける唯一の道である[8]。

「社会化」という用語は、私的な企業や団体でもそれが影響力を持つほど、公共目的のために行動せざるを得ないという状態を指す。ケインズはさらに「所得から支出される経常予算と、いわゆる資本予算との分離[9]」を主張した。そして「経常予算は常に均衡に保たれるべきである。雇用に対する需要と共に変動すべきなのは資本予算の方である」とした。社会保障予算はこうした資本予算の一項目であるべきとされた。

　以上より判明するのは、① ミードやケインズが社会保険料の景気連動や資本予算の分離など、新奇なアイデアを大蔵省や経済部の中で議論していたこと、② ベヴァリッジがその基本アイデアに賛同して自らの社会保障体系に組み込もうとしたこと、③ 大蔵省側はアイデアの一部を慣行に反するとして受け入れなかったこと、である。社会保障という包括的な計画に、雇用問題が不可避的に組み込まれていた様子がわかる。

2　『ベヴァリッジ報告』の余波

　1942年12月公刊の『ベヴァリッジ報告』は公表前から一般市民には圧倒的な人気を博したが、対照的に、官界と内閣には大きな警戒感と憎悪を生じさせた。この節では1943年３月までの出来事を追い、『ベヴァリッジ報告』を検討する省庁間委員会を経た閣僚委員会、最終的な『社会保険』白書の刊行、という順で考察しよう。

（1）　先送りの再建優先順位委員会（閣僚）

　省庁間委員会（委員長：労働省次官フィリップス）は１月14日に戦時閣議に文書を提出した。それは『ベヴァリッジ報告』の「白紙還元」［毛利 1990：244］と言うべきほどの全面拒絶であった（段落36、115、128）。

　閣僚は1943年１月14日から『ベヴァリッジ報告』を検討し始めた［Addison 1977：221］。アンダーソン枢密院議長を委員長として、７名の閣僚で構成される再建優先順位委員会（Reconstruction Priorities Committee）が設置された。委員会は集中的に審議を重ね、中間報告を２月11日に閣内で明らかにした。冒頭に「政府は『ベヴァリッジ報告』が財政的に適用可能かどうかを見ようとした」という目的が設定された。敵対的な官僚と異なり、この報告書は一般原則を歓迎しつつ、なおかつ細かい異論を挟み、さらに具体的な政策への関与は最小限に留める、という論調となった。一般原則のうち、包括的な社会保険制度については「この原則を受け入れると宣言」（段落23）された。

　「政府は高い水準の雇用を達成し維持するために、あらゆる努力をするつもりであると議会の討議で述べるべきである」（段落20）。ただし、生存費給付については保留となった（段落25）。家族手当は５シリングで第二子からとされた（段落11）。『ベヴァリッジ報告』は訓練センターへの出席という条件で、６ヶ月

ごとの失業給付の延長を認めているが、この委員会では労働の流動性と失業の予防に最重要なのは訓練の枠組みであり、乱用を避けるために給付期間を限定し、なおかつ資力調査や厳しい検査が必要である（段落29-32）とされた。最後に、ベヴァリッジの年金案は拒絶された（段落35）。20年後にようやく満額の年金システムが開始されるのは不評だからである。総じて、この中間報告はフィリップス委員会よりもはるかに『ベヴァリッジ報告』に好意的だが、いくつかの重要な原則については保留し、また具体的な政策関与は回避しようと試みた。この報告書のいくつかの勧告は、そのまま数年後、現実の社会保障制度として結実した。

　労働側を含めて一般大衆は『ベヴァリッジ報告』に熱狂したため、アンダーソン等の政治家は、労働省や大蔵省の官僚ほどにはこの報告を無視することはできず、妥協を強いられた。一方では、一般的な表現で『ベヴァリッジ報告』を歓迎した。他方では、予算や具体的政策を拘束する関与は確約せず、戦後の経済状況の調査を急務と認定した。それゆえ、再建優先順位委員会は1943年2月に、大蔵省・経済部・中央統計局[10]（CSO）に対して国民所得の推計で合意するように正式に依頼したのである［Cairncross and Watts 1989 : 91］。

　この中間報告を検討する段階で、首相の懐刀であったチャーウェル卿は、次のように重要な意見を述べている。

　　もし『ベヴァリッジ報告』を強力に支持するならば、他の計画がいささか
　　無に帰してしまうと庶民院に示そう。すべては完全雇用に依存する。……
　　家族手当の削減など、細部には入らず……あいまいにしておくのが良い[11]。

チャーウェル卿の意図は、ベヴァリッジの社会保障案だけでなく他の要望にも目を向けさせ、さらに完全雇用という難しい条件を意識させることにあった。アンダーソンは普遍性の原則に言及し、必要のない者を給付の対象にすべきではないと述べた。アトリー副首相（労働党）は行政的困難ゆえに、社会保障を必要としない階層を正しく定義するのが不可能であると考えた。以上の議論より、首相とその側近は『ベヴァリッジ報告』に触発されて、軍事作戦や財政状況を優先させることを軸にしつつ、なお家族手当や雇用維持の必要性を考慮せざるを得なくなっていた。

　庶民院での討議の結果を受けた閣内メモ[12]も残っている。労働党のベヴィン労働大臣とモリソン内務大臣は、社会保障の立法化の遅れを非常に気にしていた。

大蔵大臣は財政状況を鑑みながら、合意した提案を考慮していくと応じた。戦後問題の準備に言及したアトリーに対して、首相は「私の計画は戦争に勝つことである」と述べ、社会改善の計画に多くの論争時間をかけるのは賢くないと判断した。ここに、首相の価値観、つまり軍事戦争に勝つことが「イギリスの闘い」であり、戦後の再建（復興）計画という「もう１つの闘い」はその後に改めて考えるべきという立場がはっきりと現出している。ケインズやベヴァリッジは両者を同等に近いとみなし、同時に考慮すべきという立場であった。ここにも優先順位の差が顕在化している。

（２）『社会保険』白書 (1944) という妥協

　こうした政府の姿勢を反映して、社会保障制度に関する議論は長らく進展せず、18ヶ月後の1944年９月、『社会保険』白書の公表によってようやく政府の態度は確定した。この白書は『ベヴァリッジ報告』の「多くを受け入れた」[Fraser 2009 (1973)：263] ものの、両義的な態度を残していた。一方で確かに「全般的繁栄と国民の幸福とを保証」（段落１）し、「すべての年齢とすべての職業もしくは無業の全国民に対して、社会保険の枠を拡大する」（段落33）という意味で、全般的な社会保険を国民に提供する計画を肯定した。また同年に発表された『国民保健サービス』（２月）や『雇用政策』（５月）という白書と合わせて——さらに義務教育の拡大を謳ったバトラー教育法を含めて——、この白書は包括的な社会保障制度の設立宣言の一環である。

　しかし他方で、白書は『ベヴァリッジ報告』から４つの大きな逸脱を見せる。第１に、生存費給付が明確に完全否定された（段落12）。各人の必要性は大きく異なり、一律の普遍的な値は適用不可能という理由ゆえである。ここで国民最低限保障という重要な柱が政府案から（理念としても用語としても）消え、むしろ拠出金という予算制約の中で、最大限の給付を行うという「合理的な保険」（段落13）の発想が前面に出た。第２に、十分な給付の保障が放棄された。家族手当は５シリングに、老齢年金は25シリングに減額され、失業給付は30週までに制限された（段落66）。第３に、老齢年金については20年間の経過措置を廃止し、即時の完全給付が勧告された（段落85）。この経過措置は、無拠出の者を優遇しない、巨額の赤字予算を出さない、という点でケインズとベヴァリッジが明確な合意を結んだ制度設計であった。労働組合（TUC）の圧力もあり、政府はこの面では予算に寛大な計画を認めたのである。

　第４に、行政の統一的対処が不完全となった。ベヴァリッジは保険と扶助などを統一的に監督する社会保障省の設置を熱望していたが（段落385）、この白書では社会保険大臣を任命し（段落152）、「社会保険と国民扶助は別個、運営を維持」（段落161）するという具合に、保険と扶助が別々の組織に属することになった。この方法ではベヴァリッジの意図する社会保険と国民扶助の統一的運営が期待できなくなった。

　『社会保険』白書は「個人的な貧困を防止する計画」（段落１）を謳っており、少数の貧困問題から全員の福祉問題へのスライドを企図した『ベヴァリッジ報告』とは、重大な点で方向性が異なる。この白書は広範な社会保険の制度を提唱しており、その路線で次々と社会福祉立法が実現していくのだが、予算の増大を制御しつつ、国民を普遍的に統一的に扱い、最低限の所得保障を行うという『ベヴァリッジ報告』の重大な特徴はかなりの程度、失われた。

　とはいえ、一般にはこの『社会保険』白書などを基盤に、社会保障制度が整備された。1945年６月の家族手当法、1944年11月の国民保険省発足、1946年８月の国民保険法、1946年11月の国民保健サービス法、1948年５月の国民扶助法がその代表例である。1948年７月５日（「約束の日」）にいくつかの法律が同時に施行され、名実共に、「福祉国家」は誕生した。

3　『雇用政策』白書の作成過程

　政治的には社会保障計画を表面上は受け入れつつ、具体的な立法が引き延ばされる中で、逆に進展したのが雇用問題であった。社会保障制度の具体的な策定には、労働組合・医師会・認可組合・友愛組合・家族手当協会など多くの業界や、保守党・労働党・自由党などの政党や、大蔵省・労働省・商務省・保健省などの官庁との事前協議が必要であった。だが、そもそもベヴァリッジ計画が前提としている失業率や国民所得に関しては、こうした調整に着手するよりも、まず綿密な推計や戦後の見通しを立てる必要があった。こうした調査の必要性は、巨額の財政支出を忌避したい大蔵省の態度や、戦後計画に本腰を入れざるを得ない閣僚たちの動機とも合致していたのである。

　以下では1943年初頭から1944年５月までの期間に限定し、「安定した高い水準の雇用維持」をめざす政策の作成過程を詳述する。

（1）　画期となるホプキンスの運営委員会（官僚）

　1943年 7 月30日に「戦後雇用に関する運営委員会」（the Steering Committee on Post-war Employment）が初めての会合を開いた。大蔵省事務次官ホプキンスを議長、経済部からロビンズ部長を迎え、商務省や労働省からもメンバーが加わった [Peden 2000：352]。ここに雇用問題が単に経済部やケインズのアイデアではなく、内閣の認めた正式案件に昇格したのである。

　議長ホプキンスは省庁内の意見を擦り合わせ、両論併記の形で78頁にわたる大部な報告書を提出した。経済部は需要不足による失業を前面に出した。大蔵省は構造的要因による失業も同等に重要であると論じていた [Peden 1983]。ホプキンスは妥協案として、範疇Aと範疇Bを併記した。前者は、投資または消費に対する需要が低い状態を原因とする失業である。後者は構造的な要因であり、輸出の永続的な損失、消費者需要の変化、競争力の欠如、労働節約型の方策導入、あるいは移行期の問題などを含んだ。また、報告書は需要の管理（公共投資を含む反循環的な政策）と国民所得を増大させる施策を是認したが、他方で赤字財政を許すことはなく、雇用目標の具体的な数値化も見送った。国際環境に大きく左右されて国内政策が制約を受けざるを得ないことや、総需要の各要素を制御する困難さも指摘された。要するに、経済部の総需要管理の思想と、大蔵省の伝統的な財政思想が、（報告書の段落11で明瞭なように）交互にモザイク状に表出していた。

　このように妥協の産物ではあるもの、冒頭の宣言や社会保障拠出金の変動案や強調の順番を勘案すれば、この報告書にはケインズ的な総需要管理が強くにじみ出ている。これはわずか 1 年前に公表されたフィリップス委員会の結論と鋭い対立をなす。同様の省庁間委員会であったその勧告では、財政拡大や完全雇用維持への疑念から、戦後計画への積極的関与は皆無だったのである。対照的に、ホプキンスの委員会では、次のような宣言があった。

　　国民所得や国民支出の総量はけっして減少させてはならない。こうした減少は加速度的な効果を持つからである[14]。

1943年 1 月からの 1 年間で、官庁内部に劇的な変化が起こっていた。むろんそれはケインズ理論の全面的受容ではないが、雇用維持のための総需要管理を政府の責任で行うという宣言は（包括的な社会保障の体制を作る前に）、確かにここでなされたのである。それゆえ、ケインズは1944年 1 月の最終報告書を見たとき

に、若干の保留・批評を加えつつ、次のように歓迎のコメントを発した。

> 私はこの報告書が採っている方針およびその勧告に対して、概して同感を
> 抱いている。それどころか、10年ほど前を思い起こすならば、公式見解に
> おける革命とも言えるほど、抜群の政府文書である[15]。

　政府は1943年11月11日に再建省を新設し、戦後問題の一元的処理を試みた。
ウールトン再建大臣を議長とする「再建委員会」が設置され、上記の運営委員
会の結論が政治家にも承認された。ベヴァリッジが完全雇用に関する私的報告
書を出版する前に、政府としての態度を公表する必要があったのである[16]。

（2）　完全雇用政策の宣言

　政府は『雇用政策』白書を1944年5月に公表した。この白書は6章87段落2
付録の31ページから成り、はしがきに次の著名な宣言がある。

> 政府は戦後、安定した高い水準の雇用を維持することがその第一の目的・
> 責任の1つであることを受け入れる。……／財サービスの総需要が高い水
> 準にある限り、一国は大量の失業に苦しめられないだろう[17]。

以下では、この白書を革新的な部分と、古くからの知恵を彷彿とさせる部分に
分けておこう。

　革新的な部分とは、冒頭のはしがきで宣言されたように、経済部やケインズ
が強く支持する箇所である。政府は不況に陥りそうな時に行動を起こす責任を
持つ。これは国家の新しいアプローチである。かつて不況は自動的に矯正され
ると信じられてきたが、経験上、このような自律回復はまれである（段落41）。
落ち込んだ部分を補うように公共支出を変化させる裁量政策を認めない限り、
経常サービスに関する公共支出もほとんど変動しない（段落44）。長期的な政策
として、資本支出に影響を与えなければならないが（段落57）、まず低金利政策
を持続する必要がある（段落59）。限界はあるとはいえ、民間投資が落ち込むと
きに政府投資を増やさなくてはならない（段落62）。また消費支出の増加にも目
を向けると、理想的な装置は温度自動調整器（サーモスタット）のように、景気
への自動的な矯正装置である。その1つが新しい社会保険計画の下で、労働
者・雇い主が払っている週の保険料拠出を変動させる枠組みである。拠出の基
準率は平均的な失業率の予想に基づいて評価され、数年にわたって社会保険基

金をバランスさせる（段落68、付録Ⅱ）。失業率が（例えば）２ポイント上昇した時に、保険料を週に50万ポンド減らす仕組みを作れば、雇用されている労働者の購買力が著しく向上するだろう（段落69）。この白書の提案は特定の年の予算バランスに影響するが、予算が長期的に均衡されなければならないという原則から離れるわけではない（段落77）。

　古くからの知恵とは、大蔵省によって強く支持された見解である。まずケインズ的な第４章を論じる前に、冒頭３つの章で国際的な背景、平時への移行、産業と労働の分配が不可欠な考察として明示された。これらはすべて大蔵省や保守党を代表する見解である。まず国内雇用の成果は国際条件（特に輸出産業の復興）に依存しており（段落１）、また戦争から平和への移行期には、超過需要型のインフレ、労働や資源の配置不良を解決しなければならない（段落13）。さらに、特定の産業や地域に存在する局地化された失業も忘れてはならない（段落21）。白書の肝である第４章（安定した高い水準の雇用維持）自体も、総需要の喚起に加えて、物価や賃金の安定（段落49）や労働の移動性（段落53）が確保されているという前提を必要とする。最後に、この白書の提言はどれも、不況時に赤字財政になるような裁量的計画を含んでいない（段落74）。

　予算に関して段落74と段落77は矛盾するように見えるが、重要なのは、経済部に代表される見解と、大蔵省に代表される見解とでは、前者に傾斜した総論になっている点である。大蔵省やヘンダーソンによれば、総需要の管理（その帰結である予算の政策的利用）よりも、対外的な条件整備（健全財政によるポンド信任、世界貿易の拡大）、物価・賃金の安定、産業・地域ごとの個別事情はお互い密接に関連しており、最大限に譲歩したとしても、これらは同一の重要性を有する条件であった。他方、経済部やケインズによれば、他の条件は別の政策で分離して対処可能であり（しかも楽観的な帰結が予想され）、総需要の管理に最優先にすることができるのであった。そして白書は、この政策目標の優先順位という一点で、経済部の見解に軍配を上げたのであった。これは大蔵省や政府首脳の一部による反対にもかかわらず、経済部やケインズが示唆した優先順位や理論的枠組みが白書の中に生き残ったことを意味する。昔ながらの知恵が斑に散らばっているという側面ではなく、この優先順位の側面を重視すれば、『雇用政策』白書は「現代国家の出発を告げる歴史的な文書と位置づけ」［毛利 1990：280］られると評価できる。

（3） 大蔵省とケインズの協調

　大蔵省の官僚が典型的に持つ思考法は２つのレベルがあった。第１に、他省庁の官僚と同じく、政治的・行政的な慣例や困難性を重視した上で、抽象的な理論をなかなか受け付けない側面である。第２に、大蔵官僚の特殊性として、1930年代まで強固な「イギリス財政正統説」という経済的思考を堅持していた。これは均衡予算・自由貿易・金本位制という三重の要素から成り立つ思考法であり、こうした防壁がありさえすれば、現実の経済運用はうまく機能するという信念であった。それぞれ浪費を要求する政治家、市場を攪乱する独占者、金とポンドの価値を毀損させる対外要因という悪漢から健全なイギリス経済を守る防波堤（a knave-proof）の役割を果たした。ところが1930年代初頭までに自由貿易と金本位制は瓦解し、その後は均衡予算のみが最後の砦として残っていたのである。

　大蔵省は持続的に、ヘンダーソンの悲観的な結論を利用する形で、経済部やケインズに強力な反対論を展開していた。その論法は主に次のような５点に現れている。(i)需要統制は好ましくないが、価格統制は是認される。(ii)失業の大部分は構造的要因であり、産業・業種・地域ごとの個別対応しかありえない。(iii)戦後の雇用維持は、国内の裁量的政策というよりも、対外的な状況——ポンド水準や世界貿易に左右される輸出産業——に第一義的に依存している。(iv)戦後の状況は悲観的であり、国民所得や失業率について、経済部やケインズの予想は楽観的すぎる。(v)総需要の管理は必然的に持続的な赤字財政を生み、対外的な信任を悪化させる（特にポンド通貨の減価）。ケインズは以上のすべてに反論した。(i')自由な調整機能を回復するために、むしろ価格統制こそ速やかに解除すべきである。(ii')失業の原因は構造的要因だけでなく、有効需要の不足にあり、両者の混合が実際の失業水準となる。(iii')国際的な状況は、アメリカと交渉中となっている世界貿易・世界金融の安定・拡大の仕組み作りで別途考察されており、良い結果が期待できる。(iv')大蔵省の推計する1948年国民所得が68億ポンドというのは悲観的すぎて、72.5億ポンド、失業者80万人、失業率５％という推計でもいくぶん悲観的である。(v')大規模な失業を見逃さず、国内の失業問題に精力的に取り組むことが、イギリスの対外信用を改善させる。

　このような２つの思考法や強力な反対論はあるものの、1944年の段階では、それでもケインズ的な考えに影響されていることが判明する。ホプキンスについては、1943年のフィリップス委員会とまったく異なり、両論併記とはいえ、

範疇A（需要不足による失業）にやや重みを与える結論を持つ報告書を内閣に提出した。これは均衡予算を守るという大蔵省の伝統的知恵と、経済部やケインズの提唱する予算の政策的な装置という新しい思考という、「全体的には中道をいく運営委員会である[18]」とホプキンスは自己評価した。そして『雇用政策』白書にしても、様々な不満や批判は残っているとはいえ、「全体として私はこの白書はかなり良いと思う[19]」と結論づけたのである。まさに「新しい政策と予算の安定性を調停すること[20]」がホプキンスの演じた役割であった。

　ケインズもこのような調停者としてのホプキンスを高く評価し、「常に愛情に満ちた敬意を持って彼を扱った。……ホプキンスが……仕事を効率的に担っていたときが、大蔵省の最盛期であった」[Robbins 1971：187／邦訳 205]と回想した。イーディーについては、ケインズはミードやヘンダーソンの前提にある理論的枠組みを理解していないと不満を持っていた。しかしそのイーディーにせよ、経済部やケインズの議論にわずかながら影響を受けていた。「ケインズは白書になる最初の草稿に関する私の意見にコメントをくれたが、正しいと共に役立つものと信じている。……我々が行っているのは、雇用に向けて国民所得が維持可能である……という計画の試みである[21]」。

　ベヴァリッジとの比較でケインズの特徴を言えば、政府（大蔵省）の内部に属する者として、新しい洞察力の源となっただけでなく、ミード等を通じてアイデアから政策に転換させる支援を果たした。さらに、いったん完成した原案に対しては、それが当初のアイデアからかなり不十分だとしても、大蔵大臣の答弁を助けるなど、原案の実現に腐心した。言わば、経済部（あるいは自分自身）の理論的枠組みと大蔵大臣の答弁する立場とを調停する役割であった。そして、その調停力は強力であった。例えば、ケインズは『雇用政策』白書の答弁に立つ大蔵大臣のために、予想される批判に反論する演説メモ[22]を次のように作成した。雇用を高水準にするというよりも安定化をめざしているだけではないかという批判に対して、適切な雇用水準を維持するのは「暗黙の前提」だとした。均衡予算に固執しすぎるという批判に対して、雇用を安定化させる効果はすべて、歳入を増加させる傾向を持つ（つまり後に均衡予算となる）とした。ベヴァリッジの提案が承認されれば、資本予算の役割が大きくなるはずという批判に対して、確かに白書では資本予算に触れていないが、段落84から明らかなように「この用語の背後にある実際の政策が拒否されているわけではない」とした。その上で、「白書の目的は、イギリスの将来の政策パターンを選択する

こと」であり、具体的な数値や細かい政策はその後に明瞭となるであろうと結んだ。このケインズの仮想答弁メモは、『雇用政策』白書をケインズ側に好意的に解釈しすぎているとも読めるが、少なくとも大蔵大臣の正式な答弁メモになっていることは事実である。

おわりに
──有効な経済助言活動とは何か──

　この節では以上の議論をまとめ、経済助言者の対立と協調を浮き彫りにする。その上で、『ベヴァリッジ報告』から『雇用政策』白書に至る経済助言機能の実態を整理しよう。最後に、本章で触れなかった視点も指摘する。

（1）　経済助言者の対立と協調

　戦後雇用の維持をめぐる問題で、複数の経済助言者の対立点は次にあった。まず経済部に代表される見解は、包括的な社会保障の枠組みと強くリンクする形で、失業の第1の原因を総需要の不足に見出し（第2、第3は摩擦的・構造的失業）、楽観的な経済見通しのもと、消費や投資を安定化させるための裁量政策を提唱するものであった。このとき物価や賃金が急激な増大をせずに、対外要因（通貨価値や輸出の状況）からも攪乱を受けないことが前提となっている。次に大蔵省に代表される見解は、総需要の不足は認めるとしても、失業の第一原因は摩擦的・構造的失業にあり、悲観的な経済見通しのもと、財政赤字を伴う裁量的な政策を行えば、対外要因が決定的に悪化し（ポンド価値の下落による国際的地位の失墜）、物価と賃金も上昇する状況を招いてしまうという論理であった。結局、両者の対立点は、国内問題と国際問題をある程度は分離し（その前提として、国際問題は別個の政策が割り当てられ、その効果が期待できる）、雇用問題に関する独立した裁量政策を行えば、所得と雇用が増加することにより、国際問題にも良い影響を与えると考えるのか、それともすべての経済問題は政策割当ができないほど不可分であり、そこで予算政策などの裁量を行えば、財政赤字というシグナルがポンドの下落や物価の上昇を必然的に引き起こすので（他方、輸出は不振なままと想定され）、結局は雇用政策に効果が薄れると考えるか、にある。
　大蔵省事務次官ホプキンスは実務側の助言者として重要な位置にいた。彼はケインズの新奇な構想・洞察力に柔軟な姿勢を見せつつ、大蔵省の伝統である

「古くからの知恵」も守ろうとした。包括的な社会保障や雇用維持を必要とする立場もケインズと共有していたが、予算の増大を極めて危険視する見解は通常の大蔵官僚と同様であった。社会保障を特別予算でなく、経常予算——つまり租税から多くを賄うという従来方式——で対応するという考えを堅持していた。それにもかかわらず、ホプキンスは雇用政策を最終的には推進する立場となった。大蔵官僚として様々な疑念を有していた一方で、全省庁の長（Head of the Home Civil Service）として各省庁の見解を調停する役割も担っていた。この役割の頂点は戦後雇用に関する運営委員会であった。ここで大蔵省と経済部の対立を併記し、しかも経済部に軍配を上げる報告書に仕立てたのは、彼の手腕であった。

　ケインズはこのような調停者としてのホプキンスを高く評価しており、信頼を寄せていた。18年にもおよぶ財政・金融全般の助言の中で、「ホプキンスこそ、究極的には政策に決定的な影響を及ぼした[23]」。ホプキンスは1941年予算にも関与し、国債調査委員会でも低金利政策を提唱して、ケインズのアイデアを吸収した。すなわち、ケインズの理論的枠組みの帰結を（均衡予算を崩す恐れを持続させつつ）結果的に取り入れたのである。また、ベヴァリッジ接触禁止令を発するなど、政府自らが最初に雇用政策を宣言するように準備した。ホプキンスはケインズの新奇な構想を大蔵省の古くからの知恵と対置させ（時に妥協す）ることで、他の官僚や政治家がその構想を受諾できる素地を広げた。

　大蔵省共同次官補のイーディーはホプキンスと真逆の役割を果たした。ホプキンスに対しては尊敬を交えて丁寧に応答していたケインズだが、イーディーに対しては苛立ちを隠さなかった。イーディーが経済部の理論的枠組みを理解しようともしていないのに、表面上「何ら異存もない」と返事するのは不誠実である。加えてケインズの社会観も共有せず、ただヘンダーソンの悲観的な結論のみを繰り返したのは遺憾である。対照的に労働省時代から親しさを込めて、イーディーは社会保障でも政府の機構改革でも熱心にベヴァリッジと議論した。ただし管見の限り、その熱心さが政府の文書に何らかの跡を残したという証拠はない。これらを総合的に考えると、イーディーはホプキンスと異なり、経済部やケインズの構想を政策に転化させる途上で大きな阻害要因となった。実際、1945年3月にホプキンスが引退し、イーディーが大臣への勧告の役目を担う段になって、ケインズの対米交渉が労働党政府（ドールトン大蔵大臣やベヴィン外務大臣、1945年7月発足）内部で非常に不評となったのである。国内政策と国際政

策という領域は異なるとはいえ、対外部門も考慮した『雇用政策』白書の一応の成功とは著しく対照的である。

　ベヴァリッジは部外者ではあるが、社会保障でも完全雇用でも政府に強力な存在となった。その社会保障案は元々、経済のマクロ的把握と密接に関連し、かつそのような経済認識を発展させる駆動力にもなった。つまり、包括的な社会保障計画そのものが、国民所得や失業率の推計に依存しつつ、その発展を促したのである。代表的な例として、前提A（家族手当）と前提C（完全雇用）の考察や、保険料の反循環的変更という自動装置の組み込みがある。その計画を明確化する過程で、ケインズは社会保障原則をすべて当然視した上で、大蔵省側にも受け入れられるように、例えば8億ポンドの予算規模を5億ポンド以下に節約し、無駄な経費を徹底的に削った。ミードは社会保険の拠出金を景気と連動させる裁量政策に最後まで拘った。政府は表面上、ベヴァリッジの社会保障案を受け入れると認めておきながら、生存費給付や老齢年金の拠出原則という重大な柱を徹底的に拒絶した上で、「サー・ウィリアム・ベヴァリッジの名と結びつけ続けるべきではない[24]」という強い決意で、『社会保険』白書を公表した。さらに、政府は最終段階でベヴァリッジ接触禁止令を出すなど、自らの手で雇用政策の責任を最初に宣言する機会を急いだ。ここにおいて、社会保障の制度化より前に、まず雇用政策の構想が急がれ、それが妥協ながらも、1944年5月の段階で政府の統一見解になった。

（2）　結論と今後の課題

　本章は平和の構想である「福祉国家の合意」を支える重要な柱となる「社会保障と完全雇用」という両輪が、どのように政府に浸透／拒絶されたか、という課題を設定していた。以下では、アイデア——すなわち通念（伝統）と洞察力（進取）——と政策とを媒介する4つの「経済助言者」という分析上の工夫を施すことで、新たな側面が判明したと結論しよう。

　経済の専門的知識を持った人物が政府に登用されるとき、1910年代からまず役割を担ったのは、第一義的に「情報収集」（information）であった。輸送・エネルギー・労働などの各分野で、限定された範囲で情報の収集に努める業務である。ハロッドが所属した「特別部」はそのような性格付けを強く持っており、ストーンが所属した「中央統計局」も同様であった。特に1940年代初頭から、戦時経済を運営する中で、国民所得の正確な推計が求められ、それまでの企業

別・組合別・産業別のデータが、複式簿記の原理を用いながら統合され集計される作業が必要となってきた。ここにケインズのマクロ経済学を背景に持てば、「情報分析」（intelligence）という段階に到達する。すなわち、収集されたデータと経済理論を合わせて、一対の経済政策として提言をまとめることである。それは単なる産業の現状や将来を評価したり予測したりする業務ではなく、明確な理論的枠組みに基づいて一定の政策を提案する方法である。ミードやロビンズはケインズの枠組みに基づき、総需要を安定化させて雇用を維持するという大筋を強力に推進した。

　ただし、こうした一方的な政策提言だけでは、官僚や政治家などには届かない。そこには次の段階である「協調的説得」（advisory coordination）が必要となる。これがケインズとホプキンスの果たした役割であった。この過程で新奇な構想と古くからの知恵が（排反にならず）相互に関連して、雇用維持を宣言する政府の公式文書となった。彼らは純粋に経済的な分析的結論を具体的な政策に転化させるため、様々な利害の調整を行い、譲歩できる部分とできない部分を選り分け、できるだけ損失の少ない形で元の経済政策を政府首脳に届けて実行に移させる働きを担う。ケインズが『戦費調達論』を完成させる過程で、労働者団体や家族手当団体を考慮した修正を行ったことや、ホプキンスが大蔵省の典型的な見解を抑えつつ、経済部のもっとも大事な点を保持する報告書を書いたことが、その典型である。特にケインズは理論的枠組みから導出される結論を、政治・社会の状況——国民最低限保障の実現や自由社会の擁護——を加味した上で、譲歩できる修正を行い、またいったん政治的な決着が付いた文書を（初期の段階からは不十分になったとしても）できるだけ擁護する態度を崩さなかった。「事務次官の見解が同じ方向に動いていたら、経済助言者がたとえ仕える大臣に近いとしても、その助言はさらに効果的になる」［Chester 1982：140］という事態が実現したのであった。正反対の例がイーディーである。ホプキンスが去り、大臣が替わり、イーディーが主導権を握ったとき、ケインズの経済助言機能は大いに損なわれた。

　ベヴァリッジはこれら三態とは異なる「包括的設計」（comprehensive design）を指向した。経済分析というよりも理想的な社会像に基づいて、極めて幅広い視野から全般的な政策提言を行う立場である。それが生存権と市場との親和を同時に組み込んだ社会保障体系であり、自由社会における完全雇用であり、市民生活の義務もある自発的行動の体系であった。文明が崩壊するという予兆に

強く囚われたため、ベヴァリッジは性急に社会保障や完全雇用の全体像を設計し、政府に実施を迫った。それは協調的説得ではなく、ごく少数の有能な経済の観察者が社会を「設計する」方策であったので、官僚・閣僚、そして社会主義の政治思想家（ラスキ）さえ、議会制民主主義に抵触するとして、その勧告内容というよりは、勧告の仕方を拒絶した。その頂点がベヴァリッジ接触禁止令であった。このような助言における流儀は、皮肉にも、大蔵省か経済部かで分裂しているにもかかわらず、閣僚に強い危機感を植え付け、経済部がやや勝利する形の白書を早急に公表するという一因になった。それが「安定した高い水準の雇用維持」を政府の責任と宣言する歴史的な文書である。ベヴァリッジの理想的な社会保障像は、初期段階ではマクロ経済の正確な把握を促しただけでなく、後期段階では政府自身に雇用に関する責任を宣言させる強い駆動力となった。

　社会保障と完全雇用という戦後構想の形成過程について、本章によって次の側面が新たに判明した。

　政策過程の背後に控える構想者に、正負の駆動力があった側面である。負の駆動力として、ベヴァリッジの官僚・閣僚に与えた影響力がある。政府は社会保障案からベヴァリッジの名を払拭するという強い決意のもと、包括的な社会保障を構想するという一点は共有しながら、多くの原則（特に生存費給付や市場との親和性）を破棄し、政府自身が『社会保険』白書を公刊した。またベヴァリッジの完全雇用案を恐れてそれが世に出る前に、社会保障の制度設計よりも優先させて、自らの『雇用政策』白書を官僚・閣僚の内部分裂を見せながら妥協的に——しかしケインズの構想に総論としては軍配を上げる形で——公表した。正の駆動力として、ケインズの構想力・実務力、そして協調性があった。またベヴァリッジの「経済参謀」論は、経済助言機能の提言と流布の段階では、大いに貢献した。以上の側面は、「協調的説得」および「包括的設計」に関わる。白書の内容に対する直接的な影響力という点ではケインズとベヴァリッジは対照的であったが、ベクトルの絶対値（間接的影響力）という面では、両者は共に傑出していた。この両面があるという事実こそ、両者が福祉国家の理念形成に貢献した人物と同定できるにもかかわらず、その役割（あるいは助言の帰結）が大きく異なる理由である。

　「経済学の浸透は国際紛争の軽減に貢献しうるか」という根源的な問いに対して、本章はまず間接的に、経済思想家の新奇なアイデア（一国の平和の前提で

ある国民統合の理念）が政府に浸透する条件を探った。政府の内部に多くの有力な経済学者が登用されるにつれ、「情報収集」や「情報分析」が深く浸透することになった。さらに、ケインズやホプキンスの「協調的助言」によって、新奇なアイデアの具体的な政策への変換が内発的に可能となった。加えて、ベヴァリッジのような「包括的設計」が外発的に非常に大きな（正負の）駆動力となっていた。ここに国民統合を目指す「福祉国家の合意」が形成されたのである。本章の議論をさらに発展させ、国民統合と国際的安定を両立させる包括的な構想こそ、国際紛争の軽減に直接の貢献をなすものであろう。

　後者の国際的安定についてヒントを述べておけば、ケインズは対米交渉において、モノ・ヒト・カネの国際移動という普遍的なテーマにおいて、カネを世界中央銀行の機能で制御しつつ、モノの移動を活性化させるという——現代でもあまり支持の少ない——アイデアで相手を説得しようとした（ヒトの移動はさほど考慮されていない）。ベヴァリッジは世界連邦主義という理念的な活動を精力的に展開し、一国の福祉国家主義（市場社会における最低限生活保障）を次々に諸国に拡大することを企図した。両者は「福祉国家の合意」を前提に、戦後社会の安定、つまり平和の希求という確固たるアイデアも追究していた。その全体像を解明することは今後の課題となる。

注

1）　本章は小峯［2014］を縮減して改訂したものである（龍谷大学経済学会の転載許可済）。

2）　加藤［2012：152］による「アイデアへの注目」を参照のこと。

3）　Keynes［CW vol. 22：218］, "Notes on the Budget I", 21 September 1940.

4）　Keynes［CW vol. 22：353］, a letter from Keynes to his mother, 14 April 1941.

5）　TNA, PREM 4/100/5, "Professor Keynes' Memorandum on War Aims", 13 January 1941. 閣内閲覧の印は1941年3月5日。その間に、大蔵省と政治家の手によって改変を受けた（ただし上記引用はケインズの原文のまま）。

6）　本章「はじめに」や「おわりに」で触れる「情報分析」に相当する役割である。

7）　Keynes［CW vol. 27：312］, a letter from Keynes to Eady 3 September 1942.

8）　Keynes［CW vol. 27：224-225］, "The Beveridge Proposals", a letter from Keynes to Sir Richard Hopkins, 20 July 1942.

9）　Keynes［CW vol. 27：275］, a letter from Keynes to Hopkins, 15 April 1942.

10）　本章「はじめに」、「おわりに」で触れる「情報収集」に対応する機関である。

11）　TNA, CAB 195/2, W. M.（43）28th Meeting, "The Beveridge Report", 12 February, 1943.

12) TNA, CAB 195/2, W. M. (43) 31st Meeting. "The Beveridge Report. Debate", 17 February 1943.

13) *Social Insurance, Part I*, Presented by the Minister of Reconstruction to Parliament by Command of His Majesty, Cmd 6550, September 1944.

14) TNA, CAB 87/63, "Committee on Post-War Employment : Report", chapter VII, paragraph 7, January 1944.

15) Keynes [CW vol. 27 : 364], "Post-War Employment: Note by Lord Keynes on the Report of the Steering Committee", 14 February 1944.

16) 「政府はこれ［雇用政策］について、早い時期に提案すべきだろう。とにかく、サー・ウィリアム・ベヴァリッジが彼の案……を世に出す前に、である」。TNA, CAB 66/42, W. P. (43) 465, "Reconstruction Plans: Memorandum by the Paymaster-General, paragraph 6, 20 October 1943, p. 80, also in Addison [1977: 243].

17) *Employment Policy*, Presented by the Minister of Reconstruction to Parliament by Command of His Majesty, Cmd. 6527, May 1944.

18) TNA, T 161/1168/S. 52099, a letter from Hopkins to Chancellor of the Exchequer, 2 March 1944, also reprinted in Peden [2004: 316].

19) TNA, T 161/1168/S. 52099, a letter from Hopkins to Chancellor of the Exchequer, 29 April 1944, also reprinted in Peden [2004: 329].

20) TNA, T 161/1168/S. 52099/01, a memorandum by Hopkins, 10 May 1944, also cited in Peden [1983: 292].

21) TNA, T 161/1168/S. 52099, a letter from Eady to Norman Brook, 26 April 1944, also reprinted in Peden [2004: 327].

22) Keynes [CW vol. 27: 375-379], "White Paper on Employment Policy", a letter from Keynes to Sir Alan Barlow, 15 June 1944.

23) *Oxford Dictionary of National Biography*, online version (accessed on 12 June 2018), "Hopkins, Sir Richard Valentine Nind", by R. Middleton.

24) TNA, CAB 87/5, R. (44) 9th meeting, 21 January 1944, p. 67.

一次資料

TNA: The National Archives, Kew, London.

BP: The Beveridge Papers, Archives Section, British Library of Political and Economic Science, London School of Economics and Political Science.

KP: The Papers of John Maynard Keynes, Modern Archive Centre, King's College, Cambridge.

第6章

ミュルダールにおける戦争と平和

——スウェーデン中立・非同盟の国際主義——

はじめに
——スウェーデン人経済学者から見た戦争と平和——

スウェーデンは、ナポレオン戦争参戦後の1814年から現在に至るまで、200年を超えて不戦を維持している。20世紀には二度の世界大戦があったが、いずれも政府が中立を宣言して参戦を回避した。

こうしたスウェーデンにおいて、大戦間期以降の経済・福祉政策の方針に多大な影響を与えた経済学者にグンナー・ミュルダール（Gunnar Myrdal：1898-1987）がいた。筆者は藤田［2010；2014］などで大戦間期に彼が果たした役割を考察したが、要点は次のとおりである。すなわち、大恐慌の影響による経済危機に対し、若手経済学者集団の一員として失業委員会に参画するとともに、1933年政府予算案付録を作成して社会民主労働党（以下、社民党）新内閣の大蔵大臣ウィグフォシュが主導した「新しい財政政策」路線を支えた。また、人口危機——19世紀末からの出生率の持続的低下——に対し、1934年11月に妻アルヴァと共著『人口問題の危機』［Myrdal and Myrdal 1934］を発表して普遍主義的福祉政策の必要を説き、人口委員会に参画して、その福祉理念をスウェーデンや周囲の北欧諸国（特にデンマークとノルウェー）に定着させた。

第二次世界大戦後、ミュルダールは世界的にも福祉国家を推進する経済学者の代表的1人となった。しかし、彼はたんに福祉国家を賛美したわけではない。『福祉国家を越えて』［Myrdal 1960］では「西側諸国」に共通する福祉国家形成過程を分析し、各国内の社会的・経済的成果を高く評価した一方で、福祉国家は本質的に国民主義的限界をもつと批判し、国際的分裂という現今の趨勢に代わるべき方針は「福祉世界」の構築であって、国民的統合だけでなく国際的統合を目指すべきだと説いたのである。ミュルダールは穏当な国民主義は容認し

たが国際主義者であり、彼の福祉世界論は世界平和の追求を基礎にもつもので
あった。

　本章では、ミュルダールの戦争と平和に関する議論に焦点を置き、彼の思考
がいかに展開・発展したか、それがスウェーデンや世界の政治経済動向といか
に関連するものであったかを考察する。ミュルダールは平和に継続的な関心を
もち、その見解は一様にとどまらなかった。個人的背景としては、時代順に、
大戦間期のアメリカ・スイス・スウェーデンにおける経験、第二次世界大戦下
のスウェーデンでの「中立」論議、冷戦下での国連欧州経済委員会（United
Nations Economic Commission for Europe：UNECE）、ストックホルム国際平和研究所
（Stockholm International Peace Research Institute：SIPRI）、ベトナム戦争反対運動
があった。また、妻アルヴァは軍縮活動が認められて1982年にノーベル平和賞
を受賞している。

　本章の構成は以下のとおりである。第1節では、ミュルダールが「政治経済
学者」へと移行した時期に当たる大戦間期の経験について紹介する。[1] 第2節で
は、第二次世界大戦下の「中立」国スウェーデンでのミュルダールの言論活動
を示す。第3節では、冷戦下の UNECE での議論を検討する。第4節では、
SIPRI やベトナム戦争批判を経た彼の平和論の最終見解を示す。「おわりに」
では、以上の議論を総括し、その限界と意義を考察して結論とする。

1　大戦間期のアメリカ・スイス・スウェーデン

（1）　経済学と政治——1929-30年のアメリカ——

　1924年にストックホルム大学博士課程に進学したミュルダールは、購買力平
価説で世界的に有名なカッセルの下で学ぶ「理論派経済学者」としてキャリア
を歩み始め、1927年にはカッセル理論の動学化を試みた「価格形成問題と変動
要因」によって博士学位を取得し、同大学講師となった。しかし、当時のスウ
ェーデン経済学界では、ケインズの「自由放任の終焉」（1926年）をめぐって、
リンダールやミュルダールら若手世代とカッセルやヘクシャーらの年輩世代と
の間に思想的対立が生じつつあった。前者が積極的な政策介入の必要を認めた
のに対し、後者は保守的な政治信条と自由放任論調を強く保持していたからで
ある。若手世代は1926年に死去したヴィクセルの理論に依拠して貨幣的景気循
環理論の研究を進めており、大恐慌期には「ストックホルム学派」として政策

論議を牽引する［藤田 2018］。学位取得後のミュルダールは経済学史や経済学
方法論の研究を進めて年輩世代へのいっそうの対抗を試み、1928年ストックホ
ルム大学春講義の内容を発展させたものを『経済学説と政治的要素』［Myrdal
1990（1930）］として刊行した。

　『経済学説と政治的要素』は、1929年12月31日という「あとがき」の日付か
らアメリカで完成されたことがわかる。ミュルダール夫妻はそろってロックフ
ェラー財団奨学金を得て同年10月からアメリカに滞在しており、ニューヨーク
株式市場の大暴落が起きたのはまさに彼らが船で到着した翌日であった。夫妻
は財団の要請に従って大恐慌下のアメリカ各地の研究者を歴訪した。アメリカ
制度学派に批判的であったミュルダールはコロンビア大学のミッチェルと話が
合わなかったが、ウィスコンシン州におけるコモンズ主導の社会改革からは少
なからず刺激を受けたようである[2]。

　ミュルダールの政治への関心が経済学方法論を超えて政策実践へと発展した
のは、この時期のアメリカにおいてであった。夫妻は経済危機に対して有効な
政策を提言・実行できない知識人や政治家にいら立つ一方で、アメリカの民主
主義や教育制度、アメリカ人の自由闊達な態度に感銘を受けた。彼らはスウェ
ーデンでの政治活動を志すようになり、アメリカの好ましい部分を持ち帰ろう
と決心した。

（2）　国際連盟と国際研究大学院──1930-31年のジュネーブ──

　約１年間のアメリカ生活を終えて夫妻はスウェーデンに帰国したが、またす
ぐにスイスへ向かった。ミュルダールがジュネーブにある国際研究大学院
（Institut de hautes études internationales）の臨時講師を引き受けたからである[3]。

　国際研究大学院は、国際連盟に勤務していた２人によって1927年に設立され
ていた。１人はスイス人外交官のウィリアム・ラッパードであり、アメリカ大
統領ウィルソンの友人であって、国際連盟をジュネーブに設置させた人物であ
った。もう１人はフランス人の歴史家ポール・マントーであり、イギリス首相
ロイド-ジョージやフランス首相クレマンソーの友人であって、パリ講和会議
でクレマンソーの通訳であった。彼らは国際主義を志向する政治家や事務局員
を育成する目的において、国際連盟本部に近接した場所に大学院を建てた。

　この経緯から国際研究大学院は国際連盟や国際労働機関（ILO）と密接に関
係していた。イタリアやドイツの独裁から逃れてきた研究者を集めて社会科学

が教えられ、経済学者ではオーストリアのミーゼスやドイツのレプケが教授を務めたことが知られる。また1928年から1957年まで外部講師260人以上を招いた一週間の臨時授業が開かれ、そこにミュルダールが含まれた。同様にエイナウディ、ガルブレイス、ハーバラー、ハイエク、ロビンズ、ヴァイナーなども来校した〔The Europaeum 2008〕[4]。

　夫妻はアメリカよりも快適な暮らしを送ることができた。妻アルヴァは湖畔に理想的住居を見つけ、心理学者ピアジェの下で学んだ〔Etzemüller 2014：55〕。しかし、まもなく彼女は流産し、手術を受けて療養生活を余儀なくされた。ジュネーブ到着の3ヶ月後、息子ヤーンは叔母に連れられてスウェーデンに帰っている〔Hirdman 2008：150-151〕。

　おそらく私生活の影響により、この時期のミュルダールの論文は他の時期に比べて極めて少なく、彼自身が研究生活の様子を発表したものはない。だが、夫妻の娘シセラによれば、「アルヴァが母国への手紙に書いたように、スウェーデンから離れたことにより、彼らは国際連盟やジュネーブにあるその他の国際組織のコスモポリタン的背景において『新世界から得た印象のすべてを消化する』時間をもつことができた」〔Bok 1991：101〕のであり、この点において滞在は意義深かったと見ることができる。ミュルダールはその地でハイエクと会ってもいる[5]。ハイエクはオーストリア景気循環研究所からイギリスのLSEに移籍した1931年頃にジュネーブを訪れており、1930年代後半になるとLSEの同僚としてロビンズ、ベヴァリッジ、ハイエクは世界平和を目標とした「連邦主義」構想を示すことになる[6]。興味深いのは、ロビンズとハイエクがジュネーブ体験を共有していたことであり、ミュルダールもまた同じ体験をしていたことであろう。

　ジュネーブは世界へと視野を広げさせる地であり、ミュルダールは国際機関による平和構築の努力を間近に見た。スウェーデンは社民党が主導して国際連盟の原加盟国となっていた[7]。夫妻は1931年6月に帰国し、そろって社民党に入党した[8]。

（3）　福祉国家の起点──1932-38年のスウェーデン──

　大恐慌に対してほぼ無策であった自由国民党に代わり、スウェーデンでは1932年9月選挙で社民党への歴史的な政権交代が起こった。農民党との連立政権に始まった社民党政権は1976年まで持続し、この間に独自の政治経済システ

ムというべき「スウェーデン・モデル」が形成された。1933年政府予算案付録
でミュルダールが財政政策を提言したことは既述のとおりである。しかし、ア
メリカやスイスでの生活を経た彼は、たんに経済政策志向の「政治経済学者」
へと移行していたのではなかった。帰国後の彼はまずイェーテボリ市の住宅問
題調査に取り組み、福祉政策志向の端緒を見せていた。

　社民党新政権の首相ハンソンは1928年に福祉国家建設を提唱する「国民の
家」構想を示しており、ミュルダール夫妻の『人口問題の危機』における政策
提言を「国民の家」を支える新たな福祉理念を示すものとして、社民党内で初
めて大々的に認めた。人口論議においてミュルダールは従来の「治療的社会政
策」から一歩進んだ「予防的社会政策」の有効性を説いたが、それは北欧的な
普遍主義的福祉という新理念の提示であり、彼が1938年まで参画した人口委員
会の政策提案の多くが議会で採択された[9]。

　この時期のミュルダールの福祉政策論は影響力をもち、スウェーデンの福祉
国家形成の基本方針を決定づけた。しかし、それは彼の思考や議論においては
いまだ発展途上であり、後年に国外の福祉への関心や国際的な平和論を伴うも
のとなって完成されることになる。彼の平和論は、スウェーデンの「中立」を
めぐって第二次世界大戦下で初めて公的に展開された。

2　第二次世界大戦下のスウェーデンにおける「中立」論議

（1）　スウェーデンと「アメリカ的信条」

　ミュルダールは1937年8月にカーネギー財団からアメリカ黒人差別問題調査
の打診を受け、翌年初秋にアルヴァと3人の子と子守の女性、統計家のスター
ナー夫妻を連れ、アメリカに渡った。彼はドイツが資源をもたないのでヒトラ
ーは戦争を始めないだろうと予想しながら現地調査を始めた［Jackson 1990：
135］。しかし1939年9月1日、ドイツのポーランド侵攻により第二次世界大戦
が始まった。

　開戦後、スウェーデン政府は他の北欧諸国とともに中立を宣言した。スウェ
ーデンにおける中立は、国際条約や憲法に準じる法規で定められたスイスやオ
ーストリアの中立とは異なり、政府の政治的判断として宣言されるが、第一次
世界大戦開戦時よりも第二次世界大戦開戦時の方が多くの国内的支持を得た
［五月女 2004：27-28；Malmborg 2001：136-137］。同時に、1932年以来の社民党一

農民党連立政府が解体され、共産党のみを除く大連立政府になった。社民党党首ハンソンが首相を続け、4政党から閣僚が選ばれ、国民の支持率は95%を超えた [Hort 2014：106]。

　ミュルダールは戦争が始まると、旧知の大蔵大臣ウィグフォシュにアメリカから手紙を送り、首相が彼を必要とするならば帰国すると伝えた。逆にスウェーデンからは、夫妻の友人であった政治学者ティングステンが、12月にソ連かドイツがスウェーデンに侵攻するだろうと伝えた。その予測は外れたが、1940年4月9日にドイツはデンマークとノルウェーに侵攻した。3日後、スウェーデン政府は「スウェーデンは厳密に中立を維持する」と公式見解を発表したが、それは隣国を助けないことを暗に意味していた [Sejersted 2011：185]。

　スウェーデンがドイツの次の標的になるかもしれないという緊迫した状況で、ミュルダールはイェール大学経済学教授の終身職の可能性を捨て、黒人差別問題調査を終えないまま、一家で帰国した [Jackson 1990：135-136, 140；Bok 1991：145]。夫妻は子どもたちを疎開させて首都ストックホルムで仕事に備えた。しかし、首相からの要請はなく、政府の役職に就いてもなかったので、彼らは個人的な言論活動をするよりほかなかった。

　スウェーデンは「中立」国として苦悩の只中にあった。1939年冬にソ連がフィンランドを攻撃し、イギリスとフランスがフィンランド支援軍を送りたいと申し出てきたときに、スウェーデンは領土通過を許可しなかった。しかし、ノルウェー侵攻後のドイツ軍による領土通過は許可した [岡澤 2009：84-88]。[10] つまり、スウェーデンはドイツからの武力的・政治的圧力を受けて「中立」と言い難い態度をとったのであり、そのことについて国民の多くが良心に呵責を覚えていたのだが、ドイツに対する世論は分裂していた。第1に、ドイツの覇権が現実的なのだから、それを受け入れるべきという意見があった。第2に、孤立主義をとるべきであり、侵攻されないことが最重要なのだから、メディアは外交政策の議論を避けるべきという意見があった。第3に、ドイツは最終的に崩壊するだろうから、外交政策の議論を積極的にしてレジスタンスの姿勢を示すべきという意見があった [Jackson 1990：144, 146]。

　この情勢においてミュルダール夫妻は『アメリカとのコンタクト』[Myrdal and Myrdal 1941] を発表した。夫妻の共著『人口問題の危機』を刊行した出版社が、アメリカの印象についての本の執筆を夫妻に依頼していた。アメリカ滞在中に書き始められていた原稿は拡張され、「国を守ろうというスウェーデン

人の意志を強化するように意図された愛国的な本」［Etzemüller 2014：271］として完成された。夫妻は明らかに上記の第3の意見に与していた。民主主義と個人の自由という共通した信念はスウェーデンとアメリカを結束させるものだと論じ、アメリカへの強い共感を示した。

　黒人差別問題調査の研究は、集積されたデータが整理されないまま、アメリカに放置されていた。しかし、彼は「中立」国スウェーデンの苦悩について考えるなかで、両国が抱える問題の本質が「モラル上のジレンマ」という共通項で総括できると思い至った。アメリカでの人種問題との戦いとスウェーデンでのナチスドイツとの戦いは、同じ心理的構造をもっている。良心や理想に従うか、それとも慣習や眼前の得策に従うか。1941年2月にアメリカに戻ったミュルダールは『アメリカのジレンマ』の原稿を完成させ、1942年9月にスウェーデンに再び帰国した。

　『アメリカのジレンマ』は1944年に刊行された。ミュルダールによれば、アメリカにはその民主主義を支える「アメリカ的信条」がある。アメリカにおいて文化は多様だが、共通した社会的エートスや政治的信条があり、それはすべての人の根源的平等、自由、正義、機会均等といった価値評価を含んでおり、アメリカ人全員に意識されている［Myrdal 1996（1944）：3-4］。彼は「アメリカ的信条」という良心の実現の方向に黒人問題が解決されるように望み、そうなることがアメリカだけでなく世界において、金銭的・軍事的資源よりもずっと大きな道徳的・精神的な力の拠り所となると論じた。戦後は「アメリカ的信条」に従った世界秩序が希望的にであれ予測されうるのであり、したがって「これから数年のアメリカ黒人問題の展開は、アメリカ自身だけでなく人類すべてにとって運命的」［*ibid.*：1022］なのであった。

　同著の付録2「累積の原理」において、ミュルダールは「白人の差別意識」と「黒人の低い生活水準」の相互強化作用としての「悪循環」が差別問題の本質にあるという理論的分析を示したが、その原理はまた、それら二変数の構成要素に何らかの契機で逆向きの変化が生じるならば、「悪循環」は「好循環」へと転換しうると説くものでもあった。この社会動態の理論認識は、戦後の冷戦構造分析に転用されることになる。

（2）　戦後経済の展望
　『アメリカのジレンマ』完成後のミュルダールは、スウェーデンの戦後計画

に携わった。彼はアメリカに詳しい経済学者として政府の要請を受け、1943年秋に再び4ヶ月間アメリカに滞在している。スウェーデンと海外諸国との将来の貿易関係が調査目的であり、その分析は『平和楽観主義への警告』[Myrdal 1944] に盛り込まれた。

『平和楽観主義への警告』において、ミュルダールはスウェーデンで思慮なき楽観主義が見られるとの批判を展開した。それは主としてヒトラーの恐怖から解放されたことによる。だが、戦争によって生じた国民主義の高まりや社会制度の破壊による問題は続いており、戦争が終わっても安全で平和な世界が自動的に得られるわけではない [*ibid.*:11-16]。彼は、世界経済についてはアメリカとイギリスが安定的な国際経済秩序を構築することが難しく、国内経済については戦時経済から平時経済への転換問題があるために、第一次世界大戦後と同様に第二次世界大戦後も深刻な不況が生じると予測した。

ミュルダールは1944年1月から上院議員、さらにスウェーデン銀行理事、戦後計画委員会委員長となり、1945年初めには社民党誌 *Tiden* 編集長、同年7月に戦後初の社民党単独政権の商務大臣となって、1946年には社会改革委員会にも参画した。しかし、この時期の彼の政治活動は失敗とみなされることが多い。まずもって、不況予測は完全に外れた[11]。ミュルダールは商務大臣として多くの貿易協定を締結したが、不況を見込んでソ連と締結した貿易協定がアメリカから公式に批判されたうえに、明らかな好況を迎えた。批判は高まり、辞職に追い込まれた。

しかし、政治活動はうまくいかなかった一方で、この時期のミュルダールの平和をめぐる思考には進展があったと見ることができる [Appelqvist 1997]。『平和楽観主義への警告』において彼は国際関係におけるスウェーデンの将来的役割について論じ、その際、スウェーデンの伝統として国際主義があることを強調したからである。小国としてのスウェーデンは政治的軍事主義や経済的帝国主義を意図しえず、代わりに平和、正義、国際的民主主義、自由貿易への関心をもち続けてきた。自由競争が生産費を押し下げること、世界中どこにでも輸出できることはスウェーデンの経済的利益なのであり、スウェーデンは国際主義の志向において戦後世界の賢明な経済的・政治的秩序構築に貢献するものと期待できる [Myrdal 1944:292-294]。ここで新たに加わったのは、国際主義に基づくスウェーデンの平和への主体的貢献の展望であった。

第二次世界大戦は1945年8月に終結し、10月に国際連合が設置されたが、国

際連合の計画段階でミュルダールは「経済・社会分野における専門機関について」[Myrdal 1945] を書いている。彼は1944年 8 月から10月にかけて開かれたダンバートン・オークス会議での組織活動計画において経済社会理事会が低く扱われていると見て憂慮した。第一次世界大戦後、自由貿易から離れるに従って経済的国民主義が強まり、それが第二次世界大戦の主要原因の 1 つになったのであるから、戦後平和の維持のために自由貿易とそれを支える国際協調体制が強く求められるというのが彼の見解であった。

3　冷戦下の UNECE における東西融和

（1）　国際研究組織と東西貿易

　1947年にミュルダールは初代国連事務総長リーからの指名を受けて国連欧州経済委員会（UNECE）の初代事務局長となり、同年 4 月10日、勤務地であるジュネーブに到着した。5 月 2 日には事務規定などについて第 1 回会合が開かれ、次回は 7 月に予定された。しかし、6 月にアメリカがヨーロッパ経済復興計画「マーシャル・プラン」を打ち出したことで、状況は慌ただしくなった。スウェーデンはハマーショルドを代表として 7 月にパリで開かれた準備会議に出席し、経済援助計画には参加するが、中立政策を保つためにそれ以上の政治的協調には関与しないと伝えた。一方、ミュルダールは UNECE こそがそれを取り扱うべき機関だと考え、精力的にロビー活動をした。しかし、マーシャル援助はアメリカ主導の反共政策の意味合いを含むものとなり、援助の受入調整機構としてヨーロッパ経済機構（OEEC）が別個に設立されることになった。[12]

　ミュルダールは落胆した。「ほんのわずかな公衆の関心──そして、それに付随して極小の資金──だけが、冷戦や起こりうる第 3 次世界大戦の準備よりも国際的統合や平和に取り組むために向けられているにすぎないというのは、今日のわれわれの世界の悲しい現状を不幸にも表している」[Myrdal 1953：226-227／邦訳 113]。「組織化された平和、また社会経済分野での包括的で緊密な国際協力は、戦争が終わったときには間違いなく切実な願いだった」が、「期待と比べると、実際の動向は間違いなく幻滅であった」[Myrdal 1969：251]。

　しかし、まもなく彼は東西対立を超える組織として UNECE を機能させようと考え直した。冷戦という現実に従い、西側諸国が多数派を構成しているという理由において、UNECE を西側組織に作り上げることもできた。だが彼は、

あくまで国際連合の委員会として全欧州の組織とすることを理想として目指し［Myrdal 1968b：142］、その実現のために2つの目標を立てた。第1に、広く優秀な人材を集め、各国利害にとらわれない国際研究組織を作ること、第2に、東西貿易の拡大、である。

　ミュルダールの在任期間中、第1の目標に関して最も成功を収めたのは、調査・計画部であった。LSE を辞職してミュルダールの依頼を受けた経済学者ニコラス・カルドアが率い、*Economic Survey of Europe* を毎年刊行した。着任から9年後、ミュルダールはこう書くことができた。「私は、国際機関でこのように独立した真実探究の伝統を構築し維持する役割を果たしてきたことほど誇りに思うことは、これまでの人生でほぼなかった」［Myrdal 1956b：270］。彼は「国際公務員」の誕生を見ることができたと語り、その成功経験は以後の彼の理想的世界構築に関する希望の主な拠り所となった。

　また第2の目標は、1948年から翌年のベルリン封鎖の状況において当初は実現が極めて困難であったが、1952年にマーシャル援助が終了し、1953年にスターリンが死去したことが転機となった。「1953年には流れが変わりつつあることを委員会に報告することができ、月日がたつにつれ、この変化は動力を得た」［*ibid.*：146］。東西貿易は増加に転じ、UNECE の会合への東側諸国の参加が始まった。ミュルダールが UNECE を去る1957年には、東西ヨーロッパのすべての政府が会合に参加するようになっていた。

　ミュルダールは、第二次世界大戦中と同様、自由貿易の遂行による平和実現を展望していた。ただし、冷戦下の UNECE での経験から、彼は政治の重要性を強く認識するようになったことが、次の回顧から読み取れる。

　　〔UNECE〕の実際的・政治的経験と、それ以前および以後の私の専門的研究から、結論を引き出すと、この通常の見解〔「通商と経済関係は一般に平和に向かって機能するということ」〕に一片の真理があることを、もちろん、私は否定しない。しかし、その一片はきわめて小さく、また厳しい条件付きのものである。私が思うに、さらにいっそう重要な因果関係が逆の方向に働いているのであって、通商・金融関係が低水準なのは政治情勢の結果であり、こうした政治情勢が平和にも通商にも有利でないことを示すものである［Myrdal 1971：167-168／邦訳 170-171］。

（2）　自由貿易の二面性

　UNECE 在任期間中にミュルダールはヨーロッパや世界へと分析視野を広げ、『国際経済』［Myrdal 1956a］や『経済理論と低開発地域』［Myrdal 1957］などを発表して、「循環的ならびに累積的因果関係の理論」による資本主義圏の理論認識を確立した。それは『アメリカのジレンマ』における「累積の原理」と共通した性質をもつが、理論内容や分析対象に発展・拡張が見られるものであった[13]。

　ミュルダールによれば、資本主義圏の先進諸国では福祉国家を制度的基盤として平等化の経済成長の「好循環」が成立しており、国民的統合が達成されてきた。それに対し、低開発諸国では不平等と貧困が「悪循環」をなしていて、国民的統合は果たされていない。資本主義圏全体では、貿易・移民・資本移動という市場諸力の作用を通じて、先進諸国と低開発諸国の間に格差拡大が進行しており、国際的統合は欠如している。福祉国家は国民主義的性質をもつので、国民的統合と国際的統合は対立傾向にある。

　こうしたミュルダールによる資本主義圏の新たな理論認識は、自由貿易と平和の関係性についての彼の思考に二面性をもたらすことになった。

　第 1 に、従来どおり、平和に対して自由貿易が有効であるとの認識は保持された。ミュルダールは、冷戦もまた両大国の政治的態度の「循環的ならびに累積的因果関係」過程の進行として認識した。すなわち、「冷戦の激化は、紛争の両当事者が相手方に政治的紛争に拍車をかける行動を期待できる間は、累積効果をもった因果循環のプロセスとして、事実上 2 つの超大国間の一種の奇妙な政治的『協力』によって、進展した」［Myrdal 1971：171／邦訳 174］。しかし、マーシャル援助の終了やスターリンの死去といった政治的契機によって、少なくともヨーロッパにおいて「悪循環」は「好循環」へと反転し、東西融和が進行することになった。この経験から彼は新たに政治の重要性を強調したが、自由貿易の有効性を否定したわけではない。「貿易はもし二国間なり二ブロック間で発展を許されるならば、両者にとって経済的に利益であるだけでなく、政治的関係のいっそうの進展に対してもある程度好ましい影響を与えることになろう」［*ibid.*：173／邦訳175］。

　しかし第 2 に、自由貿易の問題性、いわば負の側面が新たに考えられた。「循環的ならびに累積的因果関係の理論」による資本主義圏認識からすれば、自由貿易は低開発諸国を貧困に押しとどめる傾向がある。国際的統合が欠如し

た状況において、自由貿易は先進諸国と低開発諸国の格差拡大の主要原因の1つとなっている。こうした資本主義圏の経済問題の上に、社会主義圏との冷戦という政治問題がのしかかることで、国際的分裂が深刻化している［Myrdal 1955：245／邦訳 160］。政治的に分断された世界においては、自由貿易などの経済諸力から政治への好ましい影響はごく小さなものにならざるをえない［Myrdal 1971：173／邦訳 175］。

　要するに、ミュルダールは自由貿易が平和に有効だと考え続けたが、政治的条件が整えられなければ、とりわけ先進諸国と低開発諸国との間で格差問題が引き起こされることで平和を阻害すると論じるようになったのである。後年のインドを中心とする低開発経済研究を経て、彼は世界の平和と発展のために「低開発諸国の自助努力」と「先進諸国の責任」の双方を明確に求めるようになる。彼は依然として自由貿易原則を肯定し、先進諸国との貿易関係の断絶を求める「従属理論」を強く拒否したが、先進諸国は貿易政策に関して「二重の道義的水準」を設定すべきであり、援助も国際機関を通じたものに変革しなければならないと主張した［Myrdal 1970：藤田 2010：232-245］。

（3）　スウェーデン「非同盟」政策との関係性

　UNECE 期のミュルダールの思考の展開は、個人的経験から生み出された部分が大きいと見ることができるが、スウェーデンの防衛・外交政策の動向の多くを反映するものでもあったことを指摘しておくべきだろう。

　スウェーデンの中立政策は、1950年代になると「戦時における中立を目的とした、平時における非同盟」という方針へと修正された。これは第二次世界大戦時に中立を宣言したにもかかわらずドイツの侵攻を受けた隣国のノルウェーやデンマークが1949年4月に設立された西側の軍事同盟である北大西洋条約機構（NATO）に加盟したことによる再定義であった[14]。大国間の戦争に巻き込まれないように平時から軍事同盟に加わらないという方針を決めたスウェーデンは、NATO に加盟しなかった[15]。これは自衛強化の必要を意味する。全方位に防衛を固めた手厚い国防政策は「ハリネズミの国防」と呼ばれ、「全体防衛」として特徴づけられた。スウェーデンの国防費は高レベルで推移し、1960年代初めまで GNP の4～5％を占め、主に軍事的な研究開発と兵器購入に向けられた［吉武 2016：227-228］。

　このような非同盟政策を支えたのは強い経済力であるが、それは翻ってスウ

ェーデンにいっそう自由貿易政策を推進させた。人口的に小国であるスウェーデンは国際貿易に大きく依存する貿易立国だからである。しかし、1952年に発足した欧州石炭鉄鋼共同体（ECSC）や1958年に発足した欧州経済共同体（EEC）にスウェーデンは加盟しなかった。「国家のもつ主権を委譲する超国家的統合をめざす組織に対しては、経済的にも政治的にも強い制約を受けることになりかねないとして警戒した」［吉武 2016：229］からである。EEC は NATO の経済的基礎を提供するものと考えられていたので、中立国がそこに入ることにアメリカも反対であった［Myrdal 1968a：130］。代わりにスウェーデンは、オーストリアやスイスとともに1960年に発足した欧州自由貿易連合（EFTA）——ECSC や EEC に入らなかったイギリスが主導した組織——に加盟した。[16]

　スウェーデンの非同盟政策は外交政策における国際主義と結びついた。第二次世界大戦後のスウェーデンの主な外交課題は周辺諸国との関係改善にあったが、スウェーデンは1946年に国際連合に加盟して以来、国連重視の姿勢をとり、「非同盟」国として東西両陣営を批判・仲介できる立場にあることを外交に活用した。国際組織の活動への積極的参加は、「軍事同盟による『仲間』を持たないスウェーデンにとっては、友好国を増やすための『投資』として国際社会への貢献が捉えられていた面があり、国際平和の実現を目標とする行動を見せることによって、結果的に自国の安全保障を高めるという戦略的意図もあった」［五月女 2012：92］。1952年にハマーショルドが第2代国連事務総長になったことも、その姿勢を後押しした。[17]

　UNECE においてミュルダールは国連重視・国際主義の姿勢をとって東西貿易を推進したが、その方針は非同盟政策と自由貿易政策を掲げるスウェーデンを母国にもつことで容易に表明でき、社民党政権下のスウェーデンの国策に沿うものであったといえる。

4　平和と平和研究

（1）　スウェーデンにおける軍縮と SIPRI

　1957年4月12日にミュルダールは UNECE を辞職した。彼は駐インド大使となっていた妻アルヴァの元へ向かい、彼女が離任する1961年まで生活を共にした。インドの貧困問題を研究した成果は『アジアのドラマ』［Myrdal 1968c］として発表された。

　スウェーデン社民党は、外交問題に関心の薄かった1944年党綱領を1960年に改訂し、発展途上国などの貧困問題と支援、国際連合や軍縮の問題を新たに盛り込んだ。1962年にはGDPの1％を開発援助に当てるという政府案が議会で採択された（清水 2014）。アルヴァは1962年に上院議員になり、同年から1973年までジュネーブ軍縮会議へのスウェーデン派遣団を統率した。スウェーデンは防衛目的の核開発を進めていたが、社民党女性団体が主導する反対運動が起きたことで方針転換されたのであり、彼女はその運動の中心人物であった。

　1964年8月16日、首相エルランデルはスウェーデンの150年の平和を記念して平和研究機構を設立する考えを表明した。同年12月にアルヴァを議長とする検討委員会が発足し、1966年7月1日にストックホルム国際平和研究所（SIPRI）が設立された。当然ながらSIPRIは社民党と親和的であったが、法的には独立財団であり、「国際紛争の平和的解決および安定的平和のための条件を理解するために寄与する目的において、国際平和・安全に対して重要な意味をもつ紛争や協力の問題の科学的研究を牽引すること」［SIPRI 2017］が課題とされた。

　SIPRIの初代所長はアルヴァが務めた。しかし、1966年に彼女は当時世界で唯一のポストである軍縮大臣に就任したので、1967-73年は夫グンナーが所長を務めることになった。彼は国際連合での「軍備や軍縮に関する専門的な機関の欠如を部分的にカバーする」［ミュルダール 1970：12］ためにSIPRIが設立されたと認識していた。SIPRIの初代事務局長にはUNECEの調査・計画部にいたロバート・ニールドが就き、組織の人員や研究手法にはUNECEからの連続性が見られる[18]。SIPRIは当初から理論的研究以上に経験的研究に焦点を当てたが、それは調査・計画部のやり方を踏襲するものであったといえよう。すでにノルウェーには平和学の開拓者ガルトゥングがオスロ国際平和研究所（PRIO）を1959年に設立していたが、ミュルダールはその仕事が過度に理論的で難解であって、その科学主義が十分に客観的でないと批判的に見ていた［Chillaud 2011：10］。この点、彼はSIPRIの活動を次のように紹介している。

　　そこ〔SIPRI〕では厳密に実証的な研究だけが行われ、机上の空論やモデルやゲーム理論などではなく、今、現実に焦点となっている問題だけを対象にしています。／目下重点的に行われている研究の中には、なんとか交渉の場にひっぱり出したいと思っている武器の売買や、戦争手段としての生

物化学兵器の問題があります。国際連合の総会が開かれた時に利用される
ようにと、毎年、軍備と軍縮に関する年鑑を発行しています（[ミュルダー
ル 1970：13]、／は段落区切り、以下同）。

　1960年代半ばからミュルダール夫妻は平和研究で協働した。「SIPRI は彼ら
のそれまでの共著と同程度に共同プロジェクトとして現れるようになった。
……彼女〔アルヴァ〕の仕事においては軍縮が主たる関心事であり、国際的発
展はそれと密接に関連して二番目であった。グンナーには逆が成り立った」
[Bok 1991：294]。ミュルダールは経済論や福祉論においても軍縮、とりわけア
ルヴァが熱心に取り組んだ核軍縮の必要に言及するようになった。「戦争と戦
争準備への巨大な支出は、生産的資源の悪用という直接的帰結をもたらすにと
どまらず、世界平和保障の恐るべき欠如による経済発展の低下をもたらす」の
であり、「効果的な軍縮は諸資源を解放する」[Myrdal 1967b：94, 102]。軍縮は
平和の基礎条件であり、解放された諸資源は発展や福祉に回されるべきだと論
じられた。

（2）　ベトナム戦争批判

　ミュルダールは1963年に『豊かさへの挑戦』[Myrdal 1963] を刊行し、経済
停滞に悩むアメリカに対してスウェーデン的な福祉国家の指針を示した。1964
年に公民権法が制定されると、アメリカでも福祉国家形成への社会動向が見ら
れるとして高く評価した [Myrdal 1965]。しかし、ジョンソン政権がベトナム
戦争介入へと向かうと、彼は一転してアメリカに対する批判の態度を鮮明にし
た。

　1966年12月8日、ミュルダールはニューヨークのマディソン・スクウェア・
ガーデンで開かれた平和集会に参加して「ベトナム戦争とアメリカの政治的・
道徳的孤立」[Myrdal 1966] を講演している。彼は「アメリカを知り、愛し」、
「問題にかかわるようになった者」として言葉を送った。スウェーデンはアメ
リカが市民権の確立に努力してきたことに心からの共感をもっており、反米主
義が生じなかった世界でも数少ない国の1つである。しかし、ベトナム問題に
ついてはスウェーデン人の8％しかアメリカ政府の方針に賛同していない。豊
かな少数国と貧しい多数国とのゆがんだ関係が人種問題と絡み合うことは、今
後数十年の世界平和・協力・進歩の希望を甚大な危険にさらすことになる。ア

メリカ人のなかには、自国が強大な財力や軍事力をもっているので世界の意見を無視できるのであり、世界のなかで孤立していても構わないという考えをもつ者がいるが、そうした考えは間違っている［Myrdal 1966：75, 77, 79, 80-81］。

　また、彼は1967年に開かれた「ベトナムに関するストックホルム世界会議」の締め括りとなる講演においても、ベトナム戦争への介入がアメリカに道徳的・政治的孤立をもたらし、アメリカ国内の道徳状況が悪化していると批判した。「貧困との戦い」や「偉大な社会」構想は急停止している。「戦争、とりわけベトナム戦争のような『汚れた戦争』――アメリカ人たちがそう呼んでいる――は、反動的な感情を育てる」のであり、それは「『アメリカ的信条』――東西南北に関係なく全文明社会の共通基盤たる啓蒙からの栄えある理想――に沿った改革に取って代わってしまうだろう」［Myrdal 1967a：113］。

　ミュルダールは第二次世界大戦下でヨーロッパの希望と見た「アメリカ的信条」がいまだアメリカで消滅していないにしてもベトナム戦争によって大きく力を失っていると見たのであり、彼のかつてのアメリカ賞賛の態度は消えた。とはいえ、世界社会におけるアメリカの影響力が大きいことには変わりない。彼は依然として「アメリカでの世論の決定的変化だけが、アメリカと世界を悲劇への流れから救い出すことができる」［*ibid.*：112］と述べ、多くのアメリカ人に反省と「アメリカ的信条」への回帰を促し、講演の場となった会議の最大の目的も世論変化を促すことにあると説いたのであった。

（3）　平和研究と平和運動

　冷戦やベトナム戦争は1970年代になっても続いていた。ミュルダールは「人類の進歩と調和」をテーマとして1970年に開かれた大阪万博でNHK招聘講師として講演し、国際連合が不十分にしか機能していないことについて、次の言葉を残している。

　　冷戦だけにその原因があるのではありません。……それは個々の政府の失敗であり、とりわけ大国の政府の多くが国際連合の憲章にうたわれている精神に従って行動しなかったからであるといえます。そして、この個々の政府が招いた失敗の背後には個々の国家の原始的な国民主義の影響があります。／私は、戦争直後には広く、かつ、率直に期待されていた政府間の協力が実現されなかったということを、人類の進歩と調和にとって、不利な

趨勢のひとつとして、まず指摘したいと思います［ミュルダール 1970：11-12］。

　大阪万博開催時には西ドイツ連邦大統領を務めた平和主義者グスタフ・ハイネマンも来日した。ハイネマンは大阪を訪問した後、広島の原爆犠牲者慰霊碑に献花したが、1975年にミュルダールはハイネマン75歳記念論文集に「平和研究と平和運動」［Myrdal 1975］を寄稿し、自身の平和論の最終見解というべき内容を示した。本章の文脈に関わる主要論点はおよそ以下の３つに要約できるだろう。

　第１に、平和運動の弱さである。それは国民主義が非合理であっても人々の感情に深く根づいていることに起因している。冷戦は相互に態度を悪化させるような「循環的および累積的因果関係」によって進行してきたのであり、西側世界で「平和」は共産主義のプロパガンダかと疑われてきたほどであった。

　第２に、平和研究の必要と意義である。「もし非合理な国民主義が抑えられており、人々や諸政府が平和愛好的であって、この地球上で共生するための相互に有益な条件を常に探そうとしているのであれば、平和運動は不必要だろう。しかし残念ながら現実はそうではないので、平和運動が必要なのである」［*ibid.*：26］。「平和研究は平和に向かって作用する力を支えるために必要である」［*ibid.*：27］。

　第３に、平和研究の科学性の追求である。「平和研究の価値前提は、平和が望ましいということであり、戦争、ならびに、平和や国際協調を弱めるあらゆる状況や展開が望ましくないということである」［*ibid.*：27］。「純粋経済学」がないように「純粋平和研究」はありえず、平和研究は政治学、社会学、心理学、自然科学や技術の発展などにも関係しなければならない［*ibid.*：28］。「われわれは、社会科学全般、特に国際問題を扱う分野において、戦後世界ではいかに国民主義的な価値前提の想定から諸問題にアプローチする傾向があったかに気づかなければならない。……ほぼ欠損しているものは、真に国際的観点からの、いかに戦争を回避して平和を維持するかという問題に向き合った研究である」［*ibid.*：29］。

　第二次世界大戦後、SIPRIとベトナム戦争反対運動に関わった経験に基づき、ミュルダールは平和構築に対する国際連合の機能不全、「非同盟」国スウェーデンの国際主義からの主体的貢献の可能性、その重要な一方策としての平和研究の意義を説くようになった。彼は平和研究が実践的に役立つためにこそ、社

会科学方法論に従って客観的分析に近づくことが必要であると説き、自らが考案した「価値前提の明示」の方法論を平和研究にも適用し、分析視角や分析範囲を明示的に定めることを求めた。[19]

　1960年代半ば以降のミュルダールの思考もスウェーデンの外交政策の展開と合致していた。非同盟政策は国連重視の国際主義的な外交政策を促進したが、そうしたスウェーデンの「顔」を最も広めた政治家がオロフ・パルメであったことは衆目の一致するところである。パルメは1969-76年に社民党党首として首相となった後、下野し、再び1982-86年に首相を務めた。ベトナム戦争反対運動に参加し、ODA を増額し、アパルトヘイトを批判した彼は、下野中の1980年に国際連合の「軍縮と安全保障に関する委員会」（通称「パルメ委員会」）の議長となり、1982年には『共通の安全保障——核軍縮への道標』を国連事務総長に提出したことで、冷戦構造を批判し、世界の平和と発展のために貢献するスウェーデンというイメージを世界に印象づけた。しかし、パルメは1986年２月28日に暗殺される。彼は同年同月１日に死去したアルヴァ・ミュルダールの葬儀で追悼の挨拶をしたばかりであった。残されたグンナーの仕事は『アメリカのジレンマ再訪』であったが、彼も1987年５月17日に亡くなり、未完となった。

　　おわりに
　　　——ミュルダール平和論の歴史的限界と今日的意義——

　ミュルダールの平和論の展開に影響を与えた主要な地は、アメリカ、スイスのジュネーブ、そして母国スウェーデンであった。大恐慌下のアメリカで政治活動を志すようになった彼は、ジュネーブで国際連盟などの国際機関の努力を見知り、政権交代が起こったばかりのスウェーデンで福祉国家建設に関与した。第二次世界大戦下において、彼はナチスドイツに対するレジスタンスを説きながら、「アメリカ的信条」をもつアメリカの道徳的・精神的な力の発揮に期待をかけた。戦後、冷戦構造の形成に直面した彼は、アメリカへの賞賛の態度を大部分捨て、UNECE で国際研究組織の構築と東西貿易の推進に尽力した。さらに SIPRI での研究活動やベトナム戦争反対運動を経て、国際連合の機能不全を認め、スウェーデンの国際主義による平和への主体的貢献や平和研究の意義を強調するようになった。

　こうしたミュルダールの平和に関する思考の継続的展開は、スウェーデンや世界の政治動向と密接に関連していた。第二次世界大戦下でのアメリカ主導の国際主義的政治経済秩序の構築への期待、戦後まもなくの幻滅、1960年代半ば以降の代役を主体的に担うべきスウェーデンといった彼の見解の推移は、彼自身の経験から生じた部分も大きいが、二度の世界大戦や冷戦下でスウェーデンが中立・非同盟という特殊な政策方針をとり続けたこと、それにより東西両陣営を批判・仲介しうる外交的立ち位置にあったこと、自由貿易主義の伝統があったこと、また自身も属した社民党および社民党政権からアルヴァ、ハマーショルド、パルメといった政治家を輩出したことで世界平和に貢献する国家としての存在感を強めたことを反映するものであった。

　しかし、ミュルダールの没後、1989年のベルリンの壁崩壊と1991年のソ連解体を経て冷戦は終焉し、彼が戦後に自身の議論の前提としていた世界の政治情勢や政治的条件は大きく崩れた。スウェーデンは1995年に EU 加盟を決定し、「非同盟」は「軍事的非同盟」へと再定義された。現在のスウェーデンは NATO と PfP（平和のためのパートナーシップ）を結んで WEU（西欧同盟）のオブザーバーになっており、冷戦期の単独主義・国際主義からヨーロッパ地域主義へと移行しつつある。ミュルダールが想定していたスウェーデンの特殊な立ち位置は失われ、世界平和へのスウェーデン独自の貢献も難しくなった。この点において、彼の平和論には明らかな歴史的限界がある。

　他方、ミュルダールが国際的分裂をもたらす主要な政治的要因として認識した冷戦が終焉したのであるから、彼が前提視していた世界の政治的条件は好ましい方向に崩れたようにも見える。しかし、先進諸国と低開発諸国との経済格差、先進諸国における国民主義は残っており、国際的分裂は依然として解消されていない。それどころか近年では、経済のグローバル化が進んだ一方で、低開発諸国の貧困や内戦、中東情勢の悪化によって、大量の移民・難民や多発するテロといった国際問題が生じ、そのことが先進諸国での国民主義を急激に高めてもいる。国民的統合と国際的統合の相克の問題がより明確に現れていることを考えると、ミュルダールが示した資本主義圏の理論的把握は今日の世界にいっそう適用可能であり、冷戦期に特殊であった国際主義に基づく平和論はいまやむしろ普遍的意義をもつだろう。今日の世界では国際秩序の不安定化とともに分断と排除の動きが強まっているが、国家間の融和を進め、多様な価値観が共存するには、国際機関の機能強化や国際主義が有効だと考えられるからで

ある。

　最後に、「経済学の浸透は国際紛争の緩和に貢献しうるか」という本書の共通課題に対し、本章の答えを示しておこう。経済学では伝統的に自由貿易の平和推進機能が説かれてきたのであり、ミュルダールもその教義の妥当性を認めていた。しかし、たとえ経済学の浸透によって自由貿易が広められたとしても、それはそのまま国際紛争を緩和させることにはならないというのが彼の見解であった。彼は格差拡大をもたらす要因としても自由貿易を認識したので、政治的条件が整えられてこそ、利点が引き出されることを強調した。格差拡大が平和を脅かすと考えた彼は、貿易政策や援助のあり方を変革しなければならないと訴えた。UNECE期のミュルダールの経験的議論からすれば、すでに生じている国際紛争を緩和しうるのは政治であって経済ではなく、この点において、政治は経済に優越する。しかし彼は、平和の維持向上に寄与する継続的動力としての力が経済にはあり、それは国際紛争をいくらか予防しうる力なのであって、経済学は国際経済動態の分析と適切な政策提言・制度構築を通じてその力を大きくすることができると考えたのであった。

　注

1）　ミュルダールは自己の研究経歴を「理論派経済学者」・「政治経済学者」・「制度派経済学者」の３段階に区分している。『アメリカのジレンマ』［Myrdal 1996（1944）］において、彼は制度派経済学者へ至った。詳細は藤田［2010：5］を参照。

2）　ミュルダールはミッチェルに会った後、政府やブルッキングズ研究所に立ち寄り、ナイトやヴァイナーと話し、ティンバーゲンらと計量経済学会設立に立ち会い、コモンズに会った。コモンズとミュルダールの社会改革論の比較についてFujita［2017］を参照。

3）　現在は、国際開発研究大学院（Institut de hautes études internationals et du développment：IHEID）となっている。

4）　1933年以降の国際連盟における経済学者の動向についてDe Marchi［1991］を参照。ミュルダールはそこにいたハーバラーと1934年に5通、1937年に1通、私的書簡をやり取りした。藤田［2010：xv（303）］を参照。

5）　1933年のハイエク編『貨幣理論への貢献』にミュルダールは寄稿し、その形成過程において両者は多量の書簡を往復させたが、そこにジュネーヴへの言及がある。藤田［2011］を参照。

6）　LSEの連邦主義論について、小峯［2007］第14章、Masini［2017］、藤田［2017：150-156］を参照。

7）　加盟決定時は普通選挙権獲得のために共闘した社民党―自由党連立政権であったが、

当時の社民党初代党首ブランティングが議会において国際連盟への加盟は「全人類に向けた義務」であると説明し、保守党、農民党、左党の反対を押し切った［Malmborg 2001：130］。

8）　Hirdman［2008：8-9、29］によると、アルヴァは社民党支持、グンナーは保守党支持の家庭に育った。グンナーにはアルヴァからの影響や有力な政党からの選択という理由もあったと考えられる。

9）　ミュルダールの人口論の詳細は、藤田［2010：第 5 章、補章］を参照。

10）　さらに独ソ戦に際して、約 1 万5000人の武装ドイツ兵をノルウェー国境からフィンランドまで輸送させた1941年 6 月の出来事は「夏至の危機」と呼ばれた。ただし、清水［2014］によれば、スウェーデンはドイツに譲歩しただけでなく、ドイツがデンマークとノルウェーに侵攻してまもない1940年にはドイツの領空侵犯に対して強制着陸や撃墜などの措置を取り、フィンランドへの義勇兵派遣やノルウェー兵士の受入・軍事教練も実施した。

11）　ミュルダール自身も認めている。彼は1944年 9 月26日の労働組合での講演、また1945年 1 月14日の新聞で、早くもインフレ懸念を示した［Appelqvist and Andersson 2005：167］。

12）　ミュルダールのマーシャル・プラン批判については、Myrdal［1970a：第11章「援助」第 1 節］を参照。援助はより広い世界に目を向け、贈与でなく借款であるべきだったと論じている。解説として藤田［2010：243-245］を参照。

13）　「累積の原理」から「循環的ならびに累積的因果関係の理論」への展開について、詳細は藤田［2010：第 3 章］を参照。

14）　1948年 5 月 3 日、スウェーデンの外相ウンデンがスカンディナビアン防衛同盟を築こうと提案したが、実現しなかった。スウェーデンとノルウェーの社民党主流派は非共産主義であったが、ソ連の社会実験にある程度の共感をもっており、アメリカの資本主義にある程度の懐疑を抱いていた。1947年秋の国連で米ソが対立したとき、両国はどちらにも与せず、マーシャル・プランについても米ソ対立を抑えるように努力した。しかし、対立は強く、両国は東西仲介という政策方針を修正せざるをえなかった。スウェーデンは中立政策に戻り、ノルウェーは NATO 加入を決めた［Sejersted 2011：189-191］。

15）　ただし、スウェーデンにとっての潜在的な敵は東側であり、スウェーデンは実質的に西側と密接な関係にあった。スウェーデンに通達されなかったものの、1960年代にはソ連がスウェーデンに侵攻した場合にアメリカがスウェーデンを助けることを決定していた［五月女 2012：89-90］。スウェーデン政府と NATO 諸国との間で軍事情報の共有などの協力も行われていた［五月女 2016：2］。

16）　1970年代にはイギリスが EEC 加盟申請への政策転換を行ったために、スウェーデンは翻弄された。スウェーデンは1971年に EC 加盟と非同盟政策が両立しないという理由で EC 加盟を放棄したが、EC との間に自由貿易協定を結び、最低限の経済関係を構築した［五月女 2004：26、44-45］。

17)　ハマーショルドの生涯については Ask and Mark-Jungkvist eds.［2005］を参照。ミュルダールにとってハマーショルドはストックホルム学派の後輩経済学者であり、1930年代に失業委員会を一緒に担った間柄であった。ハマーショルドは平和維持軍を国連 PKO に定着させ、それを機にスウェーデンは部隊を世界各地に派遣するようになった。

18)　ニールドは、オリンピックメダリストで国際連盟創設に貢献して1959年にノーベル平和賞を受賞したフィリップ・ノエル＝ベーカーの甥である。また、UNECE の調査・計画部長であったカルドアの娘メアリーは『グローバル市民社会論』などで知られるが、現在 LSE に勤務しながら SIPRI のメンバーとなっている。

19)　「価値前提の明示」の方法論については、藤田［2010：第 2 章］を参照。

第7章

冷戦期以降の戦争と経済思想

——E. シューマッハー、J. ガルブレイス、 K. ボールディング——

は じ め に
——世界終末時計から平和の構築へ——

　アメリカの科学誌「原子力科学者会報」が1947年から定期的に公表している「世界終末時計」というものがある。人類滅亡の危険性を直感的に表した時刻である（図7-1参照）[1]。1947年は世界滅亡7分前。その2年後の1949年にソ連が核実験に成功すると、時計の針は3分前に修正された。1953年にアメリカとソ連が水爆実験に成功すると、さらに緊張が高まって2分前となる。ところが1960年になると、アメリカとソ連の国交が回復、7分前に戻された。その後様々な経緯を経て、2015年には再び3分前となる。気候変動のリスク、核軍備競争の再燃、テロリズムの危険などが上昇したためである。2017年には、アメリカのトランプ大統領が地球環境問題に消極的な態度を示したことから[2]、2分30秒前へと修正され、2018年には北朝鮮がすすめてきた核開発の影響から2分前となった。世界は現在、1950年代に匹敵するほどの危機的状況に置かれている。これが原子力科学者会報の認識である。

　もちろん1950年代と現在とでは「世界の終末」についての認識は異なるだろう。米ソ間の核兵器開発競争は、1950年代後半から60年代前半に急速に進展し、その後は1986年まで拡張したのちに収縮していった[3]。核兵器の危機に関していえば、世界はこの約30年間で緊迫度を下げたようにみえる（ただし核の拡散の危険は続いている）。これに対して増大したのはテロリズムの脅威である。テロによる死者数は、世界全体で2014年に4万3512人。9.11世界同時多発テロ事件が起きた2001年は7738人であるから、2001年から2014年にかけて、テロによる死者数は5倍以上に増加したことになる。俯瞰すれば、第二次世界大戦後の世界は、核戦争の危機からテロ戦争の危機へ、あるいは環境の危機へと移行してきた。

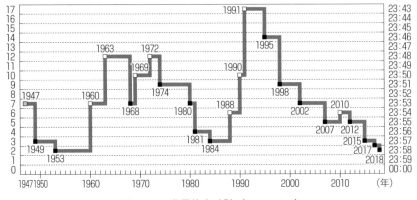

図7‐1　世界終末時計（1947-2018）

出所）https://ja.wikipedia.org/wiki/ 世界終末時計、2019年12月 7 日アクセス。

　そのような変化のなかで、私たちはどのように平和を築いていくべきなのか。本章は冷戦期以降の世界において、いかにして平和は可能か（終末の危機を克服しうるか）という根本問題について、これを冷戦期の経済思想を素材に考察したい。冷戦期の経済思想が、世界平和の構築のために貢献した積極的意義を示したい。

1　問題の背景

　クラウゼヴィッツの『戦争論』（初版は1832-34年）によれば、戦争とは「異なる手段をもってする政治の延長」である［Clausewitz 1935：Ch. 1, sec. 24／邦訳43]。支配―被支配の関係をつかさどる政治権力は、戦争において最もむき出しの形態をとるというわけである。だが見方を変えれば、戦争は同時に「異なる手段をもってする経済の延長」でもあるだろう。富をめぐる経済利害の対立は、戦争において最もむき出しになるからである。第二次世界大戦後の米国においては、戦争は総じて、（アフガニスタンおよびイラクとの戦争を除いて）国民経済の成長に貢献してきた。あるいは戦争がなくとも、米国の莫大な防衛費は「軍事的ケインズ主義」の観点から雇用創出に貢献し、市場の失敗に対処するための安定した社会秩序基盤を提供してきた。戦争は、これを準備するだけで経済社会に貢献するのだとすれば、戦争を純理論的に批判することは難しいであろう。

　しかし20世紀において、戦争を批判してきた主流派の経済学者たちが、主と
して社会主義的な信条をもっていたことは検討に値する。例えば、軍事的ケイ
ンズ主義を批判したジョーン・ロビンソン、1988年に米国経済学会（AEA）の
年次総会で「ECAAR（軍縮を考えるエコノミストの会（Economists Allied for Arms
Reduction））」を設立した中心メンバーのローレンス・クライン、ケネス・アロ
ー、ワシリー・レオンチェフなどはいずれも、社会主義の観念に大きな影響を
受けてきた[4]。社会主義の思想は、冷戦下の西側では、戦争を批判する平和の価
値を担保してきたのである。

　もちろん、社会主義の思想によって戦争の問題を解決しうるわけではない[5]。
冷戦期においては、資本主義陣営と並んで社会主義陣営もまた軍備を拡張した。
冷戦構造が崩壊した今日において、私たちはどのような思想に基づいて戦争の
問題を解決していくべきなのか。経済学史を回顧すると、古典派の A. スミス
や D. ヒュームにおいては、商業の発達とともに戦争がなくなるとは展望され
ず、その意味で根本的な平和は問題になっていなかった。これに対して第二次
世界大戦後の経済学者たちは、核戦争による世界の破局可能性に直面し、この
破局をいかに阻止するかという根本的な問題を突き付けられた。かかる問題意
識から経済社会のビジョンを提案した20世紀の経済思想家として、とりわけ
E. シューマッハー（1911-1977）、J. ガルブレイス（1908-2006）、K. ボールディン
グ（1910-1993）の 3 人を挙げることができるだろう[6]。本章では、この三者の貢
献を検討したい。

　独自の制度派経済学を展開した巨人として知られるガルブレイスは、1945年
夏、アメリカの対独爆撃調査団の団長としてドイツを訪れた。その調査団のな
かには、ドイツ生まれでイギリス国籍を得たシューマッハーも加わっていた
［Wood 1985］。2 人はドイツの惨状を目の当たりにして、その後、本格的な平
和論や平和外交論を展開するという共通点をもつ。これに対して、イギリスで
生まれ渡米したボールディングは、戦時中の1941-1942年にかけて国際連盟
（プリンストン）の経済および財政政策の経済学者を務めていたものの、信仰に
基づく平和主義を理由に辞職。1942年に「平和研究の概要：神の愛の実践」、
1945年に『平和の経済学』を著した。このように三者は、多感な時期に戦争を
経験し、初期の段階で戦争問題を自らの研究テーマの 1 つとしている。

　シューマッハーはその後、英石炭公社（1950-1971）に勤めるかたわら独自の
研究をつづけ、主著『スモール・イズ・ビューティフル』［Schumacher 1973］

において平和を築くための独創的な経済秩序論を展開した。ガンジーに影響を受けたその平和経済思想は、現在、「シューマッハー協会」の活動において継承され、積極的平和を築くための諸提案が「シューマッハー双書」から刊行されている[7]。彼は平和のための種をまいたといえる。

　これに対してガルブレイスの場合、彼は主著の一冊である『新しい産業国家』[Galbraith 1967a] において、テクノクラート支配による戦争の制御不可能性を批判した。パンフレット『ベトナムから手を引く方法』[Galbraith 1967b] は初版にして25万部を売り、ベトナム戦争の終結に向けて大きな貢献をなした。さらに『軍産体制論──いかにして軍部を抑えるか』[Galbraith 1969] や『経済学・平和・人物論』[Galbraith 1971] を著し、その後も多くの著作で戦争と平和の問題を論じている。彼の平和論は、冷戦構造下の周辺地統治において、新しいリベラルの立場から既存の保守政治を批判するという思想的意義をもつ。ガルブレイスはアメリカの歴代大統領の意思決定に影響を与えたことでも知られる。R. パーカーによる伝記『ガルブレイス──闘う経済学者』[Parker 2005] は、その内容の約半分近くが戦争をめぐる米国・インドの意思決定とガルブレイスの関係を扱うものである。

　ボールディングの主著の一冊である『紛争の一般理論』[Boulding 1962] は、おそらく冷戦期に書かれた戦争論の最重要書であろう。戦争行為の諸理論を綜合し、自身の知見を加えた。『愛と恐怖の経済──贈与の経済学序説』[Boulding 1973] は、戦争と福祉の関係を贈与の観点から理論化したものであり、『紛争と平和の諸段階』[Boulding 1978b] は、絶対的平和主義の観点から平和構築のための段階論を提起したものである。彼は平和への関心から、経済学を超えてエコシステムを築くための新たな知を探求し、多くの著作を残した（例えば『地球社会はどこへ行く』[Boulding 1978a]）。全六巻からなる『論文集』[Boulding 1971-1985] の第五・第六巻には、戦争と平和をめぐる諸論稿が収録。編著に『平和と軍事産業』[Boulding ed. 1970]、共編著に『軍縮と経済』[Boulding and Benoit eds. 1963]、『経済帝国主義』[Boulding and Mukerjee eds. 1972] があり、同時代の戦争論に関する知見をまとめてもいる。こうした業績から、ボールディングは「平和学の父」と呼ばれることがある。

　三者の平和論は、それぞれ「地域単位（シューマッハー）」、「国家単位（ガルブレイス）」、「超国家単位（ボールディング）」の構想といえるだろう。共通の関心としてあるのは、人間の潜在能力を国家のためにつぎ込むような「総力戦体

制」の相対化であり、「地域の発展と人間の善き生」「国家へのリベラルな制約
（リベラルな国家の建設）」「世界政府設立のための運動と構想力」という3つの方
向に、人類の叡智を築いていく試みである。これに対比されるのは、大規模テ
クノロジー、福祉国家建設のための総力戦、イデオロギー対立（ナショナリズム
を含む）などである。3人は、資本主義と社会主義の思想対立に基づく冷戦期
の核開発競争に反対して「第三の道」体制を探ったが、いわゆる社会民主的な
政策だけでは戦争の抑止として不十分であると認識していた点でも共通する。
以下では、三者が提起した諸構想について、これを「いかにして平和は可能
か」という根本問題に即して検討したい。

2　根本問題の定式化

　3人の経済思想を検討するに際して、私は自分の問題関心を明確にするため
に、平和をめぐる根本問題を次のように立てたい。平和の根本問題とは、私た
ちがめざすべき「平和」とは何であり、また避けるべき「戦争」とは何である
かという問題である。しかしこの問題は決して明らかではないように思われる。
「戦争」と「平和」の概念を明確にするために、私は「暴力」と「紛争」とい
う2つの観点を導入したい。ここで「暴力」とは、人の生死を操る力であり、
死の恐怖に訴えて人々を服従させるように仕向ける強制力である。これに対し
て「非暴力」とは、暴力から解放された自由の状態である。服従調達力として
の暴力は、社会を形成する際に必要な作用になりうるという点では、有益な側
面をもっている。暴力をすべて否定した状態が、はたして社会のなかで維持し
うるのかどうかという問題は、根本的に残るだろう。
　次に「紛争」とは、実践的な協調や感情的な共振とは反対の関係性である。
それは一方が他方に対して不利益を生むような関係性であるといえるが、その
作用は社会的に有意義な仕方で編成されることもある。例えば、市場経済やス
ポーツにおける「競争」は、参加者のあいだの紛争形態の1つである。こうし
た紛争の関係性は、一定のルールのもとでの紛争であり、メンバー間に切磋琢
磨の関係を築くことで、当事者にとっても社会全体にとっても利益をもたらす
ことがある。競争は、これをすぐれたルールのもとで運営すれば、敗者にとっ
て不利益になるとしても、その不利益を超える全体利益が生じることが期待さ
れよう。

表7-1　暴力と紛争の諸類型

	非暴力 non-violence	構造的暴力 structural violence	物理的暴力 physical violence
非紛争 non- conflict	平　和	覇権／主権による安定 (軍事的ケインズ主義, 集団的安全保障, 等)	暴力の独占による安定 (正統的支配)
生産的紛争 positive conflict	競争的秩序 (市場, スポ ーツ, 学歴, コンテスト, 等)	経済的帝国主義	帝国主義による植民地支 配
消耗的紛争 exhaustive conflict	賭博依存等	略奪型・衰退型資本主義	戦争

出所）　筆者作成。

　ここで「暴力」を構造的／物理的の観点から区別し、また「紛争」を生産的／消耗的の観点から区別すると、戦争とは「物理的暴力＋消耗的紛争」であり、これに対して平和とは「非暴力＋非紛争」として定義することができる(表7-1)。[8]

　「非暴力＋非紛争」としての平和は、次の点で平和概念の原義と一致する。すなわち「平和」とは、第一義的には、休止状態、あるいは、ある種の精神的境地を意味するものであり、これらはいずれも、世俗社会を動態化させるための起因ではなく、その意味で「タナトス(死の原理)」と解釈できるものであり、生命力とそれに基づく世俗社会の停止、あるいはその静態的な維持をもたらす。けれども私たちは、こうしたタナトスとしての平和を望んでいるわけではない。「平和」はその第3の要素として、「エロス(＝ビオス＝多様性と繁栄の原理)」をもたなければ、文明社会の動態を維持することができない。ダイナミックな文明社会を維持するという関心からすれば、戦争を抑止する平和な文明社会とは、「暴力(覇権／主権、すなわち正当な支配権力)」、「紛争(競争的秩序)」、「エロス(多様性と繁栄)」の3つの要素によって支えられるものでなければならない。その場合、戦争の対立概念は、たんなる平和ではなく、戦争の要素たる「暴力」と「紛争」を含みもつことになる。平和な文明社会は、正当な統治権力と市場競争の作用をもたなければ、その動態を維持することはできない。その意味で理想の平和社会は、「暴力」と「紛争」を含んでいる。

　では平和な文明社会において、戦争を抑止するための対抗力は、どこから生

まれるのだろうか。それは例えば、「暴力」と「紛争」の作用を、何らかの仕方で手なずけることにあるのかもしれない。戦争という紛争状態を市場競争という紛争状態へと転換する、あるいは戦争の暴力を権力の覇権的安定へと転換する。そのような転換は、力の不当な行使を抑えて、社会を安定的に維持することに資するだろう。しかし私はここで、たんに力の不当な行使を否定するのではなく、「エロスの原理」に注目して、次のように根本問題を立てたいと思う。すなわち「平和は第一義的にはタナトスであるが、生を否定するその状態から、いかにして私たちはエロスの原理を受けとり、戦争のない繁栄社会を築くための動因と知恵を導き出すことができるのか」と。

　このエロスの原理がなければ、タナトスとしての平和は、文明社会を維持することができないように思われる。エロスの原理がなければ、戦争を競争的秩序に転換してこれを維持したり、あるいは覇権的安定へと転換してこれを維持したりすることは不可能であろう。競争的秩序や覇権的安定を根源的に支えているのは、それらが戦争を通じてよりも万人に繁栄をもたらすエロスの原理である。それゆえ根源的な問題は、このエロスの原理が、いかにしてタナトスとしての平和から生まれるのかである。「いかにして戦争を競争的秩序に転換できるか」や「いかにして戦争を覇権的安定に転換できるか」は、派生的な問題にすぎない。また「戦争をいかにして避けるか」という問題や、「戦争の作用をいかにして別の作用に転換するか」という問題を立てる場合、私たちは理論上の複雑さに直面する。戦争には例えば、核戦争、冷戦下の周辺地戦争、民族紛争、低強度紛争、テロリズムなど、様々な様態がある。これらの区別に応じて暴力と紛争の転換方法を検討することもできるが、ここでは「平和」の概念に注目して1つの根本問題を立てたいと思う。

3　問題に対する三者の応答

　平和は、「非暴力」と「非紛争」によって定義される。これらの要素からなる平和は第一義的にはタナトスであるが、生を否定するその状態から、私たちはいかにしてエロス＝ビオス（多様性と繁栄の原理）を受けとり、戦争のない社会を築くための動因と知恵を導き出すことができるのだろうか。これが平和の根本問題である。この問題に、三者はどのように応じたのだろうか。

（1）　シューマッハー

　シューマッハーは、ケインズの反道徳主義に反対して自身の立場を明確にしている。ケインズによれば、貪欲と拝金主義を肯定すれば経済が繁栄し、それによって平和を達成することができるという。これはすなわち、欲望としてのエロスが平和な文明社会をもたらすという考え方である。ケインズは「孫たちの時代の経済情勢」で、将来は社会が豊かになり、人々が真の目的を重視する時代が来ると展望するものの、そのような時代はまだ到来しておらず、「あと少なくとも100年間は、いいは悪いで悪いはいいと、自分にも他人にも言い聞かせなければならない」という。というのも「悪いことこそ、役に立つからである。私たちは貪欲と高利と警戒心とを、まだしばらくの間、私たちの神としなければならない。これによってはじめて経済的窮乏というトンネルから抜け出て、日の目を見ることができる」からだという。

　シューマッハーによれば、こうしたケインズの主張は、３つの命題に分けることができる。すなわち、(1)「繁栄を行き渡らせることは可能である」、(2)「これを達成する上で土台となる考え方は「富を求めよ」という唯物主義である」、(3)「そうすれば、平和が達成できる」という主張である［Schumacher 1973：19／邦訳 32］。けれどもこうした発想はすべて間違っているとシューマッハーは考える。(1)について、シューマッハーは、「燃料資源の分布は非常に偏っているのだから、その供給が不足するとなると、小規模の不足でも、いっきに世界を「持てる国」と「持たざる国」とに分裂させてしまう」、それゆえ「将来紛争が起こるとすれば、ここにその火種がある」と指摘する［Schumacher 1973：22／邦訳 37］。(2)については次のように反論する。ケインズは人々が貪欲や嫉妬や拝金主義に駆られて経済を発展させていくというが、しかし「生きた人間の実感はそれに伴わず、人々はますます挫折感、疎外感、不安感などに襲われるようになる。やがては国民総生産も成長を止める。科学・技術の進歩が止まるからではない。社会のなかで圧迫されている層だけでなく、大きな特権をもつ層の中にも、さまざまな現実逃避のかたちをとった反社会的行動が広がり、これがじわじわと社会を麻痺させるからである」と指摘する。シューマッハーによれば、欲望に導かれた経済的繁栄は、結局のところ平和を導かない。繁栄のために必要な貪欲や嫉妬心は、知性や幸福や平静をそこない、平和を好む心を殺すような衝動をかきたててしまうというのである［Schumacher 1973：25-26／邦訳 41-42］。

　「悪いことこそが役に立つ」というケインズの考え方は、平和をもたらさない。シューマッハーによれば、非暴力としての平和は、経済的な貪欲さを称賛するのではなく、むしろ永続性のあるエコロジー社会を構築することから生まれるのであり、そのような社会は、科学・技術の方法と道具が、①安くてほとんどだれでも手に入れられ、②小さな規模で応用でき、③人間の創造力を発揮させる場合に、達成できるという。このような考え方に導かれて、シューマッハーは、「自然保護者、エコロジスト、野生動植物の保護論者、有機農業の推進者、流通制度の改革者、村落の小工業主等々として非暴力の運動に従っている人たち」に、政府はささやかな援助と支持を与えるべきであると主張したのであった。

　シューマッハーは、雇用よりも余暇を重視するガルブレイスを批判している。人間とは本来、余暇を得ることよりも、創造的な仕事に従事することによって、非暴力の精神的基盤を得るのであり、とりわけ農業は、生命との良好な関係を築くことに資するという。ところが近代の大都市には過剰な人口が流入し、恒常的な失業が生み出されている。開発を自然に任せておくと、少数の都市部に開発が集中し、他の地域では大量の失業が生じてしまう。すると恵まれた少数者がいちだんと豊かになる一方で、本当に助けを必要とする人たちは見捨てられてしまう［Schumacher 1973：147／邦訳 233］。これでは平和な社会を築くことはできない。「問題は、農村と小都市に何百万という数の仕事場をどう作り出すかである」［Schumacher 1973：146／邦訳 230］。シューマッハーは具体的に、例えば「年に500ドル稼ぐとすれば、その仕事場を造る平均的なコストは5000ドルを限度とする」という具合に、一仕事場あたりの平均設備投資額を、能力とやる気のある労働者の年収を上限とするように、と提案している［Schumacher 1973：28／邦訳 45］。このような投資制限を設ければ、特権的な少数者に富と権力が集中することを防ぐことができる。また人々が小規模な事業に従事するようになれば、自然環境に害を与えることが少なく、嫉妬心や貪欲に駆られず、自分たちの土地や天然資源の面倒をよく見るようになるだろう。シューマッハーは、こうした小規模の経済関係のなかに、平和な社会を築くための人間の英知が潜んでいると考えた。

　反対に、原子力や農芸化学など、限られた知識を大規模に応用するような組織においては、人間の創造力が犠牲にされてしまう。「とかく秩序を重んじて創造的自由を犠牲にするのが、大規模組織につきものの偏向である」。これに

対して創造的な人間の典型は、例えば「企業家」である［Schumacher 1973：203
／邦訳 317］。「人間にとって本当の問題は、すべて秩序と自由の二律背反から
生まれてくる」。「中央にとっては、秩序を維持するのは簡単であるが、自由と
創造力を守り育てるのは容易なことではない。中央には秩序を造り上げる力は
あるが、どれほどの力をもってしても、創造的な力を引き出すことはできな
い」［Schumacher 1973：209／邦訳 326］。

　それゆえ人間の創造力を活かすためには、仕事を人間本来の姿として取り戻
す必要がある。社会が病んでいると、戦争という審判が下される。反対に社会
が健全であれば、平和である。戦争の本当の原因は、人間が英知をないがしろ
にして、物質的利益を追い求める点にある。このようにシューマッハーは、官
僚主義や大規模組織を批判して、「創造的自由」を実現する生活様式に平和の
基盤をみた。平和な社会におけるエロスの原理は、シューマッハーにおいては、
農村と小都市における創造的な小事業に求められたのである。産業社会におけ
る精神の諸病理は、自然との関係を取り戻した人間が、自らの潜在能力を発揮
して小事業を起こすことによって、解決できるとみなされる。人間の英知とは、
聖者の後を追って、平凡な日常の現実世界を超えることである。ところが英知
のない人間は、富や権力や科学やスポーツで抜きんでようとする。そのような
仕方で日常を超えようとするところに、戦争の真の原因があるという［Schumacher
1973：31／邦訳 49］。

　晩年のシューマッハーは、『スモール・イズ・ビューティフル再論』におい
て、キリスト教の観点から平和な社会を展望した。「非暴力」は、聖人に特有
の精神であって、「試練に直面して非暴力を守って動じないほどの目標に近づ
いている人は少ない」。そこで世俗社会においては、「暴力と共存することを学
ばなくてはならない」とシューマッハーはいう。「暴力を抑える可能性はある
かもしれないが、根絶させることは無理」であり、「暴力への衝動は人間性に
組み込まれている」。それを抑えて純化するのが「文明の役割」であるという
［Schumacher 1997：129／邦訳 263］。

　もちろん現実的には、「国際的な次元で非暴力を実現する道は、国際警察力を
つくり、国際的な「法の支配」を打ち立てること」であるだろう。しかし「暴
力の根源」は、私たちの心の欠陥、すなわち西欧で言われる「７つの罪」のう
ちの、精神によって引き起こされる３つの「冷たい罪」（① 強欲（アヴィリティ
ア）、② 嫉妬（インヴィディア）、③ 高慢（スペルビア））にある。これらの「精神に発

する暴力には、限度を越え、いっさいの限界を突破する力がある」[Schumacher 1997：129-130／邦訳 264-266]。他方で 7 つの罪のうち、「暖かい罪」に分類される色欲（ルクスリア）、暴食（グラ）、および怒り（イラ）の 3 つは、現代文明においては大きな脅威ではない。第七の罪である「怠惰」ないし「不精」にも暴力の深い根源はない、とシューマッハーは論じる。

　このシューマッハーの考え方に従えば、現代社会における「平和」は、それ自体として「罪」を免れる状態ではないということになろう。先の類型論で示したように、平和が「タナトスの原理」であるとして、シューマッハーが指摘する第七の罪は、「なにものも信じず、いたわらず、愛さず、憎みもせず、目的意識もなく、生き甲斐もなく、死ぬ目的もないからただ生きている」ような、タナトスの状態に含みもつと解釈することができる。平和におけるこのような状態を克服するために、私たちはエロスの原理をもたなければならない。シューマッハーにおいては、その原理は「創造的自由」として語られている、というのが私の解釈である[9]。

（2）　ガルブレイス

　冷戦期においては、資本主義と社会主義の思想対立を背景に、アメリカとソ連の二極覇権構造が形成され、覇権空間の競り合いから、キューバ、ドミニカ共和国、コンゴ、インドシナ、ベトナムなどの周辺地域において激烈な戦争が生じていた。戦争は、思想対立から生じていたが、しかし米国ではしだいに、「共産主義に対する自由の防衛」という戦争の大義は疑問視されるようになる。自由の概念が濫用される傾向にあったからである。ガルブレイスによると、そうした状況下で「冷戦の論理を基礎づけるうえで完全に受容可能な教義、すべての困惑を回避する教義をもって現れたのがジョン・フォスター・ダレスであった[Galbraith 1967a：235／邦訳 319；Dulles 1950]。

　ガルブレイスの理解では、1950 年代はアイゼンハワーの時代（大統領就任期間は1953-1961年）ではなく、当時の国務長官ダレスの時代（就任期間は1953-1959年）であった。ダレスは、宗教を否定する共産主義の諸国からとりわけキリスト教徒を救出すべきであるとの考えに導かれて、共産圏との戦い、すなわち冷戦を道徳的に正当化した。冷戦は米国にとって、東側の人々を宗教的な見地から救出するという、いわば十字軍としての道徳的使命を帯びたものとして理解された。ところが1956年にハンガリー人がソ連の支配に抗して立ち上がると、米国

は彼らの解放のために戦わなかった。また皮肉なことに、ベトナム戦争は、共産主義に対する戦いが道徳的な理由で許されるとするダレスの考え方をつぶしてしまった。米国民は道徳的な観点から、ベトナム戦争に反対したのである。ガルブレイスによれば「それは、ジョン・フォスター・ダレスが、反対の目的のためにではあったが、かつて喚起しようとした道徳的な憤激の意識から流れ出たものであった」。ベトナム戦争の頃には、米国における軍拡競争の政治的正当性は失われた、というのがガルブレイスの理解である［Galbraith 1967a：238-251／邦訳 323-339］。

　むろん戦争を道徳的に正当化できないとしても、米国は自国の軍事支出を経済の観点から正当化することができた。軍事支出は、人々の過少消費を補い、市場の失敗を防ぐというケインズの考えにしたがって正当化されていた。こうした正当化論を挫くためには、人々の消費が増えればよい、というのがガルブレイスは考えであり、彼はそのような可能性が「せめてもの期待」であると述べている［Galbraith 1967a：256／邦訳 344］。ガルブレイスのこの見解は、道徳的見地から戦争に反対する一方で、消費経済の推進によって軍事的ケインズ主義を抑制するという、平和主義の立場であったといえる。

　ガルブレイスによれば、冷戦期の戦争問題は、一方における途上国の未開発性と、他方における米国軍事組織の大規模病から生じている［Galbraith 1971］。ガルブレイスは戦後の世界情勢から、次の３つの教訓を学んだという。

　第１に、工業の基盤がない社会では、社会全体の組織的・行政的・技術的な能力を欠いているため、資本を注入しても反応がない。共産主義や資本主義といったイデオロギーは、工業発展の進んだ段階においてはじめて実際的な意義をもつのであり、未開発の第三世界を、「自由主義国、自由企業国、資本主義国、社会主義国、あるいは共産主義国と呼んだところで、最低の発展水準にあっては、それはことばのうえの意義しかもたない」。1950年代から60年代の初頭にかけて、米国では第三世界の諸国が共産主義型の発展をたどる危険性を高く見積もりすぎた。当時は資本主義と社会主義の対立を軸に外交政策を導いたが、「われわれの失敗は、１つには、第三世界の経済発展の速度をあまりにも過大に見積もった結果である」という［Galbraith 1971：172-173／邦訳 220-221］。アメリカは60年代の初頭に、モスクワが周辺の弱小な地点に仕向けた慎重な探りに対して、世界戦略の問題からこれに反応すべきと考えてベトナムに介入した。「もしわれわれがベトナムのジャングルで戦わないならば、やがてフィリ

ピンや、さらにはハワイの海岸で攻撃にさらされるであろうと、文字通り主張されていた」[Galbraith 1971：176／邦訳 224]。また戦争を始めれば、軍事的手段によって容易に片付くであろうと主張されていた。こうした戦争擁護論は、60年代後半にはほとんど支持されなくなったが、それでも戦争は続けられた。

第2に、第三世界の諸国において、官僚機構を生み出すことは難しい。これまでヨーロッパ諸国は、第三世界に植民地の行政機構をつくり出してきたが、類似の仕方で官僚機構を生み出そうとすれば、それは当初の意図を超えて膨張するだろう。官僚たちは、自らの組織をいっそう大きくしようとするからである。例えば、「軍事使節団、軍事顧問団、より悲劇的な場合における実戦部隊の編成、反乱鎮圧チーム、平定化チーム、技術援助チーム、援助の利用にかんする顧問団、会計監査官および現地での窃盗に備えるその他の機関、広報担当官、諜報（ちょうほう）担当官、得体のしれないひとびと」[Galbraith 1971：175／邦訳 222]など、様々な役職が生み出され、そのリストは無限に広がるであろう。

第3に、官僚機構は、自らの進路を急に変更することができない。「その継続性を確保するためのプロセス──ペンタゴンについていえば、それよって予算案をつくり、予算局を説得し、議会内の追従者たちに教え込むといったプロセス──じたいが、高度に組織化されている」からである。官僚主義は、「惰性力のダイナミクス」によって、戦争を続けるように仕向けるのである[Galbraith 1971：177-178, 179／邦訳 226, 228]。

このようにガルブレイスは、イデオロギー対立の過度の重視と、官僚機構の大組織病（肥大化および惰性化）が、冷戦下での戦争を引き起こしている主要な原因であると考えた。こうした要因を克服するために、ガルブレイスは「政治的対立の関係」を「経済的取引の関係」に置き換えるべきだと提案する。すなわち米国は、ラテン・アメリカやアフリカやアジアの諸国において、「共産主義に対する番兵の役割を止め」、「軍事使節団を引き揚げ、軍事援助を止め」なければならない。米国は共産主義と戦うのではなく、経済開発を助けなければならない。「われわれは、よい政府と悪い政府とを区別することなく、すべてを承認すべきである。すべてと貿易をおこなうべきである」[Galbraith 1971：180／邦訳 229-230]。あらゆる諸国との貿易を通じて、平和な国際関係を築くべきであるというのがガルブレイスの考えであった。

むろん国際交易の推進は、米国を経済的帝国主義の支配者にするかもしれな

い。米国が経済的な覇権を握るとすれば、それは平和に資するのかどうか。ガルブレイスはおそらくこの問題も理解していたであろう。彼は理想的な世界のビジョンとして、覇権支配を否定する大国分割案を描いている。ガルブレイのエッセイ「ノースダコタ計画」は、彼自身の究極的な平和思想を示した社会デザインと言える［Galbraith 1979］。

　ガルブレイスの「ノースダコタ計画」においては、世界地図が超越的な託宣となって、あらゆる国がノースダコタ州と同じ形と規模になるように国境線が書き換えられる。あらゆる国境線は、緯度と経度の線に合うように変更される。ガルブレイスの計算では、西ヨーロッパに27、北アメリカに120、ソ連邦に123、南極大陸に85の主権国家が誕生することになる。このように恣意的な仕方で国境を定めると、もはや国境をめぐる紛争はなくなるであろう。また大国もなくなるので、大国間の覇権争いもなくなるであろう。

　むろん、国境が水域にぶつかる場合は、自然の国境線に従って国土を海岸までとし、海はどの国も領有できないと定める必要がある。海に領有権を設定しなければ、海軍の存在がなくなると期待できよう。これに対して海軍以外の軍隊の処遇については、「現在の危機に関するロストウ委員会」の報告が参考になるという。それによると、新しい国のどれをとってみても、「ミニットマン・ミサイル七個と巡航ミサイル一〇個あれば、核攻撃に対して完全に安全である」という［Galbraith 1979：185／邦訳 239］。各国は、この程度の軍備を保有することができるとする。ただし、各国が軍備において平等なスタートをきるためには、反撃用のミサイルを解体する必要がある。

　およそ以上のような仕方で主権国家を定めると、多くの国において、イデオロギー上の差異はどうでもよいものになる。イデオロギー対立を心配する人は減り、冷戦状況を打開することができる。また政治的野心のある人は、ほとんど人が住んでいない国に行って、その国の元首になることもできる。このように「ノースダコタ計画」においては、① 大国分割による覇権支配の回避、② イデオロギー衝突の平和的無関心への転化、③ 恣意的国境設定による紛争回避、④ 核兵器に対抗する防衛ミサイルの各国配備、⑤ 政治的野心者の国外追放、⑥ 人種混合による民族主義の回避、などが提案される。最も強調されているのは、国境を恣意的なものにするという提案であり、そのようにすれば国際関係のあらゆる悲劇を終わらせることができるとしている［Galbraith 1979：186／邦訳 241-242］。

　全体としてみるとこの計画は、領土ナショナリズムや民族ナショナリズムを排しつつ、イデオロギー問題にこだわらないプラグマティズムを持ち込み、諸国がリベラルで寛容な国家運営をした場合に「平和」がもたらされるとみなす点に特徴がある。ガルブレイスのこの考え方は、パクス・アメリカーナの体制をアメリカの国益とはみなさない点に特徴がある。彼は大国主義の弊害を指摘する観点から、ベトナム戦争を批判することができたのである。

　ではガルブレイスの場合、いかなるエロスの原理が、平和を構築する動因となるのであろうか。後期のガルブレイスは、「リベラル　対　保守」という構図を乗り越えて、貧困層への「思いやり（compassion）」という発想から、新保守主義へと接近している［ガルブレイス 1999］。思いやりとは、貧しい人々にたんに施しを与えるのではなく、経済的に自立できるような支援をすることである。それは慈愛の観点から、貧困層の欲望を刺激して、文明の繁栄を導く道筋を提供するものである。こうした考え方に、彼の平和思想におけるエロス的動因を読みとることができる。

（3）　ボールディング

　ボールディングは冷戦期の戦争を、イデオロギー対立よりもむしろ独立国家間のエゴに基づくものであると理解し、そのエゴを克服するために、世界政府あるいは世界政府軍の設立を展望した。ボールディングによれば、戦争とは国家間の紛争であるが、これを別の紛争形式に置き換えていくことが必要である［Boulding 1945：256／邦訳 300］。国家間の紛争は、突き詰めて考えればイデオロギー対立に基づくものではなく、国家の存立のために自分の富や健康や幸福や生命を投げ捨ててもよいとみなす民衆の心性にある。民衆の愛国心は、「われわれの世界を破滅に陥れ、よりよい世界秩序を建設しようとするすべての試みを頓挫させる」［Boulding 1945：260／邦訳 306］とボールディングは警告する。かかる愛国心に基づく国家間の対立を超えて、ボールディングは世界連邦政府のもとでの平和を展望した。そのための政策として、彼は次のような提案をしている。

　第1に、世界連邦政府は、現実的には、独立国家を基盤にして構築されなければならない。最初に望みうるのは、様々な国際機関を組織することであり、例えば「国際郵便連盟、国際流氷監視隊、ローマ国際農業協会、国際決済銀行、国際連盟、国際労働局、国際通貨機構、連合国救済復興局」といった国際機関

など、様々な分野で国際的な連携を高める組織を増やしていくことである［Boulding 1945：263／邦訳 309］。そのような仕方で、個々の市民や国民のあいだに世界的な責任の観念を増大させていくことができる。

　第2に、世界連邦政府を設立する以前に、例えば、合衆国が中南米の諸国に対して「善隣」政策を行うことによって形成される国際関係や、イギリス本国とその自治領からなる「イギリス連邦」のように、「共通責任の観念によって結びつけられた独立諸国家の集団」を形成していく必要がある［Boulding 1945：266／邦訳 312］。

　第3に、ボールディングによれば、「戦争の根源は、国家政府が自らを自国の市民に対してのみ責任のあるものとみなすという事実にある」。こうした分断された責任の感覚を排して、政府が他国民に対しても責任を負うために、諸国の議会に「第三院」を設置して、これを外国の政府の代表者たちによって構成することを提案している。第三院は、外国人に関係する法律を立法する権限をもつ議会である。第三院を通じて国際社会の要求を組み入れる国会運営は、「世界的に責任のある国家政策の最終的な完成」であるとボールディングは考えた［Boulding 1945：267／邦訳 314］。

　第4に、しかし政府はこの「第三院」を設置する前に、民主的な議会運営の方法を変更することができる。「一代ないし二代前の個人的な社会が、高度に集団化されて、雇主の連合や株式会社やその他そういったものに組織されている社会によって置き換えられつつある今日においては、昔にくらべてはるかに個人の側においてまたこれら仲間の集団の側において、全体の福祉に対する責任の観念を発達させることが必要である。労働指導者はかれらが指導する人々に対してのみもっぱら責任を感じてはならない。というのはかれらの行動は何百万の消費者、組織されていない労働者および雇主に影響するからである。……社会の対内的な争いにおいてもその対外的な戦争におけると同じにただ万人に対する責任という原則のみが平和を保障しうるのである」［Boulding 1945：272／邦訳 318-319］。ボールディングはこのように考え、一部の議員は地域で選ばれ、他の議員は全国区で選ばれるような複合的選出方法による議会運営が望ましいと考えた。

　以上のようにボールディングは、国際的な諸機関の自生的な発展、共通理念に基づく国家間グループの構築、「第三院」を組み込んだ国会運営、小選挙区と全国区を組み合わせた議員選出システムの構築などによって、愛国心を動員

する国家の行動に歯止めをかけることが平和の構築につながると主張する。このように政治の道筋を探る一方で、ボールディングは軍縮の方法についても検討している。

　なぜ軍縮しなければならないのかといえば、冷戦期においてはミサイルの射程距離が伸びた結果、もはや一方的に国防することが困難になったからである。「ランド・コーポレーションの報告書によれば、アメリカは多くても500万人から8500万人の人間を失うことになり、経済は大変な努力を仮定した場合に、25年で前の水準に回復できるだろう」という。ボールディングのみるところ、このような状況では、もはや一方的な国防による国家の再建という考え方は「狂気の沙汰」である［Boulding 1962：332／邦訳 409］。かかる一国主義的な国防政策をやめて、ボールディングは、一方では非暴力抵抗主義の実践を、他方では世界政府による軍縮を展望した。

　ボールディングによれば、ガンジーの非暴力抵抗主義は、「おそらく20世紀の最重要の政治思想」であり、それは米国社会における黒人の公民権運動のなかにも見て取ることができるという［Boulding 1962：337／邦訳 414］。ガンジーは、多数の人々を非暴力主義に基づく「スワラジ（自治独立）」運動へと組織化した。この運動から学ぶべきは、「和解させるパーソナリティ」の獲得であるという。ボールディングは人間のイメージの価値構造を二層に分けて、その中核部分はパーソナリティに根差した定常的性質をもつ一方、外殻の部分は大々的な再編成を生じやすいと指摘する。そこで紛争中の当事者たちを調停するには、それぞれの外殻部分のイメージを、協調主義的な性格をもった媒介者によって再編する必要がある。媒介者は、和解を調達する愛の源泉から、ある「サリエンシー（saliency: 突出して目立つ性質）」を見つけ出して相互のイメージを変化させる力を発揮することができる［Boulding 1962：314／邦訳 385］。そのような媒介者によって、諸国を集団的安全保障の連帯枠組みへと導き、さらには世界政府軍の設立へと地平融合させることができる。ボールディングはこの和解的パーソナリティをもった媒介者の愛の実践に、平和をもたらすエロスの要素を見出したと解釈することができる。[11]

　第 2 にボールディングは、国家と軍隊を分離して、世界の軍隊を 1 つの組織に結合していくことが望ましいと提案している。「いったん世界の軍隊が 1 つの組織に結合されれば、軍隊の機能は明らかに終わるであろう。そして、理想的なマルクス主義の国家のように、軍隊は衰えるであろうし、おそらくは消滅

するというべきであろう」[Boulding 1962：340／邦訳 417-418]。そのためにはたんなる軍縮ではなく、諸々の国家の連合による集団的自衛権の行使を認めつつ、軍隊を統合していく努力であるという。

　以上の2つの提案、すなわち非暴力抵抗主義における「和解させるパーソナリティ」の獲得と、諸国の軍隊の統合化は、いずれも巨視的な展望であり、実際の平和を導くには抽象的すぎる提案であるかもしれない。けれどもボールディングによれば、戦争の原因は実に様々であり、ある要因を取り除けば平和を実現できるという単純な議論は成り立たない。「戦争の要因という概念自体が無意味であるし、その要因たるや試みに取り出そうとしても莫大でかつ得るところの少ない資料を必要とし、ちょうどギャンブルで成功する要因を探すことと同様に無駄である」。「戦争と平和は、破壊神シバの壮大な舞踏の一部であり、その世界ではすべてが複合的な原因と複合的な結果から成り立っており、なんらかの単一の原因を確認しようとすることは挫折を約束されている」[Boulding 1978b：47／邦訳 66]。このようにボールディングは、戦争の原因を特定できないがゆえに、戦争への移行をもたらす「力」全般（「外力」と呼ばれる）に注目すべきだという。戦争をもたらす「力（外力）」全般を取り除くために、ボールディングは7つの政策案を示している。

　第1に、政治的な議事日程から国々の境界線を取り払うべきである。「アメリカ各州のあいだに国内的な平和が保たれているのは、各州のあいだで重大な論争が起こったときにそれを解決する州の機関があるということよりも、たんに州の境界が不合理であるということで、すべての人の議事日程からはずされているという事実に起因するものである」[Boulding 1978b：109／邦訳 142-143]。アフリカの一部においても同様のことが当てはまる。こうした国境の恣意的性格を認めて、政治的に争わないことが必要であるという。

　第2に、チャールズ・オスグッドのいう「段階的相互緊張緩和」案[Osgood 1962]を追求すべきである。その第一段階は、主要諸国が「恒久平和」の概念とそれを国家政策の最終到達点として確立すべきことを、公式に宣言することである。この宣言の主な機能は、恒久平和を宣言するという偽善行為によって、社会変革を促すことにある。実際の政策と宣言のあいだに大きな落差があるとはいえ、その宣言になるべく近づくための梃子となるようなものが出てくると期待しうるからである。その次の段階は、政府内に「平和省」を設立して、教育機関、新聞、ラジオ、テレビ、出版などを通して大衆と政府を教育すること

である。「それは、おそらくストックホルム国際平和研究所を模範とした、部分的には平和省の内部活動で間に合うかもしれない役割を与えられる」という［Boulding 1978b：114／邦訳 148-149］。

　第3に、暴力的威嚇に対して非暴力的に対処するときの理論と実践を、真剣に調査すべきである。第4に、「敵のいない兵士」という新しい概念に基づいて、従来の軍部の気風や文化を改めるべきである。[12]第5に、例えば「国連軍縮機関」や「国連報道機関」のような組織を設立すべきである。あるいは「国連イメージ伝達機関（Organization for Image Transmission）」を設立して、「それぞれの国が自国または他国に対して抱くイメージを研究し、それを幅広く活字化し」たり、あるいはそれぞれの国が抱くイメージを「共存に向かって慎重に転換していく」べきである。国民のあいだで他国に対するイメージが好転すれば、戦争の抑止につながるからである。第6に、政府は平和のためのNGO（非政府組織）に対して、課税するのでも支援するのでもなく、これをモニターして、「どのNGOを支持すべきか」について助言を与えるようなレポートを提出することが望ましい。そのようにすれば、国民はすぐれた平和活動を支援するようになるだろう。最後に、政府は平和研究を重視して、予算を配分すべきである［Boulding 1978b：114-122／邦訳 150-159］。

　およそ以上のような7つの提案を、ボールディングは平和のための政策として提案している。ボールディングに特有の思想は、戦争の因果連関が複雑であるとの認識から、戦争の原因を断つことよりもむしろ、他者とのあいだに「和解」を築くべく、偽善的なイメージ戦略を駆使すべきであるとの姿勢である。かかる誘惑の戦略に、平和を築くためのエロスの動因を読み取ることができるだろう。[13]

おわりに
　──平和を導く経済思想──

　平和とは、第一義的にはタナトスである。しかし生を否定するその状態から、いかにして私たちは繁栄の原理（エロス）を受け取り、戦争のない社会を築くための知恵を導き出すことができるのか。20世紀の世界は、核戦争による破滅の危機に直面した。核戦争とは、究極のタナトスである。だがその対極に描かれる平和もまた「生命の休止状態としてのタナトス」を意味するとすれば、平

和の下での繁栄の原理は、いかにして生まれるのか。その原理は、資本主義と社会主義の対立を乗り越える社会民主的な経済システムの理念によって与えられるわけではない。否、社会民主的な経済システムは、軍事的ケインズ主義を容認する点で不十分な理念にとどまってきた。

　では、平和の下での繁栄の原理は、どこから生じるのか。平和の根本問題に対して、シューマッハーは、エコロジカルな環境のなかで人々が自分の仕事場をもち、創造的な仕事に従事することが、繁栄のエロス的原理になると考えた。戦争の原因は、人々が人間の英知をないがしろにして、物質的利益を求めることにある。そのような心性を抑制するために、シューマッハーは人々が「創造的自由」を発揮できる社会を展望した。ガルブレイスの場合、彼は、大規模組織の病と軍事的ケインズ主義を排して、その代わりに消費経済の推進による失業対策や、貧しい人々が繁栄を享受できるような文明社会を展望した。またナショナリズムの対立が深刻化する20世紀の国際関係において、ガルブレイスはプラグマティックな発想力を豊かに発揮し、自由で寛容な外交とパクス・アメリカーナの支配力の抑制こそが、繁栄のエロス的原理にふさわしいと主張した。これに対してボールディングは、人あるいは国が、互いのエゴを克服するために、究極的には世界政府（軍）を形成することが望ましいと考え、世界連邦制や、国内議会における第三院（外国の政府の代表者たちが権限をもつ）の設置など、平和を構築するためのアイディアを様々に提案した。ボールディングによれば、戦争の原因は複雑で見定めがたいのであり、平和の下での繁栄を調達するためには、戦争の原因（例えば物欲）を断つことよりも、他者との和解を企てたほうが望ましい。そのためには、たとえ偽善であっても、「平和のイメージ戦略」を駆使した国際関係の実践が必要であると考えた。

　以上のような三者の思想は、いずれも、平和のもとでの繁栄を積極的に生み出す制度や政策を提案するものだといえる。しかし三者の世界観（イデオロギー）は、それぞれ異なっている。シューマッハーは「地域コミュニタリアニズム＋創造志向の自由主義」、ガルブレイスは「福祉国家型リベラリズム＋「思いやり」志向の新保守主義」、ボールディングは「コスモポリタニズムに拡張されたコミュニタリアニズム」の世界観にそれぞれ依拠している、と解釈できる。三者の思想観点は異なるが、いずれも「非暴力＋非紛争としての平和」の文明化原理に対して、一定の応答を与えている。平和を導くための20世紀の経済思想は、このように多様に展開されたといえるだろう。

注

1 ）　1989年10月以降は、気候変動による環境破壊や生命科学の負の側面による脅威など
も考慮に入れた値となっている。

2 ）　トランプ大統領は2017年 6 月、地球温暖化対策の包括的取り組みである「パリ協定」
からの離脱を表明した。

3 ）　世界の核弾頭数の推移について、以下を参照。https://www.weforum.org/agenda/
2017/10/which-countries-possess-nuclear-weapons/、2019年12月 7 日アクセス。最新
データについては、SIPRI［2019］を参照。

4 ）　Robinson［1972］, U. N. Department of Economic and Social Affairs［1962］（ラン
ゲ、レオンチェフ等の論文を所収）、服部編［1994］（クラインの講演と論文を所収）、
Arrow［1994］、Leontief and Duchin［1983］参照。

5 ）　この点でレーニン＝スターリンの教義は虚妄であり、帝国主義に代わる社会主義が
戦争を回避する体制になりうるわけではない。

6 ）　もう 1 人を加えるなら J. ガルトゥング（1930-）であるが、存命の学者であるため
本章では扱わない。

7 ）　現在17冊（邦訳 4 冊）。邦訳に、Robertson［1998］, Dawson［2006］, Douthwaite
［1999］, Girardet［1999］がある。また同双書第一巻の著者の他の著作（邦訳）に
Robertson［1985］、第二巻の著者の他の著作（邦訳）に Seymour and Girardet［1989］
がある。

8 ）　ここでの平和と戦争の定義から派生する諸カテゴリーは**表 7 - 1** のようになるが、紙
面の制約上これを詳述することができない。

9 ）　ただし晩年のシューマッハーは、むしろタナトスとしての平和論に近づく。「利己的
な利害を抑える静けさ」を生む知恵によって、人間の共同生活を秩序づける方向性に
ついて探っている［Schumacher 1997：144-145／邦訳 296-297］。

10）　このエッセイは、パリに本部を置く APHIA（国際問題におけるユーモアを促進す
る会）が、1978年にガルブレイスに賞を授与すると同時に、そのときに依頼した講演
の内容である。

11）　ボールディングは、非暴力主義の積極的側面を理論化した T. シェリングのゲーム理
論を援用しつつ、かかる思想的理路を体系化している［Boulding 1962；Schelling
1960］。

12）　公平無私の兵士たる国連軍の研究として、Moskos［1976］参照。

13）　この他、ボールディング［Boulding 1973］は、非暴力を「愛としての贈与」として
解釈し、軍事予算よりも福祉予算を重視する場合に「愛」に基づく分配が可能である
と論じている。

14）「思いやり」の理念が新保守主義の中核にある点について、橋本［2007：243-249］
参照。

第IV部

日本の戦時体制と経済思想

第8章

帝国主義・総力戦と日本の経済学者

——石橋湛山とその周辺を中心として——

は じ め に
——ネットワークの視点からみた石橋湛山の思想と行動——

第一次世界大戦と第二次世界大戦という2つの総力戦により、経済は戦争を支える存在として一層重視されるようになり、経済を軍事的に有効に活用するために経済学の学知も動員されることになった。また、戦争の原因を経済学で説明しようとする研究も盛んになった。そして経済学が経済政策に影響を与えて実際の経済を動かし、それが国際関係に影響を与えるのであれば、経済学は最終的に戦争または平和をもたらす。このように、「戦争と経済学」という場合、「戦争から経済学へ」「経済学から戦争へ」という双方向について考える必要がある。

こうした双方向の「戦争と経済学」の関係を経済思想史から考えるためには、「戦争の中で経済学者として重要な役割を果し、実際の経済政策に影響を与え、かつ戦争や軍事について論じた人物」の経済思想や活動を考える必要がある。しかし戦争について論じた経済学者は数多いが、その思想が実際に経済政策に影響を与えた人物となると限られてくる。

こうした人物として、近現代における日本における「戦争と経済学」を扱う本章では、石橋湛山 (1884-1973) を取り上げる。石橋は A. スミスや J. M. ケインズなどの経済学を消化した独自の経済思想を持ち、その主張は日本の経済政策にも大きな影響を与えた。また石橋は単なる言論人ではなく、戦後は有力な政治家となって首相も務め、安全保障の問題にも積極的に発言している。さらに石橋は後述するようにジャーナリズム・学界・財界・官界・政界に広範なネットワークを築くことで日本の経済学の実証面・規範面での発展に重要な役割を果した人物である。本章では特に「ネットワーク」という観点から石橋の思

想と行動を論じたい。

　なお、広範囲にわたる石橋の思想と活動を描くためには、その周辺人物、つまり「石橋ネットワーク」の人物を同時に取り上げ対比する必要がある。本章ではこうした人物として、石橋と共に金解禁論争などで活躍した高橋亀吉（1891-1977、経済評論家）、そして石橋と縁の深かった荒木光太郎（1894-1951、東京帝国大学経済学部教授）を取り上げ、彼らと石橋を対比し、また関係を描いていくことで「戦争と経済学」について論じることにする。

1　石橋湛山の基本的な思想

（1）　自立した個人の労働と分業による社会経済の発展

　石橋湛山における「戦争と経済学」を考える上で、まず石橋の基本的な（経済）思想とはどのようなものであったのかを考える必要がある。

　石橋の基本的な思想は2つあり相互に関係していると考えられる。1つは「自己による支配を最上のものとし、その結果については自ら責任を負うという思想」つまり「自立主義」［上田 2012：27］であり、もう1つは後で詳述するように「ネットワークを結ぶことが個人及び社会の幸福につながる」という「ネットワーク主義」といえる思想である。

　このうち、「自立主義」は石橋が師の田中王堂から学んだ思想に多くを由来する。シカゴ大学でデューイに学び、ジェームズの哲学を学んだ田中はアメリカのプラグマティズムを基にした独自の哲学を早稲田大学で講義し、石橋はこれに強く影響された。田中の哲学は根底を個人に置き、同時に社会と個人との相互制約や調和を強調するものであった［姜 1989］。

　こうした石橋の思想から考えれば、経済も個人から出発することになる。石橋は初期の経済論説で「凡そ生産と云い、蓄積と云い、悉く人力の結果である。此故に、経済上の資源として、一番根本的にして大切なるは、人資なること申す迄もない。」と、人間が最も重要な経済資源であることを強調している。したがって経済発展のために必要なのは物的資源やそれを生み出す領土ではなく、人間を活用することであった。

　　世人は動もすれば、我が国は領土狭小、又た富源も乏しい、鉄なく、綿なく、毛なく、穀物なし、先ず此種の富源ある他の領土を掠奪併合せぬ限り、

如何ぞ、富強を世界に競うに足ろうやと説く。吾輩の見る所は然らず。我が国に鉄なく、綿なく、毛なく、穀物なきは少しも憂うるに及ばぬ。只だ最も憂うべきは、人資の良くないことだ。動もすれば、所得の誤用悪用せられ居る如く、人資も亦、濫用せられ、誤用せられることだ。若し、此の人資の利用に誤りなく、其の資質の改進涵養に遺憾なく成功し得れば、我が産業は勃然として振興し、我が国運は駸々として発展し、遠からずして彼れ欧米先進に追付き得るは勿論、遂には彼等を凌駕することも決して不能時ではない［石橋 2011（1915）：213］。

それにもかかわらず、石橋の見るところ、日本は国民を活用して国を富ますことよりも、軍備の拡張に力を入れており、軍事費の投資に対する大きさはイギリスやドイツといった当時の先進国よりも多かった。こうした本末転倒な政策を石橋は強く批判した。

世人は動もすれば云う。貧乏だから、軍事費の如き暮し向きに金を使うと、新放資に向ける余裕が無くなるのだ、致方がないではないかと。吾輩から見れば、正に其の反対だ。富国であればこそ、守る軍費にも多くを要する。貧国なれば、守る軍費も少なくて済む訳ではないか。之れを譬うれば、我が国は、門や塀こそ堂々たるものであるが、一歩門内に入れば、家は小さくむさ苦しく、而かも其の改良拡張には余り力を注がないのである。乃ち見懸倒し、看板潰れの観がある［石橋 2011（1915）：212］。

こうした考えから、石橋は軍事費を拡張するのではなくその費用を「人資」を向上させるための教育と産業発展のために使っていくことを主張する。こうして日本経済が発展し、資本蓄積が進んで行けば、領土を獲得しなくても自然に資本は海外に投資されていくことになる。そのためには当然国際的な平和が必要である。

資本は牡丹餅で、土地は重箱だ。入れる牡丹餅がなくて、重箱だけを集むるは愚であろう。牡丹餅さえ沢山に出来れば、重箱は、隣家から、喜んで貸して呉れよう。而して其資本を豊富にする道は、唯平和主義に依り、国民の全力を学問技術の研究と産業の進歩とに注ぐにある。兵営の代わりに学校を建て、軍艦の代りに工場を設くるにある。陸海軍経費約八億円、仮りに其半分を年々平和的事業に投ずるとせよ。日本の産業は、幾年なら

ずして、全く其面目を一変するであろう［石橋 2011（1921）：29］。

　石橋はもともと、社会や国家が個人の利己心を通じて自然に発展していくという H. スペンサー流の社会進化論の影響を受けていた［石橋 2011（1912）：125-28］。さらに石橋は早い時期からスミスの著作を読んで勉強していたが、特に1920年代以降、スミスの労働論と分業論を援用して自身の「人資」中心の経済思想を発展させていく。石橋は1927年の著作で「人」中心の基本理念を掲げ、日本の貧困の原因は天然資源が不足しているからではなく人間の努力・創意工夫が足りないためだと従来の主張を繰り返しているが、石橋はスミスの論はまだ「土地気候領土の広さ」を前提条件としていると指摘し、この条件を除いて労力が唯一無二の資源であるとしている［石橋 2011（1927）：305］。

　このように人間の労力を唯一の資源と考える石橋は、自身の「経済」の定義について次のように述べている。

　　昔から沢山の偉い学者が、沢山の経済の本を書いているが、それ等の本にも、実は経済という事を正しく説明したものは、未だ１つも無いと申して宜い。それ等の学者は、何れも経済とは人間が物質的富を獲得し、利用する活動だとしているのであるが、それでは工業や農業等の技術と区別がつかない。［中略］兎に角、従来一般に行われている経済の定義──経済とは何かという説明──は甚だ不完全である。［中略］そこで、私は二十年ほど前から、おこがましいが、私独自の定義を作っている。それは簡単に申すと、「経済とは人間が其の生活の維持乃至発展をはかる為め最も大なる効果を挙げる如く、自己の労力を分配する計画を立て、且つ之を実行することである」というのである。私はこれこそ、我々が経済と称する活動の性質を正しく言い現したものだと信じている［石橋 2011c（1934）：430-431］。

石橋はこのように経済を「物質的富を獲得する活動」とする生産主義的な定義に反対し、人間が自分の生活を維持し発展させるために労力を分配していく行為とみなした。石橋はロビンソン・クルーソーのように経済主体が１人だけの場合から出発して家族、会社、国家と労力の分配（分業）が行われていくことを説明している。ただし国家の経済では家や会社と異なり「労力の分配を誰かが考え、一個の計画の下に指図命令して行うことは出来ない」ので、「国民の労力は、各人が夫々競争して自己の利益をはかろうと努力する結果、自然に全

国民の福利を最も善く増進するように分配せられる」。［石橋 2011c（1934）：433-434］。このように自立した経済主体が自分の利益を追求することで自然に行われる分業を重視する石橋は、社会主義と統制経済には一貫して批判的であった。

（2）　労働を活かすための取引

　こうした個人による分業を重視する石橋は、労働の結果生じる生産物が取引を通じて効果的に消費されることで人や国の活動が活性化されていく状態を理想としていた。石橋が1934年に書いた論説はその経済思想を良く現すものである［篠崎 2006］。

　ここで石橋は落語「花見酒」を題材としている。「花見酒」は次のような噺である[1]。桜の花の時期の頃、2人の貧乏人が花見の名所の向島で酒を売って金儲けをしようと目論む。酒屋で酒を仕入れて樽に入れて棒で担ぎ、釣銭用に一貫の銭を持って花見の名所に向うが、1人が途中で売り物の酒を飲みたくなり、金を払って買って飲むならいいだろうということで持っていた一貫をもう1人に渡して酒を飲む。もう1人も酒を飲みたくなり、渡された一貫をまた相手に渡して酒を飲む。これを繰り返しながら花見の名所に着いて花見客相手に酒を売ろうとするが、酒はすでに2人ですべて飲んでしまっていた。

　この「花見酒」の内容について、石橋は次のように述べている［石橋 2011e（1934）］。「私は一見ナンセンスな此の話の中に自から経済の或心理が道破せられていることに興味を感ずるのである」。通貨が2人の間を循環することによって酒はすべて消費されつくしてしまっている。「之を一個の社会（或は国、或は世界）の現象として見るならば、全く理想の経済状態だ。現実の社会の我々が屡々苦しむ過剰生産、豊作飢饉は茲に無い」。通貨の量は限られていてもそれが死蔵されることなく使われているので（「花見酒」でいえば、登場人物は酒好きなので、受け取った銭をすぐにもう一杯の酒を買うために使う）、社会（2人）の中で盛んに取引が行われ、存在する財（酒）はすべて購入されるという好景気の状態になる。この状態では社会の構成員は多くの消費をすることもでき、大きな効用を得られる（酒を味わい尽くすことができる）。

　「花見酒」についてのこのような石橋の解釈が独創的なものなのかはわからない。F. Y. エッジワースは1919年に同様の例（2人の男がダービー競馬にビール一樽を持って行って売って儲けようとするが、途中で2人で金をやり取りして全部飲んでしまう）を挙げて貨幣の経済における流通を説明しており［安部 2003］、英語圏の経

済学書を読破していた石橋がこのエッジワースの例えを知っていた可能性はある。

　独創的かはともかくとして、石橋はこうした「花見酒」の解釈をした上で、現代の経済では生産を増やしても需要されず過剰生産になってしまうというのでは馬鹿らしいと嘆いている。こうした問題を「資本主義の生産の内在的矛盾」であるとして、現実の社会に「花見酒の経済」のような幸福な状態を具体化しようとするのであれば、「根本的に資本主義をやめねばならぬと説く者がある」。ここで石橋が想定しているのはマルクス経済学に基き資本主義の危機と社会主義への移行を主張する社会主義者である。しかし石橋は「古家屋の改造よりは、新築家屋の設計の方が容易である」としつつも、「処置を要するは唯今の生活であって、将来の生活ではない」として「古家修繕の主義」で行くよりほかはないとする。つまり社会主義革命ではなく修正資本主義を取るのが石橋の立場であった。

　それゆえ石橋は政府が「公益企業遂行機関」を使って物資労力の調節機構として活用する、つまり現在の不況時の公共事業のようなケインズ的修正資本主義政策を採ることを主張している。ただし石橋は「政府の消費は、取りも直さず国民の消費であるから、何等かの形で国民が之を負担するは当然だ」として、「公益企業遂行機関」の財源は公債と租税によって賄うべきであるとして受益者である国民にも負担を求めており、これは石橋の基本的な思想である「自立主義」に基づく主張といえる。

　ここで石橋が高く評価している「花見酒」の例では、一貫の銭が2人の手許にあるだけである。石橋が言いたいのは貨幣の量が問題なのではなく、貨幣を通じた取引が経済主体間で盛んに行われることが重要だという事である。貨幣が潤滑油となって盛んに取引が行われれば需要が増大し、労働の成果である商品はすべて消費され、過剰生産は生じない（「花見酒」では酒は2人の労働の産物ではないが）。石橋にとって貨幣は取引を円滑にし、人びとに分業による労働の成果を消費する力をつけさせ、それを通じて生産を拡大するためのものであり、それ自体が目的ではなかった。ただ、貨幣によって取引を活発にさせて需要を増やし経済を活性化させるという点では石橋の思想とケインズの主張は近いものがあり、それゆえ石橋はケインズ理論にいち早く注目している［池尾 2006］。

（3）　ネットワークによる経済発展と国際平和

　生産における「分業」にしても、需要における「取引」にしても、石橋の発想の基本となるのは「人と人との関係」である。人と人とのやり取りが盛んに行われていけば社会経済は発展していくし、逆にそうしたことが行われなければ経済は発展しない。こうした石橋の思想は、経済主体と経済主体とのネットワークを重視する「ネットワーク主義」と呼んでも良いだろう[2]。

　石橋のこうした「ネットワーク主義」は、単にスミス等の分業論を学んだ結果ではなく、石橋自身の姿勢から来たものでもあった。石橋は自分が正しいと考える主張は積極的に行ったが、一方で自分の論敵にも直接会ってその主張を聞き、それを理解・消化してから自分の主張を行った［三鬼 1957：150］。さらに自分とは意見が合わない左翼・右翼・軍部の代表者を招いて自分が主筆を務める『東洋経済新報』誌上で座談会を頻繁に開き、自身も経済政策や外交政策で必ずしも意見の一致しない人物とも親しく交流した［姜 2014：88-89］。こうして石橋自身が築き上げていった広範囲に渡るネットワークは戦時期においても石橋に比較的自由な発言や行動を可能とし、さらに日本における経済学の発展に大きな影響を与えることになるがそれは後述する。

　こうした「ネットワーク」を重んじる石橋の考えからすれば、ネットワークの範囲は広ければ広いほどよく、したがって日本を越えて必然的に世界に広がっていくものであった。これは当然経済でも同じであり、1934年に石橋は「経済の国際性」という論説で次のように主張している。

　　　私は、経済は、其本質から云うて、次第に其単位を拡張すべきものだと考える。即ち一家から、一村、一地方、一国、而して全世界にと云うように。何となれば経済とは、要するに分業及協業に依りて、各人の労力を最も効果的に利用し、以て各人の生活の向上を図らんとする欲望に基いて起れる思想乃至行為である。然るに分業及協業は、若し事情が許すならば、成るべく多くの異った人及地域を一体として行うことが有利である。一家数人の家族の中でも分業協業は行われる。それはロビンソン・クルーソーの如く、一人で生活するよりも遥かに有利だ。併し一家を更に拡げて一村、一村を更に拡げて一郡、一郡を更に拡げて一県、一県を更に拡げて一国と云う風に、其分業協業に参与する人と地域とを多くすれば、それだけ益々各人の労力の効果を大にし、生産の量と種類とを豊富にする。併しそれに

は通信、交通、運輸等の機関が、広き地域と人数とに互って分業協業を可能ならしむるだけに発達しなければならぬ。然るに幸にも現代は、其等の機関が、実に一国内のみでなく、世界列国の間に発達した。徳川時代の我国の東北地方と九州との通信交通運輸よりも、今は米国と我国とのそれの方が遥かに便利だ。斯う云う世の中に於ては、経済は、其本質上何うしても国際的なるべき筈である。貿易は、つまり国際的の分業及協業の一発露だ［石橋 2011c（1934）：447-448］。

　石橋は生涯にわたり一貫して国際貿易を重視し、しばしばスミスの分業論やD. リカードの比較生産費説を説明して国際的な分業の重要性を強調したが、これはスミスやリカードの影響というよりも石橋自身のこうした「ネットワーク主義」を経済学で説明しようとしたものといえる。石橋の思想を現在のネットワーク理論の言葉で説明すれば、個々の人や経済主体は「ノード」（node、つなぎ目）であり、それぞれの「ノード」が自立する一方で相互につながり影響を及ぼし合っていくことにより社会（国際社会を含む）を形成するというものである。これは前述の田中王堂の思想の影響を受けたものといえる。

　こうした思想を持つ石橋は、当然ネットワークの範囲を限定したものにする帝国主義やブロック経済、さらにネットワークを破壊する戦争には批判的であった。石橋は第一次世界大戦への反省として登場した国際連盟案を高く評価し［石橋 2011（1919）］、植民地を放棄しても貿易により遥かに多い利益を得られるとして領土的要求にこだわることの愚かさを説いた［石橋 2011（1921）］。特に後者の主張は植民地の獲得を目指す「大日本主義」に対する「小日本主義」の主張としてよく知られている。これはイギリスのマンチェスター学派の「小英国主義」（帝国主義政策への反対、自由貿易の推進）を基にした『東洋経済新報』の伝統的な主張であったが、その背景にはこうした石橋の独自の「ネットワーク主義」といえる思想があった。石橋からすれば、日本のほか各国が「小欲」にこだわって資源のために広い（しかし当然世界全体からすれば狭い）領土の確保を目指すよりも、最低限の領土を確保しつつ植民地にこだわらずに世界を相手に貿易を振興してそこから大きな利益を得て「大欲」を満足させる方が良いことは自明であった。

　しかし、こうした石橋の帝国主義批判、ブロック経済批判と日本の世論そして日本の実際の針路とは大きく異なっていった。その理由の１つとして、石橋

の経済思想に基づく政策が石橋の意図と大きく異なる結果につながった可能性をここでは指摘する。

2　経済論争と戦争

（1）　金解禁論争と高橋財政

　石橋湛山が主要な役割を果し、その社会的評価を大きく高めることになったのが1920年代後半から行われた金解禁論争である。金解禁論争とその結果は、経済学に基く経済政策が戦争や平和にどのように影響したか（つまり「経済学 → 戦争」の方向）を考えるうえで重要であるためやや詳しく説明する（以下の記述は ［牧野 2012］を基にしている）。

　日本は第一次世界大戦勃発後諸外国と同様に金本位制度から離脱し、大戦終結後、金本位制への復帰が目指されたが、大戦後の恐慌や関東大震災、金融恐慌への対応に追われ先延ばしされていた。金と円とのリンクの喪失で為替相場は国際収支により大きく変動し、財界からは為替安定のため金解禁（金輸出の解禁）が強く求められた。当時の二大政党である民政党と政友会も金解禁の必要性については一致しており、1929年に発足した民政党の浜口雄幸内閣は大蔵大臣に井上準之助を起用し、金解禁の実施を公約に掲げた。

　世論も金解禁を支持していたが、ただその時期や手法について意見が分かれていた。石橋湛山のほか高橋亀吉・小汀利得・山崎靖純は、イギリスが旧平価で1925年に金本位制に復帰した際の経験やケインズの管理通貨制度導入の主張を参考にして、旧平価は日本経済の実力からは割高のため、平価を切り下げて金解禁を行うべきだとする新平価解禁論を主張し、「新平価四人組」と呼ばれた。

　ただ、財閥系銀行中心の財界主流派は産業界の徹底的な整理と合理化のために早期の金解禁を主張した。また、大半の経済学者は旧平価による金解禁を支持していた。例えば貨幣・金融の専門家であり、L. ミーゼスや F. A. ハイエクなどオーストリア学派の経済学者とも交流があった荒木光太郎[3]は、国際経済の時代においては貨幣は国内価値よりも対外価値が重要になっているため、国内物価に為替を合わせる新平価金解禁ではなく、対外価値（為替）の維持に重点を置く旧平価金解禁が望ましいとしてこれを支持した［牧野・小堀・山川ほか 2018］。

　浜口首相と井上蔵相も諸事情により早期の旧平価金解禁を選択して緊縮予算を組んだ。1929年10月には世界恐慌の前触れとなるウォール街の株価大暴落が発生するが、当時はアメリカでも楽観論が支配的であり、30年1月に旧平価金解禁が実施された。2月の総選挙で民政党は圧勝し、国民は金解禁を支持した。

　しかし金解禁後、円為替引き上げと世界恐慌の深刻化により輸出は大幅に減少し、財政も緊縮されたため昭和恐慌と呼ばれる未曾有の大不況が生じた。石橋湛山らは政府を批判し早期の金輸出再禁止を主張し続ける。一方、1930年1月-4月に開催されたロンドン海軍軍縮会議において日本政府は緊縮財政と国際協調の観点から海軍艦艇の削減に同意し、これが天皇の統帥権への干犯であるとする攻撃が起こり、政府への批判が高まった。

　1931年9月には満洲事変が勃発し、ほぼ同時にイギリスが金本位制から離脱する。こうした内外の情勢から日本も早晩金本位制を離脱するという観測が高まり、円を売ってドルを買う動きが盛んになった。井上蔵相は金本位制維持に固執したが、1931年12月に政友会の犬養毅内閣が発足し、蔵相に就任した高橋是清は即時に金輸出を再禁止した。円為替急落による輸出急増に加え、日銀による国債引き受けを通じた軍事費・農村対策費を中心とする財政支出拡大（高橋財政）により景気は急速に回復に向かった。

　このように金解禁論争は経済学が実際の経済政策に影響を与えた例であるが、それと戦争との関係はかなり複雑である。

（2）　財政拡張と経済思想の「革新」

　前述のように1931年末の金輸出再禁止後、日本は赤字国債の日銀引き受け発行による財政拡張により急速な景気回復を果たしたが、財政拡張による支出の中心となったのは金輸出再禁止前に起きた1931年の満洲事変と満洲国建国以降の軍事費の増大であった。

　石橋湛山は軍事費の拡大は必ずしも望ましいものであるとは考えていなかったが、他方で軍事費の拡大が景気を刺激し昭和恐慌からの脱出に役立ったことは認めており、景気の「腰折れ」を懸念する立場から軍事費拡大を伴う財政支出の拡大を支持した。こうした石橋の主張の背景には、浜口雄幸内閣において「ロンドン海軍軍縮条約による軍事費抑制と金解禁のための財政抑制との組み合わせ」が昭和恐慌を引き起こしたことに対するトラウマがあった。

　　私は右の〔昭和 9 年度予算における歳出増大及び軍事費の増加に対する雑誌や新聞等に現れた〕憂に対して、今茲に詳細な解答を与えるつもりはない。が唯一、二の重要と思わるる点を略記するに、第一は此の財政は今後容易に縮小の望みはなく、また縮小してもならないと云う事である。と述べる理由は必ずしも軍事費が、時局の為め或は軍部の固き主張の為め、減少し難いと云う事に依るのではない。仮令軍事費は九年度を頂上として、今後縮小し得る事情にあるとするも、尚お経済が今日の有様にある限り、政府の歳出は縮小してはならない。何となれば、かの厖大な軍事費は、一面に於ては確かに軍備充実の役目をなしているが、同時に他面に於ては、我経済を兎にも角にも最近の状態に活動せしめ得る原動力をなしている。従って之を唯だ軍事費なりとて縮小し、代るべき政府事業を起さぬならば、恰も昭和四、五年度の浜口財政と等しく、必然我経済界にデフレーションを起し来るべきことが明かであるからだ〔石橋 2011a（1934）：326-27〕。

　しかしこうした財政膨張は、企業稼働率が低く失業率の高い状況下では景気回復に有効であったが、好景気になると悪性インフレーションが発生する恐れがあった。岡田啓介内閣で再び蔵相となった高橋是清は36年度予算において財政膨張を抑え健全財政に回帰するため軍事費の引き締めを強く主張した。しかしこれに陸軍は強く反発し、さらに金解禁論争における「新平価四人組」のうち高橋亀吉や山崎靖純・小汀利得も景気対策と生産力拡充を優先する立場から高橋是清蔵相を批判した〔牧野 2017〕。石橋も他の「新平価四人組」と同様に高橋蔵相の健全財政への回帰方針に憂慮を示した。

　石橋の健全財政批判はあくまでも資本主義の範囲内で経済の発展を目指すためのものであったが、それと同時に行われた高橋亀吉らの健全財政批判は当時の国内および国際関係の「革新」の風潮と密接に関係するものであった。

　石橋と共に『東洋経済新報』で活躍し、戦前から戦後にかけて一貫して石橋の同志的存在であった高橋亀吉は、一方では石橋とは国際関係についてかなり異なった見方をしており、過剰人口を抱える日本は広大な領土を独占する英米に挑戦していかなければならないと早い時期から主張していた〔牧野 2011〕。高橋は満洲事変やイタリアのエチオピア占領（1935-36）、ドイツの再軍備宣言（1935年）のような行動も、「持たざる国」が「持てる国」に挑戦するためのものであるとしてその正当性を強調した。

　いかにも、形式的には日本（伊太利独逸等のそれも亦）の行動は、国際上の非
合法運動かも知れぬ。だが現状打破の運動は、それが如何に正義的主張で
あつても、常に、先づ非合法運動として出発してゐる。例へば、今日世界
各国の法律が何れも合法運動と認めてゐる労働者の罷業権の如きも、はじ
め、英国に於ては之れを非合法運動として弾圧したものでは無かつたか。
而して、罷業権の正義性を認めて、遂に之を合法化するに至つた力そのも
のは、単なる聡明そのものではなく、先づ非合法運動としての有力なる実
践そのものに由つて特権の位置にあるものが教育せられた結果であつたの
である。現に、国内に於ける現状打破の運動に対しては、労働運動、農民
運動其他の例に於けるが如く、非合法運動の道徳性は殆んど一般に認めら
れてゐるのだ。果して然らば、国際間に於ける現状打破の非合法運動に対
しても亦、それが正しい主張である限り、同じくそれの道徳性を認めるの
が当然である［高橋 1936a：8-9］。

　そうした「現状打破」のためには当然軍事力の強化が必要であり、さらに国
家権力が民間企業を指導していく国家資本主義的な政策が必要であると高橋亀
吉は考えていた。これは当時の軍部が目指した方向性と一致するものであり、
それゆえ高橋亀吉の主張は軍事費膨張を抑制しようとする高橋是清蔵相に反発
する陸軍軍人や国家主義者の共感を得ていた［牧野 2017］。

　結局、1936年に起きた二・二六事件で高橋是清蔵相は暗殺され、岡田内閣の
後を継いだ広田弘毅内閣は軍事費予算の大幅な増額を受け入れ、ここにおいて
完全に「健全財政主義」は放棄された。高橋亀吉はこれを高く評価し、二・二
六事件について「これ迄各種の老廃物沈殿のために、水路の疎通が著るしく邪
魔せられて、水車の回転数が、累年、遅れ〳〵になつてゐたものが、洪水のた
めに一掃せられ、急回転して、その遅延を取戻し、且つ水路の流通が、漸く常
態に復した、と寧ろ見るべき性質のものである」と、殺された高橋是清らを
「邪魔」な「老廃物」扱いするような表現もしている（高橋 1936b：序1）。

　乱暴な言い方を承知で言えば、高橋亀吉らによって行われた「健全財政批
判」が二・二六事件参加者の思想と共鳴することで「物理的に」高橋是清の健
全財政政策が葬り去られ、真の積極財政政策への転換を果たすことができたと
もいえる。経済政策の変化が人々の間で抵抗なく「常態」として受け入れられ
る、つまり経済思想が「革新」されるためには、戦争やクーデターなどの大き

な衝撃、つまり「経済を超越したもの」が必要だったのである [牧野 2017]。

（3）　経済政策と外交関係

昭和恐慌の最中の1931年 9 月に満洲事変が起きたこともあり、「誤った経済政策による昭和恐慌が国民の不満を高め満洲事変支持につながり、それがその後の戦争へとつながった」とみなされることが多い。しかし実際には金解禁論争以前から中国における国権回収運動とそれに対する日本の世論の反発などを通じて日中関係はかなり悪化して武力衝突も頻発しており（南京事件 1927年、済南事件 1928年、張作霖爆殺事件 1928年）、昭和恐慌と無関係に満洲事変が起き、国民の支持を得た可能性も大きい [筒井 2015]。

また、満洲事変の結果誕生した満洲国への投資は金輸出再禁止後の日本の景気回復に貢献した（Okura and Teranishi 1994）。日本は高橋財政下で通貨が膨張する中、満洲事変で成立した満洲国に投資を拡大することで日本と満洲との経済的結びつきを強化していく [宮田 2014]。満洲国が日本にとって不可欠な経済圏になり、さらに満洲国でも足りない資源を確保するため中国北部に傀儡政権を作って国民政府から切り離そうとする「華北分離工作」が進められることで、中国側との妥協の余地はなくなり、日本と中国は1937年の日中戦争勃発へと進んで行く。

さらに最近の外交史・グローバル経済史の研究では、世界恐慌に対するイギリスと日本の対応の違いがその後の両国の関係を悪化させたとしている。イギリスは世界恐慌下で収縮する世界貿易の中で、均衡財政を維持してポンドの信用に基きイギリス帝国内で自由貿易を維持することで輸出増大による景気回復を目指した [Drummond 1981]。しかしこうしたイギリスの政策は日本やアメリカからは理解されず、排他的勢力圏としてのスターリング・ブロックを形成するものと捉えられた [宮田 2014]。また、日本は金輸出再禁止による円通貨下落により輸出を拡大していくがそれによりイギリス領インド向け綿製品輸出が激増し、それはインドを重要な輸出先としていたイギリス本国の紡績業にとって脅威となったためイギリスとの激しい経済摩擦を引き起こした。イギリス領インドには財政自主権が付与されていたのでインド政庁はインド内の紡績業を守るために日本綿布を標的として非英国品に対する綿布輸入関税を引き上げたが、こうしたイギリス本土とインドとの関係を十分に認識されていなかった日本では、インドの関税政策をイギリス本国の政策と混同し、東京、大阪の商工

会議所など世論では感情的な反英論が高まった［杉山 2017］。さらにインドとの経済関係が強くなったことによりインドのイギリスによる過酷な植民地支配の実態が日本でも知られるようになったこともあり、様々な分野の人々が参加する「大アジア主義ネットワーク」が広がりをみせイギリスへの反感は一層強まった［松浦 2010］。

　こうした背景もあり、財界、特に紡績業や海運業などイギリスと激しく競争していた産業はイギリスへの強硬姿勢を示し、日本の軍事力に期待し軍部に接近するようになった［石井 2012］。石橋は戦後の回想で次のように語っている。

　　　中国問題については、あの時分には経済界というか産業界の連中は、むしろ英国を憎む思想のほうが強うございましたよ。英国の勢力を駆逐しちゃえという主張が圧倒的でしたね。だからどうしても戦争にならざるを得なかった。鐘紡の亡くなった武藤山治氏の次にいた津田信吾君も明白にそうでしたね。戦争論者ですね。紡績と、それから海運会社もひどかった。英国と揚子江沿岸で正面衝突をした。日本では船会社、紡績会社を除いてはたいした産業はないですから、産業界はこぞって対支強硬論、英米排斥論ですね［石橋 1994（1964）：39-40］。

イギリスとの経済関係の悪化はスターリング・ブロックに対抗する「日満経済ブロック」さらには「日満支経済ブロック」の建設の主張につながっていった。世界がブロック経済に移行していくという認識が広まり、さらに実際に満洲国を勢力下に置いた日本が（少なくとも資金面では）多くの利益を得たことで、「日満経済ブロック」「日満支経済ブロック」の建設は軍人だけでなく財界を含む国民の世論となっていった。

　金解禁論争において石橋と行動を共にした新平価四人組のうち、高橋亀吉と山崎靖純は前述のように軍部に接近し、日本の排他的な経済ブロックを建設することを強く主張する様になる［姜 2014：102］。高橋は国際的なブロック経済への移行を必然と考え、明らかに石橋を想定した「自由主義者」の「植民地放棄論」を非現実的なものとして批判した。

　　　自由主義者は云ふ、満蒙を放棄して、支那と友好関係を結べば、輸出の増進に由つて、失ふ処よりもヨリ多く報ゐられると。併し、今日の世界は最早自由貿易を原則とする時代ではない。高率の関税障壁を設けて他国の商

品を拒否しつゝあるのが滔々たる現状だ。支那の束縛を全部解放すると云ふことは、今日に於ては、支那も亦、斯様な自給自足経済に立籠ることを許すと云ふことゝ同義語に外ならず、之に由つて貿易の増大を期待することは出来ない情勢に在る［高橋 1934：223］。

　高橋はその後も日満支経済ブロックの建設を強く主張し、太平洋戦争期には大東亜共栄圏のイデオローグとなる。

　石橋の主張もこうした対外関係の変化に応じて変容せざるを得なかった。石橋は満洲国、次いで「北支」の日本の勢力下における支配を既成事実として認めていき、もはやその思想は「小日本主義」とは呼べなくなっていく。また石橋は中国が自国を充分統治できていない以上、日本が中国に何等かの介入をすることは仕方ないと考えていた。これは自身の「自立主義」の立場から、自己に責任を負えないなら自己決定による利益を得ることはできないと考えていたためである。石橋は満洲事変後は中国のナショナリズムを否定的に扱っており、戦後の回想でも「蔣介石が反日運動をやると中国のためにならぬと、ずいぶん中国に警告を発しました。中国人自体を考えても、日本を仮想の敵にするということは非常に損です」と述べている［石橋 1994（1964）：38］。こうした中国ナショナリズム批判は自身の思想に基づいたものでもあったが、逆にそうした視点があるために中国の実情を十分理解できない面があった［上田 2012：40-47］。

　しかし石橋は、「ネットワークこそが価値を生み出す」という基本的な思想は堅持し、ブロック経済への批判を一貫して繰り返した。石橋は日本からの輸出がダンピングであると批判されるなど貿易摩擦が頻発し、ブロック経済に向っているように見えるのは、単に世界中が不況のためであるだけであるとしている。自国の商品が売れず、一方で日本製品が金輸出再禁止後の為替低下により、安価になったために海外で売れるようになったのが貿易摩擦の原因である。かといって日本にも海外からの輸入を殖やす余裕はない。「ここに一見解き難き矛盾が存する如くである。併し私は、此一見甚だ厄介な解き難き矛盾と映ずる所のものは、実は世界の諸国が、互に景気を好くし、購買力を増進しさえすれば、矛盾でも何でもなく、直ちに消散する幻影に過ぎぬと考える」。購買力が増加すれば日本製品と同様またはそれ以上に外国製品も売れ、「廉価な比較的低級の日本品」に代わって欧米製品も売れるようになり、世界の景気が良くなれば物価も騰貴し「日本は、さして多量の商品を輸出せずとも、国際収支の

均衡を保つ事が出来」、それでも日本製品の輸出が盛んに行われれば日本の購
買力が増加するので多くの外国製品を受容する。「斯う云うわけで、総ては唯
だ世界全体を好景気に導きさえすれば解決せられる。日本商品の輸出がダンピ
ングと見えるのは、世界全体の深刻な不景気が、たまたま左様のまぼろしを作
ったに過ぎぬ」［石橋 2011（1933）：413-14］。

　この論説は一部修正のうえ "The Economic Situation of Japan: Fallacies of
the Exchange Dumping Charge" という題で翻訳され、1933年 8 月にカナダ
のバンフで開催された第 5 回太平洋問題調査会（Institute of Pacific Relations, 通
称 IPR）国際会議で配布された。これが契機となり、日本の経済事情を正確に海
外に紹介するために『東洋経済新報』の英語版である *The Oriental Economist*
が1934年 5 月に刊行された。これ以降も石橋は──満洲国の存在を前提とはし
ているが──ブロック経済を批判し続けた。

> 　自給自足経済なんど云うものは、いつも私の云う通り、全く世界不景気
> の生んだ畸形児で長く生育する望みのない代物である。広く世界的に貿易
> を営めば互に良い物が安く買え、豊富な生活が出来るのに、わざわざ狭い
> ブロックの中などに窮屈し、貧乏暮しをすることは（購買力の無い間こそ辛
> 抱しても）到底人情の許す所でないからだ［石橋 2011b（1934）：420］。

　さらに石橋は関係の悪化したイギリスとの協調を訴え続けた。1936年 9 月の
『東洋経済新報』の社説で石橋は次のように主張した。日本が東アジアを独占
しようとすれば他国との衝突を免れず、それは日本製品の販路を失うことにな
る。日本が満洲国や中国を独占しようとする意図を捨ててそれにより欧米諸国
にも植民地の通商を解放させ、自由な貿易を営める社会を作り出す方が利益が
大きいと断言する。これに対して東亜独占主義を方針とすれば「東亜の利益は
或は多く我が国に得られるかもしれぬ。が東亜以外の世界は我が国に対して鎖
される」と石橋は予言した［石橋 2011a（1936）］。石橋は同年10月の社説でも、
「日本の唯一の敵は英である」という読者からの批判に対し、「日本の立場を有
利に展開させるためには、これ［英国］を敵とするよりも、国際正義を中軸と
し、英国外交の伝統に則って『与えて取る』（give and take）方策に出づること
を賢なりと信ずる」と述べ、イギリスとの協調によって日本の立場を有利にす
ることができると主張した［石橋 2011b（1936）］。

　しかしこうした石橋の主張もイギリスとの関係の悪化を止めることはできな

かった。石橋の主張は「正論」ではあったが、日本が金輸出再禁止後に為替低落により輸出を大幅に増加させて景気を回復させたことは、逆に言えば不況に悩む欧米諸国（特にイギリス）によってすでに確立されていた市場に日本製品が割り込むことになり、それへの対抗として世界的に保護主義的傾向を助長することになってしまった。日満支ブロック経済を主張した高橋亀吉自身も戦後に認めているように［高橋 1961：280-81］、日本側には日本製品の輸出拡大が世界経済にどのような影響を与えるかという意識が希薄であり［杉山 2017］、石橋もその例外ではなかった。石橋の金解禁論争における、国内の経済回復を進めるための主張は、結果としては自身の「ネットワーク主義」に反してブロック経済化を促進する一因となったともいえるのである。

1937年の日中戦争勃発後、日本では蔣介石の国民政府を支援していると考えられたイギリスに対する反感が強まり、また日本が「日満支経済ブロック」の確立を目指して中国中部から南部に支配地域を拡大していくことによって香港や上海におけるイギリスの経済活動は大きな打撃を受け、日英関係は一層悪化していく。ドイツと友好関係を結んでいた日本では1939年に第二次世界大戦が勃発すると排英運動が激化し、さらに1940年に日独伊三国同盟が結ばれると日本とイギリスとの関係は決定的に悪化していく。イギリスとの関係悪化はアメリカ合衆国と日本との関係悪化につながり、太平洋戦争を引き起こすことになる。

純粋に「一国における景気の回復」という観点からすれば石橋らの主張した新平価金解禁―金輸出再禁止―財政支出拡大は間違った政策ではない（その意味で筆者はこれまでの金解禁論争に関する研究を否定していない）。しかし社会運動及び国際関係の視点を取り入れると、石橋の――というよりも石橋を含む「新平価四人組」の――主張は結果としては石橋自身の基本的思想を裏切って国内における戦争の歯止めを破壊し、また国際的なネットワークを破壊し、戦争への道を準備してしまった部分もあるともいえる。このように、経済学が戦争にどのように影響を与えるかの判断は極めて難しい。

3 総力戦による経済学知のネットワークの形成
――実証面での役割――

前述のように1936年の二・二六事件後の広田弘毅内閣は軍事費予算の大幅な

増額を受け入れ、一層の財政膨張が進むことになった。これにより景気は過熱気味となり、それに伴い国際収支・国内資金・商品需要・労働市場が逼迫するようになった。石橋は1937年の日中戦争勃発頃から一転してインフレを防ぐために増税の必要性を強く訴えるようになる。石橋の増税論はケインズ理論を景気過熱期に応用したものであったが、物価統制によるインフレ抑制ではなく、通貨流通量を抑えることにより分業に基づく市場メカニズムを維持することでインフレ抑制をめざそうとするものでもあった。さらに石橋は、インフレは貿易が行われない「クローズド・エコノミー」でのみ問題にならないが、貿易が不可欠な現状では日本だけが物価騰貴すれば円の為替相場が暴落して輸入が困難になるため、「一国限りのインフレーションは、其の経済が外国との通商の継続を必要とする限り、起し得ない。若し誤って之を発生したら、其の国の経済は破綻し、国力を疲弊する」と主張していた［石橋　2011a（1937）：152-153］。そして石橋はインフレを抑えるためには生産力拡張を遅らせたり休止したりすることもやむを得ないとしているが、これは同時に日中戦争のために生産力拡張を強引に進めようとする軍部とそれに同調する高橋亀吉らへの批判でもあった。

　　　私はこの戦時財政を処理する策は、第一にも増税、第二にも増税、第三にも増税に依るべしと主張する。〔中略〕

　　　世の中には、是亦甚だ虫の好い注文をし、戦費も巨額に支出し、同時に生産力の拡張も平常に劣らず、平常以上に大に促進すべしと論ずる人がある。併し限りある財布――即ち有るだけしか無い国民の生産力――でそう甘いわけには行かぬ。戦費の巨額を要する間は、生産力拡張のテンポを緩め乃至之を休止することも已むを得ない。殊に増税を伴わざる今回の追加予算の実行には、この方法を主として用いる外はなかろう。

　　　私の以上の如き増税を主義とする説を、或人はオーソドックスと云うらしい。金解禁問題時代のデフレーショニスト、健全通貨論者等と、主張の表面が似ているからであろう。〔中略〕名前はどうでも宜しいが、兎に角私が今頃に増税を論じ、インフレに反対するのは、曾て不景気対策としてリフレーション政策を主張したその理論に忠実に依拠するものであることを考えて欲しい。前に私と同様リフレーション政策を唱えた論者は、当然今日も亦私と同論でなければならぬ筈である。さもなければ其等の人々は、

前において未だ真に理論に徹底していなかった者と見る外はない［石橋
2011b（1937）：164-5］。

　しかし、インフレーションを抑えるために実際に行われたのは、国際収支悪
化を抑えるための輸出規制から始まる政府による各種の指導・統制であった。
すでに1937年の日中戦争勃発前から経済統制の実施は不可避となっており、内
閣の総合的政策立案能力を高めるために1935年に設置された内閣調査局は1937
年 5 月に企画庁に改組され、日中戦争勃発後の同年10月には内閣資源局と統合
され企画院が発足した。多くの資源を輸入に頼る「持たざる国」日本が経済力
を超えた軍事費支出を行うことで経済統制が必要となり、それが日中戦争によ
り一層深刻になることで日本は急速に統制経済に移行していく［牧野 2015］。
　そして政府が政策を立案し、各種の指導や統制を行うためには専門的な知識
が必要であり、そこで荒木光太郎などの経済学者や実務家、そして石橋や高橋
亀吉ら「街の経済学者」が政府委員として動員されていく。石橋は大蔵省や企
画院で多くの委員会の委員を務めている。
　石橋がこうした政府関係の仕事をするようになったのは、金解禁論争を経て
それだけ石橋と『東洋経済新報』の社会的価値が高まったことも意味するが、
もう 1 つは石橋個人の経済に関する見識（経済の実体に関する知識、経済の理論的把
握）を政府が高く評価したためともいえる。では石橋はどのように経済の見識
を高めていったのだろうか。その主要な手段が石橋が事実上中心となって設け
られた研究組織とサロンである。
　経済学者が大規模に研究を行う上では、共通の知的基盤に立つ研究者間の共
同作業が必要となる。そこで経済学を「ツール」としていくため、大学におけ
る経済学講座の拡充、官僚任用のための高等試験（高文）の理論経済学分野か
らの出題、各種学会・研究所の設立などにより経済学の「制度化」が戦時期に
おいても進められることになる［牧野 2010］。
　こうした経済学の制度化には石橋やその周辺の人物が大きく関与していた。
石橋は金解禁論争及び高橋財政を通じて通貨・金融の研究の必要性を感じるよ
うになり、経済学者や実務家を集めて研究会を開始する。1932年にはケインズ
研究会が石橋と高垣寅次郎（東京商科大学）を中心に組織され、その成果として
塩野谷九十九による『雇用・利子及び貨幣の一般理論』の翻訳が1941年に東洋
経済新報社から刊行された。また同じ1932年に通貨制度研究会（第一次）が組

織され、幹事の石橋のほか、高橋亀吉、高垣寅次郎、東大経済学部の山崎覚次郎とその門下の荒木光太郎などが参加した。この第一次の通貨制度研究会は一年ほどで終わったものの、1941年から再開された（第二次通貨制度研究会）。

この第二次通貨制度研究会が発展して1943年に作られたのが金融学会（現・日本金融学会）である。設立時の金融学会は山崎覚次郎を理事会長とし、常任理事に石橋のほか高垣寅次郎、荒木光太郎ら金融の専門家、理事に高田保馬（京都帝国大学名誉教授）、高橋亀吉、渋沢敬三（日銀副総裁、のち総裁）、更に一般会員として中山伊知郎や安井琢磨などの一般均衡理論に基づく理論経済学者、迫水久常（当時大蔵省総務局長、のち鈴木貫太郎内閣書記官長）ら官僚、さらに銀行の調査部門関係者を網羅し、事務局が東洋経済新報社内に置かれるなど石橋の強い影響力により作られた学会であった。金融学会はイデオロギーではなくあくまでも「金融」に関する研究を行う場として作られており、理論家から実務家まで、研究者から民間人・官僚までを含み、石橋とは経済政策において意見を異にする人物も幅広く会員となって金融についての課題を議論する場となっていた［金融学会編 1984］。こうした石橋の通貨金融研究の協力者だったのが幅広い人脈を持つ荒木光太郎であった［牧野・小堀・山川ほか 2018］。

さらに石橋の戦時期の活動で意外な役割を果たしたのが経済倶楽部である。経済倶楽部は1931年に東洋経済新報社により開設された会員制クラブである。昭和恐慌に直面した産業人が経済情報を求めていたこと、金解禁論争により石橋と『東洋経済新報』の評価が高まっていたことにより会員が急増し、実務家や学者、評論家による談話会や講演会が盛んに行われる財界サロンとなった。

経済倶楽部では陸海軍の軍人もしばしば講演している。軍部にとっては総力戦体制への財界の協力は不可欠であり、財界の指導者に話をすることのできる経済倶楽部は軍部と財界を結ぶ重要な結節点となった。これは財界にとっても同じであり、経済倶楽部での軍人の講演は戦争の動向を知ることができるほか、軍需産業、統制などに関する軍部の意向を知ることのできる貴重な情報源であった。さらに石橋と『東洋経済新報』にとっては、軍人と人脈を作ることは軍部の干渉を抑制させる防波堤ともなった。また、経済倶楽部が会員制クラブであったことも戦時下では重要な意味を持った。通常の講演会では警官や憲兵が傍聴しており、政府にとって不都合な発言に中止を命じたりすることは日常的だったが、会員制の経済倶楽部では講演の聴衆は限られた会員のみであったため警官や憲兵は入り込まず、かなり自由に話をすることができた［浅野 2015］。

つまり経済倶楽部は実務家と学者、軍部と財界をつなぐネットワークとして、さらに自由に意見交換をすることのできる場をつくり実務家や学者、評論家のネットワークを維持する役割を果たしたのである。

このように戦時下の石橋は研究組織や経済倶楽部を通じて財界人、学者、評論家、官僚、さらに軍人などを結びつける多様な人的ネットワークとそこから生まれる情報を持つ有力な存在、いわばネットワークの「ハブ」（hub、極めて多数のリンクを持つノード）であった。石橋は金解禁論争では旧平価金解禁を支持した荒木光太郎[6]や革新官僚として経済統制を推進した迫水久常など、自分とは異なる意見や立場の人物を取り込んでネットワークを形成している。政府から見れば、こうしたネットワークの「ハブ」である石橋は弾圧するよりも取り込んだ方が得策であるために前述のように各種の政府委員に任命し、石橋もそれを承知の上で政府と関わることで戦時下でも『東洋経済新報』や経済倶楽部での政府批判の余地を確保していったと考えられる。つまり、石橋は政府にとって重要な人物となることで逆に規範面での自由を維持したといえる。

こうした石橋の戦争末期における代表的な活動が、「戦後」を考えるために作られた「大蔵省戦時経済特別調査室」である。

4　平和のための国際秩序構想
――規範面での役割――

石橋湛山は日本の敗色が濃くなる1943年半ば以降、「戦後研究」の必要を訴えるようになり、特に1944年8月から10月にかけて開催された連合国軍のダンバートン・オークス会議で国際連合案が検討されたことに刺激を受ける。石橋は1944年夏ごろに当時の石渡荘太郎蔵相に大蔵省に「敗戦後」を考える組織を作ることを提案し、1944年秋に大蔵省内に「戦時経済特別調査室」が設立された。

石橋の提言した「敗戦後」研究に協力したのは、通貨・金融研究と同様に荒木光太郎であった。大蔵省戦時経済特別調査室の資料は長らく存在が確認されていなかったが、2014年に名古屋大学大学院経済学研究科附属国際経済政策研究センター情報資料室所蔵「荒木光太郎文書」の整理・調査の過程で発見された［牧野・小堀 2014；牧野・小堀・山川ほか 2018]。[7]

戦時経済特別調査室（以下「調査室」）の人選は主に石橋と荒木により、東京

帝国大学経済学部と金融学会を中心として行われ、中山伊知郎、大河内一男ら
の委員が選ばれて1944年11月から活動を開始した。荒木のメモによれば、石橋
は第2回会合で「United Nation 案　ダンバートン、オックス、に対する対
案」（原文ママ）「通貨案の対案」などを検討することを提案し、さらに
「Closed Economy 朝鮮、台湾を除いた本土だけの封鎖経済を考へる」ことも
提案している。1944年7月には後の国際復興開発銀行（世界銀行）や国際通貨
基金（IMF）の基となるブレトン・ウッズ協定が連合国通貨金融会議で締結さ
れているので、ここで挙げられている「通貨案の対案」はブレトン・ウッズ協
定を意識したものといえる。また石橋は前述のように「貿易が行われない場合
の経済」という意味で「Closed Economy」という言葉を用いているので、石
橋の提案は「貿易が行われない場合に本土だけで日本経済がどれだけ維持でき
るか」を考えようとするものであったと考えられる。

　ただ12月に作成された「調査室」の調査事項案では、主に戦後の国際秩序案
について検討することになっている。戦争終結後の日本の領土の範囲について
は石橋とそれ以外の委員との意見に幅があったことで、ひとまず日本について
は棚上げして戦後の国際秩序について先に論じることになったとも推測される。

　1945年4月頃に荒木が取りまとめたと思われる「中間報告（案）」を見る限
り、戦後における「広域経済」の必要性という点では委員間で合意が得られた
ものの、「広域経済」とは何を指し、なぜ必要なのかについては意見がまとま
らなかったとみられる。委員の多数は勢力圏（ブロック経済）としての広域経済
を考えており、戦後においても世界はブロック経済に分割されたままであると
考えていた。一方で石橋は経済が世界経済へと発展する一方で政治が一国単位
であることで矛盾が生じているとしており、したがって広域経済を世界経済へ
の進展の過渡期的存在としてのみその意義を認めている。これは石橋が太平洋
戦争開戦前から主張していた内容である［石橋 2011（1941）］。これを基に石橋が
提出しようとしていた「戦後世界経済機構案」は、経済を国内経済、広域経済、
世界経済に分け、広域経済にはそれぞれ一個の常設国際委員会、世界に一個の
常設圏際委員会を設け、正しい分業の原則に従いつつ各国および各広域経済に
おける資源の開発、活用や生産要素の完全稼働、民衆の生活程度および文化の
向上と均衡化を図っていくというものであった。「調査室」の議論の主流とな
った広域経済を認めつつ、それと世界経済とを有機的に結合する案であり、石
橋の苦心の跡が読み取れる。

　こうした「世界に開かれた広域経済」は、石橋にとっては領土を削減される日本が存続していくために不可欠なものであった。「調査室」委員だった中山伊知郎によれば、「調査室」での議論の中で、敗戦により日本の領土が削減されることに不安を感じ、植民地を取り上げられるのはやむを得ないにしても、それ以外の領土（朝鮮や台湾）は何とか維持できないかと中山は話したが、石橋は次のように答えたという。

　　石橋さんは、頭からそれは駄目だ、四つの島になったら、四つの島で食っていくように工夫すべきであるし、やり方によってそれはできると主張された。その議論の間に持ち出されたのが、領土を持つことの利益と不利益という問題である。石橋さんはいう。領土が大きいことの利益は、その中で思い切った分業ができるということである。逆に領土が小さくて分業が十分にできないために困るのは、食糧の生産だけである。それさえ克服できれば、今度は領土を広くもっているための費用がなくなる。例えば台湾や朝鮮をもっていたことは、大きな費用を負担していたことで、ヤルタ協定［カイロ宣言］でその費用から免れるということは大きな利益である。その利益、あるいは力を外国貿易に使い、また国内開発に使っていけば、日本は四つの島で生きることができる。できるどころか、やがて世界の経済国として堂々とやっていけるではないか［中山 1974：156］。

　つまり領土が削減された日本であってもそれまで持っていた領土の維持費用を国際分業のための外国貿易や国内開発に使っていくことで発展していけるのであり、そのためにはやはり広域経済はブロック経済ではなく世界に開かれたものでなければならなかった。石橋の構想した「世界に開かれた広域経済」は、国際的な戦争を防ぐための理想であると同時に敗戦により領土を失う日本が経済的に存続していくために必要な現実的条件であった。中山は戦後、日本経済の発展はまさに石橋の主張通りになったとして、「議論ですでに負けたし、その後の事実の進行では、いっそうはっきり負けた」と石橋の先見の明に脱帽した［中山 1974：157］。

　この「調査室」の活動は東京への空襲が激しくなり、また大蔵大臣の交代などによって1945年4月頃に中断することになったが、日本政府が同時期の4月23日に開催した大東亜大使会議においては「国際秩序確立の根本的基礎を政治的平等、経済的互恵及固有文化尊重の原則の下、人種等に基く一切の差別を撤

廃し、親和協力を趣旨とする共存共栄の理念に置くべし」「資源、通商、国際交通の壟断を排除して経済の相互協力を図り、以て世界に於ける経済上の不均衡を匡正し、各国民の創意と勤労とに即応したる経済的繁栄の普遍化を図るべし」などと極めて普遍的な内容の大東亜大使会議宣言が採択されている。これは石橋らが大蔵省戦時経済特別調査室で進めていた研究内容とよく似たものであった［牧野 2018a］。

　戦後の回想で石橋は、石渡蔵相に「戦後」研究を持ちかけた際、「日本の生存上必要な最後の線をはっきりしておかないと、講和会議の時に困る」「これだけはどうしても確保しなければ生存できない、という線がはっきりしておれば講和條約の時に、それを主張できる。それを一つ研究しようではないか」と提案したと証言している［石橋・東洋経済新報本社 1951：16］。石橋が戦後国際秩序と「Closed Economy」を同時に研究することを提案したのは、「自立主義」の立場から日本本土の開発に力を注ぐ必要性を認めつつも、それだけでは日本経済は維持できないことを確実な研究によって示し、領土を失うのと引き換えに「日本の生存上必要な最後の線」である貿易を含めた国際経済秩序への復帰を要求するという講和の構想を考えていたためである可能性がある。

　大東亜大使会議宣言作成に関わったと考えられる東郷茂徳外相も石橋も、恐らく念頭に置いていたのは第一次世界大戦時のドイツの降伏であろう。当時のドイツが、アメリカのウィルソン大統領が提案した14か条の平和原則（航海の自由、平等な通商関係の樹立、国際平和機構の設立など）を基にした講和を申し出たように、イギリスとアメリカが1941年に発表し、大国か小国か、あるいは戦勝国か敗戦国かを問わず自由貿易の機会が与えられることを強調した大西洋憲章に基づく国際秩序を受け入れ、これを日本の戦争目的と同一視することによって戦後世界への道を開こうとしたと考えられる。石橋の「調査室」における戦後研究が大東亜大使会議宣言などに影響を与えたかどうかは不明であるが、石橋の「戦後研究」は最終的には日本の国策を先取りするものとなったといえるのかもしれない［牧野 2018a］。

おわりに
　　──ランダム・ネットワークとスケールフリー・ネットワークとの間で──

　石橋湛山は戦後は日本自由党に参加し、第一次吉田茂内閣の大蔵大臣として

戦後日本経済の復興に取り組む。占領下の当時の日本は事実上貿易が許可されていなかったが、石橋の考えでは、こうした「クローズド・エコノミー」の状態では前述のように通貨下落による貿易への影響を考慮することなく「一国経済」のみを考えた経済政策を行うことができる。金解禁論争期からケインズの研究を行い、特に戦時期には金融学会を組織して研究を行ってきた石橋にとって、インフレにこだわらず資金を豊富に供給することによって生産の回復を行い日本経済の復興を目指すことはごく自然なことであった。石橋は大幅な赤字予算を組み、生産再開のための積極策として重要産業に対する価格調整補給金の支給や復興金融の強力な促進を行って基礎物資の生産回復を目指した。

　ただし石橋にとって「インフレ政策」はあくまでも貿易のできない非常時の政策であった。1946年7月30日の衆議院予算委員会で吉田内閣の大蔵大臣として議会答弁に立った石橋は、「インフレ政策」は国債支払いをインフレで帳消しにしようとするものであり、あまりにも楽観的で無責任ではないかという水谷長三郎（日本社会党）からの批判に対して次のように述べている。

　　日本の経済は成程今は終戦直後であり、斯様な状況にありますが、兎に
　　角働く人間は八千万前後居る、是は働いて行かなければならぬ、食つて行
　　かなければならぬ、それには何時［ま］でも「クローズ・エコノミー」で、
　　日本の中だけで踢踏（きょくせき）して居ることは出来ないのであります、今までとは
　　違ひます、我々は現在でも、或る程度の貿易も細々ながら許されて居るの
　　でありますが、私は此の貿易を再開すると云ふことは、日本の今後生きて
　　行く場合に於てどうしてもやらなければならぬことだし、又世界的に見て
　　も日本の貿易と云ふものは、必ずさう遠くない将来に於て許されるものと
　　信じて居ります、左様にして我々日本国民が働く限りは、私は日本の経済
　　と云ふものはそんなに縮小するものとは思ひませぬ、相当の国民所得を持
　　つて行くものであり、又持つて行かなければならぬ、でありますから其の
　　先を見透せば、無論今の国債の利子の負担位のことは出来るのが当り前だ、
　　私はあなたのやうにさう悲観致さないのであります[8]。

つまり、日本経済の長期的な発展のためには真の資源である国民が懸命に働くとともに貿易を通じて世界に市場を求めていくことが必要であり、日本はそれが十分可能であるというのが石橋の考えだった。石橋の労働と貿易、言いかえれば「自立主義」と「ネットワーク主義」に立ち、将来を前向きにとらえる姿

勢は戦後も変わらなかった。

　公職追放を経て政界に復帰した石橋は、再軍備、集団的自衛権、憲法改正に
肯定的な態度を取り［筒井 1986］、また経済面では国内開発の重要性も訴える
が、これは前述の石橋の基本的な思想である「自立主義」に照らし、日本の自
立のためには責任を持って自国を防衛するとともに他国に依存し過ぎない経済
開発も必要であると考えていたためである。しかし石橋は米ソ冷戦の中でアメ
リカを中心とする勢力圏の中のみで行動することには批判的であり、「連合国
が大西洋憲章を戦時中に発表して、考えの基本を明らかにしているのだから、
これに従つて、できるだけ自由な貿易を世界に実現するようにお互いに努力す
るという運動を日本から起すべきだと思う」と主張した［石橋・東洋経済新報本
社 1951：17］。そして石橋は中国とソ連を含めた日米中ソの枠組みでの安全保
障を目指すことを主張して日中及び日ソの関係改善に力を注いだ。これは石橋
の広範囲のネットワークこそが望ましいという「ネットワーク主義」からはよ
く理解できる。

　石橋と経済政策との関わりについては金解禁論争と戦後復興における役割が
良く取り上げられるが、むしろ「ネットワーク主義」という石橋の基本的な思
想に注目することで、上記のような石橋の戦前から戦時、戦後に至る思想と行
動を説明できるだけでなく、経済学と戦争との関係の複雑さが理解できる。石
橋も含めて通常の経済思想（経済学）では完全競争の想定に代表されるように
経済主体は基本的に平等であり、経済主体の相互作用は市場経済を自然に発展
させていくことになる。これはネットワーク理論でいえば、大半のノードがほ
ぼ同数のリンクを持つ「ランダム・ネットワーク」を想定したものといえる。
しかし現実のネットワークは、大半のノードはごく少数のリンクしか持たない
一方、少数のハブが莫大なリンクを持つ「スケールフリー・ネットワーク」で
あり［Barabási 2002］、リンクを資源と考えれば現実の経済には独占・寡占そし
て貧富の格差が存在する。戦前に置き換えれば、現実の「スケールフリー・ネ
ットワーク」な国際社会では各国は自国がハブとなることを目指し、それによ
る争いが戦争へとつながったのであり、それを「ランダム・ネットワーク」を
理想として理解しようとすれば、石橋の「理想」は現実に裏切られざるを得な
かったのである。他方、石橋が自らがネットワークのハブとなり有力な存在と
なったことが、戦時下における経済学の制度化、そして戦後に政治家として自
分の経済思想に基づく政策を行うことを可能にしていく。

　石橋の思想と行動を同時代の背景と合わせて「ネットワーク」という観点から分析することは、「ランダム・ネットワーク」的な思想に基づき貿易や投資の自由化が進みグローバル化が急速に進む一方、貧富の格差が拡大し過激な思想が広まる「スケールフリー・ネットワーク」により排外主義や保護主義が世界的に高まりを見せる現代社会を考える上でも有益であると考えられる。

注

1）　落語は噺家が時代に応じて細かい点を変更するのでこれは「花見酒」の最も一般的な粗筋である（［江國・大西・永井ほか編 1969］に基づく）。石橋が挙げている「花見酒」では釣銭用に持って行く小銭は25銭である。

2）　石橋の思想を「ネットワーク主義」と表現することで石橋の思想と行動をうまく表現できると考えるのは筆者の私見である。しかし近年の複雑ネットワーク研究の急速な発展（［Barabási 2002］など）の成果を用いて政治史・思想史の研究を行う試みが盛んになっている（［松浦 2010］など）。

3）　オーストリア学派の影響を受けていた荒木光太郎は金本位制度に肯定的であったが、欧米留学中の1923年に、『貨幣改革論』を発表した直後のケインズの講義をケンブリッジ大学で聴講するなど、ケインズの提唱した管理通貨制度にも関心を持っており、1931年の日本の金本位制離脱後は、長期的には金本位制への復帰が望ましいものの当面は為替の安定のために管理通貨制度を導入すべきであるという折衷的な案を提唱していた［牧野・小堀・山川ほか 2018］。

4）　実際には昭和11年度予算編成で陸軍予算は大蔵省査定や復活要求で他の省よりもはるかに優遇されており［大前 2015］、高橋是清蔵相が陸軍予算を抑制したというのはかなりの程度作られたイメージであった。しかし、だからこそそうしたイメージを作り出したメディア、そしてそこで健全財政主義を批判して陸軍に同調した高橋亀吉のような評論家の役割が重要となる。

5）　*The Oriental Economist* は海外で高い信頼を得たが、「国策」に従うことなく報道するその姿勢には陸軍やいわゆる「革新官僚」から不満があり、それが国策に沿って海外に情報発信を行おうとする日本経済連盟会対外委員会（のち世界経済調査会に発展解消）の設立につながった［小堀 2017］。

6）　荒木光太郎も美術界・社交界・学界・官界・財界・海外に数多くの人脈を持つ「ハブ」的な存在であった［牧野・小堀・山川ほか 2018］。こうした荒木と石橋という有力な「ハブ」が協力することによって金融学会や大蔵省戦時経済特別調査室での調査活動が戦時中に可能となったと言える。

7）　「荒木光太郎文書」は東京帝国大学経済学部の荒木光太郎ゼミ出身で当時名古屋大学経済学部助教授だった城島国弘の仲介により1954年に名古屋大学に受け入れられたものである。大蔵省戦時経済特別調査室資料などの「荒木光太郎文書」の主要資料はデ

ジタル化されてオンラインで公開されている（http://www.nul.nagoya-u.ac.jp/erc/collection/araki.html, 2019年12月5日アクセス）

8）　第90回帝国議会衆議院予算委員会義録（速記）より（帝国議会会議録検索システム、http://teikokugikai-i.ndl.go.jp/, 2019年12月5日アクセス、を利用）。

9）　日本は国際経済秩序の基盤となる機関のうちIMFと世界銀行には大きな反対も無く1952年に加盟することができたが、関税及び貿易に関する一般協定（GATT）には、戦前に日本と激しい貿易摩擦が起きたイギリスなどの強い反対により加入申請から3年後の1955年にようやく加入することが出来た。しかも加入と同時にイギリスほか英連邦諸国を中心とする14ヶ国がGATT35条の援用により日本とのGATT関係の樹立を拒否し、日本がこれらの諸国とGATT関係を樹立するためにはさらに10年近くを要した［赤根谷 1992］。高橋財政期に激しくなった日本とイギリスとの貿易摩擦は戦後の日本の国際経済への復帰にもマイナスに働いたのである。

第9章

日本陸軍の戦争経済思想

——大正期から日中戦争まで——

は じ め に
——軍部の経済思想——

　本章は、戦間期、日本陸軍がどのような経済思想で次期大戦に備える体制を構築していったのか、その途上でどのように国民経済に介入していったのか、を明らかにすることを課題とする。

　戦時経済研究については膨大な先行研究がある［山崎 2011］。しかし、軍部の経済思想となると加藤俊彦の「軍部の経済統制思想」［加藤 1979］のあと、軍部のあるいは陸海軍の経済思想を明示的に扱った論考は見当たらない。加藤研究も満洲事変までにとどまっている（石原莞爾に言及していない）ので、その後の「満洲国」の運営、「華北分離工作」から事変の勃発による戦時経済体制の始動まで、陸軍の経済思想を検討して加藤研究を補完したい。

　本来、大正・昭和期の陸軍士官学校や陸軍大学校には、正規の科目として「経済学」はなかった［山崎 1969：上法 1973：162-163］[1]。通常、予算要求という形で経済に関わっていた日本陸軍が、本格的に国民経済に向き合わざるを得なくなり、経済政策、産業政策などを検討し国の経済に介入する「契機」は3回あった。最初の契機が第一次世界大戦であり、二番目が満洲事変と「満洲国」の建国、三番目が華北分離工作とそれに続く日中戦争である[2]。これら「契機」に深く関わった軍人の経済思想をさぐることで、陸軍の経済思想としたい。

1　第一次世界大戦と陸軍の経済思想

（1）　生産力拡充と資源の確保

　最初のきっかけが第一次世界大戦である。日本陸軍は欧州大陸の「塹壕戦」

にこそ参加しなかったが、この大戦を組織的に調査研究、幾つかの報告書が提
出されている[3]。その結論は、アジアにおける次の戦争、これは総力戦になる。
したがって総力戦に備えて平時から準備しなければならない。その施策は、①
軍事力の整備② 生産力の拡充（以後「生拡」と略称）③ 資源の確保であると総括
できる。ところが、②の「生拡」が優先順位を落とされたように見えた。その
根拠は、「生拡」に関する国もしくは陸軍の構想や計画が、一次大戦後、1935
～1936年頃の日満財政経済研究会（以後「日満財経」と略称）による重要産業五年
計画まで、明示的なものはなかったことである。むしろ③ 資源の確保という
日本固有の課題が強く意識された。

　理由の１つは総力戦を戦い抜くには自給自足体制が要求される、それには資
源は欠かせないという論理であろう。２つ目の理由は「国家総動員」という思
想の特性からくるというものである。この思想は、保有資源を動員して充全に
発揮するという「資源」重視という性格がある。この点は国家総動員機関とし
て1927年に設立された「資源局」の任務と1937年10月に設立された「企画院」
の任務に明確に現れている。資源局の方は「人的物的資源の統制運用」であり、
後者の任務は「平時戦時の総合国力の拡充運用」である［防衛庁 1967b：244；防
衛庁 1970：127］（傍点筆者、ことわらない限り以下同じ）[4]。 ３つ目の理由は、 中山
［1941］は戦争経済力の「育成と集中」で育成を強調したが、 永田［1928］の
「国家総動員」思想は、どちらかというと「集中」に重点があるという解釈で
ある。つまり「資源」か「生拡」かといったとき、総動員思想には、国の経済
の規模を大きくする「生拡」以上に持てる力（資源）を充全に動員・発揮する
という「資源」重視の思想になるからというものである。

（2）「帝国国防資源」とそのモデル

　総力戦に備える戦時経済体制を確立する施策の１つ「資源の確保」を扱った
報告書が小磯国昭「帝国国防資源」（以下「帝国資源」 と略称）である［防衛庁
1967：40］。「帝国資源」に筆者が注目するのは「帝国資源」の思考過程には、
その後の陸軍のもしくは日本の対中経済政策の基本構想が論述されていること
である（**表9‐1**　戦時兵站諸計画を参照。この表は「帝国資源」（1917）と「第二次総動
員期間計画」（1936）の連続性を示している）。

　「帝国資源」はその緒言において総力戦は経済戦であり、その対策案が本論
文のテーマであると述べる。総論（第１章）では経済戦対策案の課題は戦時経

表 9 - 1　戦時兵站諸計画

帝国国防資源（1917）	総動員第二次期間計画（1936年）	昭和十二年度陸軍軍需動員計画令(1936)
緒言	第 1　総動員機関の整備	第 1 章　総則
第 1 章　総論	第 2　管制一般事項	1　本計画令は、昭和12年度帝国陸
第 2 章　平戦両時に於ける	1　重要産業統制事項	軍軍需動員に関する事項
帝国国産原料の動態	2　戦時紡績業対策	2　軍需動員計画は「甲号計画」と
第 2 節　食料	3　戦時蚕糸業対策	「乙号」あり
人糧農産物	第 3　輸入に関する事項	
甲　平時動態	1　輸入一般に関する主なる事項	第 2 章　各部隊の業務
乙　戦時動態	2　輸入資源に関する事項	4　陸軍軍需動員部隊は
馬糧農産物	第 4　財政金融に関する事項	陸軍運輸部は軍需動員船舶輸送
畜産及水産物	1　開戦当初の金融対策中「銀行	を計画
第 3 節　衣料（兵器用も含む）	対策」	5　陸軍航空本部は
第 4 節　金属	2　戦時インフレーション対策	6　陸軍技術本部長は
鉄	3　戦費に関する事項	
銅	第 5　総動員に必要なる情報および	第 3 章　戦時増員、工場事業場及交
亜鉛	宣伝	付軍需品
第 5 節　薬物	第 6　総動員に必要なる警備	7　戦時要員に関して
第 6 節　燃料	第 7　戦時法令の準備等	8　戦時各部隊が利用し得へき工場、
石炭	第 8　食糧	事業場
鉱油	第 9　鉄類	9　陸軍航空本部などに交付すべき
第 7 節　その他の資源	第10　非鉄金属及非金属鉱物	燃料など
第 3 章　支那国産原料	第11　窯業薬品	10　戦時他部隊より陸軍運輸本部に
第 2 節　食料	第12　工業薬品	交付すべき
穀類・畜産	第13　医薬品	
第 3 節　衣料	第14　油脂類及船底塗料	第 4 章　整備、供給及び輸送
羊毛・棉花	第15　農、林、畜産原料（食料、衣料	11　戦時整備軍需品の取得生産範囲
第 4 節　金属	を除く）	は
鉄・銅・亜鉛	第16　工作機械	12　第一次軍需品の整備は
第 5 節　薬物	第17　石炭	14　陸軍運輸部の担任する船舶輸送
第 6 節　燃料	第18　石油	準備は
石炭・石油	第19　電力	甲号計画、乙号計画
第 7 節　その他の資源	第20　工場	15　統一取得を有利とする軍需品に
第 4 章　帝国平時経済政策	第21　鉄道	関しては
第 2 節　対外経済策	第22　船舶	17　戦時代用を許すべき軍需品
日支関税同盟	第23　港湾	19　輸送に関しては別に指示する
合弁事業の経営	第24　自動車	
国利政策の統一	第25　通信施設	第 5 章　調査及演習
対外金状態の改善	第26　重要産業統制機構に関する事	20　需要額調査を行うべき軍需品目
貿易品の選択及び改良	項	に就いて
航路の拡張	第27　輸入に関する事項	22　軍需動員演習の実施は
第 3 節　対内経済策	第28　労務者（技術職員・職工・鉱	
農産の保護奨励	夫）に関する事項	第 6 章　通報及報告
工業の保護奨励	第29　交通従業者（船員・無線通信	23　甲号計画の通報及び報告
企業組織の改善	有技者）に関する事項	24　乙号計画の通報および報告
第 5 章　平時経済と戦時経済の転換	第30　衣料に関する事項	
第 2 節　工業転換	第31　科学動員に関する事項	＊昭和十二年度陸軍軍需動員計画は、
第 3 節　戦時生産増加		帝国陸軍の全軍作戦の場合を甲号
第 4 節　戦時消費節減	＊下線の項目が総動員計画の一部実	計画とし一部作戦の場合を乙号計
第 5 節　平時貯蔵法	施項目	画として策定スルモノトス
第 6 節　戦時代用補給法		
第 7 節　支那原料の搬来		
第 8 節　結言		
第 6 章　総結論		
附表 1　日本重要輸出入品一覧表		
附表 2　重要原料不足数量調査表		

済の独立を平時からいかに準備すべきかである。そのためには、まず平時において国富の増進を図らねばならないが、「その最良策案は国際分業経済の要則」である［参謀本部 1917：10］。また大戦後の東洋経済界を考えると「我が経済上に於ける支那（ママ）の価値実に大なり」。しかし、この中国の原料を欧米人も狙っているので、「（彼らに中国の原料を）壟断せられざるの処置あること緊要なり」と大陸資源のブロック化に論及した[5]。ところが平時極端な国際分業経済を営むものは戦時輸出入の途絶に基づき諸原料の欠乏に陥って国家は自活の途を失う。したがって「国家ハ常ニ自足経済ニ転位シ得ルノ準備ヲ留保シツツ而カモ極力流通経済ニ利益ノ獲得ヲ企図スルコト最緊要ナリ」［参謀本部 1917：10］。そこで平時・戦時の調節の方策が焦点になる。次の 6 項目がその方策であり、それを帝国国防経済政策の大綱とした。① 輸入貿易の防止 ② 輸出貿易の促進 ③ 国内資源の保存及増収 ④ 原料の貯蔵 ⑤ 工業転換に関する準備計画 ⑥ 大陸との交通連絡の確保である。

　各論は次の 4 章にわたっていた。第 2 章平戦両時に於ける帝国国産原料の動態、第 3 章支那国産原料、第 4 章帝国平時経済政策、第 5 章平時経済と戦時経済の転換である。その論旨は以下のとおり。まず、人口などを算定の根拠として日本が第一次世界大戦のドイツ並みの動員を行った場合の総動員兵力は「人900万人、馬200万匹」と算定した［参謀本部 1917：24］。（ちなみに、太平洋戦争終戦時の陸海軍の総兵力は826万人であった。）この数字を前提にして、「将来亜細亜方面ニ於ケル世界的戦争」に際し、これらの兵馬が動員されたら、食糧、衣料、金属、薬物（化学製品）、燃料などの戦時所要はどれほどになるかを算定した。この戦時所要（戦時状態）と現在の可能な戦時供給量（平時動態）を比較し、その差（不足）を充足する方策を考究したのである。

　戦時になれば帝国の不足原料の入手先は中国以外にはない。中国産原料は帝国の不足原料の大部を補足する。したがって中国産原料の戦時利用法を平時から研究・準備すべきだ。他方、帝国の平時経済政策の最終目標は帝国の強靱な戦時自給経済を造りあげることにある。そのために国内産業を発達させ、世界流通経済の勝者となる具体的方策を対外・対内経済策で掲げた。注目したいのは対外経済策の冒頭に「日支関税同盟」を挙げていることである［参謀本部 1917：148］。その目的は、欧米列強の対中経済活動から中国をブロックし、帝国の戦時所要量の中国産原料による補足に憂いなきを期すためであった。

　総結論では「戦後帝国ノ確立スベキ経済政策ハ」迅速に戦時独立経済に転換

できる状態にしておいて、国際分業経済の利益を自給経済圏に注ぎ込むという
ものであった。

この経済思想は、いわば平時国際分業経済の利益を活用して戦時自給経済を
強固なものにする国防重視の経済思想であり、2つの特徴があった。戦時自給
経済が構築目標として際限のないものであること、もう1つは戦争資源の不足
を中国の資源で補填する体制を造ろうとしていることであった。

筆者が注目したのは、「帝国資源」にはドイツの「戦時自給経済」を扱った
原本があり、「帝国資源」はその原本を翻訳、それを日本版に修正したことで
ある。したがってドイツの「戦時自給経済論」がモデルになってその考え方が
日本に移入されたといえる（いわば思想の移転があった）[小磯 1963：334-335]。

（3） 軍需工業動員計画と作戦資材整備会議

日本が第一次世界大戦の教訓を経て、総動員体制（戦時経済体制）を整備して
いく過程を語る上で次に、言及せねばならないのは、軍需工業動員計画のこと
である。1920年「軍需工業動員法」が議論の末に成立した。本法は1882（明治
15）年制定された「徴発令[6]」の趣旨に基づき「軍需品の生産や修理のできる工
場、事業場等を戦時管理、使用または収用して、補給軍需品の調達を円滑にし
ようとしたもの」である。第一次世界大戦という国家総力戦は、ソンムの会戦
のような1会戦、しかも英軍だけで、日露戦争で日露両軍が戦争中に消費した
全砲弾の10倍を消費するという大消耗戦を現出させた[有澤 1934：36-38]。した
がって手持ちの砲弾はたちまち底を尽き、工廠だけでは対応できず民間の弾薬
工場を動員しなければならなくなった。民間の工場の動員は、戦時になってか
ら始めても間に合わない。平時から工場の戦時体制への移行、いわば指定工場
の動員を準備するというものであった。この法律を通して、陸軍と民間工場や
事業場がつながり、陸軍が国民経済に介入してくる。

一方、第一次世界大戦の教訓と大正末期の軍備整理に関して、1921年設置さ
れた「作戦資材整備会議」は約5年にわたって作戦資材の整備について調査検
討した。その結果これを実施するため陸軍省内に整備局が設けられ、1929年度
を第1年度として長期にわたる平時整備に着手した。また戦時整備についても
詳細に計画された。この戦時整備計画は、戦時において約28億円[7]に達する軍需
品を調達するものであり、従来の軍需工業動員の枠を越えるものであった。

岩畔豪雄[8]（当時、歩兵大尉）が1921年、作戦資材整備会議で調査研究した時を

戦後、回想している。そこには、従来、陸軍軍人には、希薄であった経済の問題が作戦資材の整備という問題を通して、身近になってくる姿がある［岩畔2015：26-28］。

> 大正10年に作戦資材整備会議というものが、陸軍省にできた。作戦資材とは、軍需品のこと。その作戦資材整備会議というのは、欧州大戦の結果、日本のいままでの装備というものが古いので、何をいくら装備したらよいかという会議をやった。……作戦資材の品目（商品名）は、当時、5万種あった。5万種を全部挙げて軍隊にいくつぐらいずつやったらいいかということを決める。単価がいくら、予算がいくらいるということを出すわけです。ところが全部やるわけにいかないから、平時はこれくらい、戦時になったらこいつは臨時に調達するのだ、臨時調達しても間に合わない物は製造するのだ、戦時の製造計画、徴発計画、平時の整備計画、これをみんなやるわけです。……産業連関論というものが経済学にありますが、ああいうものが当時ないものですから、非常に困るのは、戦時、大砲を仮に1年間200門作るとする。そうすると、これに要する鉄は何トンといくわけです。鉄が何トン要るとその鉄を作るためには鉄工所を作らなければならない、鉄工所を作るとそのためにまた鉄が要るわけだ。そうすると、それを送らなければならない、そうすると汽車のレールから箱の鉄が要る。最後には、鉄鉱石を掘るためのツルハシがいる。これまでが全部ふくまれて換算しないと鉄の計算にならないわけです。難しくって、実際困ったものです［岩畔 2015：26-28］。

（4）　軍需工業動員計画と作戦構想の関係

　岩畔は作戦用資材つまり軍需品と関連産業との関係に言及した。前述の例は大砲年200門製造するには、どれだけの鉄が必要かと、関連の製鉄工業、鉄を運ぶ輸送業、鉄道や自動車そして鉱山にさかのぼっていった。そこで、必要な軍需品の製造にあたる軍需工業、それを支える重化学工業などの役割が検討された。

　一方でどれだけの軍需品が必要か、帝国国防方針や年度作戦計画などの作戦上の要求からの算定がある。例えば大砲500門でなく、1000門必要だとする日本陸軍の作戦構想、年度作戦計画などから所要数が要求される。

　陸軍軍需工業動員計画が初めて作られた1920年頃の日本の国防方針は中国を想定敵国に加えるよう、改定された。それでも想定敵国の優先順はソ連・米国・中国の順で、対中作戦は「経済権益と居留民保護を目的」に満洲及び華北の要域、状況により華中、華南の要地占領と、全面戦争を予期したものでなかった。ソ連を第1の想定敵国として、大陸決戦を準備し、対中戦争になった場合、華北、華中、華南の要地を占領して、限定戦争に持ち込む狙いであった。対ソ、対中戦争とも大陸が戦場になり、中国大陸での戦いに必要な軍需品が要望された。当時は、ソ連は革命直後で混乱し、中国も国内統一途上で、内戦状態にあり、陸軍の現有兵力で、対応可能と判断されていたようだ。しかし、ソ連が急激に戦力増強したり、対米戦争の可能性が増大した場合、要請される「陸軍軍需工業動員計画」の中味が違ってくる。計画担当者は、そのような安全保障環境の急激な変化に柔軟かつ迅速な適応は難しく、かつ計画自体に予算の裏づけがないこともあり苦慮した。

（5）　総動員機関「資源局」と「総動員期間計画」

　1927年設立された「資源局」の任務は「総資源の統制運用を全うして、軍需及び民需を充足する準備計画を進めるを目的とす」であり、「広く国力の涵養及び発揮に関係を有する一切の人的及び物的資源の調査、保育その他の平時の施設これが統制運用計画などに関し連絡統一の事務に任ず」である［防衛庁1967b：251］。確かにその任務の中に、国力の涵養に関連する資源（施設）の保育が明示されているが、実際は、資源の動員（集中）が「総動員期間計画」（事後「期間計画」と略称）という形で先行していた。[9]

　「期間計画」とは、軍需局で、作成できなかった総動員計画を資源局になって作成したもので、有事を想定し、各種資源（ヒト、モノ、カネ、それに制度・組織）の戦時需要と戦時供給力とを調査し、その需給の調整と対策を図るものである。

　最初の「期間計画」は1933、34、35年の3ヶ年間適用する目的で、30、31、32年の3年がかりで作業が予定された。第1年に資源の現況、戦時供給力を調査し、戦時の軍需、国民生活需要額を算定した上で、第2年に各資源の配当補填の綱領を作成し、これに基づいて第3年に各庁が再調査、再検討して提出する。このやりとりが幾度となく繰り返された」（高崎1965：27-28）。満洲事変が勃発して若干の影響を受けたものの、1932年6月一応計画綱領案の作成にこぎ

つけた。

「期間計画」の設定手順と「帝国資源」の思考過程は類似している（表9-1参照）。それなら「当時、国家総動員計画というのはどういうものが考えられていたのか？　国家総動員計画と称するのは戦時の必要に応ずる為、我国一切資源の統制運用に関し戦時実施する目的を以て平時準備し置くべき国の計画」になる［高崎 1965：27］。

「期間計画」のねらいは、各別資源ごとに戦時所要量と現有量の差を明らかにして、その補てん策を考えるというもので想定している戦争が重要になる。「第二次期間計画」の場合、岡田菊三郎は、対ソ対米同時戦争を考えていると指摘している。この場合、1936年もしくは1937年に有事になった場合の各種戦略資源の補填策を明らかにし各官庁が対策処置を計画化することが目標になっていた。資源局の「期間計画」の作成により政府（陸海軍含む）は資源の現況、供給力の調査という形で各庁を通じて国民経済に介入していた。

2　満洲事変と陸軍の経済思想

（1）　満洲事変の目的

1931年9月18日、満洲事変を計画実行した関東軍（とりわけ石原莞爾）の目的・ねらいは何なのか。関東軍は、なぜこのような危険な軍事的冒険を犯したのであろうか。その動機と日本の総力戦体制構築とは、どう関連しているのであろうか。事変を主導した石原莞爾の国防思想や戦争経済思想を検討しよう。ただ石原の思想を検討・評価するとき、いつ、どの時点の構想かという点に注意しなければならない。石原の思想はたびたび変化し、時期によって事実が再解釈、再構成されている可能性があるからである。

石原は、1922年7月から1925年10月までドイツに駐在していたが（ナポレオン戦史の研究）、帰国して陸大の教官を務めた。1928年1月、第3回、木曜会の会合で、石原は日本の国防方針について発表、その内容は、次のとおりである。[10]

> 将来戦は国家総動員に依る消耗戦ではなく、殲滅戦である。この戦争は、日本内地よりも一厘も金を出させないという方針の下に賄われねばならない。対露作戦の為には数師団で十分、全支那を根拠として遺憾なくこれを利用すれば20年でも30年でも戦争を継続することができる［木戸日記研究会・日

本近代史料研究会 1974：367-372]。

石原は、同年10月陸軍大学校教官から関東軍参謀に着任し、翌1929年7月、軍内で「国運転回ノ根本国策タル満蒙問題解決案」を以下のとおり発表した。

　　三　満蒙問題解決方針
　　　1　対米戦争の準備成らば直に開戦を賭し満蒙の政権を我手に収む
　　　2　若し戦争の止むなきに至らば東亜の被封鎖を覚悟し適時支那本部の
　　　　要部をも我領有下に置き我武力により支那民族の進路の障壁を切開
　　　　し東亜自給自活の道を確立し長期戦争を有利に指導すこの目的を達
　　　　成する為には対米戦争の覚悟を要す［角田編 1971：40］

　前段の国防方針（1928年）は、将来的には軍事技術の革新による殲滅戦を予想しながら、その前の段階での対露戦（20-30年）を想定し、戦争をもって戦争を養うという占領地経営重視で全中国を兵站基地とした国防最優先国家である。後段の国策（1929年）は、対米長期戦を想定した封鎖対処に特徴があり、中国関内（筆者注：万里の長城以南）も占領して自給自活の国防国家である日満支自給経済圏の確立を目指していた［角田編 1971：40］[11]。

　両者に共通しているのは、中国関内も含めた中国大陸を兵站基地とした国防国家で、占領地財政を重視していること。戦争が常態化しても「戦争をもって戦争を養い」占領地で戦費を調達する戦争経済を想定していることであった。

　このような国防思想の背景を考察すると、石原の対米戦略につきあたる。日米戦争における米国の戦略は、日本の四つの島の封鎖である。これに対抗する戦略がナポレオンの大陸令にある。「陸をもって海を制する」戦略である。四つの島では対抗できない。中国大陸を占領・蟠踞して、日本とブロックを造り対米戦争に備える体制を造る。これによって米国の経済封鎖に対抗できるというものだった［五百旗頭 1971：63-91；加藤 2007：98、103-104］。

　満洲事変、満洲問題関連の著作を読むと、事変の根底にある軍人たちの心理的動機として、経済封鎖されることへの危機感とそれを克服する手段としての満蒙の領有が確認される[12]。しかし満洲事変がその後に与えた影響は甚大である。1つは日米対立を激化させアメリカという大石を動かした。2つ目は長大なソ満国境で直接ソ連軍と対峙することになりソ連との緊張を高めた。3つ目は中国との協調路線を暗礁に乗り上げさせた。つまり米ソ中との対立と緊張を

作りだした。そして4つ目、陸軍内に幕僚たちによる下剋上、現地独走の気風を醸成させる結果となった［黒野 2000：302］。

　それでは石原莞爾の経済思想とはいかなるものであるのか。それは米国の封鎖に耐えて大陸に蟠踞し、100年戦争を占領地の税で賄う自給自足の戦争経済思想といえよう。石原莞爾は1933年頃から「東亜聯盟」という言葉を使い始めた。この言葉は、「世界最終戦」の到来に備えるための日本・満洲・華北の軍事的・経済的な一体化という意味だった［松田 2015：3］。

（2）　「満洲国」経済建設と日満経済統制

　前述の岩畔豪雄は、1932年8月関東軍参謀として着任した。三課の参謀であり「特務部」員でもあった。「特務部」とは経済関係を担当する部門である。関東軍の「特務部」と並行して満鉄が経済調査会というものを持っていた。岩畔は統制経済はわれわれが造ったとのべていた［岩畔 2015：46-49］。

　1933年3月「満洲国経済建設綱要」が満洲国政府から発表された。その中の「経済建設の根本方針」に「我国経済の建設に当たりては無統制なる資本主義の弊害に鑑み、之に所要の国家的統制を加え資本の効果を活用し、以て国民経済全体の健全かつ洗渕たる発展を図らんとす」と「四つの根本方針 ① 国民全般の利益基調 ② 重要経済部門に国家統制 ③ 門戸開放機会均等 ④ 日本との協調」を掲げたが、これに関して批判があった［小島 1933：76-88］。

　批判の中味は以下のとおりである。「経済統制というが、結局修正資本主義に近いものなのだろうか。国家社会主義とか、資本家排撃とかは緩和されているようだ」。「具体的には、どんな統制が行われるのか」［小島 1933：87-90］。「満洲国が企図している一般経済計画化の総合的計画化はソ連の五ヶ年計画のようなものと推察される」「どのような計画化を目指しているのか不明だが、ソ連流の建設計画なら、調査研究機関を拡充しなければならない」。

　『満洲国経済建設綱要』は関東軍特務部と満鉄経済調査会が事変以来1年半満洲国経済政策の確立のための努力の「結晶」とされている［原 1972：31］。この経済調査会でイニシアチブをとっていた1人が、宮崎正義だった[13]。宮崎は、岩畔と入れ替わりで関東軍を転出した石原莞爾とも親交があり、1935年夏、石原が作戦課長となって、日ソの兵力格差に驚き、「日満財経」を組織する時の、研究会の事実上の主宰者であった。

　事変直後の経済統制政策立案機関は、関東軍参謀部第三課である。三課では

「満蒙開発方策案」（1931.12.8）を作成した［原 1972：8-10］。その内容は「平戦両時に於ける軍需資源独立政策」を基調に「内地及び植民地と満蒙とを一体として企画経済の下に統制実行」する。「満蒙開発最大眼目の一は資源の利用にあり」。（この際）「資本家をして利益を壟断するを許さず」「鉄道網は漸次統一体系の下に改編しこれを帝国の指導下に運営」する。「全満通貨の改善及統一」を図り「金為替本位制施行を準備」するであった。

「三課」は「統治部」そして「特務部」へと改称された。これらの組織改編には、経済関係の行政は軍人より民間にまかすべきという思想があった。他方、軍の意向を直接反映すべきという見解もあり、満鉄経済調査会との役割分担がなされた。「特務部」は根本方針を決定、経済調査会はこれに基づき計画立案、長春政府及び満鉄は右の計画の実行に任ず」という石原の指示でもあった［稲葉ほか編 1963：184］。

経済調査会が第一期建設計画の立案（1932～1936）にあたった。経済調査会の調査立案の根本方針は①日満経済単一体、自給自足経済、②国防経済の確立（国防資源の開発）、③人口的勢力の扶植、④満洲経済国家統制下であった。『満洲経済建設綱要』は宮崎正義ら経済調査会、そして特務部の合作だった。

満洲国が建国され、日満経済ブロックが成立した。ここで問題になったのが、日満経済ブロックの運営方法である。世界経済のブロック化で、日満経済ブロックの運営も統制経済にならざるを得なかった。その中で、資源問題と「生拡」問題を解決することが企図された。あくまでも「生産力の拡大」を目標とするのであれば、自由放任の資本主義が優っていることは新庄健吉（3等主計正）の「公営企業論」でも論述されている［新庄 1933：25］。つまり「生拡」を目標とするなら、資本主義が勝っているという認識を持ちながら、統制すれば円滑にいくという統制経済が試行されていた。

小磯は、中国との貿易関係について関税同盟を掲げていた。しかし、満洲国成立に伴っての日満貿易体制においては、日本側の農家保護の事情で、関税同盟は成立しなかった［荒川 2011：47］。1934年3月、政府が「日満経済統制要綱」を打ち出す［小林・島田編 1964：593-597］。しかし、これも具体性に欠け、経済統制をすれば生産力の拡大に結びつくという暗黙の前提で語られていた。

1934年、森武夫（二等主計正）[14]は、森［1934］で「満洲国計画経済の展開と日満経済の融合」を発表した。その結論は、満洲国の計画経済は順調に伸展しているが、日本経済はいまだ旧来の資本主義であり、重要産業統制法が成立した

ばかりで統制経済には至っていない。何らかの外圧によって日本経済の統制化
が進展すれば、日満経済ブロックの融合は進展するであろうという楽観的なも
のだった。

3　華北分離工作（1933年6月～1937年6月）

（1）　華北分離工作の重大性

　華北分離工作とは、緩衝地帯から中国側の軍・官憲を排除し、親日政権を樹
立、中国から分離し、その地域を再び拡大して、全華北を日本の支配地域とする
というものである。しかし、親日政権を造ることには事実上失敗し、むしろ、
この工作は日中間の緊張をあおり武力衝突しやすい環境を造ったといえよう。

　工作が行われた時期は、1933年6月以降1937年の盧溝橋事件までで、特に
1935年6月の梅津・何応欽協定や土肥原・秦徳純協定から11月の冀東政府樹立
の頃が活発であった。

　加登川幸太郎は著書『陸軍の反省（上）』[15]で、なぜ、1933年5月31日に締結
された塘沽停戦協定が守られなかったのか、「関東軍がこのあと、満洲国問題[16]
の打ち上げに熱意を示し、この協定の精神を理解し、中国との間に事を起こす
ことがなければ、実質的には日満支の協調が図り得たのではないか」と述べて
いる（加登川 1996：7-9）。協定が守られれば（つまり華北分離工作などなければ）、日
中戦争も、したがって太平洋戦争も起こり得なかった。

　一般に歴史的に起こった事実に対し「起こらなければ」といった問題設定は
無意味とされる。しかし、M.ヴェーバーはこのような（工作がなければといった）
「仮説の設定は決してむだなことではないという。というのはこのような問題
設定こそ、現実を歴史的に構成する場合に、決め手となるものに文字通り係わ
っているからである。別に言えば、諸要因がすべてこのような事情になるしか
なく、別の事情になるはずがなかった、そういう無数の『諸要因』全体から外
ならぬこのような結果が生じるためには、あの工作には、これらの無数の『諸
要因』全体の中で本来いかなる因果的な意義が付与されるべきか、またこの工
作は歴史的な叙述の中においていかなる位置を与えられるのか、といったこと
を決めるのに、あの問題設定は係わっているからである」（[ヴェーバー 1998／邦
訳 11]；傍点著者）。

　日本にとって、運命的選択となった「長城越え」[17]、その代替指標として華北

分離工作はいつ、だれが、どのように、どこで、なぜ行ったのか。この政治工作には、経済はどう関連するのか。どんな経済思想的背景があったのか。そして日中戦争と具体的にどう結びついたのかを検討したい。

　まず経済的に華北分離工作を見ると、このような工作が必要になってきた直接の「きっかけ」は、満洲事変、満洲国の建国にある。本来国境のない満洲と華北に国境が生じヒト・モノ・カネの流通が窮屈になり、満洲国経済が停滞したと認識された［荒川 2011：111］ために、満洲と華北を結合する必要性が出てきたのである。また、日満 FTA の企画も農産物では満洲国が有利であり、結局、華北も入れて日満華北で貿易循環（経済循環）させて問題を解決する方向が目指された。前述の森（1935）も「戦時経済講話」の中で、華北資源の重要性を強調していた。

　華北分離工作の本来の目的は満洲国の防衛のための緩衝地の設定という国防の論理と、経済進出、産業開発（資源）および市場の確保という経済の論理の両方をかかえている。また華北分離工作の議論は、総力戦（次期大戦）に備えて、資源の確保（華北分離工作）か「生拡」（日満ブロックの経済発展に専念）かの議論に置き換えうる。この工作に反対の石原は、岡田菊三郎戦備課長に「君は北支の資源に目がくらんではならんぞ。満洲国を固めるのだ」と注意していた［岡田 1947：30］。

　日中戦争の引き金になったのは1937年7月の盧溝橋事件である。それなら盧溝橋事件の原因は何か。あえて単純化すると、2つの施策が事件の直接原因と言える。1つは、1935年6月の梅津・何応欽協定と土肥原・秦徳純協定とりわけ後者により抗日意識の高い第29軍がチャハル省から排除され、河北省に移駐したことである。もう1つは、陸軍が、関東軍の華北分離工作を抑制するため支那駐屯軍の規模を2100名から5000名へ増強した件である。増強された部隊の駐屯先が豊台になり、近くに演習場がなく、盧溝橋に駐屯する中国側第29軍の目前で夜間演習を行うことになって事件が起きた［島田 1962：183-185］。

　したがって華北分離工作で、直接、盧溝橋事件の原因となったのは梅津・何応欽協定そして土肥原・秦徳純協定である。その推進者、酒井隆と土肥原賢二、さらにそれを指導した南次郎（大将当時関東軍司令官）に注目したい。

（2）　梅津・何応欽協定（酒井隆）と土肥原・秦徳純協定（土肥原賢二）

　はじめに、支那駐屯軍や関東軍の華北分離工作を推進した酒井と土肥原の経

歴を紹介したい。まず梅津・何応欽協定（文書はない）に主体的にかかわった酒井隆である。酒井は、陸士20期、神戸一中から大阪幼年学校を経て1908年、陸軍士官学校を卒業した。兵科は歩兵で、比較的部隊勤務も経験しており、陸大の卒業序列も56人中21番と平均的エリート軍人でいわゆる支那通にあたる。天津軍の参謀長の前は、1929年10月天津駐屯歩兵隊長、1932年8月大佐に昇任同時に参謀本部支那課長となり、1934年8月支那駐屯軍参謀長となっていた。

　酒井について言及したいのが、陸士同期の橋本群との関係である。出身も同じ広島、同じようなコースを歩んだ。陸大も同期で、橋本は次席（恩賜の軍刀組）であり、大佐昇任も橋本が酒井より1年早かった。支那駐屯軍参謀長は2人とも経験しているが、酒井の方が2年早い。しかし酒井が支那駐屯軍参謀長に着任したとき、橋本は陸軍省の軍事課長になっている。少将昇任は半年遅れにせばまった。華北分離工作も酒井は、力づくで、推進したが、橋本は、陸軍省で、抑制的だった。

　他方、土肥原秦徳純協定の土肥原賢二は、陸士16期、青山小学校から、仙台幼年学校を経て1904年に士官学校を卒業した。兵科は歩兵で、陸大の卒業序列も54人中24番と平均的エリート軍人で酒井と同じ支那通にあたる。ただ、奉天督軍の顧問も経験し奉天の特務機関長を3年余り勤めていた。進級も順調で、1931年8月に少将になっていたので、華北分離工作の頃、階級が絶対の軍隊では、酒井も土肥原の指導にはしたがわざるを得なかったと思われる。

　酒井の場合の橋本群に当たるのが、土肥原にとっては陸士同期の永田鉄山である。陸大恩賜（次席）の永田は、意外にも少将昇任は、土肥原に半年以上遅れた（1932年4月）。永田は華北分離工作について、その是非以上に中央の統制を重視する態度だった。梅津・何応欽協定は、林陸相と永田軍務局長が満洲国視察の時期、しかも梅津の不在を狙って行われた酒井の独断であった。6月3日にこれを知った永田は「すでに矢は放たれた」と出張先の奉天から橋本（虎）陸軍次官に打電している［森 2011：248］。やむを得ず追認する形になったのである。酒井や土肥原の工作は積極的に指導している南（関東軍司令官）がおり、陸軍省の軍務局長であっても、少将が大将に直言できるような陸軍ではなかった。加えて両協定とも「文書化」されておらず、細部の情報は現地がにぎっていて、中央の統制がしにくい構図になっていた。この時期永田は、真崎甚三郎（教育総監）の罷免問題も抱えており、梅津何応欽協定と同時期結ばれた土肥原秦徳純協定について、同期の土肥原が主務でかかわっていることもあり、

永田とこの協定の件は、議論になっていない。

　酒井の国防思想や経済思想を考える上でヒントになるのが、酒井が参謀本部の支那課長の時、満鉄に申し入れた北支那の資源調査である。その目的は「帝国の対支経済発展を助長、併せて戦時国防不足資源の充足を容易ならしむるため」[中村 1983：15] であった。

　酒井は「梅津・何応欽協定」により局地的事件を契機にきびしい要求をつきつけて河北省における国民党部と直系軍隊を河北省から撤退させた。同時にチャハル省についてもほぼ同様の要求を貫いて「土肥原・秦徳純協定」で柔軟な宋哲元軍を河北省に移駐させ新たな傀儡とすることを策した [中村 1983：25]。本協定も土肥原関東軍特務機関長による河北チヤハル両省の自治政権樹立工作の一環であった [内田 2013：105-110])。

（3）蒋介石の日本観

　一方、日本が華北分離工作を画策していた頃の中国側、とりわけ蒋介石の日本観はどのようなものか。先行研究、岩谷 [2010] や家近 [2012] から確認してみよう。端的に言って、この時期（1933年から1937年前半）、蒋介石は対日戦争の自信を深めていた。1934年11月蒋介石は『外交評論』に徐道鄰の名前で、「敵か、味方か」と題した論文を発表した。それによると、もし日中全面戦争になったら、日本は中国全土を占領することでしか決着をつけることができず、決め手を欠いて最後は撤退せざるを得ないというものだった [家近 2012：66-68]。このような日中戦争の様相予測とともに、蒋介石の自信を深めたものは、国内情勢の好転（国内平定つまり安内＝剿共と国防建設の進展）である。結局、中央の精鋭部隊を対日戦に振り向けることが可能になったからである [岩谷 2010：24]。

　日本の現地部隊と中央の関係とは対照的に、何応欽も秦徳純も、中央政府の意向を何度も確認している。日本側が要求した中国軍部隊の南部撤退は、蒋介石にとって受け入れられないものだった。結局、国内情勢の好転が蒋介石に対日妥協路線からの転換を促した。1936年になり、政経分離・経済重視で、日中親善をすすめる佐藤（尚）外交や、石原の華北分離工作を封ずる施策にもかかわらず、蒋介石が融和的ではなかったのは、そのような背景があったという。同年12月の西安事件は、安内（剿共）より攘外（抗日）に関心が移っていた蒋介石の意思を自覚させるものだったかもしれない。

　もう1つ日本外交の重大な岐路になったのが、英国財務特使リース・ロスへ

の対応である。日本が中国の幣制改革を英国と共同で支援をする。中国政府と
英国は、満洲国を事実上承認する。満洲国は、中国側の債務を肩代わりという
今から見れば願ってもない提案だったが、ロスと会見した広田弘毅外相や重光
葵次官が、この提案に冷淡だったとされれば、華北分離工作を進める陸軍側に
とって口をはさむ理由はない。

　結局、日本側の磯谷駐華大使館付武官の見通しと異なり、中国の幣制改革は
成功する。あせる日本は、11月25日に冀東防共自治委員会（通州：35県、人口500
万人、歳入は河北省の22％）を設立したが、蒋介石側は、冀察政務委員会（委員長
宋哲元：河北・チャハル省と北平・天津2市の政務に当たる）をうちたてた。こうして
「華北には日本側の圧力で、性格の異なる二つの政権が並立、以後、華北の政
情は冀察政権の向背を賭けた日本側と中国側の綱引きのような関係」となった
［中村 1983：35］。

（4）　華北分離工作と南次郎

　華北分離工作が積極的だった1935年の関東軍司令官は、南次郎である。南は
陸士6期で陸大を1903年に卒業、満洲事変の時は、陸軍大臣だった（1931年4
月陸相）。南の持論は「日本が生存発展していくための死活的に重要な満蒙（北
支も含め）を軍事力を使用しても確保し、このためには連盟との対決も辞さな
い」というものだ［黒野 2000：252］。また、北岡伸一の研究によれば満洲事変
直後の南の日記には、「日本は永久に自給自足するは満洲を得ざるべからず。
鉄、石炭、石油是れ満洲にあり。世界の経済封鎖を受けるも之あれば則ち可な
り」と記していた。また1934年12月6日には、永田鉄山軍務局長に、次のよう
に語っていた。「関東軍の重要使命たる満洲の確固たる建設及び対露作戦準備
を促進強化せんが為には、速やかに北支及内蒙を信頼得るへき程度に我勢力下
に置くこと絶対に必要なり」［北岡 2012：227］。同じ「南守北進」でも中国とこ
とをかまえることに慎重だった宇垣一成とちがって、南の経済封鎖を考慮した
自給経済圏に華北・内蒙古は必須のものであった。

　華北分離工作を推進した酒井隆の工作の目的は「資源、市場、反共」であり
陸軍中央部も異論はなかった。とりわけ、資源と市場は、総力戦体制の構築に
当たって、重要な要素である。なぜこの目的が説得力をもちえたのか。1つの
論拠として、前述の森武夫の論説を紹介したい。

　森［1919］は、1919年12月号の『偕行社記事』に、投稿した「世界現勢ノ経

済的観察」で大戦直後の世界経済情勢と日本の目指すべき途を以下のとおり提起している。

> 欧州ノ天地ハ今ヤ生活不安及ヒ労働不安ノ絶頂……米国モ未曾有ノ労働不安」「東洋ノ現勢支那（ママ）ハ中央政府ノ財政難、排日問題ノ背後ニハ某国（米英：荒川）ノ存在。米英ハ隣邦支那ノ未開拓ノ資源ト市場ニ著眼セル……日本ノ当面ノ経済問題ハ生活難ト労働不安之ガ救済ノ途ハ生産能力ヲ向上シテ物資ノ豊富ヲ図り、シベリア、満蒙等への移民ノ必然性……」「世界大勢ノ趨向トシテ国外ニ発展シテ人口ノ過剰ヲ処理シ又資源及市場ヲ広ク世界ニ求メテ以テ国富ノ増進ヲ図ラカザルベカラズ ［森 1919：98-108］

　酒井は、この頃（1919年）参謀本部勤務の32歳新進大尉、この論説を読んでいた可能性がある。当時の陸軍将校にとって、「経済学」を明示的に学べる機会は、士官学校にも陸大にもなかった。したがって、経済は、「改造」「中央公論」といった一般雑誌やこのような偕行社記事、主計団記事などの部内研究誌、そして仕事関連で、経済学の関連図書を読み込むことで対応していたと考えられる（岩畔の回想録によれば、小泉信三本など耽読したという）［岩畔 2015：28-29］。

4　石原作戦課長

（1）　対ソ軍備格差の衝撃

　石原が作戦課長に着任した1935年の 8 月、満洲国を取り巻く情勢は激変していた。最も、石原を驚かしたのは、極東ソ連軍の増強ぶりである。満洲の関東軍との軍事力の格差、とりわけ航空戦力や戦車戦力が隔絶していた。具体的には、1932年 9 月の極東ソ連軍は狙撃師団 8 ～ 9 個、航空機200機、戦車250両だったのが、1934年夏には、狙撃師団11個、機甲旅団 2 個、航空機500機、戦車650両となっていた。[18]

　石原のあせりは、格差をうめる軍備充実政策、航空機工業を象徴とする軍需産業とそれを支える重化学工業の緊急造成を要請した。その計画を満鉄調査部主査の宮崎正義に託すのである。その辺の事情を石原は自伝で次のように述べている。

　「事変当時ソ日戦争力は均衡していたが、1935年には日本の在満兵力はソ軍の数分の 1 、特に空軍や戦車（に差があった）」。在満兵力の大増加を要望したが、

大蔵省の局長クラスとのやりとりで「現在日本の財政では無理」「無い袖は振れない」（とことわられた）。これに対し石原は「財政がどうであろうと皆様がお困りであろうと国防上必要最小限度のことは断固として要求」いたします。「軍は政府に軍の要求する兵備を明示する。政府はこの兵備に要する国家の経済力を建設すべき」、ただし自由主義の政府では軍事予算は通過しても戦備はできない。従って生産力拡充の一案（日本経済建設の立案）を宮崎正義に作成させ政府に迫ることにした［石原 1976：35-37］。1936年夏、日満産業五箇年計画（一次案）が完成した［日本近代史料研究会 1970：19-89］。経済建設は全体主義的建設で、米ソの合力に対抗し得る実力養成し自給自足の経済力を確立するである。

　もう１つ重要なことは、石原が作戦課長に着任する前に、華北分離工作は、関東軍や天津軍の現地部隊が、先行してかなり進展させていたことである。梅津何応欽協定、土肥原・秦徳純協定など、1935年６月すでに締結され、同年11月には、親日あるいは傀儡の冀東政府が成立した。

（２）　陸軍対支（中）年度作戦計画と「国防国策大綱」成立の経緯

　満洲事変後、連盟脱退した日本を取り巻く国内・国際情勢が一大転換にあると認識され、1936年６月日本は「帝国国防方針」を改定した［黒野 2000：319］。「想定敵国を米、露、支（中国）、英とし、陸軍は主として対露、海軍は対米戦備をととのえることになった」。強大な四ヶ国を対象とし、しかも陸海軍が、おのおの想定敵国を異にすることは、わが国力上、致命的ともいえる重荷を背負うことになる。

　陸軍は、対ソ兵力の均衡破たんという危機にあるため、全力を対ソ戦準備に傾注する必要があり、従って対支（対中）戦は極力回避するという考えが従来よりさらに強くなった。また、やむをえず対支兵力行使という事態になれば、中国の統一と軍備が進展してきているので、充当兵力は従来より、多くせねば、目的を達成できないとの判断のもとに、対支（対中）作戦計画が立案された。

　それは華北、華中、または華南地方のうち、情勢に応じ、所要の方面における敵を撃破し、諸要地を占領するという作戦構想であり、各方面の関連特に同時に作戦する場合、全面戦争になった場合の計画は立案されていなかった［防衛庁 967a：245-248、301-303］。

　一方、作戦課長に着任した石原は長期的な国防構想を持っており、陸海統一した国防方針を模索したが、海軍はこれを受け入れなかった。

　そこで、石原は国防方針の統一を諦め、陸軍だけで、石原独自の国防体系「国防国策大綱 → 戦争指導構想・計画 → 軍備充実計画 → 産業計画」の設定と実現を図った。石原はこの産業計画の作成を宮崎の「日満財経」に求めた。この段階での石原の戦争経済思想とは、国防国策大綱を実現する基盤造成の産業・経済政策といえる。石原は実質的中身を宮崎正義に託した。

（3）「日満財経」の研究成果

　1936年夏、「日満財経」の研究成果（以後「宮崎プラン」と略称）の最初の案ができる［日本近代史料研究会 1970：19-89］。ここでの日本経済建設とは軍が要求する兵備に要する国家の経済力の建設であり戦備を生み出せる国家経済、戦備・戦費を賄える財政力をいかに築くかである。

　この「宮崎プラン」の生産力拡充構想のモデルはナチス経済にあると柳澤治は主張している［柳澤 2008：123］。その根拠は宮崎の「東亜連盟論」にある。宮崎はソ連に学んだが実際はドイツをモデルにしている。ナチスドイツの四ヶ年計画（1936.9）ニュルンベルグ宣言（外国からの自立）そしてドイツ経済有機的構成準備法（1934）（カルテルとの関連）、経済団体の組織化など宮崎プランには、ナチスの政策をモデルにしている点がいくつも指摘できるという。

　日満産業五ヶ年計画とは、全国民経済の戦争準備のための体制化で対ソ戦争を想定［柳澤 2008：130-131］、ソ連に対抗できる軍事力の整備、特に「航空戦力」の緊急整備案である。本来、担当ではない参謀本部側からの軍備整備計画案や重要産業五年計画にとまどいを隠せなかった陸軍省の整備局も、軍事力整備5年計画（満洲版実行1937年4月）「軍備充実6年計画」、「軍需品製造工業5年計画」（戦備課軍需動員班長：岡田菊三郎起案）日満版重要産業五年計画（陸軍省戦備課総動員班長：澤本理吉郎少佐起案）と次々に軍備整備計画、産業計画を起案、1937年春、陸相決裁まで進んだが、7月初旬盧溝橋事件が生起した。

　宮崎重要産業五年計画の特徴は生産した兵器を輸出し、ビジネスにしようというものである。満洲に航空機工業の建設を企図したが、裾野産業のない満洲で、航空機工業をどう運営するのかという疑問がのこる。しかし、多くの計画はプランの段階で事変となり、これらの諸軍需工業整備計画の実行は一時凍結されたとも解釈できる。

（4） 軍備整備諸計画 （国防国策大綱の後方・兵站計画）

　陸軍は、1937年度を初年度として、本格的軍備充実計画に着手していた。当時の陸軍における軍需品整備能力は、この軍備充実計画実現のためには大幅な拡充を要する。つまり、軍需品充足のためには軍需品製造工業の充実だけでなく、その基盤としての国防産業の生産力拡充が要請された[19]。そこでまず陸軍省の当局者が計画したのが、「軍需品製造工業五年計画要綱」 である ［防衛庁1970：19-20］。この計画の規模は飛行機生産能力軍民需合計 1 万機、武器工業民営設備拡充 4 倍、戦車生産能力年1580台等であった（なお、この計画では拡充軍需品製造工業の満鮮大陸への推進も重要な一項をなしていた）。ただ本計画は1937年 6 月29日、事変の直前に陸軍大臣の決裁を得たまでで、陸軍省内の関係局課の業務の統一に資すべきか、関係機関に通達すべきかに関し議論が残り、この要綱の取り扱いに関し決定できなかった ［岡田 1947：14］。

　陸軍は、軍需品製造工業拡充の基盤であり本来内閣の所掌でもある「生産力拡充」計画の起案検討にも着手し自ら重要産業五年計画要綱案をまとめ、これを内閣に移して、その促進を図ることにした。この「重要産業五年計画要綱（陸軍部内用）」を杉山陸軍大臣が決裁したのは1937年 6 月14日であった（この計画は1941年までに明示的に日満北支で重要資源を自給できる体制、つまり戦時封鎖に耐え得る日満北支自給圏を確立することを目標に掲げていた）。

5　日中戦争と戦時経済体制

　本来対ソ戦を意識して、軍備整備、戦時経済体制を準備していた陸軍にとって、予想外の事変・戦争であったが、結局、経済も含めすべてを戦争に従属させる戦争経済体制が実行されていく。

　1937年11月資源局と企画庁を統合した企画院が設立された。この時、初めて統合機関の任務として「生産力の拡充」が明示された。しかし、事変は拡大の一途をたどり、上海戦線への陸軍の投入に反対した石原莞爾は作戦部長の職を更迭された。日本は戦争しながら次期大戦に備える戦時経済体制を整備していくことになる。

　盧溝橋事件の研究は、秦郁彦『盧溝橋事件の研究』をはじめ、かなりの蓄積がある。秦の結論は、射撃したのは、第29軍側で、偶発的なものであった ［秦1996］。事件は現地が停戦協定まで進んだのに、東京が強硬になるという形で、

拡大に向かった。この時、不拡大に懸命の石原を圧倒したのが当時作戦課長の武藤章（大佐）である。理論に走る石原と対照的に、実務家で親分肌、人望のあった武藤の蒋介石中央軍続々北上、支那駐屯軍や居留民の安全・保護最優先案は、石原を圧倒し、結局、石原は武藤案を承認した[20]。

　7月27日内閣は「内地3コ師団の動員を承認・下令」人20万9000人、馬5万4000匹、が動員され、船46万トンが徴備された。7月28日政府は総動員計画一部実施閣議決定（第二次総動員期間計画：物資需給計画設定準備）[防衛庁 1970：27]。

　8月7日　北支事件費（1次2次）が議会の承認をえた。純軍事費と認められた予算の累計額は約5億1000万円であった。ちなみに、1936年の陸軍省決算は、5億1000万円、つまり、平時の予算の1年分以上が北支事件費として承認されたのである。約4億円の陸軍省所管北支事件費の中には1億円を超える弾薬整備費が含まれていた。この弾薬をいかにして短期間で整備するかが大きな問題であった。1936年度の陸軍の兵器費総額が5000～6000万円だったからである。

　中原茂敏[21]によると、「昭和十二年の支那事変勃発の折、私は大阪弾丸工場の工場長でした。7月7日から1週間もしましたら、陸軍省の連中が、毎日のように押しかけてくるのです。動員したけれども弾丸がない、君は唯一の弾丸工場の責任者だからしっかりしろというわけです。ひどいのは動員して、船に乗って待っているのだと言う。私は「そんな状況になるまで中央部は何をしていらしたのですか」と食って掛かりました[22]」[中原 1991：28]。

　陸軍軍動員計画は発動され、ヒトの動員は、動き始めたが、昭和十二年度陸軍軍需動員計画の発令は躊躇され、モノ（装備や弾丸）がいまだ届かないという現象が起きた。なぜ躊躇されたのか、1つは、対中戦争を想定していなかったことである。それに進行していた陸軍軍備充実計画の推進と競合したこと、早期収拾が見込まれ、協力企業への補償の問題が起きることを恐れたためであった。つまり軍需動員計画を発動すると産業界にも無用の混乱を与えると考えられたからである。

　しかし8月に入り、8月9日大山事件が起き、事変が上海に飛び火すると、もはや事変の早期解決は望みはなく、8月15日政府の「暴支膺懲」の政府声明（事変処理の大義）が出た。「居留民保護のため支那軍の暴戻を膺懲し以て南京政府の反省を促すため」である。

　8月21日「北支事変陸軍軍需動員実施の綱要」が大臣決裁された。しかし、そこでは「対支那全面作戦に応ずるとともに対ソ戦に備えるため」と2つの目

的が明記されたのである。同日、中ソ不可侵条約が締結されている。日本は事実上、中ソ二国との戦争に入ったことになる。

1920年陸軍軍需工業動員計画作成から18年、軍需動員の実施は初めてであった。他方、上海戦線が意外な膠着状態になり8月30日内地3個師団にも動員が下令された。これまでに発動された作戦計画、兵站計画、総動員計画は、以下のとおりである。

作戦計画は昭和十二年度対支作戦計画（実物はない）である。この計画は戦線をできるだけ華北なら華北、華中なら華中と一地に限定を希求したものである。しかし、実際は、8月の段階で、戦場は華北から華中に拡大した。次にヒトの動員計画が昭和十二年度軍動員計画で、召集令状が在郷軍人などに舞い込んだ。三番目の兵站計画は北支事変陸軍軍需動員実施綱要（昭和十二年度陸軍軍需動員計画が基準）そして第二次総動員期間計画の一部適用（金属類など）、である。

おわりに
──国防国家と資源の呪縛──

日本陸軍は、第一次世界大戦という総力戦を研究し、次のアジアでの戦争に備えて、以下の政策を推進した。軍事力の整備、生産力拡充（育成）と資源の確保（集中）である。資源の確保を強調する代表的な論説が小磯の「帝国資源」である。「帝国資源」の思考過程は「期間計画」の作成過程に通じており、日中戦争にも適用された。終始、「生拡」（育成）の政策より資源の確保（集中）が先行した。

満洲事変の経済思想は石原莞爾の対米戦争戦略が実行されたもので、米国の封鎖に耐えて大陸に蟠踞し、長期自給する戦争経済思想であった。満洲国の経済建設で議論になったのが、日満経済ブロックの運営方法である。「生拡」を目標とするなら資本主義が勝っているという認識を持ちながら、統制すれば円滑に行くという統制経済が試行されていた。この議論で、存在感を示したのが、森武夫や新庄健吉という経理将校であった。

華北分離工作は「生拡」か「資源」かで議論が整理できる。分離派は華北・内蒙の資源の重要性を強調した。この議論でも森武夫が華北資源の重要性を部内誌に発表、分離派を支援している。

「育成」の政策が明示的に陸軍内で本格的に議論されたのは、1936〜37年夏

の石原（宮崎）「帝国軍需産業拡充計画」などが提示されてからである。しかし、その「育成」施策が実行される前に、華北分離工作が先行、この計画が陸相決裁（1937年6月）の段階で、盧溝橋事件が起き、北支事変という事実上の戦争状態に入った。そのため軍需にすべてを優先させる「戦争経済体制」に移行せざるを得なかった。再び生産力拡充構想が国の政策の俎上に上がるのが、1937年11月の企画院の設立時だが、戦時に入っており「生産力拡充」構想は、当面の軍需優先の物資動員計画に従属することになる。

　一連の陸軍の総力戦経済体制（戦時経済体制）構築過程で、終始主導権を握っていたのが、石原莞爾である。世界最終戦争への準備過程としての満洲占領、その後の華北分離工作は、石原の満洲方式をまねたものである。石原は華北分離工作に否定的だったが、対ソ軍備劣位を意識すれば、華北・内蒙の資源の確保が必要になり、華北・内蒙の資源を確保しようとすれば、対中戦争の公算が高くなるというジレンマを抱えていた。

　石原の経済思想は、全体主義、統制経済といった漠然としたものだが、国防や戦争にすべてを従属させる戦争経済思想であり、満鉄調査部主査の宮崎正義に傾倒していた。宮崎は「日満財経」を組織する前に、満洲国で一通り統制経済を運営しており、独自の部分があるが、柳澤は「日満財経」での活動にドイツの影響を指摘している。小磯の「帝国国防資源」もドイツの戦時原料自給論が基になっている。戦間期日本へのドイツの影響が確認される。

　華北分離工作を積極的に推進した土肥原は、1937年3月第14師団長として「極東に於ける国際情勢の変化と国防充実の急務」と題し講演している。

　　　排日毎日を抑止するためには充実した国防国家が要請された。国防がすべてに優先する。……国防の充実が急務だ。ソ連の軍事力の急増が中国（支那）の毎日排日をもたらしている。少なくとも対ソ戦が日露戦争の軍事力比まで持っていく必要がある。蒋介石中国の抗日的振舞いの原因は、ソ連軍の軍拡軍備整備にあり、特に空軍の整備は脅威である［土肥原 1937：12-13］。

他方、盧溝橋事件のときは、参謀本部作戦課長、真珠湾攻撃のときは陸軍省軍務局長であった武藤章は1941年末の講演「国防国家完成の急務」で以下のように、述べている。

一刻も速やかに日本の国防国家体制を整え、外国人をして日本を一分一厘と雖も侮る所なからしめることが最緊急時である」[武藤 1941：289]。「国防国家とは、国家総力戦体制を平常化することである。戦争の時ばかりでなく、総力戦体制を平時からやっている国家である。〈中略〉政治、経済、外交、文化等の諸部門、即ち国家総力を挙げて、戦争目的に合致するように、常に一元的に之を組織し、統制し、一朝有事の際は、其の組織に大なる変更を加えないでも、直ちに総合国力を発揮運営することの出来るようにすることが国防国家である」。「国防国家」は「公益優先の原則」であり「国家の必要に基づく生産第一主義であり算盤などは後で考えるものである [武藤 1941：274-293]。

武藤や土肥原ら対中強硬派を支えた経済思想とは、総力戦体制を日常化し、諸部門を戦争の勝利に従属させた「国防国家」の経済思想である。日常化した戦争経済を充実させるためには、資源と市場を海外に求め国富の増進を図るというシンプルな帝国主義思想が陸軍を支配していたことは、酒井の経済思想で指摘した通りである。また統制経済が市場経済よりも勝れているという根拠のない思い込みもあった（ソ連五ヶ年計画の影響の可能性）。

最後に「宮崎プラン」の評価であるが、宮崎のこの「生拡」は本来の「生拡」だろうか。つまり統制経済で、重工業軍需産業に資本と労働資源を過度に配分している。計画作成の方法は兵器や資源ごとの戦時所要の目標と現有能力、そこから拡大すべき生産能力に１単位当たりの推定設備費を乗じて、所要資金を算定する。これら所要資金を賄うように産業計画、財政・金融・貿易計画を作成したのである。これら計画には、いくつかの問題点が指摘できる。まず① 市場の機能を利用していないので、ペーパープランになるおそれがある。② 資源に偏りが生じ、資源の調和に問題がでてくる。③ 労働者の補充である。④ 資金対策、貿易計画で、1939年以降国際収支は黒字と予想するなど楽観的な点である。⑤ 戦時を目標とすれば平時は過剰生産になる。５年間に５割の輸出増加は達成不可能であろう。しかし、強制的産業統制など日中戦争だから可能になった。つまり10年不戦の「生拡」計画は、日中戦争が起こってはじめて実現可能となったのである［中村 1971：251］。

事変が始まったとき、実行された戦時兵站諸計画は、対中作戦計画、第二次総動員期間計画の一部、昭和十二年度陸軍軍需動員計画の修正版であった（表

9-2参照）。

　本章のテーマは、陸軍がどのような経済思想で次期大戦に備える体制を構築し、どのように国民経済に介入していったのかであった。陸軍は次期総力戦に対応することを最優先の目標として「国防国家」を日常化してきた。その際、目標を達成する手法として市場経済と「統制経済」が対置されて議論されたが、後者が優れているという根拠のない思い込みのまま、むしろ戦略資源の確保に終始、呪縛された。陸軍は日中戦争で実行された上述の戦時兵站諸計画をとおして国民経済に介入していった。[23]

注

1）　陸軍大学校には、一般教養科目として統計学（1回1時間、年に12回）が設定されていた。幼年学校には、「法と経済」という科目があったが、内容は予算や国の財政の事である。ただ陸軍には、経理将校という会計・経済の専門家が経理官として陸軍経理部を動かしていた。経理将校は、士官学校ではなく、陸軍経理学校で教育を受けて任官した。経理学校の教育科目には、財政及び経済学があり、高級経理官要員である甲種学生の場合、財政及び経済学関連科目1回50分を2年間に430回受講することになっていた［上法 1973：352］。

2）　戦争の呼称の問題は本章では、1937年から1945年の中国大陸での戦争を、当時、日本政府は「北支事変」「支那事変」と呼称し、中国は「抗日戦争」と呼称している事実を踏まえ、日中戦争と呼称する。また本章での引用文には現在では差別的な用語とされる表現も含まれるが、歴史的な言葉は正確に伝えるべきとの立場からそのまま引用している」。

3）　参謀本部「全国動員計画必要ノ議」「参戦諸国ノ陸軍ニツイテ」及び小磯国昭「帝国国防資源」。

4）　この点については議論がある。佐藤［2011：71］によると、資源局の書記官から長官になった松井春生は「資源局という名前を提案した時「ただ有るものを整備するのでは好ましくない」「あるものをいよいよ有らしめ、新たに生ぜしめ、いよいよ栄えしめる、育成開発を主にしなければならない」という意味を込めた（資源は国力に近い総合的概念）。そのわりには、日満財経が「生拡」に動き出すまで、資源保育の構想が、「資源局」の施策に具現されていかなかったように見える。

5）　当時の軍人たちには、中国の資源が欧米の列強に簒奪されるという共通の恐怖感のようなものがあったように思われる。例えば1919年の『偕行社記事』544号掲載の森武夫（二等主計）「世界現勢ノ経済的観察」のなかでも隣邦大陸（中国―荒川）の列強からの日本による保全を強調している。

6）　「徴発令は戦時もしくは事変に際し陸軍あるいは海軍の全部又は一部を動かすにあたり其の所要の軍需を地方の人民に賦課して徴発するの法とす。但し、平時と雖も演習

表 9 - 2　国防方針など戦時諸計画の

年　月	1918年	1923年	1926年
国内外情勢	第一次世界大戦終戦	ワシントン条約1922	
国防方針　想定敵国	ソ連、米、清	方針改定　米、ソ、支 （中）	対1国作戦に終始させること 不可能
兵　力	32コ D	ソ連、中国に威圧くわえる軍備	
用兵綱領			
陸軍年度作戦計画 （海軍年度作戦計画）			対米ソ中 総合陸軍作戦を立案
対中作戦構想	目的：権益と居留民の保護 満洲及び華北の要域、 状況により華中、華南の要地占領 （全面戦争を予期したものでない）	目的：資源の獲得 華北の攻略を主作戦、その他 政略上、戦略上の要地占領を支作戦とする構想（全面戦争×）	ソ連がまだ強力な軍備を保有していなかったので陸軍の主力を対中作戦に充当できた。
動員計画 　　　（毎年作成）			
総動員機関 後方諸計画	軍需局（1918～22）—軍需工業動員法（1918～）、軍需工業動員計画 陸軍軍需工業動員計画 （1920～33） （海軍出師準備計画）、	作戦資材整備会議（1921～	資源局（1927～37）
軍備整備諸計画（陸軍）			
（海軍）			第一次補充計画 （1931-36）

出所）　参謀本部編『杉山メモ（上）』（原書房）、「昭和十二年度陸軍軍需動員計画令ノ件」（陸軍省「昭和十二年陸防衛研修所戦史室『大本営陸軍部〈1〉』（朝雲新聞社、1967年）、『支那事変陸軍作戦〈1〉』（朝雲新聞社、荒川憲一『戦時経済体制の構想と展開』（岩波書店、2011年）などより筆者作成。

変遷（作戦と補給）（1918〜1937年）

1931年　　　　　　　　1935年	1936年 6 月　　　　　　　　1937年
満洲事変　タンク—停戦協定　華北分離工作	2.26事件 極東ソ連軍の急速増強 第70回帝国議会（1936.12〜37.3）「西安事件」12
ソ連の出方警戒 ソ連の出方に応じた作戦準備	方針改定　米、ソ、中、英 陸軍は対ソ：50コ D、142飛行中隊 海軍は対米：戦艦・空母12・12.65飛行隊 （国防国策大綱：石原：1936.6）
ソ連の脅威一挙に増大、事変後陸軍の全兵力を対ソ戦に充当してもなお所要の兵力不足、対ソ兵力の均衡が破綻、対中正面、日本が全面戦争に入るとは考えられず、中国も国内不統一進んで対日戦に入る公算少、万一不測事態でも小規模な制限作戦で処理できる。華北、華中、華南の一方面の作戦に制限する根本方針	昭和十二年度陸軍作戦計画（原史料なし）
総動員期間計画（暫定）　第二次期間計画 （1930〜32年作成）　　　（1934〜35年作成） 　　　　　陸軍軍需動員計画（1933年）	企画庁（1937.5〜企画院（1937.11〜 総動員計画（第二次期間）一部実施 （7.28、物資需給計画→物資動員計画） 北支事変陸軍軍需動員実施綱要（8.21）
第二次補充計画（1934）	日満産業五ヶ年計画（宮崎：1936.8） 陸軍軍備充実 6 年計画（1936.12） 軍需品製造工業五年計画（1937.6） 重要産業五年計画要綱（1937.6） 第三次補充計画（1936.12）

機密大日記」四冊ノ内第三冊、防衛研究所戦史研究センター所蔵）黒野耐『帝国国防方針の研究』（総和社、2000年）1975年）『陸軍軍需動員〈1〉』（朝雲新聞社、1967年）『海軍軍戦備〈1〉』（朝雲新聞社、1969年）

及び行軍の際は本条に準す」[防衛庁 1967b：5-6]。

7）　ちなみに1929年の陸軍省の歳出決算額は、2億2700万円であった［大蔵省財政金融研究所財政史室 1998：369]。

8）　1941年に陸軍軍務局軍事課長であり日米和平交渉の事実上の担当者であった。

9）　この点には異論がある。確かに資源局には「資源の保育」という任務があり、商工省で、1927年8月頃から、陸軍と協力して、木炭自動車や軽合金そして液体燃料などの研究に着手している。いわば技術開発といえる。注4）の松井発言も参照［佐藤 2011：71]。

10）　1927年鈴木貞一を中心として組織された陸軍の革新を目指す中堅将校の勉強会。

11）　川田稔は「当時石原が想定していた対米戦争は2種類『対米持久戦争』と『最終戦争としての対米殲滅戦』がある」と指摘している［川田 2014：329]。

12）　例えば、遠藤二等主計の遠藤［1929]、中島一等主計の中島［1933］などの論考。

13）　宮崎正義は満鉄調査部きってのロシア通。革命前のロシアに留学、満鉄経済調査会や日満財経の主査・幹事を務め石原に信頼されて日満統制経済体制造りに尽力した。

14）　森武夫は主計将校の論客で経済学博士号を取得しており、主計中将までのぼりつめた。

15）　陸士42期、陸大50期、1940-43年陸軍省軍事課資材班に勤務していた。

16）　塘沽停戦協定は長城以南に非武装地帯を設定し、中国軍は撤退し、日本軍も長城線に退がって、紛議の発生を防ぎ、平和を回復しようというもの。

17）　正確には、日本軍が長城を越えて華北に侵入したわけではないが、華北に親日政権を樹立して華北を満洲国と中国の緩衝地帯にするという工作で、事実上の長城越えの工作と仮定した。

18）　「満洲事変勃発前後以来帝国陸軍参謀本部ニ於ケル対『ソ』情勢判断ノ推移ニ就テ」（防衛研究所戦史センター所蔵）

19）　軍需品製造工業に原材料を供給する基幹産業。

20）　不拡大派は石原と柴山兼四郎軍務課長、「一撃派」は武藤章と田中新一軍事課長、後者が多数派で優勢だった。

21）　中原茂敏は陸士37期、陸大47期で東大工学部卒、日中戦争時、陸軍造兵廠の弾丸工場長や動員科長、大本営兵站総監部参謀を務めた。

22）　中原は講演で「(昭和十二年) 9月2日に、14個師団も支那に動員されておるのに、弾がない。平均して1門1000発しかなかった」と述べている。

23）　1938年4月に公布された国家総動員法の問題は、「総力戦体制」とは、切り離せられない問題だが、事後の課題としたい。森［2017］参照。

第10章

戦時における官立高等商業学校の調査機関

——無力のベクトル——

は じ め に
——経済学者の役割——

　第二次世界大戦後、日本の大学は軍事研究を行わないことで戦時への反省を示した一方、戦時の活動についてその詳細が積極的に顧みられることはほとんどなかった。そこには、旧制帝国大学や商科大学、高等商業学校における経済学や経済学者が含まれる。このため、戦争の回避もしくは遂行に何らかの役割を担ったのかどうか、戦時下の経済学者の役割は明確になっているとは言いがたい。関係者の証言や資料の発掘・保存といった要因もあるが、よく知られているのは、有沢広巳（当時、東京帝国大を休職中）や中山伊知郎（東京商科大学）らが関わった秋丸機関での経済的抗戦力の調査と、東京商科大学に設置された東亜経済研究所（現、一橋大学経済研究所）が行った南方での調査活動の２つである。[1]

　秋丸機関に参加した中山によれば1940年の終わりころに「結論としては、［支那事変の規模の］二倍の戦争は出来ません」と答案を出したにもかかわらず、軍部の１人から「戦争というものは、四分くらい勝つ見込みがあったらやるもんだ」と言われたという。また有沢によれば、1941年９月頃に秋丸中佐が陸軍首脳部の前で報告を行った際、「この研究は見事な研究だけれども、これは発表してはいけない」と言われたという［中山 1973：62］。これは、開戦以前から軍部は経済学者による学術調査を重視していなかったことを示している。1942年末に開始される南方調査では、この傾向はより顕著であった。

　軍部との直接的関係を有したこれら研究・調査がこれまで戦時の日本の経済学を特徴づけてきた一方、ここに含まれない経済学者——むしろ、その方が圧倒的に多い——の葛藤が同時期に存在したのも事実である。

　現在、日本の国公立大学や私立大学の経済学部の多くには経済研究所もしく

はその類が附設されている。そのルーツを探ると、ほとんどが戦前の旧制学校時代にたどりつく。帝国大学の経済学部（東京、京都）や法文学部（東北、九州）を除き、これら学校は現在の教育制度が開始される1949年5月以前の旧制教育制度下で「高等商業学校」（いくつかは「商科大学」へ後に昇格）と呼ばれ、官立が16校（植民地を含む）、公立が2校、私立は11校存在し、「経済研究室」や「調査室」といった調査施設が設置されていた［松重 2006］。設立当初、これらは主たる業務の1つとして資料や新聞収集を行っていた。その多くが現存することからこれまで資料分析や目録作成が行われてきた。一方、そこでの調査活動の詳細やそれを行った経済学者の役割についてはほとんど検討されていない。

　本章ではこれらの内、最も数が多くまた全国的に存在した官立高商（後継の商科大学時代を含む）の調査施設に注目し、そこでの刊行物を中心に戦時下の経済調査活動をたどることで、時局とのかかわりから経済学者の役割を考察する。これにより、文部省や軍からの強い統制や圧力、検閲の中——官立ということもありそれらが一層強い——彼らはいかに研究成果を出し、戦争という時代に向き合ったのか、この点を明らかにしたい。[2]

　本研究にあたり、近年の資料をめぐる環境の変化についても触れておきたい。高商研究に際しては、その対象にかかわらず当時の様々な刊行物を確認する必要がある。しかし、刊行から時間が経過し、さらに戦時を経ているため資料の集まりがよいと言えない。戦後の学校再編により、資料の散逸も著しい。高松高商のように空襲により資料が欠損している場合もある。そのような中、近年、高商の後継大学では、資料の保管のみならず、オンラインでの公開を精力的に行っている。また、国立国会図書館でも近代デジタルライブラリーの構築をすすめ、オンライン公開を行っている。研究者にとっては資料へのアクセスは格段に良くなり、量的かつ質的にも研究の広がりが可能となっている。本章もこれらの恩恵を受けている。

1　高商と調査活動

（1）　調査の黎明期

　1884年に明治政府は東京外国語学校に「東京外国語学校所属高等商業学校」（以下、所属高商）を設けた。これが日本で最初の高商である。同校は当時世界的に最もレベルの高い高商の1つであるアントワープ高商（L' Institute Supérieur de Commerce d'Anvers, 1852年開校）をモデルとしていた。

　当時すでに帝国大学（後の東京帝国大学）は設置され、経済学は1878年には法学部の１科目として教授されていた。しかし、西欧から「輸入」した経済学科目を高等教育として教える機関はほとんどなく、また、江戸期には商業学が重視されていなかったため、開国後の日本において対外経済・商業と共に外国語に通じた人材を育成することは急務であった。そこで「高等ノ商業学科ヲ授ケ将来商業学校ノ教員タルヘキ者及商業ヲ処理スヘキ者等ヲ養成スル所」の設置先となったのが、東京外国語学校であった。同校は1873年に発足し、日本の地理的・歴史的背景を鑑みた場合重要となる英、独、仏、ロシア、および中国語を主軸とする教育を行っていた。

　1885年９月、所属高商は東京商業学校（東京府立）に吸収され、1887年に高等商業学校、1902年に東京高等商業学校となる。以後、1920年代半ばにかけて15校設置される。これらの開設期には大別して２つのピークがあった。１つは日露戦争前後であり（1902年：神戸、1905年：長崎および山口、1910年：小樽）、もう１つは原敬のいわゆる「積極政策」を背景とした1920年代前半（1920年：名古屋、1921年：福島および大分、1922年：彦根および和歌山、1923年：横浜および高松、1924：高岡）であった。外地である台北（1919年：1942年に文部省に移管）、京城（1922年）および大連（1941年）にも置かれた。

　所属高商では開校翌年の1885年３月にアントワープ高商の卒業生 J. ファン・スタッペンを招聘し、カリキュラムの実質化を図った［公文録 1885a］。彼は教育活動のみならず夏期休暇中には日本各地の特産物についての調査も行った[3]［文部省1914：394］。現在のように地理的また時間的にも距離が縮まっていなかった当時、学校という１つの場で全国の特産品等を一堂に集め陳列し教育材料にすることは、学生はもとより教員にとっても貴重かつ重要であった。これは以後設置されるいずれの高商においても重視された。しかし、これを目的とする調査室等が別途設けられることはなかった。

　初めて調査部が開設されたのは、東京高商時代の1909年10月である。商業人や教員の輩出といった教育活動を目的とするにもかかわらず、調査部を設置したのはなぜか。同部規定には「商業ノ改善ニ資スル事項ヲ学術的ニ調査スル為メニ」［東京高等商業学校編 1919：1］専攻部研究室内に設けられたと記されている。同部が作成した報告書にも、同部は「澤柳政太郎氏教授講師諸氏と諸商業及経済上各種ノ学術的調査ノ必要ニ応ゼンガ為ニ」［東京高等商業学校 1912：1］

に設けられたと記されているが、その背景は明確ではない。その背景として1つ指摘しうるとすれば、高商の大学昇格と（帝国）大学への意識である。当時、石川巌や福田徳三、関一ら欧州に留学した東京高商の教員8名は商科大学の設立を目の当たりにし、1902年2月に日本でもその必要性を説いた[4]。いわゆる「ベルリン宣言」である。それによれば、工業には「東京大阪工業学校の上に更に工科大学」が存在する一方、「最高等なる普通教育に加ふるに深遠なる商業の原理を咀嚼し、事業の主宰となる商務の枢機に参するに堪ゆる人材」が日本の商業界に必要であるにもかかわらず、「未だ何等の設備あるを見ず」という［一橋大学学園史刊行委員会 1982：203］。これ以前にも、例えば関一は「高等ナル学理ヲ研究シ且一国商業ヲ指導スベキ任ニ当ル人士ヲ養成センガ為ニハ大学程度ノ機関ヲ必要」［文部省専門学務局編訳 1899：54］と述べていた。つまり、彼らが昇格に当たり既存の大学設備を意識したことが分かる。特に高商に関連する経済学科目を有するのは帝大である。当時の東京帝大では、1900年5月に経済統計研究室が設置された。関東大震災により全焼したためその詳細を知ることは難しいが、『東京大学経済学部五十年史』によれば少なくとも資料収集を行っていた［東京大学経済学部編 1976：637-644］。このことから、東京高商でも資料の収集を行い、それに基づく成果を示そうとしたと思われる。実際、高商調査部では、調査材料の収集整理、新聞の切り抜き及びその分類整理、そして特殊問題の調査という3点が行われていた［東京高等商業学校 1912：2］。この内、3番目が本章の対象とする高商の調査活動にあたる。

「特殊問題の調査」とは、「委員会ノ決議ニヨリテ決定セル問題ニツキ文書的材料ニヨリテ調査ヲナシ、又ハ部員ガ実地ニ望ミテ踏査ヲナス」［東京高等商業学校 1912：2］ことを目的としていた。その成果として刊行されたものに次の9つ（刊行年順）がある。『職工取扱ニ関スル調査』（1911）、『消費組合ノ調査』（1912）『職工取扱ニ關スル調査：官業工塲之部』（1912）、『計理制度之調査』（1913）、『歐米高等商業教育之現況』（1913）、『横濱開港當時之貿易状態並洋銀相場取引之沿革』（1914）、『生絲金融調査』（1914）、『商業書式』（1916）、『北米合衆國聯邦準備制度調査』（1917）である。国内についての調査は別として、海外のものについてはいずれも実地調査ではなく、文献を利用した調査である点が特徴である[5]。

学術調査に加え、調査部では開設当初から「調査部ハ必要ト認ムルトキハ銀行会社等ノ依頼ニ應シテ調査ヲナスコトアル可シ」［東京高等商業学校編 1919：1］

と、外部からの調査依頼にも対応する旨も記されているが、実際に依頼された
ことを示す資料等は現状見つかっていない[6]。東京高商調査部は1923年の関東大
震災により「蒐集物ハ全部烏有ニ帰シ」[東京商科大学 1927：360]、再開は1926
年4月まで待たねばならなかった。

　1910年には設立直後の小樽高商に産業調査会がつくられた。同会は、農林、
鉱産、水産、畜産および工産といった「主トシテ北海道ノ重要産業ヲ調査スル
ヲ目的」としていたが、実際の調査を行うのは「主トシテ生徒」であった[小
樽高等商業学校編 1926：7-8]。調査の指導は井浦仙太郎や国松豊、坂本陶一らが
担当したが、同会では学生からの論文募集のみをしており、教員による実質的
な調査活動は行っていなかった[小樽商科大学百年史編纂室 2011：282]。小樽高商
での実質的な調査活動は、同会が廃止され「北海道経済研究所」が設置される
1933年まで待たねばならなかった。

　1912年には神戸高商に調査部が設置される。これは、同校のカリキュラムに
ある「商務研究」（現在の外書購読と研究指導）という教育目的のために坂西由蔵
により提議されたことに始まる。彼はドイツのケルン高商や満洲鉄道東京本店
にある東京経済調査局、東京高商の調査部等を視察し、新聞や雑誌記事の系統
的整理が「各種の調査研究に非常なな益を得て居る」状況をみて、「大いに刺
戟」されたという[大阪朝日新聞 1916]。神戸高商では、「商業経済に関する新聞
記事の切抜・整理・保存、会社の営業報告書・各種調査機関の発行にかかる報
告書類・統計資料の蒐集整理等」を主に行っていた[7]。同部は1914年に調査課と
なり、1919年には同年に完成した商業研究所の調査部へと引き継がれる（神戸
高等商業学校学友会編 1928：69-70）。

（2）　調査と大陸部への関心

　1905年に設置された山口・長崎両高商は、その立地から分かるように、「満
韓地方の実業に従事すべき人材育成を以て校是の一とせられたのであつて、是
本邦に於ける東亜経営を主眼とする研究機関及至教育機関の嚆矢」[山口高等商
業学校東亜経済研究所 1939：1]であり、日清・日露両戦争を経た当時の日本が抱
く大陸部アジアへの関心を明白に反映していた。両校ともに東京高商の教育ス
タイル、すなわちアントワープ・スタイルを踏襲したが、さらに1点アントワ
ープ・スタイルが取り入れられた。これは後に、研究組織の設置はもとより、
戦時下の高商の役割を運命づけることになる。

　開校当初、両校には調査部等はなかった。しかし、山口高商に支那貿易講習
科（1915年）が、長崎高商に海外貿易科（1917年）が設置され、状況は変化する。
両科設置の背景には、1901年にアントワープ高商で植民研究についての講義が
開始されたことがある。ベルギーは、もともとレオポルド2世の私領地であっ
たコンゴ（現、コンゴ民主共和国）を植民地化する際、現地の事情や言葉を解す
る人材を養成する必要に直面した。この状況は大陸部へと拡大を目指す当時の
日本と類似する点が多かった。

　もっとも当時、海外との貿易や現地の事情に明るい教員が充実していたわけ
ではなかった。このため、現地に関する情報収集や調査を促進し、教育内容の
充実を図るために、研究組織が設置された。山口高商の場合、1916年に貿易講
習科主任である木村増太郎の提案により東亜経済研究会が設置され、「東亜に
おける経済事情を調査研究」するため、研究資料の収集、隔月に研究会を開く
ことを目的としていた。この研究会は、1921年に調査課を開設し、作田荘一が
主任を務めた。機関紙としては『東亜経済研究』（1916年刊行開始）、『山口商学
雑誌』（1927年刊行開始）、および『調査課時報』（同）があった。同課は1933年に
東亜経済研究所に改組される［山口高等商業学校東亜経済研究所 1939：1-3］。

　長崎高商の場合、「商業及経済ニ関スル研究調査及指導ヲナシ学術ノ進歩ト
商業ノ振興トニ資スル」ことを目的に、1919年に研究館が建てられた。同館は
主たる事業として、他校と同様、研究資料の収集・整理や研究報告会を行った
［長崎高等商業学校編 1935：116-7］。

　このように大陸進出への意識を現体化した山口、長崎両校では研究会や機関
は、教育内容の充実のための教員の研究の場であった。

　大陸部アジアへの関心は、既存校でも同様であった。東京高商では新たな調
査部の設置は見られず、前述のように東アジアに関する報告書が刊行されるこ
ともなかった。しかし教育面では1904年に「東洋経済事情講座」が設置され、
「日本の海外貿易を担うべき青年学徒に対して、中国の商業経済の実務に必要
な実際的な知識を教授」された［末廣 2006b：47］。

　1920年代以降も同様の傾向がみられる。大分高商は1922年に設置した研究課
を1927年に廃止し、商事調査部を設置した後、1929年に新たに移植民研究室設
置を設けた。同室は、「生徒の特に移植民地事情其の他一般植民に関し研究調
査をなす者を指導する目的を以て」設置され、その主たる業務は、新聞切抜き、
定期及び不定期刊行物の発行であった［大分高等商業学校編 1942：209-210、226］。

　横浜高商では1929年に南米を対象とした貿易別科が設置されるものの、文献資料に基づく研究が中心であった。大陸部アジアとは異なり地理的に隔たりのある現地に赴いたのは、担当教員でさえ同科設置 7 年後のことであった［横浜高等商業学校 1943：67-70］。このため、必然的に資料に基づく研究となった。

　彦根高商では、研究部に移植民研究室（1930年）および海外事情研究会（1931年）が新たに設置された。前者は植民地事情や海外経済事情等に関する資料を収集し、後者は『海外事情研究』を1933年から41年にかけて刊行した。この刊行物に見られる傾向として次の 2 つが挙げられる。 1 つは教員が実際に近隣諸国へ視察した際の印象・雑感が含まれている点、もう 1 つは収集した文献に基づく研究報告が多く含まれているという点である。

　既設、新設いずれの高商での実業人材の養成において、教員は学理のみならず対外的視点を教授することが求められるようになった。そして高商の調査の方向性もしだいにそれに合わせるようになる。貿易、殖民研究については多くの場合、文献・資料に基づいて行われたものであったが、1930年代後半から戦時下に官立高商が社会的役割・意義として進める調査活動、特に対外調査活動の素地は着実に形成されていた。

（ 3 ）　調査活動と地場産業

　1920年代後半から30年代前半にかけて高商の研究に見られる傾向の 1 つに地場産業とのかかわりがある。これらに該当するのが彦根、福島、名古屋、和歌山、高松、高岡、小樽の各高商での研究・調査である。

　これらの中でもよく知られる 1 つが、名古屋高商で行われた赤松要らによる産業調査室での愛知県尾西地方の羊毛産業に関する実証分析である。1924年から26年半ばにかけてドイツで研究を行った後、ハーヴァード大学で実証分析を視察した赤松は、帰国後すぐに産業調査室の設置を校長に進言し、同室は1926年に開設される。

　赤松は、当時「第三の窓」という構想を持っていた。赤松によれば「大学は 3 つの窓から学問の光を摂取せねばならない」というのである。「第一の窓」は図書館であり、「ここには既成の学問が保蔵されている」。「第二の窓」は、「おもに自然科学のためのものであり、実験室や天文台などがこれにあたる。この窓からは学問以前の直観的事実が摂取され、それが概念に構成せられる。新な科学的発見は多くこの窓を通じて行われ、学問の進歩をもたらす」［赤松

1975：38］のである。当時、名古屋高商にはこれら2つの窓は備わっていたが、「社会現象の直観的事実を観察する」ための「第三の窓」がないことに赤松は不満を抱いていた。当時、「わたくしの知っている限りでは、神戸高等商業学校に調査室と呼ばれる施設があったが、これはドイツ流の資料整理室であって、その仕事は新聞記事の切抜きを中心とするものであった」とし、統計数値という「直観的事実から何らかの傾向なり法則性なりを発見する」ために、赤松は名古屋高商に「第三の窓」、つまり調査室の必要性を説いた[9] ［*ibid.*］。

　小出によると「当初、同室は小規模な施設でマーチャント電動式計算器一台、ロイヤル欧文タイプライター一台、邦文タイプライター一台を備えるに過ぎなかったが、1934年頃にはダルトン電動加減製表機とタイガー手廻計算機数台が追加された程度であった」［小出 1975：284］という。とはいえ、赤松によれば「当時としては進んだ機器」［赤松 1975：34］を取り入れていた。

　産業調査室では、高島佐一郎が顧問格、赤松が主任を務め、1927年から『調査報告』を刊行した[10]。この報告書をみると、生産数量指数の作成、景気循環の実証的研究、羊毛工業や陶磁器といった地場産業などの歴史的分析が行われていたことが分かる。生産数量指数については E. F. ペンローズが小出保治と共に作成を進め、景気分析については当時 W. M. パーソンズが行っていた景気バローメーターによる方法に則り赤松が行った。また、赤松と酒井正三郎の名で1934年から37年にかけて報告された羊毛工業分析では、後進国における産業の受容とその後の発展パターンを説明する「雁行形態論」のもっとも初期の型が報告された。

　彦根高商では、研究部が資料収集や学生、一般人の指導などを行っていた［陵水会編 1984：17］。1926年に刊行された『パンフレット』創刊号には、田中秀作の「近江商人の起源に就ての一考察」が掲載され、地の利を活かした研究が行われ始めたことが分かる。1928年には同部課内に近江商人研究会が発足し、この研究はさらに進められる。この後『パンフレット』は、1927年から『高商論叢』、1928年から『彦根高商論叢』として現在まで続く紀要となる。

　和歌山高商は、1925年に調査部を設置した。当初同部は、資料収集に加え商事に関する研究を行うことを事業に挙げていた。しかし1930年に産業研究部に改称した後、図書資料の収集・整理についても主に図書課へと業務が移管され、新聞や雑誌の重要資料の収集のみ続けられた。調査研究についても、主に和歌山県下の産業（蜜柑、米、除虫菊、綿ネル）に関するものに重点が置かれた。

1924年の開校以来調査課を有した高岡高商でも地場産業の分析が行われた。その成果として1935年に刊行されたのが『富山賣薬業史史料集』（全3冊）である。同書によれば、この研究は1927年10月頃に城濱正治や上原専禄らによって開始された。

福島高商は、1924年に調査部が設置され、教員や学生の研究のために資料の収集を行うと共に、金融上の実証的研究を行うことが意図された。その成果に『産業調査』があるが、1929年に創刊号『絹糸工場に於ける榮養と能率』が刊行された後は確認しえない。1935年には同部内に「東北経済調査会」が組織され、東北経済に関する調査が行われた。[11]

高松高商では、1925年11月に商工経済研究室を設置し、同年から『商工経済研究』[12]を刊行した。同誌では創刊号から7回にわたって香川県の産業分析が連載され、その後も、醤油や砂糖といった各個別産業にかんする分析が報告された。

1933年には、前述のとおり「産業調査会」が当初ほとんど機能していなかった小樽高商はそれを廃止し、新たに「北海道経済研究所」が設けられられた。同所によれば、「近来我国自体の経済に関する実際を知らうとする気風が各方面に普及するに至つた。之は云ふまでもなく欧米経済の移植時代が過ぎ去つて、今や独自固有の経済政策を樹立せんとする迄に、我国の経済が進歩したからである。斯うした理由から、最近各地に経済調査機関が頻繁に設立せられたのである。それにも拘らず、本道・樺太に関する綜合的な研究機関は殆んど皆無と言つても差支ない」ため、「主トシテ北海道経済ニ関スル実証的研究ヲ行ヒ、学理ト実際トノ接合ヲ図リ、以テ学界及実際界ノ進歩ニ貢献セントスル」ことを目的とした〔小樽商科大学百年史編纂室 2011：282-3〕。同所は、他の研究所と同様、資料の収集を行い、その整理として資料目録を作成すると共に、『調査報告』を刊行した。現存するタイトルをみると、『土功組合の研究』（1934年）、『振興北千島漁業の経済調査』（1935年）および『北海道のフィッシュミールに就て』（1936年）がある。また、杉山書店から『経済上より見たる新興北千島漁業』（1935年）も刊行している。これらいずれもが地場産業もしくは開拓に関わる歴史的および現状分析であり、研究所の名前の通りの活動を行っていたことが分かる。

2　戦時下の高商と調査活動
────方向性の模索と実態────

（1）　調査をめぐる方向性の模索

　1930年代後半以降、各種学校では思想統制や取り締まりが徐々に厳しくなるが、高等教育では初・中等教育と比べた場合、1940年代初頭まではそれほど厳しくはなかった。例えば当時各高商が刊行した紀要では、いまだ欧米諸国の経済学が紹介・検討されていたことからもわかる。これらが極めて少数になるのは、1944年から1945年にかけてである[13]。教育や研究を取り巻く環境の変化に伴い、高商では調査の方向性をめぐって模索が続く。

　植民研究については、1930年代後半も調査活動はそれ以前と同様の傾向がみられ、時代を反映してさらに増加する。その背景には、大陸部アジアでの拡大に伴い必要とされる人材育成科の増設がある。既存の貿易科に加え、和歌山、名古屋および高松を除く高商で、次のような学科が設置された。小樽高商・東亜科、福島高商・東亜経済実務講習科（1938年）、彦根高商・支那科（1939年）、ロシアを含めた大陸部アジアを対象とする高岡高商・東亜科、大分高商・東亜科（1940年）である。これに伴い、主に文献収集・利用による大陸部アジアを対象とする調査研究が増大した。

　もう１つ増加したのが、国内およびアジアにおける経済政策についての研究である。その象徴の１つに日本経済政策学会の設立がある。同会は経済政策に関係のある500名以上の学者が集い、「純学問的立場を堅持しつつ、我が国経済政策研究の進展を図るべき学会」[八木芳 1943：3] として1940年に設立された。赤松によれば、日本社会政策学会が内部イデオロギーの対立から大正末期に自然解散となって以来、経済学者の全国的な学会は途絶えていた [赤松 1975：43]。設立総会が東京商大、一橋講堂で開催された後、第１回大会は1941年に東京で「経済政策の諸問題」と題して、第２回は1942年に京都で「戦争と経済政策」と題して行われた。第２回の開会に際し、八木芳之助（京都帝大）は次のように述べている。

　　　現下我が国未曾有の非常時局に際しまして、経済学の研究に携わつて居ります吾々学徒が一致協力して、経済政策の研究に邁進致しまして、以て

我が国経済政策の確立に寄与すべきことは、……任務でありますと同時に、又正に現下の時局に相応ずる……［八木芳 1943：3］。

同会には高商、商大はもとより帝大の経済学者らも参加し、戦時統制経済（五百旗頭眞治郎、井上貞蔵）、経済政策原理（赤松要、大熊信行）、経済政策総論（気賀健三、平野常治、太田義夫）、農業政策（宮出英雄、阿部源一）、工業政策（高宮晋、磯部喜一）、商業政策（岩田侃、藤井茂、松井辰之助、新庄博）、金融政策（高橋泰蔵、森川太郎、一谷藤一郎、沖谷恒幸）、交通政策（小泉貞三、佐波宣平、樽崎敏雄）、東亜政策（名和統一、内田直作、大谷孝太郎）という9つの観点から、主に国内および大陸部両面について講演・報告が行われた。これらの多くは自らのもともとの専門領域ではなく、専攻分野を大陸部アジアや日本に関わる調査、政策研究へと活用したものであった。これは、高商でも同様であった[14]。

　この大会には当時すでに秋丸機関に参加した中山のほか、この頃官制化していた東京商大・東亜経済研究所に属する赤松や高橋、山中、内田らの名前も見られるが、当時この学会組織に対して軍部から直接的協力の依頼は無かったようである。少なくともここで言えるのは、1930年代後半から各高商で組織的に行われた植民地に関する研究が、学校という組織、各個別の学者の両方向から自主的に行われるようになったということである。さらにそこでは、自らの専門性を時局が要請する国内外の対象の分析に適用させ、「純学問的」研究の存続をめぐり模索を続けたということである。

　地場産業の分析は減少しつつも、福島や高松、小樽高商などで途絶えなかった。例えば福島高商・調査部規定では、調査対象に東亜経済及び東北経済に関する調査研究が含まれているが［福島高等商業学校 1942：68-69］、現存する調査報告書をみると『福島縣郷土研究』や『福島縣鑛業發達史』、『近世開港以前に於ける奥州繰糸経営の形態について』といったようにもっぱら福島県、もしくは東北地域に関わる近郊産業の歴史的もしくは実証分析であることがわかる。これらは『東北地方社會經濟史研究叢書』として1942年に刊行が開始され、用紙統制が行われる1944年まで全16冊にわたり刊行された［福島経済専門学校 1944：216］。

（2）　商業教育の強制転換と調査活動
　時局の困難を背景に商業教育不要論が高まり、1943年には高等教育の改組が

決められた。その対象となった高商は、工業専門学校、工業経営専門学校また
は経済専門学校のいずれかへと転換され、校名から「商業」という文字が消え
た。工業専門学校には彦根、和歌山、高岡の各高商が、工業経営専門学校には
長崎、名古屋、横浜の各高商が、経済専門学校には山口、小樽、福島、大分、
高松の各高商が再組織化された。¹⁵⁾これは商大でも同様で、東京商科大は1944年
に東京産業大学に、神戸商業大学は同年神戸経済大学へと改称された。

　工業専門学校および工業経営専門学校では1944年半ばには調査活動や紀要の
刊行を停止しており、経済学をめぐる研究は停止した。一方、経済専門学校で
は調査活動や紀要の刊行を続けた。特に小樽、山口、高松各高商については、
1945年の終戦直前まで刊行物を確認できる。¹⁶⁾

　小樽高商（経済専門学校）では、1944年北海道経済研究所を北方経済研究所に
改めた。改称にあたり同校校長（当時）の苫米地は、「然るに大東亜戦争に刺戟
せられて世間の目が悉く南に向けられるに及んで、北方の経済は殆ど顧られな
くなつて来た。是に於て、地域的分担からいふてもこれは我が学園が担当すべ
きであるといふ自覚が生れ出」［苫米地 1944：1］た、と記している。彼は「学
問は有用性の角度から批判せられるべきものではない」としつつも、「今我々
が北方経済と地域を限定したことの中には具体的問題を対象として国家と時局
とに関連の深い研究を意図してゐることが含まれてゐる」［苫米地 1944：3］と
も述べている。すなわち、苫米地は軍部や文部省からの要請ではなく、時局を
背景に学園として自主的に学術研究を北方経済研究に利用しようと決断したこ
とが分かる。

　このような意識の下で改題、刊行された『北方経済研究』は北方研究と経済
論考の2部構成となっていた。終戦までに刊行されたのは下記の2冊である。

○第1号（1944年9月）
　北方研究
　「北方圏の地政学的考察」（高橋次郎）
　「米国防衛の前哨地アラスカ」（鳥谷剛三）
　「アラスカへのルート」（花村哲夫）
　「北海道産除虫菊」（玉井武）

　経済論考
　「皇国経済論」（南亮三郎）

　　「配給統制会社の理論」（岡本理一）
　　「工業立地に於ける国家的干渉」（木曽栄作）

　○第 2 号（1945年 3 月）
　　北方研究
　　「アラスカ植民地経済と資源」（木曽栄作）
　　「北海道に於ける農工関係の一考察」（岡本理一）
　　「北海道工業構成史論序説」（室谷賢治郎）

　　経済論考
　　「経済政策学の存在論的基礎付」（高橋次郎）
　　「計画均衡の具体的過程」（長尾義三）
　　「国家財政の段階理論」（丸山泰男）
　　「航空機工業と中小企業」（石河英夫）

北方研究については、地元北海道の産業分析とアメリカへの意識から他校と比
べ地理的に最も近いアラスカについての考察が目立つ。経済論考については、
当時新古典派経済学を中心とした講義から急進的に国家主義論者へと転向しつ
つあった南亮三郎の皇国経済論をはじめ、統制経済体制下での経済政策にかか
わるものが多い。[17]
　東亜経済研究所を1933年に設置した山口高商は、経済専門学校時代に以下の
3 号の『東亜経済研究』を刊行した。

　○第28巻 2 号（1944年10月）
　　「支那幣制改革管見」（越智元治）
　　「王安石の淤田法（下）」（佐伯富）

　○第28巻 3 号（1944年10月）
　　「『倫理』と『社会』（下）」（上妻隆英）
　　「東亜経済講義の序」（越智元治）
　　「植民と文化」（相澤秀一）
　　「大唐六典目次」（佐伯富）

　○第29号 1 ・ 2 号（1945年 6 月）
　　「四十周年記念号に寄す」（岡本一郎）

　　「近代支那に於ける人物の地理的分布上蘇・浙両省の地位について」（西
　　　山栄久）
　　「支那民法上の土地に関する権利」（河村東洋）
　　「東亜問題の四十年」（越智元治）
　　「近世初期の特権的植民会社について」（河野健二）
　　「支那社会の根本問題」（上妻降栄）
　　「対支文化政策としての支那文化財保の保存」（上村幸次）

小樽とは異なり、その設置時からの対象でありかつ地理的に特性を活かした東
アジア、特に中国が各論考の論題となっている。

　小樽、山口両校と対照的なのが高松高商（経済専門学校）であった。専門学校
時代に商工経済研究室から刊行されたのは、『高松高商論叢』（18巻3号、1944年
8月）と『高松経専論叢』（19巻1-3号、1945年5月）の2冊である。

　　○18巻3号（1944年8月）
　　「讃岐に於ける貨幣貯藏史」（寺田貞次）
　　「香川縣の醬油醸造工業と其の原價調査」（久保田英一）
　　「戦時下農業政策の進展」（赤羽豊治郎）
　　「ヌルデ脂の脂肪酸に就いて」（椎名七郎）

　　○19巻1-3号（1945年5月）
　　「高松藩文化——文政‐天保年間の財政難と其の解消‐高松藩札史の研
　　　究——」（小川福太郎）
　　「和紙の起原と讃岐」（児玉洋一）
　　「香川縣下のセメント代用土調査」（寺田貞次）
　　「西讃大野原の開墾と平田家」（松浦正一）
　　「理數學者としての久米榮左衞門」（木原幸祐）
　　「久米榮左衞門の「經濟元録」を中心とし——其の述作年代に就いての
　　　新説——」（児玉洋一）

自然科学系の論考を除き、小樽や山口と比較した場合、地場産業に関わるもの
が多くを占め、大陸部アジア等植民地研究についての論考がないのが特徴であ
る。

3　戦時下の大学と調査活動
――東京商大を中心に――

　京都帝大では、調査の方向性はより早期に定まっていた。『京都大学経済学部八十年史』によれば、1939年2月に石川興二が経済学部長に就任すると、彼は紀元二千六百年記念事業の1つとして東亜経済研究所の設立をあげた。同学部ではそれ以前から概算請求を行ってきたが実現に至らなかったため、彼はまず支那経済慣行調査部を学内に設け、東亜研究所からの委託研究を受け、これを東亜経済研究所へと発展させることを目指した。同部は1939年11月から1943年12月に総額8万7000円の委託研究費を受け入れ、土地慣行（主任：八木芳之助）、商事及金融慣行（同、谷口吉彦）、工鉱業慣行（同、蜷川虎三）の調査課活動を行った[18]。それらの成果として「支那経済慣行調査部報告」が17冊刊行されたが、その多くは文献目録や調査項目案であった[19]。

　1940年11月には、外務省および海軍省からの委託調査費を獲得する見通しがつき、東亜経済研究所を発足させた。初代所長には谷口吉彦が就任し、1941年2月から1944年9月まで『東亜経済論叢』を刊行した。そこでは、高商での調査報告と同様、文献に基づく研究が発表された[20]［京都大学経済学研究科・経済学部学部史編纂委員会編 1999：40-43］。

　それでは、神戸と東京の各商大ではどのような対応をとったのであろうか。特に軍部への直接的協力を行うと共に、資料が多く残る東京商大を中心に見ていきたい。

　神戸高商時代の1914年に調査課を設置し、1919年にこれを廃止し商業研究所を設け、同校は1929年に神戸商業大学となった。同研究所の刊行物に『神戸商業大学商業研究所叢書』や『大東亜経済叢書』がある。

　前者について、1930年代前半には福田敬太郎の『中央卸賣市場仲買人問題』（1930）のように専攻分野の研究がみられる。しかし、1930年代後半になると、前章でみた高商同様、自らの専攻領域を時局の問題に合わせ応用させた生島広治郎による『山西省の工業発展：北支経済の研究』（1937年）のような研究が見られるようになった。後者は1943年8月および9月に刊行された。管見の限りでは、この2冊の刊行が確認可能である。第1号では貿易論を専攻する藤井茂が、それを大陸部アジアの問題に適応させ『大東亞計畫貿易論』を、第2号で

は中国経済論を専門とする宮下忠雄が『支那戦時通貨問題一斑』を発表した。

　1944年に商業研究所は大東亜研究所に改称され、『国民経済雑誌』の編集を1944年3月から戦前最後の刊行となる同年9月（76巻3号から77巻3号）まで担当する。ここでも上記と同様、宮下忠雄「戦時下、蔣政権の貨幣発行制度」（76巻4号）、福田敬太郎「職域配給」（77巻1号）、宮田喜代藏「統制経済の形態的特質」のように時局もしくは植民地に関する研究がみられる。

　官制化されなかった神戸商業大学商業研究所、その後の大東亜経済研究所では、軍部への直接的協力はみられず、高商と同様の研究傾向がみられる。

（1）　東京商科大・東亜経済研究所の設立と官制化

　東京商大は初めて調査部を設置したにもかかわらず、1923年の関東大震災後での活動休止後、翌年には活動が再開されたが、実質的活動のない状態にあった。1927年には研究所の予算承認を文部省に度々提出するものの、不承認が続いた［丸山 1989：67-68］。一方で、神戸商業大学には兼松翁記念会からの寄付により「商業研究所」[21] が、公立の大阪商科大学には野村徳七からの寄付により1928年に「経済研究所」が、それぞれ設置されていた。

　1936年より東京商大の学長を務めた上田貞次郎は、「東亜諸国の経済の理論的、実証的研究」を行う構想を持っていた。1938年10月初旬に上田は村田省藏[22] を通じ、東京海上火災保険株式会社社長である各務鎌吉[23] が東亜の再建時代に処すべき人物養成の為であれば母校である東京商科大学に出金してもよいという考えを持っていることを知った［上田 1963：315］。上田も「……今後支那に働く人物を養成することは必要で、商大としても何かしなければならない」［上田 1963：315］と考えており、各務からの出金を実現化させたいと考えた。この後、1939年4月11日から5月19日にかけて、上田は小田橋貞寿（助教授）を滞同し、学術視察を目的として満洲国および中華民国に出かけ、帰国後、「支那の民族性とか支那の社会制度とか云ふものに、深く這入つて行つて、その上で現在の様々な動きを観察すると云ふやうな人は足りないのではないか」［上田 1963：172］と考えていた。

　ところが帰国直後の同年5月27日に、各務が死亡した。彼の遺志により300万円の公益事業に対する寄附の中から50万円が設立予定の東亜経済研究所に対して寄附されることになった。研究所設立の資金面で具体的な目途が立った上田は、先の視察からの帰国座談会（同年6月21日）の中で、東亜経済研究所設置

案をはじめて公にした［上田 1963：330；一橋大学学園史刊行委員会 1976：164-5］。

　同年10月28日には、同研究所の「設立準備委員会」が設置され、翌1940年2月12日および26日に開かれた同委員会において東亜経済研究所の基礎方針が確立された。それによれば、研究所の運営方針として挙げられたのは、東亜経済年報の作成（編集）、長期観察指数の作成、短期観察指数の作成、常規作業、特殊作業、資料購入・収集・整理、研究会設置、その他事業、研究所と学生との関係という9つであった［一橋大学学園史刊行委員会 1976：168］。1940年3月22日には、「財団法人東京商科大学各務奨学基金」の設立が文部大臣より認可され、4月1日に同大学図書館内に「東亜経済究所」が開設された。ただし、この時点では、大蔵省の予算削減により官制公布が不可能となった［一橋大学学園史刊行委員会 1976：169］。上田が学長職と共に同所所長兼務となり、杉本栄一、山中篤太郎、小田橋、および前年（1939年）の春に上田より名古屋高商からの転任依頼を受けた赤松の4人が幹事会を構成した[24]。

　東亜経済研究所は研究方針として「実証的である事」および「学部の教科目と重複しない事」を原則とし、地域別研究を内容とする産業別研究が採択され、統計、人口、原始産業、軽工業、化学工業、重工業（含、鉱業）、交通業および商業（含、金融業及び貿易業）の各研究部門が設けられた[25]。またこれら諸部門を総括する総合研究班がおかれた。所内の機構としては、研究部、資料部、統計部および庶務部が設けられ、研究部長には赤松が、統計部長には杉本が、資料部長には小田橋が任命された。ただし、発足当時、庶務部は空席であった。赤松は名古屋に引き続き、研究部長として二度目の「第三の窓」を開くことになる。

　設立認可2ヶ月後の1940年5月8日に上田が亡くなり、第二代所長には東京商科大学学長高瀬荘太郎が就任した。

　『東京商科大学東亜経済研究所彙報』によると、1940年度はその研究方針として「日本を中核とする東亜広域経済の科学的基礎付け並日本的経済諸科学の樹立を期す」ことを掲げ、研究会が4度開かれた。そこでの題目と報告者は次の通りである［一橋大学学園史刊行委員会 1983：14］。

　（6月）
　「支那の社会に就いて」（上田辰之助）
　「台湾の産業」（河合淳太郎）

　（10月）

「北支金融」（村松祐次）

「満州の長櫃」（佐藤弘）

（11月）

「日本製粉業略史」（泉三義）

「東亜農産物生産数量指数」（山田勇）

（2月）

「在支英国経済の構成」（内田直作）

　村松や内田のように専攻領域に関する報告を行う者もいれば、山田のように研究手法を大陸部アジア研究に適用するもの、また上田のように専門領域とはあまり関係性を有しない報告を行う者もいた。

　『東亜経済研究所研究叢書』の刊行も準備され、創刊号として上記山田の報告に基づく『東亜農業生産指数の研究』が1942年2月に日本評論社より刊行された。これに続き、泉による『日本製粉業の展開問題』および内田による『支那の洋行制度研究』も続けて刊行される予定であったが、実現しなかった。[26]

　1941年4月には内閣統計局からの委嘱により、家計調査項目立案の仕事を引き受けた［一橋大学学園史刊行委員会 1983：18］。それまでも、官庁から教員個人に対する調査依頼はあったようだが、この依頼は研究所に対するものであった。従来の部分的な家計調査とは異なり、経済新体制確立要綱における「国民生活の安定」を図るための政策立案の基礎資料として包括的家計調査の方法に関するものであった。これは赤松、杉本、山田勇が中心に取り組み、同年9月に完成し、統計局に具申した[27]［丸山 1989：165］。

　翌年以降、研究所と官との結びつきは加速する。高瀬は、同大学の卒業生や財界から研究所の運営費用を募る企画を行うと共に[28]、同所の官制化を図った。1942年2月5日には勅令第70号により官立商業大学官制の一部改正が行われ［一橋大学学園史刊行委員会 1976：182］、東亜経済研究所は「東亜における経済に関する総合研究」を行う国家機関となる[29]。この官制化が他高商や神戸商業大との大きく、かつ重要な相違点である。

　同研究所では、アジア圏の経済分析に関する実証研究を進め、研究成果は前述の『東亜経済研究所研究叢書』に加え、『東亜経済研究年報』および『東亜経済研究報告』という3つで刊行された。前者は1942年12月に第1号を刊行し、

第２および３号も原稿は完成していたが、印刷所が空襲により被災し、「戦火のため灰に帰した」［丸山 1989：183］。一方、後者は次の全10点が現存する。山口茂『支那貨幣の性格と銀行券の問題』（第１号、1945年）、小山路男『組織より見たる産報運動の発展と現状』（第２号、1945年）、服部一馬『分村計畫の展開とその問題──第一期五ヶ年の成果への反省──』（第３号、1945年）、江澤譲爾『佛領印度支那における偏倚生産の特殊性』（第４号、1945年）、研究部編『東亜經濟年譜』（第５号、1943-44年）、高橋泰蔵『南方経済に於ける国民所得の推算に関する一資料』（第６号、1945年）、津田隆『印度工業化の特質』（第７号、1945年）、泉三義『北支綿業の基本的難点』（第８号、1945年）、研究部編『東亜經濟年譜』（第９号、1945年）、増渕龍夫『中國郷村社會研究の若干問題』（第10号、1945年）。

　東亜経済研究所は、海外への派遣調査や国内調査も進めた。前者に該当するものとして、華北調査室（北京）での調査、華中調査室（上海）での調査、そして後述する南方調査の３つがあった。[30]

　華北調査室では、北支経済の実態調査（小川一、泉三義）と共に、北支那開発調査局からの依頼により金融問題の調査を鬼頭仁三郎および村松祐次が行った。華中調査室でも同様で、山口茂、大平善梧、片野一郎、天利長三、鈴木松太郎らが調査を行った。彼らの内、片野によれば、彼は山口の指揮下で軍票による物資配給制とインフレ調査を行うと共に、内外綿花株式会社からの依頼によりインフレ下の会計処理の実態調査を行った。[31]

　国内での調査・研究委員会に目を向けると、会計特殊問題、統制機構特殊問題、東洋文化研究、財政問題、国防経済力測定、戦時経済および東亜新秩序研究という７つの委員会が設置された。

　会計特殊問題委員会は、戦時インフレ下の企業会計を主な研究目的として1942年５月15日に設置された。委員長の太田哲三をはじめ、松本雅男、片野一郎、増地庸治郎、岩田厳、高橋泰蔵、鬼頭仁三郎が参加した。

　統制機構特殊問題委員会は、各種業界の統制による価格、配給の統制機構の研究を目的とし1942年７月７日に設置された。同委員会には、増地庸治郎（委員長）、米谷隆三、山城章、古川栄一、深見義一、国弘員人、矢島悦太郎、亀井辰雄、帆足計、小林政一、津田隆、野瀬新蔵らが参加した。

　東洋文化研究委員会は中国古来の文化、思想、哲学に関する研究を行うことを目的に1943年２月16日に設置され、三浦新七（委員長）、上原専禄、村松恒一

郎、町田実秀、熊野正平、工藤篁、及川完、増田四郎、根岸国孝、村松祐次、増淵竜夫らが参加した。

　財政問題委員会は、戦時公債消化力調査や国民消費生活切り下げ問題などを研究対象に1943年2月19日に設置された。同委員会には、井藤半弥（委員長）、鬼頭仁三郎、木村元一、小泉明、金巻賢次、田中祐之、矢吹敏雄、鈴木義恵、天利長三、佐々木専三郎、高橋泰蔵、石田勉、小山路男らが参加した。

　国防経済力測定委員会は、国民所得、資金計画、経済循環などの数量経済学的分析による日本の戦時経済力の測定研究を目的とした。同委員会は、1943年3月10日に設置され、中山伊知郎（委員長）、鬼頭仁三郎、森田優三、大川一司、都留重人、泉三義、巽博一らから構成された。

　戦時経済委員会は、1943年3月16日に設置され、戦時経済全般にわたる展望、後に主として中国経済に関する諸般の問題の現地調査による研究に従事した。同委員会には、山口茂（委員長）、三浦新七、中山伊知郎、杉本栄一、鬼頭仁三郎、山田雄三、高橋泰蔵、村松祐次、天利長三、小泉明らが参加した。

　東亜新秩序研究委員会は1943年5月11日に設置され、大東亜共栄圏建設の法律、政治、経済の諸問題、その法制理論的基礎の研究を目的とした［東京商科大学一橋会 1943：1］。同委員会には、委員長である伊藤述史をはじめ、田中誠二、米谷隆三、常盤敏太、久保岩太郎、町田実秀、吾妻光俊、大平善梧、阿部源一、田上穰治、吉永栄助、朝海浩一郎、根道広吉、東光武三、高橋長太郎、大平正芳、及川完、小島清らが参加していた。

　1943および1944年度の『東京産業大学東亜経済研究所事業概況』をみるといずれの委員会においても研究会が盛んに行われていたことが分かるが、各委員会の報告書等は焼却され、現在のところ詳細を確認しえない。一橋大学学園史刊行委員会［1995：160］によれば、国防経済力測定委員会では、日本の経済力はこれ以上の戦争遂行には耐え得ないという結論に到達したという。

（2）　南方調査と軍部への協力

　官制化された東亜経済研究所は、南方調査を通じた軍部への協力を行う。山田勇によれば、時局の緊迫がはじまる1941年12月に今後の研究活動についての方向性が話し合われ、「軍政に我々が参加するけれども、あくまでも南方諸地域における学問的な研究をしようというのが目的だった。従って身分もそのまま。……我々は南方に行って軍政に協力するという形をとったけれども、実は

本心はそうではない、学術的である」[東京大学教養学部国際関係論研究室編　1981：121]と考えていたという。

　このような話し合いがなされた頃、ビルマ、香港、ジャワ、マラヤ・シンガポール、北ボルネオ、フィリピン、およびスマトラを統治する陸軍軍部では、南方地域の調査が企画されていた。

　1942年2月に軍政統治を施行した当初、軍政部（第二五軍）には、調査部員が存在せず、占領地の民族、言語、宗教、政治、経済、社会、習慣等に関する資料や情報をほとんど持っていなかった。そこで南方政務部（1942年5月設置）の提案により、1942年6月30日に陸軍次官から南方軍総参謀長宛の電信を通して、南方軍に軍政総監部調査部を、また占領各地域に軍政監部付属調査部を設置する旨が伝えられた[明石 2006：8-9]。同年9月には、政務部は南方総軍付の調査部の設置について、大本営参謀でありかつ東京商大学長高瀬の弟である高瀬啓治（中佐）を通じて同大学に連絡があった。東亜経済研究所の行う調査研究と時局が求めるそれとに一致を認識した高瀬は、弟の進言を受け入れ、東亜経済研究所をもってその一翼にあてることを引き受けた[赤松 1975：44]。

　南方調査に動員された東亜経済研究所所属の教員メンバー（1943年1月現在）は、赤松を団長として杉本栄一、山中篤太郎、高橋泰蔵、小田橋貞寿、河合諄太郎、石田龍次郎、板垣与一、内田直作、山田勇、大野精三郎であり、同研究所研究所員からは桐田尚作、樋口午郎、谷山整三、川合幹夫、水野武、早川泰正、宇津木正らが参加した[明石 2006：15；一橋大学学園史刊行委員会 1995：159]。

　教員や研究所員と共に東京商大教育学生も参加した。1943年1月時点で参加した学生メンバーは、長屋有二、永森茂治、久保村隆裕、古賀実、大村淳三郎、星野晋、田中光雄、山形智朗、土屋貞之、井沢幸三である[明石 2006：16]。赤松の弟子であり、当時東京商科大学の研究科に在籍していた小島清も赤松に対して「熱心にわたくしと行を共にしたいと申し出て来た」が、赤松は「戦時といえども学問の芽を枯らしてはならない」と考え、「一橋の学問のために残れと彼を慰留した」[赤松 1975：44]。

　さらに、「商大の調査団は、研究所を中核とするものであったが、自然資源や医学にまで広がる必要があり、慶応大学［医学部］の原島進教授などの応援を求め、総勢四十数名」[赤松 1975：44]となった。1943年1月時点で原島のほかに東京商大以外から参加した研究者は、渡辺楳雄（司政官、文部省嘱託）、向井梅次（高岡高商教授）、野村寅次郎（神戸商科大学教授）、山下覚太郎（神戸商科大学

助教授）、鈴木朝英（司政官、回教圏研究所研究員）、小川隆男（慶應大学助手）であった。事務職員には千葉多末、阿曽福圓、尾崎賢治、星信子、茂木れん、佐伯佐多子、斉藤のぶ子、毛利さわ子、鳥井きん子、および慶應大学看護婦の川上くめ、がいた。また現地嘱託として、冠木伊右衛門、後藤政勝、東亮夫がいた［明石 2006：15-16］。

　赤松は、このような一団また満鉄や東亜研究所、三菱、太平洋協会も同行し、1942年12月12日に東京を出発し、18日に神戸港から安芸丸に乗り、28日に南方軍総司令部の置かれたシンガポールまで直行した[36]［赤松 1975：44；深見 1988：122-123］。1943年1月には、赤松は東京商大教授職のまま、南方軍軍政総監部調査部長に就任し、名古屋高商での産業調査室そして東京商大での東亜経済研究所に続き3度目の「第三の窓」を開く仕事にかかった［赤松 1975：44］。赤松は初め少将として、後に中将として待遇される［赤松 1958：506］。

　当初、軍の構想は「マライ、スマトラ、ビルマに満鉄調査部から3つの調査団を当て、ジャバに当時の東亜研究所、北ボルネオに太平洋協会、フィリピンに三菱経済研究所を当て、商大の研究所がこれらの調査団を統括（？）するという[37]」ものであった。このため赤松は、「出発前に、これら諸団体の幹部と南方調査の大網を打ち合わせたりした」ようである。現地到着後には、部員を南方各地に派遣して各調査団と連絡せしめ、定期的に研究報告会を催し、軍政の各方面にも参加を求めた[38]［赤松 1975：44-45］。

　しかし実際には、「新米の商大研究所がこれら練達の諸国体の上に立つことはおそらく不遜に思われたことであろう。結果からみて、われわれの構想した統一的調査要項はほとんど実施されず、各団のばらばらな方針による調査が行われた」［*ibid*.：44］。

　赤松らの調査部員に対する軍政総監部の受け入れ姿勢も当初から歓迎的とはいえなかった。当時軍部が調査部に対し求めていたのは軍政にとって実践的な資源開発調査であり、もはや赤松らの社会科学調査部員たちの学術的志向が求められる時期ではなかった。実際、調査団のメンバーの内、自然科学系を専攻とするのは原島のみであった。

　軍政部の要望と調査部の目的が大きく乖離していることに気づいた赤松は、着任直後から各調査機関主任者合同において1943年度の調査項目の優先度を再確認し、とりわけ人心把握に必要な市民の最低生活水準、農産物増産、労働力需要供給などの調査に重点を置いた。赤松はまた、学長である高瀬に一度南方

地域の視察に出向き、なんらかの打開策を講ずるよう要請も行った。高瀬は
1943年５月中旬から７月上旬にかけて南方諸地域に赴いた。滞在中、中将待遇
を受けた高瀬は、寺内総司令官との会談を行ったり、その他の南方軍首脳と調
査団とを引き合わせたりした［丸山 1989：172-174］。

　調査部は1943年５月に馬来軍政監部へ移され、マライ地域の調査を直接担当
するようになった。この頃、軍はマライの北部に備えてその司令部をシンガポー
ルからクアラ・ルンプールに、さらに後には北辺のタイピンに移した［赤松
1975：45］。

　戦局の悪化に伴い、同年10月12-13日に行われた南方各地の軍政監部調査部
主任者会同の席上で、南方軍政総監および同軍政総監部長がそれまでの調査
活動の再評価を求め、以後軍の必要性と現状に即した研究に重点を置くべきで
あると主張した［明石 2006：11；深見 1988：126-127］。

　赤松は同年12月に一度帰国し、1944年１月に帰任した。マレーの防衛を担当
する第29軍が編成され、司令部がクワラ・カンサル（同年10月にはイポー）に置
かれた。これに伴い、馬来軍政監部調査部は本部をクアラ・ルンプールに移動
し、同軍の軍政監部下に置かれた。赤松は、調査部を総務班（班長：石田）、民
族班（班長：渡辺、副班長：板垣）および経済班（班長：赤松、副班長：山下）に再編
した［明石 2006：11］。

　この時期には「学術調査は問題ではなくな」［赤松 1975：46］り、「第三の窓」
を開くという当初の構想も消えていた。板垣によれば、「昭和十九年夏以降は、
事実上軍政監部総務部長の直属機関となり、華僑対策、土侯対策、回教対策な
どに関連して、調査をこえた行政上の協力を要請せられるようになっていた」
［板垣 1988：159；2004：138］。

　板垣によれば、「昭和19年の５月か６月に赴任した浜田弘大佐——軍政監部
総務部長で参謀でした——が民族対策は馬来軍政監部という行政機関では出来
ないから、調査部が参謀長直轄機関として活動せよということで、いろんな企
画をたてられました。早速、華僑対策、マラヤ人対策の方針が決ま」［一橋大学
学園史編纂事業委員会編集 1983：53］った。

　浜田の赴任後の1944年中期以降、調査機関としての調査部の活動は終わると
共に、民族対策活動や人民把握工作へと変化していった。軍参謀部は調査部自
体を解散し、現地人補導所に変え、1945年７月３日付でタイピンに正式に開設
した。赤松が現地住民補導所長に就任し、板垣ら調査部員は閲報処員、各州補

導所員として現地人を宣撫するため部員をマライの各地に分散された［赤松
1975：46；板垣　1988：167］。

　この頃赤松は、「マライの独立布告をなすべきだ」と思うようになり、「現地
人を日本側に引きつけ、イギリス軍にも抵抗せしめるためには、マライの独立
許与を約すべきだ」と考えた。赤松はこれを軍参謀部に進言すると、「マライ
の独立は東京の御前会議で認めないと決まっているから駄目だ」と却下された。

　そこで彼は自らの責任において「マライの独立運動をおこすことを決意」し、
板垣と計ってマライの民族指導者数名を赤松の宿舎へと招いた。赤松は、「マ
ライの独立が実現するよう極力努力するからきみたちもやってくれ、イギリス
軍が再来したら再び植民地となるではないか」との旨を説き、独立運動の蜂起
を持ち出した。そしてこの頃になると、総軍参謀も同趣旨を認めるようになり、[39]
軍がマライ独立に乗り出すことになった。板垣の活躍もあり、マライ独立の実
現に向けクアラ・ルンプールにおいてマライ民族会議を開く予定となったが、
これは結局、終戦詔勅の後になり、「民族会議はさんざんになり、指導者たち
は四散した」。他方インドネシアの独立に関しては、8月12日にスカルノが寺
内寿一（元帥）からインドネシアの独立許可をもらい、これによってインドネ
シア独立は一応のかたちとなった［赤松 1975：46-47］。

　ここまでから分かるように、南方調査に出かけた赤松は、当初調査・研究に
とりかかったものの、時局の悪化から、実質的には調査はほとんど進むことは
なく、赤松にとって3つめとなる「第三の窓」を開くことはできなかった。一
方、赤松は板垣らとともに、マライやインドネシアの独立運動をおこしていっ
た。そして調査団は、終戦を迎える。

　お わ り に
　　──時局に翻弄された学問──

　1910年代にいくつかの高商で調査活動が始まったころ、その多くは資料収集
とその考察により教育環境の整備を目的としていた。1920年代にはアジア研究
の増加がみられ、これが30年代以降盛んになる植民研究や経済政策研究の基盤
となった。一方、従来の地場産業分析も終戦直前まで残ったものの、大幅に減
少した。同時にこれらは皮肉なことに、1930年代後半以降には、次第に商業教
育不要論や検閲が強化される中、高商の存在や経済学者による研究の意義を社

会的に示す上で重要な役割を担うことになった。

　このような研究をめぐる高商の方向性や成果そのものが特に戦争の回避に対して実際なんらか役割を果たしたのかと言えば、積極的な結論は出しづらい。むしろ時代を追うにつれ、調査の数や規模、方向性からみれば、時局に逆らうことなく盲目的に加担していたと言わざるをえない。さらに地方高商とは対照的に、東亜経済研究所のように大学単位で軍部への直接的協力さえみられた。たとえいずれの調査のベクトルも軍部の判断にほとんど影響を与えることはなかった、もしくはそれ以前に全く歓迎さえされなかったにせよ、である。戦時の官立高商・商大で行われた調査活動は、「総力戦」に直面した経済学者の学問と時局をめぐる迫られた選択と結果そのものであった。

付記

　執筆過程で経済学史学会第81回大会（2017年6月）にて報告を行った。討論者の渡辺邦博氏、司会の井上琢智氏をはじめ、有益なコメントを頂いた多くの方々に記してお礼申し上げたい。

　第3節(1)および(2)は、大槻［2010：9章］に基づき、大幅に加筆・修正した。

注

1）　秋丸機関については斉藤［1999］や牧野［2018b］、脇村［1998］を、南方調査については明石［2006］、大槻［2010］、Ohtsuki［2017b］、深見［1988］、Akashi and Yoshimura eds.［2008］、Majima［2016］等を参照。この他、戦時下日本の経済学者や経済学をめぐる研究としては池尾［2008］、辛島［2015］、八木紀［1999］、柳澤［2008］等を参照。

2）　私立については、校数とともに、ミッション、非ミッション系等が存在したことから、別途紙幅を割いた考察を要する。例えば、ミッション系の1つである関西学院大学では、1924年の関西学院高等商業学部時代に調査部が設けられ、1934年に商経学部の創設時に関西学院大学産業研究所に改められた。1940年に同所は産業経済研究室、東亜経済研究室、産業心理研究室、経営研究室の4部門に分けられ、官立高商同様、東亜研究を進めた。一方この時期、同大学では学則に「教育ニ関スル勅語ノ聖旨ヲ奉体シ」が加えられ、学則の変更を余儀なくされている［柚木 1991：113］。同大学の東亜経済研究を知る上で重要な資料となる『東アジア関係図書目録』を元同大学学長・井上琢智氏よりご提供頂いた。重ねて感謝申し上げる。

3）　所属高商が東京外国語学校と共に東京商業学校（森有礼によって開設された私立学校である商法講習所を源流）に吸収合併され、「高等」教育機関から外れた際、彼はそれに怒り、同年11月に帰国する［公文録 1885b］。もっとも教育内容が大幅に変わったわけではない。

4) ドイツの商科大学の状況については、Meyer［1998］を参照。

5) 学生は夏季休暇を利用し内外の現地視察を行っている［東京高等商業学校編 1919：1-8］。

6) 以後の高商でも外部からの調査依頼を受け付ける旨の条項が記されているが、いずれも規模や内容など詳細は現時点では不明である。

7) これらは現在、神戸大学附属図書館「新聞記事文庫」（http://www.lib.kobe-u.ac.jp/sinbun/）にて閲覧可能（2017年11月23日アクセス。以下同様）。

8) 1923年に調査課が設けられ、1926年に研究部となる。

9) 「3つの窓」は、赤松の理論的支柱である総合弁証法による解釈が可能である。「第一の窓」である図書館では既成学問が集まり、「第二の窓」では実験などを通じて新たな発見がなされると共に、事実が集積される。「第三の窓」では、「第二の窓」で発見された事実と「第一の窓」に保管された既成学問との間に存在する矛盾が指摘されると共に、止揚つまりは矛盾の進行が阻止され、より高次の段階として新たな理論がつくり上げられる。

10) 1927年から1940年にかけて全21号が刊行された。

11) 福島大学地域創造支援センターHP（http://www.cera.fukushima-u.ac.jp/welcome/01activity）によれば、1921年に「東北経済研究所」が発足したとある。同所と「東北経済調査会」との関係については、今後の課題である。

12) 後に『高松高商論叢』（1941-1944）、『高松経専論叢』（1945-1949）と改称される。

13) Ohtsuki［2017b：3章］を参照。これらは戦後日本の経済学の発展への萌芽となる。

14) 詳細は、Ohtsuki［2017b］を参照。例えば高岡高商は1938年から1943年にかけて『調査研究』を刊行し、経済地理や植民政策を担当した小寺廉吉が『黎明期の對滿移民』を、交通論や経営学を専攻する細野日出男が『戦時鉄道運賃の実證的一研究——特に一般旅客抑制を中心として——』や『大東亜交通基本政策の策定』を記している。

15) 改称後も、高商時代に入学した学生が卒業するまで経済専門学校が併設された。

16) 経済学者個人の理論研究については、Ohtsuki［2017b］を参照。

17) L.ワルラスの『純粋経済学要論』の邦訳などで知られる手塚寿郎は1942年に小樽高商を辞職していた。

18) 既述のように、八木は1942年の日本経済政策学会の開会時に同会が「純学問的立場を堅持」と述べる一方、この時点で彼は勤務校において国策機関である東亜研究所からの委託研究費による研究を行っていた。「純」学問の定義にかかわるが、学会の場を「純」、勤務校での研究をそれ以外と完全に切り分けることは難しいと思われる。矛盾もしくは時局との葛藤、極秘事項などいずれかを判断をするのは難しいが、戦時の資料と接する際には避けて通ることはできない。これは資料が多く残る東京商科大の場合も同様である。

19) 木部［2009：57］によれば、山口高商においても調査費1500円と共に東亜研究所からの文献調査依頼があったというが、その詳細は現時点では明らかでない。

20) 『経済論叢』（京都帝国大学経済学会）においても、同様の研究が増加した。

21）　http://www.kobe-u.ac.jp/info/public-relations/student-volunteer/2016_11_25_01.html.

22）　村田は、1900年に高等商業学校（後の東京高商）を卒業している。

23）　現在の東京海上日動火災保険株式会社に該当する。

24）　http://www.ier.hit-u.ac.jp/Japanese/introduction/tables1.html.

25）　http://www.ier.hit-u.ac.jp/Japanese/introduction/tables1.html.

26）　このほか、原稿が完成し、刊行が予定されながらも戦禍により実現化しなかったものとして、『東亜農業の基本問題』（阿部源一）および『仏領印度支那に於ける人口問題』（根岸國孝）がある（丸山［1989：183］, http://www.ier.hit-u.ac.jp/Japanese/introduction/toa.html.）。

27）　『一橋新聞』326号（1941年4月25日）では、「……研究所の実力が一般に確認された証左と見られ本学としても……官庁に協力することによつて高度国防国家建設に荷負う本学の学術奉公の道であり、……大学統計学と官庁との関係を維持する道でありとして注目される。」と述べられている。また、同記事の中で杉本は「研究所が開設以来本当に世の中に認められたことを意味して居りこの意味で画期的なものだと思ふ」［一橋大学学園史刊行委員会 1983：64］と述べている。

28）　詳細は、例えば丸山［1989：153-159］を参照。

29）　http://www.ier.hit-u.ac.jp/Japanese/introduction/tables1.html.

30）　派遣調査を行ったのは、教員だけではなかった。1941年3月以降、毎年若干名の学生が選抜派遣された［一橋大学学園史刊行委員会 1983：11］。

31）　以下、特に断りのない限り、一橋大学学園史刊行委員会［1976；1983；1995］、丸山［1989］に依拠した。

32）　一橋大学学園史編纂事業委員会編集［1983：48］によれば、前年の1941年12月8日に陸軍参謀本部と高瀬との間で非公式の話し合いがすでに行われていたという。

33）　すべてのメンバーが敗戦まで調査に携わっていたわけではない。例えば、山中は6ヶ月間ジャワとスマトラで農村調査を行った後に帰国している。一方、山田雄三、山田秀雄らは後から参加した［末廣 2006b：50］。

34）　末廣［2006b：50］では桐田は教員と記され、一橋大学学園史編纂事業委員会編集［1983：43］では研究所所員と記されている。

35）　山形も桐田と同様、末廣［2006b：50］では教員と記され、一橋大学学園史編纂事業委員会編集［1983：43］では研究所所員とされている。なお、一橋大学学園史刊行委員会［1991］では授業担当教員に山形の名はみられない。

36）　杉本、山中、高橋および小田橋は、1942年11月に出発していた［丸山 1989：170］。

37）　これら調査室の概要などについては、深見［1988：125-126］を参照。

38）　赤松は、同会に「いつも出席された」当時シンガポール（昭南市）の図書館長であり、また総監部顧問であった徳川義親について、「学者タイプの氏には好感を覚えた」［赤松 1975：45］と記している。徳川は1944年8月の帰国の際に際して総監部の内部資料を中心に、総監部調査部の調査報告書を持ち帰っている。

39）　この頃、軍政監部総務部長は浜田から梅津広吉に代わっていた［明石 2006：12］。

終　章

経済学の浸透は国際紛争の緩和に貢献しうるか

　最後に、序章と本論を引き取る形で、《経済学の浸透は国際紛争の緩和に貢献しうるか》という問いに、一定の答えを与えよう。3つの局面を想定するのが有用である。

　第1の局面は、経済学の生誕から確立までである（18世紀末から19世紀初頭）。この時期は、重商主義期のホッブズ的世界（ゼロサムゲーム：少数支配者の情念の闘い）から、古典派経済学のロック的世界（プラスサムゲーム：多数市民の経済利害の競い合い）への転換と捉えられる。絶対王政あるいは主権国家の剥き出しの衝突が緩和され、徐々に国内産業の育成に力点が移った。商業革命・価格革命・農業革命などの経済社会変動を経て、資本蓄積が進んでいたイギリスで、特に戦費調達の成功（国債発行・徴税体制・信用創造の確立）や信用・物価メカニズムの解明が進んだ（→ 第1章、第2章）。経済学の貢献は、新しい資源フロンティア（資金制約の緩和）を実現したこと、その余剰資金をどのように振り分ければ、望ましい生産・分配・交換・成長が可能かを理論的に示したこと、自由貿易を支える諸法則を発見して《通商による平和》に理論的根拠を与えたこと、この三点に集約される。

　しかし、この転換が永続的な安寧・平和をもたらしたわけではない（長い19世紀）。マルサスが気づいていたように、国内には貧困問題が溢れる。マルクスが喝破したように、資本家と労働者には支配〜被支配の関係が構造的に存在する。リストがドイツの後進性に着目し、早くから自由貿易思想の危険性を指摘していたように、先行者と追随者では発展段階の差によって、後者が大きな不利益を被る。いずれもルソー的世界（マイナスサムゲーム：私有財産制度が不平等や紛争の源）の出現と捉えられる。果たして、イギリスで自由貿易体制が完成した19世紀中葉頃より、深刻な貧困および膨張的な植民地獲得競争が目立った。西欧諸国の個別の戦争よりは、植民地を巻き込んだ軍事同盟同士の拡大戦争が勃発した。その帰結が第一次世界大戦となった（→ 第4章）。この大戦は統制経

済の実験場ともなり、その平和的利用が戦間期の最中・以後にも試みられた。他方、ドイツや日本が典型的なように、国内の経済問題（大量失業）の超法規的解決が目指された余り、国内では《近代》を象徴する他の価値観（自由・民主主義）を犠牲にし、国外では国際協調を捨て去る選択も行われた。その結果、次の大戦も生まれた。日本も第二次世界大戦には大きく関与し、甚大な被害と加害を残した（→ 第9章、第10章）。

　第2の局面は、ケインズ革命の生誕から確立までである（20世紀前半）。この時期は、古典派・新古典派の経済学が通俗的に抱えていた《自由放任主義》が批判され、修正されて新（社会的）自由主義（New Liberalism）への転換が図られた。国際連盟や国際学会によって、社会科学者の国際ネットワークが整備されたことも、最先端の知識の流布に役立った。ケインズ革命によって、マクロ的な貨幣循環の把握や総需要管理が視野に入り、失業の除去、および暴走しがちな貨幣・信用の制御が試みられた（不確実性の除去）。この理念が社会民主主義（例えば、ベヴァリッジの社会保障計画）と結びついたとき、福祉国家を支える両輪（完全雇用と社会保障）が完成し、不確実な世界を緩和し、高い成長と公平な分配を同時に達成できる体制が整ったかに見えた。経済学の貢献は、自由で効率的な福祉国家理念を後押ししたこと、財と資金について国際的な協調制度（IMF-GATT 体制）を支えたこと、連邦主義という国際的な視野も入れたこと、などに集約される。

　しかし、この転換が永続的な安寧・平和をもたらしたわけではない（20世紀後半）。開発経済学・国際協力論が逆説的に明らかにしているように、先進国〜発展途上国という枠組みは未だにほぼ固定されている。社会主義国の誕生により、世界が二分された。そしてケインズ革命の理念が社会工学と過剰に結びついたとき、経済学が戦争遂行のための道具、あるいは戦争を後押しする論理に転化する[1]。社会を速やかに制御できるという確信（社会工学の特徴）に基づき、目的と手段を分離する方法論（ロビンズによる稀少性定義）を単に受け入れるだけでなく、科学者として生活者として目的を問うことを忘却してしまえば、狭い意味での防衛経済学に道を譲ることになる。宇沢弘文が批判したベトナム戦争における殺人効率（kill ratio）や、軍事的ケインズ主義（民間部門の総需要不足を軍需で代替／補完すること）が、戦争に悪用された典型となる[2]。

　第3の局面は、戦争の民営化と、それに対抗する平和の経済学の生誕である（冷戦後から現在）。この時期は、古典的な国家間同士の戦争は鎮静化したように

見え、福祉国家および国際協調の理念が大きく揺らいだ上で、テロリズム（サイバー空間・病原菌・小型核兵器・自爆）、宗教・宗派・地域の対立、難民・差別の問題など、新しい問題もあれば、報復関税・隣国対立など古典的な紛争もある。経済学は現在のままでは（防衛経済学という限定された分野を除き）、戦争の解明や平和の構築に積極的な役目を担っていけないだろう。序章の冒頭（第2の動機）で述べたように、この現状は経済学者を内外から縛る二重の通念（通商による平和；戦争・平和は外部の与件）と関係している。

　この現状に対抗する経済学の方向性として、以下の三要素を指摘しよう。① 経済学者個人の責任、② 学際を指向する包括性、③ 協働の組織化と知見の流布、である。

　① 経済学者が市場機能の前提にも目配りした上で、積極的に《平和》を定義し、目標（抽象性）および指標[3]（具体性）を設定すること。その際、価値前提の明示というミュルダールの方法論（→ 第6章）、およびペティ・スミス・リカードウの精神を援用する。平和や戦争の問題は価値判断という規範的な側面がどうしても必要であるから、前もって研究者自らの価値前提を提示しなければならない[4]。この側面は都留重人らが語った科学者の社会的責任[5]であろう。また、経済は量的な伸縮および質的な評価を同時に指向する場なので、ペティの量的把握、スミスの叙述的把握、リカードウの抽象モデル的把握という典型的な経済学的思考のすべてが役立つ。

　② 積極的な平和のために、専門的知を足がかりに、政治・経済・社会・文化[6]などの学際的な相互関係に注目し、各部門を積極的に橋渡するような制度設計をも熟慮すること ［Brauer and Caruso 2011[7]：6］。経済学の先達には、経済的知に基づきながらその枠を越える様々なアイデアがある（→ 第3章、第7章）。市場の失敗、公共財、外部経済、社会的厚生関数、フォーカル・ポイント、誘因両立性、共有地の悲劇、嫉妬からの自由、潜在能力、社会的共通資本、マーケットデザイン。例えばフォーカル・ポイントとは、互いに直接的な意思疎通がなくても、類推・先例・審美的な形状など、論理よりも想像力に依存する《傑出した手がかり》があれば、互いが満足する安定的な均衡を達成する可能性を秘める ［Schelling 1980 (1960)：第3章］。他の概念も同様に、経済的な利得に深く規定されながら、なお心理的・社会的・生物学的な要素が考慮されている。こうした包括的な視野は、例えば、国民最低限と経済的な効率性、あるいは国内的な社会保障と国際的な安全保障を同時に考えていたベヴァリッジの制

度デザインにも見られる。学際的なアイデアを編み出す際に、経済学の強みと
弱み（暗黙の前提や不得意な思考法）を衡平に語る誠実さが求められる[8]。

　③　平和の知を共同で生産するための集団的な試み・制度を創出し、同時に
その知見をひろく一般に流布させる仕組みを編み出すこと。ケインズの《協調
的説得》という助言者の役割で判明したように、傑出した人物がいるだけでは、
新しい知は磨かれ、広まることはない。それには古い知恵と新規なアイデアを
融合させる協調者、政策の立案者、流布する機関、つまり知の制度化が必要と
なる（→ 第5章）。過去においては、国際連盟の経済金融部、イギリスの内閣経
済部、オックスフォード大学のナフィールド委員会など、傑出した知を結集さ
せた空間が存在した。現在でもストックホルム国際平和研究所、オスロ国際平
和研究所、経済平和研究所（Institute for Economics & Peace）、フーヴァー研究
所など、経済学を含む知が結集する平和学の拠点もある。経済学者は学際的な
共同研究において、市場機能を十全に発揮させる積極的な平和という安定的な
機構にも寄与しなければならない。その際に、本書のような経済学の歴史は参
照基準として、貢献できるだろう。

　また、専門的な知はただそこに存在するだけでなく、様々なメディアを通じ
て、多くの人々に発信する必要がある（→ 第8章）。ケインズの場合、新旧のケ
ンブリッジ学派で知的な訓練を果たすと共に、官界・政界・財界のすべてと繋
がり、またメディアの力も熟知していた[9]。つまり、学術雑誌・著作・自由党機
関誌・新聞（投書と寄稿）・ラジオ・学術会議・講演・国会など、様々なルート
で自らの考えを流布する媒体を開拓しただけでなく、時には自らその整備に乗
り出していた。現在でも経済学者は単に雑誌論文や専門書を公にするだけでな
く、教科書・一般書・講演・大手メディア・SNSなど、様々な販路で自らの
知見を公共空間の中で鍛え、流布することが可能である。

　経済学の歴史においても、元々得意であった個々の学説の解釈学・再生に加
えて、近年では、集団や組織としての経済的な知を再評価する動きも盛んであ
る。例えば、生活共同空間としてのケンブリッジ学派、1920年代ウィーン学団
のネットワーク分析、多様な存在としてのシカゴ学派、自由主義の砦としての
モンペルラン・ソサエティ、実験経済学の創成の再現セミナーなど、多くの先
行研究がある。塩野谷［2009：351］によれば、経済学史の研究は単に過去の再
構成や、現在の立場を反映した再構成に留まるのではなく、未来に投げ出され
た存在をすくい取る未来志向の再構成こそ必要である。本書の文脈では、個々

の学説や集団の知的動態を研究する際に、平和の構築に向けて、われわれにできることを模索する意識が出発点となろう。本書を足がかりにした学際的な共同研究も望まれる。

　経済学の浸透は国際紛争の緩和に貢献しうるか、という問いに対して、本書は Yes と答えたい。しかし、それには重大な保留条件もある。第1に、本書が明らかにしたように、経済学の浸透で国際紛争の増長に手を貸す可能性を常に忘れてはならないこと（科学者の社会的責任）。第2に、経済学の内外にある二重の通念（経済＝通商＝平和；戦争・平和は経済学の外部与件）は常に疑うべき対象であること。この保留条件を忘れず、理論・政策・歴史のあらゆる局面で、どのような条件で貢献できるかを問いかけていく姿勢で今後も必要となろう。限りある資源の効率的な使用法を価値（定性的）からも価格（定量的）からも考察可能で、しかも経済という核から他領域に接合する様々なアイデアも充実している――これが経済学の最大の強みである。

　経済学の歴史（経済思想）は、その責務の一端として、正統的な思考と異端的な思考をバランス良く提示する。この提示によって、上記の三要素①②③の観点からも、経済学の強みを積極的平和の実現に向けて発揮させることが可能なのではないか。

　注

1）　中山［2010：iv, 15, 200, 204］は、軍産複合体による労働・物資の調達や経済制裁を念頭に、一見、平和な状態（戦闘の沈潜化）でも、現代は経済戦争（経済を用いた暴力）の時代だと見なす。

2）　佐々木［2019：第16章］も参照。またルーカスによる反革命、そして動学的確率的一般均衡論 DSGE が支配的になれば、各経済主体は最適化を行っており、全体としても常に均衡状態となる、という具合に、モデルの外部はせいぜい確率的なショックと解釈される。

3）　「積極的平和に関する良い手段・測定方法を供給すること」［Brauer and Caruso 2011：9］。

4）　その場合、ワルラスやロビンズが採用した二分法が参考になる。前者は純粋経済学（一般均衡論）と社会経済学（例として土地国有化）、後者は経済学（科学）と応用経済学（政策に転化）という区分を持つ［Komine 2017；Masini 2018］。ロビンズは稀少性と選択に限定された経済学を理論として称揚するが、経済学者としては価値判断を含んだ政策を提言しなければならないと論じた。エッジワースやアローのように、理論の題材そのものが平和や民主主義に関わらせる例もある。

5）　都留［2004：40、70］によれば、科学者は自分の専門分野には自主的で、隣接分野も媒介し、科学と社会を常に問い続け、有意義な活動に矜持を持つことが必要になる。また、フロイトは科学者というよりは「人間を深く愛する一人の人間として」［アインシュタイン、フロイト 2016（1932）／邦訳 10］、アインシュタインの呼びかけに応えて、人間は戦争から逃れられるかという設問に答えようとした。

6）　芝崎［2015：27］は国際関係論を権力・文化・経済から見て、どれか1つに還元しない視点を紹介している。《冷戦》という言葉を1945年10月に早くも生み出したオーウェルは、科学者も歴史・文学・芸術に通じているべきだと論じた［オーウェル 2019（1945）／邦訳 17、27］。

7）　市場と民主政は独立しているように見えたので、経済学と政治学はそれぞれ他方を定数として扱っていた。しかし、実際には両者は密接に絡まっている［North et al. 2013（2009）：269／邦訳 337］。

8）　Rodrik［2015：5／邦訳 14］は抽象的モデルが強みでもあり、アキレス腱でもあると説く。

9）　第二次世界大戦以後、軍需複合体・軍産複合体（military-industrial complex）という概念が確立しているが、ケインズ自身は軍需よりも民需を圧倒的に重視していた。「もし軍備という無駄な目的のために失業を救済しうるならば、我々は平和という生産的な目的のためにも失業を救済できる」［Keynes CW vol. 21：532］。ケインズは《民需複合体》とも呼ぶべき平和・安全保障に貢献する産官学の連合体を想定していた。

あ と が き

　本書の出発点は、経済学史学会が主催する第80回全国大会の共通論題「戦争と経済学」（東北大学：2016.5.22）にある。前年の秋あたりから本格的に会合を開き、当日の組織者・司会・報告者・指定討論者などで意見を交換していた。大きな広がりが期待できる論題と直感し、編者・小峯を代表者として科学研究費に申請したところ、4年間の資金援助が認められた（基盤研究(B)戦争と平和の経済思想～経済学の浸透は国際紛争を軽減できるか：16H03603）。契機となった共通論題の関係者・参加者（特に組織者の堂目卓生氏、指定討論者の大倉正雄氏）に、最大限の感謝を捧げる。また、「戦争と平和の経済思想」（2018.10.27）が日本平和学会と経済学史学会の共催企画として実現した。

　当日の共通論題が終了しても共同研究は続き、当日の発表3本をまず英文化して、学会誌『経済学史研究』にシリーズとして載せた。本書の1章・7章・8章の原版とも見なせるので、転載を許可していただいた編集委員会には感謝する。

　当初から夏合宿の予定地は戦争に関連する場所を念頭においており、広島・長崎・沖縄で研究会を実現できた。広島修道大学では佐渡紀子氏に会場の予約をいただき、当日は松尾洋治氏にもお世話になった。研究会当日（2017.9.4）はMaria Paganelli 氏と Fabio Masini 氏も特別ゲストとして報告に駆けつけてくれた。長崎大学では南森茂太氏に会場の予約だけでなく、武藤長蔵博士のコレクション閲覧などの便宜を図っていただいた。研究会当日（2018.9.10-11）は姫野順一氏に「長崎から戦争と平和を考える：経済学史・知性史・長崎学そして古写真研究から」という特別講演をお願いした。沖縄国際大学では生垣琴絵氏に会場の予約だけでなく、研究会当日（2019.9.10）には、普段は入れない大学の屋上から普天間基地を見渡せる便宜も得た。また、宜野湾市役所の吉村純さん（基地政策部基地渉外課長）からは基地を抱える市民生活について、松永光雄さん（沖縄鍾乳洞協会・理事）からはガマ（鍾乳洞）における沖縄戦の市民生活について、佐喜眞道夫さん（佐喜眞美術館長）からは常設美術作品について、戦争と平和の現実を突きつける説明をそれぞれ受けた。

　序章と10の論考は執筆者同士で割り当てられた原稿を批評し合っただけでな

く、外部の査読者制度を導入して、論点の整理を図った。協力していただいた次の方々に感謝する（順不同、敬称略）。佐藤方宣、上宮智之、寺尾範野、伊藤誠一郎、大友敏明、山本慎平、南森茂太、加藤健、金子創、周防健翔、石原俊時、桑田学、籔田有紀子。業績としては明示されないが、このような営みこそ、科学者の共同体であろう。

　2017年度から学会の代表となり、重い学務とも重なったため、途中から編者としての機能が低下した、当初の予定よりも出版が大幅に遅れたことに対し、執筆者を始め、関係者にお詫びしたい。特に、辛抱強く待っていただいた晃洋書房の丸井清泰氏には、頭を垂れるしかないが、何とか脱稿できたことで少しは負債を返せたのではないか。

　本書が戦争と平和に関する知見を広げ、良き世界への布石となることを祈念する。

　2019年秋
　　轟壕（ガマ）の暗闇を体験した後に

　　　　　　　　　　　　　　　　　　　編著者　小峯　　敦

参 考 文 献

〈邦文献〉

アインシュタイン, A.、フロイト, S. [2016 (1932)]『ひとはなぜ戦争をするのか』（浅見昇
　　吾訳）、講談社。

明石陽至 [2006]「解説」。明石編集解題『南方軍政関係史資料35　編集復刻版　南方軍軍政
　　総監部調査部馬来軍政監部調査部報告書1943-1945』（第 1 巻）、龍溪書舎、pp. 7-17。

赤根谷達雄 [1992]『日本のガット加入問題――《レジーム理論》の分析視角による事例研
　　究――』東京大学出版会。

赤松要 [1958]「自作年譜」、赤松要博士還暦記念論集刊行会編『経済政策と国際貿易　赤松
　　要博士還暦記念論集』春秋社、pp. 497-512。

赤松要 [1975]「学問遍路」、小島清編『学問遍路　赤松要先生追悼論集』世界経済研究協会、
　　pp. 9-68。

浅野純次 [2015]「石橋湛山と経済倶楽部（下）」『自由思想』138。

安部大佳 [2003]「D. H. ロバートソンと「花見酒の経済」――ロバートソン、エッジワース
　　および笠信太郎による譬喩――」『経営学論集』（龍谷大学）、43(2), pp. 113-17。

天川潤次郎 [1966]『デフォー研究』未来社。

雨宮昭彦・若森みどり [2011]「ヴェブレンが捉えた〈冷戦の起源〉に学ぶ：ヴェルサイユ
　　条約批判と世界戦争への透視」『経営と制度』9、pp. 89-93。

荒川憲一 [2011]『戦時経済体制の構想と展開』岩波書店。

有澤廣巳 [1934]『産業動員計画』改造社。

家近亮子 [2012]『蒋介石の外交戦略と日中戦争』岩波書店。

五百旗頭真 [1971]「石原莞爾関係年表（上）」『政経論叢』21(1)、pp. 63-91。

池尾愛子 [2006]『日本の経済学――20世紀における国際化の歴史――』名古屋大学出版会。

池尾愛子 [2008]『赤松要』日本経済評論社。

石井寛治 [2012]『帝国主義日本の対外戦略』名古屋大学出版会。

石橋湛山 [2011 (1912)]「加藤弘之博士の『自然と倫理』を評す」『石橋湛山全集』 1 巻、
　　pp. 114-29。

石橋湛山 [2011 (1915)]「戦後の経済競争に処する用意如何」『石橋湛山全集』 2 巻、pp.
　　192-219。

石橋湛山 [2011 (1919)]「国際連盟の中心事業」『石橋湛山全集』 3 巻、pp. 125-28。

石橋湛山 [2011 (1921)]「大日本主義の幻影」『石橋湛山全集』 4 巻、pp. 14-29。

石橋湛山 [2011 (1927)]「新農業政策の提唱」『石橋湛山全集』 5 巻、pp. 303-428。

石橋湛山 [2011 (1933)]「我国の為替下落とダンピング論の誤謬」『石橋湛山全集』 9 巻、
　　pp. 499-515。

石橋湛山［2011a（1934）］「歳出縮小と増税の時期」『石橋湛山全集』 9 巻、pp. 326-27。

石橋湛山［2011b（1934）］「昭和九年の貿易予想」『石橋湛山全集』 9 巻、pp. 418-21。

石橋湛山［2011c（1934）］「貿易と経済」『石橋湛山全集』 9 巻、pp. 430-37。

石橋湛山［2011d（1934）］「経済の国際性」『石橋湛山全集』 9 巻、pp. 443-49。

石橋湛山［2011e（1934）］「花見酒の経済」『石橋湛山全集』 9 巻、pp. 473-75。

石橋湛山［2011a（1936）］「世界開放主義を提げて――懊悩せる列強を指導せよ――」『石橋
　　湛山全集』10巻、pp. 98-102。

石橋湛山［2011b（1936）］「何故に日英提携を主張する――一読者の抗議に答えて――」『石
　　橋湛山全集』10巻、pp. 108-11。

石橋湛山［2011a（1937）］「戦争は悪性インフレを呼ぶか」『石橋湛山全集』10巻、pp. 146-54。

石橋湛山［2011b（1937）］「増税の正道たる所以」『石橋湛山全集』10巻、pp. 162-65。

石橋湛山［2011（1941）］「広域経済と世界経済」『石橋湛山全集』12巻、pp. 200-16。

石橋湛山［1994（1964）］『湛山座談』岩波書店。

石橋湛山・東洋経済新報本社［1951］「石橋湛山氏に訊く　八千万人の生きる道」『東洋経済
　　新報』2480、pp. 16-21。

石原莞爾全集刊行会編［1976］『石原莞爾全集（第一巻）』石原莞爾全集刊行会。

板垣與一［1988］『アジアとの対話 新装版』論創社。

板垣與一［2004］『自己の中に永遠を』文芸社。

稲上毅［2013］『ヴェブレンとその時代――いかに生き、いかに思索したか――』新曜社。

稲葉正夫ほか（編）［1963］「板垣少将に後事を託する石原大佐の手記」『太平洋戦争への道』
　　別巻資料編、朝日新聞社、p. 184。

岩畔豪雄［2015］『昭和陸軍謀略秘史』日本経済新聞社。

岩谷将［2010］「1930年代半ばにおける中国の国内情勢判断と対日戦略」、防衛研究所『戦史
　　研究年報』13、p. 124。

ヴィンクラー, H. A.［2008］『自由と統一への長い道〈1〉ドイツ近現代史 1789-1933』（後
　　藤俊明ほか訳）、昭和堂。

上田貞次郎［1963］『上田貞次郎日記 晩年編――大正八年―昭和十五年――』上田貞次郎日
　　記刊行会。

上田美和［2012］『石橋湛山論――言論と行動――』吉川弘文館。

ヴェーバー, M.［1998（1901）］『歴史学の方法』（祇園寺信彦・祇園寺則夫訳）、講談社。

上宮智之［2015］「F. Y. エッジワースの戦時パンフレット（井上琢智博士退職記念号）」『経
　　済学論究』69(2)、pp. 181-206。

内田尚孝［2013］「察哈爾をめぐる日中関係――土肥原秦徳純協定」の成立過程――」『コミ
　　ュニカーレ』(2)、pp. 105-110。

内田義彦［1970］「発端・市民社会の経済学的措定」、内田義彦・大野英二・住谷一彦・伊東
　　光晴・平田清明『経済学史』筑摩書房、pp. 3-112。

江國滋・大西信行・永井啓夫・矢野誠一・三田純一編［1969］『古典落語大系』第五巻、三
　　一書房。

遠藤二等主計［1929］「経済封鎖について」『偕行社記事』657号、pp. 41-43。

大分高等商業学校編［1942］『大分高等商業学校二十年史』大分高等商業学校。

オーウェル, G.［2019（1945）］『あなたと原爆――オーウェル評論集――』（秋元孝文訳）、光文社。

大倉正雄［2000］『イギリス財政思想史――重商主義期の戦争・国家・経済――』日本経済評論社。

大蔵省財政金融研究所財政史室［1998］『大蔵省史 第 2 巻』大蔵省財務協会。

大阪朝日新聞［1916］「学校と新聞紙の利用（上）　神戸高商坂西教授の試み」、『大阪朝日新聞』1916 年 2 月 15 日、第 3 面（神戸大学経済経営研究所　新聞記事文庫・大阪朝日新聞経済調査（1-025））。

大槻忠史［2010］『赤松要の雁行形態論とその展開――在名古屋時代と段階論的視座――』東京外国語大学博士学位論文。

大前信也［2015］『政治勢力としての陸軍――予算編成と二・二六事件――』中央公論新社。

岡澤憲芙［2009］『スウェーデンの政治――実験国家の合意形成型政治――』東京大学出版会。

岡田菊三郎［1947］『岡田菊三郎　口供書』防衛省防衛研究所戦史研究センター所蔵。

尾崎邦博［2007］「J. A. ホブソンにおける国際政府構想の展開」『経済科学』55（2）、pp. 55-68。

小樽高等商業学校編［1926］『小樽高等商業学校一覧自大正 6 年至 7 年』小樽高等商業学校。

小樽商科大学百年史編纂室［2011］『小樽商科大学百年史（通史編）』小樽商科大学出版会。

小野塚知二［2018］『経済史――いまを知り、未来を生きるために――』有斐閣。

小原敬士［1965］『ヴェブレン』勁草書房。

カイヨワ, R.［1974（1963）］『戦争論――われわれの内にひそむ女神ベローナ――』（秋枝茂夫訳）、法政大学出版局。

加藤俊彦［1979］「軍部の経済統制思想」、東京大学社会科学研究所編『戦時日本経済――ファシズム期の国家と社会』東京大学出版会、pp. 67-110。

加藤雅俊［2012］『福祉国家再編の政治学的分析――オーストラリアを事例として――』御茶ノ水書房。

加藤陽子［2007］『満州事変から日中戦争へ』岩波書店。

加登川幸太郎［1996］『陸軍の反省（上）』文京出版。

辛島理人［2015］『帝国日本のアジア研究』明石書店。

ガルブレイス, J. K.［1999］『おもいやりの経済』（未来ブックシリーズ）（福島範昌訳）、たちばな出版。

川田稔［2014］『昭和陸軍全史 1』講談社。

北岡伸一［2012］『官僚制としての日本陸軍』筑摩書房。

木戸日記研究会編［1974］『鈴木貞一氏談話速記録（下）』日本近代史料研究会。

木部和昭［2009］「山口高等商業学校の東アジア教育・研究と東亜経済研究所」、『東亜経済研究』山口大学東亜経済研究所、67（2）、pp. 47-61。

木宮正裕［2010］「国家間の嫉妬と競争――アダム・スミスの処方箋――」『経済論叢』（京都大学）184（1）、pp. 93-108。

姜克實［1989］「人と思想——田中王堂」『自由思想』50、pp. 22-50。

姜克實［2003］『石橋湛山の戦後——引き継がれゆく小日本主義』東洋経済新報社。

姜克實［2014］『石橋湛山』吉川弘文館。

京都大学経済学研究科・経済学部学部史編纂委員会編［1999］『京都大学経済学部八十年史』京都大学経済学部八十周年記念事業実行委員会。

金融学会編［1984］『金融学会の創立と初期の活動——40周年記念——』東洋経済新報社。

クセノポン［2000］「政府の財源」、『小品集』（松本仁助訳）、京都大学学術出版会、pp. 107-129。

黒野耐［2000］『帝国国防方針の研究』総和社。

小磯国昭・小磯国昭自叙伝刊行会編［1963］『葛山鴻爪』小磯国昭自叙伝刊行会。

小出保治［1975］「赤松先生の学問と名古屋時代」、小島清編『学問遍路 赤松要先生追悼論集』世界経済研究協会、pp. 265-313。

公文録［1885a］「白耳義国人スタッペン傭入ノ件」、『公文録』明治18年3月142巻、官吏雑件（太政官〜府県）、国立公文書館、マイクロフィルム No. 056300。

公文録［1885b］「東京外国語学校所属高等商業学校教員比耳義人スタッペン帰国ノ件」、『公文録』明治18年11月54巻、官吏雑件（太政官〜庁県）、国立公文書館、マイクロフィルム No. 056500。

神戸高等商業学校学友会編［1928］『筒台廿五年史』筒台史編纂会。

小島清編［1975］『学問遍路 赤松要先生追悼論集』世界経済研究協会。

小島精一［1933］『日満統制経済』改造社。

後藤はる美［2016］「ヨーロッパのなかの礫岩——17世紀イングランド・スコットランドの法の合同論——」、古谷大輔・近藤和彦共編『礫岩のようなヨーロッパ』山川出版社、pp. 158-71。

後藤春美［2016］『国際主義との格闘——日本、国際連盟、イギリス帝国——』中央公論新社。

小林龍夫・島田俊彦編集［1964］『現代史資料7 満州事変』みすず書房。

小林昇［1955］『重商主義解体期の研究』未来社。

小堀聡［2017］「日中戦争期財界の外資導入工作——日本経済連盟会対外委員会——」『経済論叢』（京都大学）191(1)、pp. 77-96。

小峯敦［2007］『ベヴァリッジの経済思想——ケインズたちとの交流——』昭和堂。

小峯敦［2014］「『ベヴァリッジ報告』（1942）と『雇用政策』白書（1944）——戦後構想（社会保障と完全雇用）における経済助言活動の役割——」『龍谷大学経済学論集』53(1/2)、pp. 37-98。

近藤和彦［2016］「礫岩のような近世ヨーロッパの秩序問題」、古谷大輔・近藤和彦編『礫岩のようなヨーロッパ』山川出版社、pp. 3-24。

斉藤伸義［1999］「アジア太平洋戦争開戦決定過程における「戦争終末」構想に与えた秋丸機関の影響」、『史苑』（立教大学史学会）、60(1)、pp. 167-184。

五月女律子［2004］「スウェーデンの中立政策と EC 加盟問題——1960年代を中心として——」『北海学園大学法学研究』40(3)、pp. 25-50。

五月女律子［2012］「スウェーデンの安全保障政策における『非同盟』」『国際政治』168、pp. 88-101。

五月女律子［2016］「スウェーデンの安全保障防衛政策――安全保障・軍事の国際化の視点から――」『北九州市立大学国際論集』14、pp. 1-17。

坂本達哉［1995］『ヒュームの文明社会』創文社。

桜井哲夫［2019］『世界戦争の世紀～20世紀知識人群像』平凡社。

佐々木実［2019］『資本主義と闘った男――宇沢弘文と経済学の世界――』講談社。

佐藤仁［2011］『「持たざる国」の資源論』東京大学出版会。

参謀本部［1917］『帝国国防資源』防衛研究所戦史センター所蔵。

塩野谷祐一［2002］『経済と倫理――福祉国家の哲学――』東京大学出版会。

塩野谷祐一［2009］『経済哲学原理――解釈学的接近――』東京大学出版会。

篠崎尚夫［2006］「石橋湛山――「花見酒の経済」政策思想――」、大森郁夫責任編集『日本の経済思想1 （経済思想9）』日本経済評論社、pp. 227-63。

芝崎厚士［2015］『国際関係の思想史――グローバル関係研究のために――』岩波書店。

島田俊彦［1962］「華北工作と国交調整」、日本国際政治学会太平洋戦争原因研究部編『太平洋戦争への道　日中戦争・上』朝日新聞社、pp. 183-185。

清水謙［2014］「スウェーデンはいかに危機に対処してきたか――すべては自国の安全保障のために――」Synodos（http://synodos.jp/international/9119, 2019年9月18日アクセス）。

上法快男［1973］『陸軍大学校』芙蓉書房。

新庄健吉［1933］「公営企業論」『陸軍主計団記事』12月号、pp. 1-46。

末廣昭［2006a］「他者理解としての「学知」と「調査」、末廣昭責任編集『岩波講座「帝国」日本の学知 第6巻 地域研究としてのアジア』岩波書店、pp. 1-20。

末廣昭［2006b］「アジア調査の系譜――満鉄調査部からアジア経済研究所へ――」、末廣昭責任編集『岩波講座「帝国」日本の学知 第6巻 地域研究としてのアジア』岩波書店、pp. 21-66。

末廣昭責任編集［2006］『岩波講座「帝国」日本の学知 第6巻 地域研究としてのアジア』岩波書店。

杉山伸也［2017］『日英経済関係史研究1860-1940』慶應義塾大学出版会。

スティール, R.［1982］『現代史の目撃者――リップマンとアメリカの世紀――』上下巻（浅野輔訳）、TBSブリタニカ。

高崎正男［1965］「軍需動員国家総動員について」防衛研究所戦史研究センター、pp. 27-28。

高橋亀吉［1934］『満洲経済と日本経済』千倉書房。

高橋亀吉［1936a］『支那経済の崩壊と日本』千倉書房。

高橋亀吉［1936b］『我が財政経済の革新』千倉書房。

高橋亀吉［1961］「私の履歴書　高橋亀吉」日本経済新聞社編『私の履歴書13』日本経済新聞社、pp. 233-302。

竹本洋・大森郁夫編［2002］『重商主義再考』日本経済評論社。

竹本洋［1995］『経済学体系の創成』名古屋大学出版会。

筒井清忠［1986］『石橋湛山――一自由主義政治家の軌跡――』中央公論社。

筒井清忠［2015］『満州事変はなぜ起きたのか』中央公論新社。

角田順編［1971］『石原莞爾資料――国防論策――』原書房。

都留重人［2004］『科学と社会――科学者の社会的責任――』岩波書店。

土肥原賢二［1937］『極東に於ける国際情勢の変化と国防充実の急務』群馬県仏教聯合保護会出版部。

東京高等商業学校［1912］『職工取扱ニ関スル調査 官業工場之部』東京高等商業学校。

東京高等商業学校編［1919］『東京高等商業学校一覧：附・商業教員養成所一覧 自大正2年至3年』東京高等商業学校。

東京商科大学［1927］『東京商科大学一覧 自大正15至昭和2年』丸善。

東京商科大学一橋会［1943］「大東亜法制を研究 新秩序委員会設置か」、東京商科大学一橋会『一橋新聞』365号（昭和18年4月25日）、p.1。

東京大学教養学部国際関係論研究室編［1981］『インタヴュー記録D. 日本の軍政6.』東京大学教養学部国際関係論研究室。

東京大学経済学部編［1976］『東京大学経済学部五十年史』東京大学出版会。

堂目卓生［2008］『アダム・スミス』中央公論新社。

戸部良一［2014］「満洲事変から日中戦争まで」『「日中歴史共同研究」報告書』第2巻（近現代史篇）勉誠出版、pp.237-274。

苫米地英俊［1944］「改題の辞」、小樽経済専門学校北方経済研究所『北方経済研究』小樽経済専門学校北方経済研究所、pp.1-4。

永井和［2007］『日中戦争から世界戦争へ』思文閣出版。

長崎高等商業学校編［1935］『長崎高等商業学校30年史』長崎高等商業学校。

中島一等主計［1933］「経済封鎖を顧慮し…」『陸軍主計団記事』2月号、pp.1-49。

永田鉄山［1928］『国家総動員』大阪毎日新聞社。

中野聡子［2012］「エッジワースのマーシャルの『経済学原理』に対する評価：限界革命の不均衡理論の視点から」『研究所年報』（明治学院大学）29、pp.83-99。

中野聡子［2013］「包絡線定理と費用曲線の経済学史的展開：ヴァイナー、ハロッドの展開とエッジワース」『研究所年報』（明治学院大学）30、pp.35-52。

中野聡子［2015］「ジェヴォンズとエッジワースの研究計画とマーシャルの研究計画の相違：近代経済学の展開の深遠な断層」『経済研究』（明治学院大学）150、pp.1-11。

中野聡子［2017a］「規模のパラメトリック経済の定式化の学説史上の意味：F. Y. エッジワースがH. カニンガム（1904）への書評で意図したこと」『経済研究』（明治学院大学）154、pp.11-27。

中野聡子［2017b］「F. Y. エッジワースの契約モデルの特性：不決定性の分析とその応用の視点」『研究所年報』（明治学院大学産業経済研究所）34、pp.133-146。

中原茂敏［1991］「国力なき戦争指導」『昭和軍事秘話下』同台経済懇話会、p.28。

中村隆英［1971］『戦前期日本の経済成長分析』岩波書店。

中村隆英［1983］『戦時日本の華北経済支配』山川出版社。

中本香［2016］「スペイン継承戦争にみる複合君主制」、古谷大輔・近藤和彦編『礫岩のようなヨーロッパ』山川出版社、pp. 192-209。

中山伊知郎［1941］『戦争経済の理論』日本評論社。

中山伊知郎［1973］『中山伊知郎全集　別巻』講談社。

中山伊知郎［1974］「達見」、長幸男編『石橋湛山―人と思想』東洋経済新報社、pp. 155-158。

中山智香子［2010］『経済戦争の理論――大戦間期ウィーンとゲーム理論――』勁草書房。

西沢保・服部正治・栗田啓子編［1999］『経済政策思想史』有斐閣。

西谷修［2016］『戦争とは何だろうか』筑摩書房。

西谷修［2019］『ロジェ・カイヨワ『戦争論』』NHK 出版。

日本近代史料研究会編［1970］『日満財政経済研究会資料』第一巻、日本近代史料研究会。

野口旭・浜田宏一［2007］「経済政策における既得権益と既得観念」、野口旭編『経済政策形成の研究――既得観念と経済学の相克――』ナカニシヤ出版、pp. 29-58。

橋本努［2007］『帝国の条件』弘文堂。

秦郁彦［1961］『日中戦争史』河出書房新社。

秦郁彦［1996］『盧溝橋事件の研究』東京大学出版会。

服部彰編［1994］『戦終結後の軍縮問題と世界経済の再建：ECAAR シンポジウム議事録』多賀出版。

林直樹［2012］『デフォーとイングランド啓蒙』京都大学学術出版会。

原朗［1972］「1930年代の満州経済統制政策」、満州史研究会編『日本帝国主義下の満州』御茶の水書房、pp. 8-10。

原田太津男［2018］「大戦間期の開発と平和の構想――戦後国際開発体制における実現――」mimeo。

一橋大学学園史刊行委員会［1976］『一橋大学年譜１. 明治 8 年 8 月―昭和21年 3 月』一橋大学。

一橋大学学園史刊行委員会［1982］『一橋大学学制史資料　第 2 巻：明治19～34年東京商業学校～高等商業学校』一橋大学学園史刊行委員会。

一橋大学学園史刊行委員会［1983］『一橋大学学制史資料　第 8 巻：昭和15～57年経済研究所』一橋大学学園史刊行委員会。

一橋大学学園史刊行委員会［1991］『一橋大学学制史資料　補遺別冊（第12集）(1)：明治19年-昭和25年授業科目・担当者一覧』一橋大学学園史刊行委員会。

一橋大学学園史刊行委員会［1995］『一橋大学百二十年史』一橋大学。

一橋大学学園史編纂事業委員会編集［1983］『第二次世界大戦と一橋』一橋大学学園史編纂事業委員会。

平井俊顕［2003］『ケインズの理論――複合的視座からの研究――』東京大学出版会。

深見純生［1988］「東南アジアにおける日本軍政の調査」『南方文化』（天理南方文化研究会）、15、pp. 119-151。

福島経済専門学校［1944］『商学論集』16(1)、福島経済専門学校。

福島高等商業学校［1942］『福島高等商業学校一覧 自昭和17年至昭和18年』福島高等商業学校。

藤田菜々子［2010］『ミュルダールの経済学――福祉国家から福祉世界へ――』NTT出版。

藤田菜々子［2011］「1931-33年のハイエクとミュルダール――往復書簡から見る『貨幣理論への貢献』の形成過程――」『オイコノミカ』48(1)、pp. 1-26。

藤田菜々子［2014］「スウェーデン・モデルとミュルダールの経済思想――福祉・経済・価値規範――」『比較経済体制研究』(20)、pp. 40-53。

藤田菜々子［2017］『福祉世界――福祉国家は越えられるか――』中央公論新社。

藤田菜々子［2018］「福祉国家の形成とストックホルム学派の経済学」、岡澤憲芙監修・日瑞150年委員会編『日本・スウェーデン交流150年――足跡と今、そしてこれから――』彩流社)、pp. 275-288。

フリードマン, L.［2019］『戦略の世界史（上）』（貫井佳子訳)、日本経済新聞出版社。

ブルハルト, J.［2006］「平和なき近世（下）――ヨーロッパの恒常的戦争状態に関する試論――」（鈴木直志訳)、『桐蔭法学』13(1)、pp. 91-146。

古谷大輔［2016］「バルト海帝国の集塊と地域の変容」、古谷大輔・近藤和彦編『礫岩のようなヨーロッパ』山川出版社、pp. 136-57。

古家弘幸［2010］「最果ての啓蒙――トマス・ヘップバーンの経済思想と18世紀オークニー諸島(1)――」『経済学論究』64(3)、pp. 179-203。

古家弘幸［2011］「最果ての啓蒙――トマス・ヘップバーンの経済思想と18世紀オークニー諸島(2)――」『経済学論究』64(4)、pp. 139-58。

古家弘幸［2014］「オークニー諸島の野蛮と啓蒙――改良と抵抗のはざまで――」、田中秀夫編『野蛮と啓蒙――経済思想史からの接近――』京都大学学術出版会、pp. 219-54。

フロイト, S.［2008（1915)］『人はなぜ戦争をするのか』（中山元訳)、光文社。

防衛庁防衛研修所戦史室［1967a］『大本営陸軍部〈1〉』朝雲新聞社。

防衛庁防衛研修所戦史室［1967b］『陸軍軍需動員〈1〉計画編』朝雲新聞社。

防衛庁防衛研修所戦史室［1970］『陸軍軍需動員〈2〉実施編』朝雲新聞社。

牧野邦昭［2010］『戦時下の経済学者』中央公論新社。

牧野邦昭［2011］「初期高橋亀吉の経済思想」『摂南経済研究』1(1-2)、pp. 95-114。

牧野邦昭［2012］「金解禁論争と世界恐慌」『週刊東洋経済』6384、pp. 26-27。

牧野邦昭［2015］「近衛新体制と革新官僚」、筒井清忠編『昭和史講義――最新研究で見る戦争への道――』筑摩書房、pp. 211-227。

牧野邦昭［2017］「高橋亀吉における国際関係・財政の『革新』」『摂南経済研究』7(1-2)、pp. 121-39。

牧野邦昭［2018a］「石橋湛山の戦後構想――「大西洋憲章」「大東亜共同宣言」「大東亜大使会議宣言」との関係を中心に」『自由思想』148、pp. 35-51。

牧野邦昭［2018b］『経済学者たちの日米開戦――秋丸機関「幻の報告書」の謎を解く――』新潮社。

牧野邦昭・小堀聡［2014］「石橋湛山と「戦時経済特別調査室」―名古屋大学所蔵『荒木光太郎文書』より」『自由思想』135、pp. 38-54。

牧野邦昭・小堀聡・山川幸恵・安福奈美［2018］『荒木光太郎文書解説目録　増補改訂版』名古屋大学大学院経済学研究科附属国際経済政策研究センター情報資料室（http://www.nul.nagoya-u.ac.jp/erc/collection/araki.pdf, 2019年11月5日アクセス）。

松浦正孝［2010］『「大東亜戦争」はなぜ起きたのか——汎アジア主義の政治経済史——』名古屋大学出版会。

松重充浩［2006］「戦前・戦中期高等商業学校のアジア調査——中国調査を中心に——」、末廣昭責任編集『岩波講座「帝国」日本の学知　第6巻　地域研究としてのアジア』岩波書店、pp. 239-282。

松田利彦［2015］『東亜聯盟運動と朝鮮・朝鮮人』有志舎。

松元雅和［2013］『平和主義とは何か——政治哲学で考える戦争と平和——』中央公論新社。

丸山泰男［1989］『戦争の時代と一橋』如水会。

三鬼陽之助［1957］「ジャーナリスト総理——主として私の体験から——」、湛山会編『名峰湛山』一二三書房、pp. 147-155。

宮田昌明［2014］『英米世界秩序と東アジアにおける日本——中国をめぐる協調と相克1906-1936——』錦正社。

ミュルダール, G.［1970］『グンナー・ミュルダール博士講演集——人類の進歩と調和の世界を求めて——』NHK編、日本放送協会.

ミュルダール, G.［2015］『ミュルダール——福祉・発展・制度——』（藤田菜々子訳）、ミネルヴァ書房。

三和良一［2003］『戦間期日本の経済政策史的研究』東京大学出版会。

武藤章［1941］「国防国家完成の急務」『東亜食糧政策』週刊産業社、pp. 274-293。

村松茂美［2013］『ブリテン問題とヨーロッパ連邦——フレッチャーと初期啓蒙——』京都大学学術出版会。

毛利健三［1990］『イギリス福祉国家の研究——社会保障発達の諸画期——』東京大学出版会。

森武夫［1919］「世界現勢ノ経済的観察」『偕行社記事』544号、pp. 97-108。

森武夫［1934］「満州国計画経済の展開と日満経済の融合」『陸軍主計団記事』9月号、pp. 5-18。

森武夫［1935］「戦時経済講話」『陸軍主計団記事』12月号、pp. 1-24。

森直人［2010］『ヒュームにおける正義と統治』創文社。

森靖夫［2011］『永田鉄山』ミネルヴァ書房。

森靖夫［2017］「誰が為の国家総動員法」『軍事史学』53(2)、pp. 128-152。

モーリス・スズキ, T.［2004］『自由を耐え忍ぶ』（辛島理人訳）、岩波書店。

森田長太郎［2019］『経済学はどのように世界を歪めたのか——経済ポピュリズムの時代——』ダイヤモンド社。

モリル, J.［2012］「アイルランドの困難の時代」（後藤はる美訳）、『思想』1063、pp. 94-115。

文部省［1914］『日本帝国文部省年報　第13（明治18年）』文部省。

文部省専門学務局編訳［1899］『欧米商業教育ノ概況』文部省。

八木紀一郎［1999］『近代日本の社会経済学』筑摩書房。

八木芳之助［1943］「開会の辞」『日本経済政策学会年報　2』日本評論社、pp. 3-4。

柳澤治［2008］『戦前・戦時日本の経済思想とナチズム』岩波書店。

藪田有紀子［2016］『レナード・ウルフと国際連盟：理想と現実の間で』昭和堂。

山口高等商業学校［1944］『山口高等商業学校一覧　第39年度（昭和18年 4 月-19年 3 月）』山口高等商業学校。

山口高等商業学校東亜経済研究所［1939］『東亜経済研究所一覧』山口高等商業学校東亜経済研究所。

山崎志郎［2012］『物資動員計画と共栄圏構想の形成』日本経済評論社。

山崎正男［1969］『陸軍士官学校』秋元書房。

山下範久編［2019］『教養としての世界史の学び方』東洋経済新報社。

柚木学［1991］「総論」、関西学院大学産業研究所編『東アジア関係図書目録──旧東亜経済研究室所蔵図書──』関西学院大学産業研究所、pp. 113-115。

横浜高等商業学校［1943］『横浜高等商業学校二十年史』横浜高等商業学校。

吉田克己［2014］『ウィリアム・ペティの租税論』八千代出版。

吉武信彦［2016］「スウェーデンの安全保障政策の展開──単独主義、国際主義、地域主義の相克──」、岡澤憲芙・斉藤弥生編『スウェーデン・モデル──グローバリゼーション・揺らぎ・挑戦──』彩流社）、pp. 223-245。

ラスキン，J.［1980］『ウォルター・リップマン──正義と報道の自由のために──』（鈴木忠雄訳）、人間の科学社。

陵水会編［1984］『陵水六十年史』陵水会。

ルソー，J. J.［2008（1755）］『人間不平等起源論』（中山元訳）、光文社。

レーニン，V.［2006（1917）］『帝国主義論』（角田安正訳）、光文社。

ロック，J.［2011（1690）］『市民政府論』（角田安正訳）、光文社。

脇村義太郎［1998］「学者と戦争」、『日本学士院紀要』52（3）、pp. 129-209。

〈欧文献〉

Addison, P. [1977] *The Road to 1945: British Politics and the Second World War*, reprint (first published by Jonathan Cape Ltd, London in 1975), London: Quartet Books.

Akashi, Y. and Yoshimura, M. ed. [2008] *New perspectives on the Japanese occupation in Malaya and Singapore, 1941-1945*, Singapore: NUS Press.

Angell, N. [1910] *The Great Illusion: A Study of the Relation of Military Power in Nations to their Economic and Social Advantage*, London: Heinemann.

Appelqvist, Ö. [1997] "Gunnar Myrdal and the Defeated Ideas of a World New Deal," in Kettunen, P. and Eskola, H. eds., *Models, Modernity and the Myrdals*, Helsinki: Renvall Institute Publications, pp. 177-190.

Appelqvist, Ö. and Andersson, S. eds. [2005] *The Essential Gunnar Myrdal*, New York: New Press.

Ardzrooni, L. [1934] "Introduction," in Veblen, T., *Essays in Our Changing Order,* New York: Viking Press, pp. v–xv.

Arrow, K. [1994] "International Peace-keeping Forces: Economics and Politics," in Chatterji, M., Jager, H. and Rima, A. eds., *The Economics of International Security: Essays in Honour of Jan Tinbergen,* London: St. Martin's Press, pp. 81–86.

Ask, S. and Mark-Jungkvist, A. eds. [2005] *The Adventure of Peace: Dag Hammarskjöld and the Future of the UN,* Stockholm: Regeringskasliet（光橋翠訳『世界平和への冒険旅行――ダグ・ハマーショルドと国連の未来――』新評論、2013年）.

Atkinson, A. B. [2015] *Inequality: What Can be Done?,* London and Cambridge, Massachusetts: Harvard University Press（山形浩生・森本正史訳『21世紀の不平等』東洋経済新報社、2015年）.

Backhouse, R. E. and Medema, S. G. [2009] "Defining Economics: The Long Road to Acceptance of the Robbins Definition," *Economica,* 76, pp. 805–820（https://onlinelibrary.wiley.com/doi/full/10.1111/j.1468-0335.2009.00789.x, 2019年11月1日アクセス）.

Barabási, A-L. [2002] *Linked: The New Science of Networks,* New York: Basic Books（青木薫訳『新ネットワーク思考――世界のしくみを読み解く――』日本放送出版協会、2002年）.

Barber, W. J. [1991a] "British and American Economists and Attempts to Comprehend the Nature of War, 1910-20," in Goodwin, C. D. ed., *Economic and National Security: A History of Their Interaction,* HOPE Supplement to Volume 23, Durham and London: Duke University Press, pp. 61–86.

Barber, W. J. [1991b] "From the Economics of Welfare to the Economics of Warfare (and Back) in the Thought of A. C. Pigou," in C. D. Goodwin ed., *Economic and National Security: A History of Their Interaction,* HOPE Supplement to Volume 23, Durham and London: Duke University Press, pp. 131–42.

Bellais, R. and Coulomb, F. [2008] "The Fight of a 'Citizen Economist' for Peace and Prosperity: Keynes and the Issues of International Security," *Defence and Peace Economics,* 19(5), pp. 361–71（https://www.tandfonline.com/doi/abs/10.1080/10242690802354352, 2019年11月6日アクセス）.

Bernstein, W. L. [2012 (2008)] *A Splendid Exchange: How Trade Shaped the World,* ebook edition, London: Atlantic Books（鬼塚忍訳『交易の世界史――シュメールから現代まで――』筑摩書房、2019年）.

Beveridge, W. H. [1942] *Social Insurance and Allied Services,* Cmd. 6404, London: His Majesty's Stationery Office.

Beveridge, W. H. [1944] *Full Employment in a Free Society,* London: Allen & Unwin.

Biddle, J. E. and Samuels, W. J. [1991] "Thorstein Veblen on War, Peace, and National Security," *Economic and National Security: A History of Their Interaction,* HOPE Supplement to Volume 23, Goodwin, C. D. ed., Durham and London: Duke University Press, pp. 87–117.

Bientinesi, F. and Patalano, R. eds. [2017] *Economists and War: A Heterodox Perspective*, London: Routledge.

Bok, S. [1991] *Alva Myrdal: A Daughter's Memoir*, Reading, MA: Addison Wesley.

Booth, A. [1989] *British Economic Policy, 1931–49: Was There a Keynesian Revolution ?*, New York: Harvester Wheatsheaf.

Boulding, K. E. [1942] "A Peace Study Outline: The Practice of the Love of God," Philadelphia Yearly Meeting Book Committee.

Boulding, K. E. [1945] *The Economics of Peace*, New York: Prentice Hall（永田清訳『平和の経済学』好学社、1949年）.

Boulding, K. E. [1962] *Conflict and Defense: A General Theory*, New York: Harper & Bros（内田忠夫・衛藤瀋吉訳『紛争の一般理論』ダイヤモンド社、1971年）.

Boulding, K. E. [1963 (1962)] *Conflict and Defense: A General Theory*, Harper Torchbook edition, New York, Evanston, and London: Harper & Row, Publishers（内田忠夫・衛藤瀋吉訳『紛争の一般理論』ダイヤモンド社、1976年）.

Boulding, K. E. [1971–1985] *Collected Papers*, vols. 1–6, Boulder: Colorado Associated University Press.

Boulding, K. E. [1973] *The Economy of Love and Fear: A Preface to Grants Economics*, Belmont, Calif.: Wadsworth Pub. Co.（公文俊平訳『愛と恐怖の経済：贈与の経済学序説』佑学社、1974年）.

Boulding K. E. [1978a] *Ecodynamics: a New Theory of Societal Evolution*, California: Sage Publications（長尾史郎訳『地球社会はどこへ行く』講談社、1980年）.

Boulding, K. E. [1978b] *Stable Peace*, University of Texas Press（武者小路公秀訳『紛争と平和の諸段階』ダイヤモンド社、1980年）.

Boulding, K. E. and Benoit, E. eds. [1963] *Disarmament and the Economy*, New York: Harper & Row.

Boulding, K. E. and Mukerjee, T. eds. [1972] *Economic Imperialism: A Book of Readings*, Ann Arbor: The University of Michigan Press.

Boulding, K. E. and others [1969] *National Priorities: Military, Economic, and Social*, Washington: Public Affairs Press.

Boulding, K. E. ed. [1970] *Peace and the War Industry*, Chicago: Aldine Pub. Co.

Bowles, S. and Gintis, H. [2013] *A Cooperative Species: Human Reciprocity and its Evolution*, paperback, Princeton: Princeton University Press（竹澤正哲監訳『協力する種——制度と心の共進化——』NTT出版、2017年）.

Brauer, J. and Caruso, R. [2011] "Peace Economists and Peace Economics," MPRA（Munich Personal RePEc Archive）Paper No. 34927, posted 22. November 2011（https://mpra.ub.uni-muenchen.de/34927/, 2019年11月5日アクセス）.

Brewer, J. [1988] *The Sinews of Power: War, Money and the English State, 1688–*

1783, Cambridge, MA: Harvard University Press.

Cairncross, A. and Watts, N. [1989] *The Economic Section 1939-1961: A Study in Economic Advising*, London and New York: Routledge.

Caldari, K. [2016] "Marshall's Reflections on War Through His Economic Writings," *Œconomia*, 6(4), pp. 475-85.

Capozzola, C. [1999] "Thorstein Veblen and the Politics of War, 1914-1920", *International Journal of Politics, Culture and Society*, 13(2), pp. 255-71.

Carlyle, A. [1778] *A Letter to His Grace the Duke of Buccleuch on National Defence with Some Remarks on Dr. Smith's Chapter on that Subject, in Book entitled 'An Inquiry into the Nature and Causes of the Wealth of Nations'*, London: J. Murray.

Chandaman, C. D. [1975] *The English Public Revenue 1660-1688*, Oxford: Clarendon Press of Oxford University Press.

Chester, D. N. [1982] "The Role of Economic Advisers in Government", in Thirlwall, A. P. ed., *Keynes as a Policy Advisor: the Fifth Keynes Seminar held at the University of Kent at Canterbury*, London: Macmillan, pp. 126-59.

Chillaud, M. [2011] "SIPRI in World Politics: Object and Subject of Study in International Relations," Paper prepared for 6th ECPR General Conference, University of Iceland, 25-27th Aug., 2011, pp. 1-16.

Churchill, W. [1948-1953] *The Second World War*, 6 vols., Boston, MA: Houghton Mifflin.

Churchill, W. [2002 (1933-1938)] *Marlborough: His Life and Times*, 4 vols., London: George G. Harrap; reprint, 2 vols., Chicago: The University of Chicago Press.

Clausewitz, C. von [1993 (1832)] *On War*, edited and translated by Howard, M. and Paret, P., Everyman's Library 121, London: Princeton University Press（篠田英雄訳『戦争論』（上中下巻）、岩波書店、1968年）.

Clausewitz, C. von [1935] *Vom Kriege: hinterlassenes Werk*, als Volksausgabe herausgegeben von A. W. Bode, Leipzig: H. Schaufuß（淡徳三郎訳『戦争論』徳間書店、1965年）.

Coleman, D. C. [1980] "Mercantilism revisited", *The Historical Journal*, 23(4), pp. 773-91.

Colley, L. [1986] "Whose Nation?: Class and National Consciousness in Britain 1750-1830," *Past and Present*, 113, pp. 97-117.

Colley, L. [1992] "Britishness and Otherness: An Argument", *Journal of British Studies*, 31(4), pp. 309-29.

Colley, L. [2009 (1992)] *Britons: Forging the Nation 1707-1837*, revised edition, New Haven: Yale University Press.

Coulomb, F. [2004] *Economic Theories of Peace and War*, Abingdon, Oxfordshire; New York, N. Y.: Routledge.

Coulomb, F. [2011] *Economic Theories of Peace and War*, paperback, London: Routledge.

Coulomb, F. and Fontanel, J. [2009] "War, Peace, and Economists," in Galbraith, J. K.,

Bruaer, J. and Webster, L. L. eds., *Economics of Peace and Security*, UNESCO: EO-LSS Publishers, pp. 10-27.

Coulomb, F., Hartley, K. and Intriligator, M. [2008] "Pacifism in Economic Analysis: A Historical Perspective," Defence and Peace Economics, 19(5), pp. 373-86 (https://www.tandfonline.com/doi/abs/10.1080/10242690802354378, 2019年11月1日アクセス).

Creedy, J. [1986] *Edgeworth and the Development of Neoclassical Economics*, Basil Blackwell.

Davenant, C. [1967 (1695)] "An Essay upon Ways and Means of Supplying the War", in Whitworth, C, (coll. and revised.), *The Political and Commercial Works of that Celebrated Writer Charles D'Avenant*, Vol. I, (rpt.) Farnborough: Gregg Press.

Davenant, C. [1771] *The Political and Commercial Works of that celebrated writer Charles D'Avenant*, Sir Charles Whitworth ed., 5 vols., London: R. Horsfield, T. Becket, P. A. De Hondt, T. Cadell, and T. Evans.

Davis, A. [1957] "The Postwar Essays," *Monthly Review*, 9(3), pp. 91-98.

Dawson, J. [2006] *Ecovillages: New Frontiers for Sustainability*, Schumacher briefing, no. 12, Totnes: Green Books (緒方俊雄・松谷泰樹・古橋道代訳『世界のエコビレッジ——持続可能性の新しいフロンティア——』日本経済評論社、2010年。)

De Marchi, N. [1991] "League of Nations Economists and the Ideal of Peaceful Change in the Decade of the 'Thirties," in Goodwin, C. D. ed., *Economics and National Security: A History of Their Interaction, Annual Supplement to Volume 23, History of Political Economy*, Durham and London: Duke University Press, pp. 143-178.

De Quincey, T. [1859 (1844)] *The Logic of Political Economy and Other Papers*, Boston: Ticknor and Fields.

Debreu, G. and Scarf, H. [1963] "A Limit Theorem on the Core of an Economy," *International Economic Review*, 4(3), pp. 235-46.

Defoe, D. [1967 (1728)] *A Plan of the English Commerce*, 2ed.,1730 (rpt.) New York: A. M. Kelley (山下幸夫・天川潤次郎訳『イギリス経済の構図』東京大学出版会、1975年).

Dell, F. [1917] "Peace ?," *The Masses*, 9(9), pp. 40-41.

Dickson, P. G. M. [1967] *The Financial Revolution in England: A Study in the Development of Public Credit 1688-1756*, London: Macmillan.

Dorfman, J. [1932] "Two Unpublished Papers of Thorstein Veblen on the Nature of Peace," *Political Science Quarterly*, 47(2), pp. 185-203.

Dorfman, J. [1933] "An Unpublished Memorandum of Thorstein Veblen on Government Regulation of the Food Supply," *The Southwestern Social Science Quarterly*, 13, pp. 372-77.

Dorfman, J. [1972 (1934)] *Thorstein Veblen and His America with New Appendices*, New York: Augustus M. Kelley (八木甫訳『ヴェブレン——その人と時代——』ホルト・サウンダース・ジャパン、1985年).

Dorfman, J. [1973] "New Light on Veblen," in Veblen, T., *Essays, Reviews, and Reports: Previously Uncollected Writings*, edit by Dorfman, J., Clifton, NJ: A. M. Kelley, pp. 5-397.

Douthwaite, R. [1999] *The Ecology of Money*, Schumacher briefing, no. 4, Totnes: Green Books（馬頭忠治・塚田幸三訳『貨幣の生態学——単一通貨制度の幻想を超えて——』北斗出版、2001年）.

Doyle, M. W. [1997] *Ways of War and Peace: Realism, Liberalism, and Socialism*, New York: W. W. Norton.

Drummond, I. M. [1981] *The Floating Pound and the Sterling Area, 1931-1939*, Cambridge: Cambridge University Press.

Dulles, J. F. [1950] *War or Peace*, New York: Macmillan（藤崎万里訳『戦争か平和か』河出書房、1950年）.

Edgell, S. and Townshend, J. [1992] "John Hobson, Thorstein Veblen and the Phenomenon of Imperialism: Finance Capital, Patriotism and War," *The American Journal of Economics and Sociology*, 51(4), pp. 401-20.

Edgeworth, F. Y. [1881] *Mathematical Psychics; An Essay on the Application of Mathematics to the Moral Sciences*, London: C. Kegan Paul & co.

Edgeworth, F. Y. [1904] "The Theory for Distribution" *The Quarterly Journal of Economics*, 18(2), pp. 159-219.

Edgeworth, F. Y. [1915a] *The Cost of War and Ways of Reducing it Suggested by Economic Theory*: a lecture, Oxford University Press.

Edgeworth, F. Y. [1915b] *On the Relations of Political Economy to War*: a lecture, London: Oxford University Press.

Edgeworth, F. Y. [1917] *Currency and Finance in time of War*: a lecture, Oxford: Clarendon Press.

Edgeworth, F. Y. [1919] *A Levy on Capital for the Discharge of Debt*, Oxford: Clarendon Press.

Ekmekci, F. [2014] "Democratic vs. Capitalist Peace: A Test in the Deveoping World," *Peace and Conflict Studies*, 21(1), pp. 85-99（https://nsuworks.nova.edu/pcs/vol21/iss1/5, 2019年11月1日アクセス）.

Elliott, J. H. [1969] "Revolution and Continuity in Early Modern Europe," *Past and Present*, 42(1), pp. 35-56.

Elliott, J. H. [1992] "A Europe of Composite Monarchies," *Past and Present*, 137(1), pp. 48-71（内村俊太訳「複合君主制のヨーロッパ」、古谷大輔・近藤和彦共編『礫岩のようなヨーロッパ』山川出版社、2016年）.

Employment Policy [1944] Presented by the Minister of Reconstruction to Parliament by Command of His Majesty, Cmd. 6527, May 1944.

Etzemüller, T. [2014] *Alva and Gunnar Myrdal: Social Engineering in the Modern*

World, London: Lexington Books.

Fraser, D. [2009 (1973)] *The Evolution of the British Welfare State,* fourth edition, Hampshire: Palgrave Macmillan.

Fujita, N. [2017] "John. R. Commons and Gunnar Myrdal on Institutional Economics: Their Methods of Social Reform," in Uni, H. ed., *Contemporary Meanings of J. R. Commons's Institutional Economics: An Analysis Using Newly Discovered Manuscript,* Springer, February 2017 (Online), March 2017 (Hardcover), pp. 99-117.

Furuya, H. [2011] "Working the Peripheral into the Picture: The Case of Thomas Hepburn in Eighteenth-Century Orkney," *The European Journal of the History of Economic Thought,* 18(5), pp. 697-714.

Furuya, H. [2015] "The Enlightenment Idea of Improvement and its Discontents: The Case of Orkney in Eighteenth-Century Scotland," *Meiji Journal of Political Science and Economics,* 3, pp. 36-52.

Galbraith, J. K. [1967a] *The New Industrial State,* Boston: Houghton Mifflin（都留重人監訳、石川通達ほか訳『新しい産業国家』河出書房新社、1972年）.

Galbraith, J. K. [1967b] *How to Get out of Vietnam,* New York: New American Library.

Galbraith, J. K. [1969] *How to Control the Military,* New York: New American Library.（小原敬士訳『軍産体制論——いかにして軍部を抑えるか——』小川出版、1970年）.

Galbraith, J. K. [1971] *A Contemporary Guide to Economics, Peace, and Laughter,* essays edited by A. D. Williams, Boston: Houghton Mifflin.（小原敬士・新川健三郎訳『経済学・平和・人物論』河出書房新社、1972年）.

Galbraith, J. K. [1979] *Annals of an Abiding Liberal,* edited by A. D. Williams, Boston: Houghton Mifflin（都留重人監訳、鈴木哲太郎ほか訳『ある自由主義者の肖像』ガルブレイス著作集第八巻、TBSブリタニカ、1980年）.

Galbraith, J. K. [1992] *The Culture of Contentment,* Boston: Houghton Mifflin Co（中村達也訳『満足の文化』新潮社、1993年）.

Garfinkel, M. R. and Skaperdas, S. [2000] "Contract or War? On the Consequences of a Broader View of Self-Interest in Economics," *The American Economist,* 44, pp. 450-91.

Giocoli, N. [2003] *Modeling Rational Agents: from Interwar Economics to Early Modern Game Theory,* Cheltenham: Edward Elgar.

Girardet, H. [1999] *Creating Sustainable Cities,* Schumacher briefing, no. 2, Green Books（塚田幸三訳『ぐるぐるめぐりの創造的まち育て』、Born Center（ボーン・センター）ブックレット・シリーズ、No 4、千葉まちづくりサポートセンター、2003年）.

Glahe, F. R. ed. [1993] *Adam Smith's An Inquiry into the Nature and Causes of the Wealth of Nations: A Concordance,* Lanham, Maryland: Rowman and Littlefield Publishers.

Goodwin, C. D. [1991] "National Security in Classical Political Economy," in Goodwin, C. D. ed. *Economic and National Security: A History of Their Interaction,* HOPE Supplement to Volume 23, Durham and London: Duke University Press, pp. 23-36.

Goodwin, C. D. [1995] "The Promise of Expertise: Walter Lippmann and the Policy Science," *Policy Sciences,* 28, pp. 317-45.

Goodwin, C. D. [2008] "War and Economics," in Durlauf, S. N. and Blume, E. eds., *The New Palgrave Dictionary of Economics,* 2nd edition, Basingstoke, Hampshire; New York: Palgrave Macmillan, vol. 8, pp. 696-703.

Griffin, R. A. [1985] "A Communicative Study of the Dissenting Views of John Maynard Keynes and Thorstein Veblen on the Treaty of Versailles," *Revue D'Économie Politique,* 95(2), pp. 174-88.

Grotius, H. [1625] *De Iure Belli ac Paci,* Pariisis: Apud Nicalaum Buon.

Gustafsson, H. [1998] "The Conglomerate State: A Perspective on State Formation in Early Modern Europe," *Scandinavian Journal of History,* 23, pp. 189-210（古谷大輔訳「礫岩のような国家」、古谷大輔・近藤和彦共編『礫岩のようなヨーロッパ』山川出版社、2016年）.

Harris, J. [1997] *William Beveridge: A Biography,* revised paperback edition, Oxford: Oxford University Press.

Hartley. K. [2008] "Defence Economics," in Durlauf, S. N. and Blume, E. eds., *The New Palgrave Dictionary of Economics,* 2nd edition, vol. 2, Basingstoke, Hampshire; New York: Palgrave Macmillan, pp. 393-400.

Hechter, M. [1975] *Internal Colonialism: The Celtic Fringe in British National Development, 1536-1966,* London: Routledge and Kegan Paul.

Heckscher, E. F. [1935] *Mercantilism* (first Swedish edition, 1931), trans. M. Shapiro, 2 vols., London: George Allen and Unwin.

Henry, J. F. and Bell-Kelton, S. [2007] "The Consequences of Peace: Veblen on Proper Policy to Support Capitalist Economic Relations," *Journal of Economic Issues,* 41(2), pp. 601-608.

Hildenbrand, W. [1993] "Francis Ysidro Edgeworth: Perfect competition and the core," in *European Economic Review,* 37, pp. 477-490.

Hirdman, Y. [2008] *Alva Myrdal: The Passionate Mind,* Bloomington and Indianapolis: Indiana University Press.

Hirschman, A. O. [1982] "Rival Interpretations of Market Society: Civilizing, Destructive, or Feeble?" *Journal of Economics Literature,* 20(4), pp. 1463-84.

Hirschman, A. O. [2013 (1977)] *The Passions and the Interests: Political Arguments for Capitalism before its Triumph,* Princeton Classics edition, Princeton, N. J.: Princeton University Press（佐々木毅・旦祐介訳『情念の政治経済学』（新装版）、法政大学出版局、2014年）.

Hobsbawm, E. J. [1992 (1990)] *Nations and Nationalism since 1780: Programme, Myth, Reality,* second edition, Cambridge: Cambridge University Press.

Hobson, J. A. [1991 (1936)] *Veblen,* Fairfield, N. J.: Augustus M. Kelley, Publishers.

Hodder, H. J. [1956] "The Political Ideas of Thorstein Veblen," *The Canadian Journal of Economics and Political Science,* 22(3), pp. 347-57.

Holmes, R. [2008] *Marlborough: England's Fragile Genius,* London: Harper Press of HarperCollins.

Hont, I. [2005] *Jealousy of Trade: International Competition and the Nation-State in Historical Perspective,* Cambridge, MA: The Belknap Press of Harvard University Press（田中秀夫監訳 大倉正雄・渡辺恵一訳者代表『貿易の嫉妬』昭和堂、2009年）.

Hont, I. [2015] *Politics in Commercial Society,* Cambridge, MA: Harvard University Press.

Hont, I. and Ignatieff, M. eds. [1983] *Wealth and Virtue: The Shaping of Political Economy in the Scottish Enlightenment,* Cambridge: Cambridge University Press.

Horner, J. and Martinez, J. [1997] "Thorstein Veblen and Henry George on War, Conflict, and the Military: An Institutionalist Connection," *Journal of Economic Issues* 31(2), pp. 633-39.

Hort, S. E. O. [2014] *Social Policy, Welfare State and Civil Society in Sweden, Third enlarged edition,* Volume 1: History, Policies, and Institutions, 1884-1988, Lund: Arkiv förlag.

Hughes, E. [1934] *Studies in Administration and Finance 1558-1825, with Special Reference to the History of Salt Taxation in England,* Manchester: Manchester University Press.

Huguet, E. [1961] *Dictionnaire de la Langue Française du 16e Siècle,* vol. V, Paris: Edouard Champion.

Hume, D. [1882 (1752)] "Political Discourses," in Green, T. H. and Grose, T. H. eds., *The Philosophical Works of David Hume,* Vol. III, (rpt.) London: Scientia Verlag Aalen（田中敏弘訳『経済論集』東京大学出版会、1967年）.

Hume, D. [1987] *Essays Moral, Political, and Literary,* E. F. Miller, revised ed., Indianapolis: Liberty Classics.

Ikeda, Y. and Rosselli, A. eds. [2017] *War in the History of Economic Thought: Economists and the Question of War,* Abingdon, Oxfordshire: Routledge.

Jackson, M. O. and Nei, S. [2015] "Networks of Military Alliances, Wars, and International Trade, PNAS (Proceedings of the National Academiy of Sciences of the United States of America), 112(50), pp. 15277-284 (https://www.pnas.org/content/112/50/15277, 2019年11月1日アクセス).

Jackson, W. A. [1990] *Gunnar Myrdal and America's Conscience: Social Engineering and Racial Liberalism, 1938-1987,* Chapel Hill and London: The University of North Carolina Press.

Jorgensen, E. W. and Jorgensen, H. I. [1999] *Thorstein Veblen: Victorian Firebrand,*

New York: M. E. Sharpe.

Joseph, P. ed. [2017] *The SAGE Encyclopedia of War: Social Science Perspectives*, 4 volume set, Los Angeles: Sage Reference.

Judges, A. V. [1969] "The Idea of a Mercantile State" (1939), in Coleman, D. C. ed., *Revisions in Mercantilism*, London: Methuen, pp. 35–60.

Kamen, H. [1969] *The War of Succession in Spain 1700–1715*, London: Weidenfeld and Nicholson.

Keynes, J. M. [1971 (1919)] *The Economic Consequences of the Peace, The Collected Works of John Maynard Keynes* [*CW*], *vol. 2*, London: Macmillan（早坂忠訳『平和の経済的帰結』東洋経済新報社、1977年）.

Keynes, J. M. [1973 (1933)] *Essays in Biography, CW, vol. 10*, London: Macmillan（大野忠男訳『人物評伝』東洋経済新報社、1980年）.

Keynes, J. M. [1982] *Activities 1931-1939: World Crises and Policies in Britain and America, CW, vol. 21*, London: Macmillan（舘野敏ほか訳『世界恐慌と英米における諸政策――1931〜1939年の諸活動――』東洋経済新報社、2015年）.

Keynes, J. M. [1979] *Activities 1939-1945: Internal War Finance, CW, vol. 22*, London: Macmillan.

Keynes, J. M. [1980] *Activities 1940-1946: Shaping the Post-War World: Employment and Commodities, CW, vol. 27*, London: Macmillan（平井俊顕・立脇和夫訳『戦後世界の形成――雇用と商品――』東洋経済新報社、1996年）.

Koenigsberger, H. G. [1986] "*Dominium Regale* or *Dominium Politicum et Regale*: Monarchies and Parliaments in Early Modern Europe," in *Politicians and Virtuosi: Essays in Early Modern History*, London: The Hambledon Press, pp. 1–25.

Koenigsberger, H. G. [1989] "Composite States, Representative Institutions and the American Revolution," *Historical Research*, 62, pp. 135–53（後藤はる美訳「複合国家・代表議会・アメリカ革命」、古谷大輔・近藤和彦編『礫岩のようなヨーロッパ』山川出版社、2016年）.

Komine, A. [2017] "How to Avoid War: Federalism in L. Robbins and W. H. Beveridge," in Ikeda, Y. and Rosselli, A. eds., *War in the History of Economic Thought: Economists and the Question of War*, Abingdon, Oxfordshire: Routledge, pp. 179–96.

Lefebvre, H. [1991 (1985)] *The Production of Space*, English translation by Nicholson-Smith, D. Oxford: Blackwell（斉藤日出治訳『空間の生産』青木書店、2000年）.

Leontief, W. and Duchin, F. [1983] *Military Spending: Facts and Figures, Worldwide Implications, and Future Outlook*, New York: Oxford University Press（清水雅彦訳『軍事支出　世界的経済発展への桎梏』東洋経済新報社、1987年）.

Magnusson, L. [2015] *The Political Economy of Mercantilism*, New York: Routledge.

Majima, S. [2016] "The Japanese Military Administration Department of Research Reports on Singapore's Wartime Economy," *Toyo Bunka Kenkyu* (*Journal of Asian cultures*), Tokyo: Research Institute for Oriental Cultures, Gakushuin University, 18, pp. 459-510.

Malmborg, M. [2001] *Neutrality and State-Building in Sweden,* New York: Palgrave.

Malthus, R. [1986 (1820)] *Principles of Political Economy* 2ed. 1836, in Wright, E. A. and Souden, D. (ed.), *The Works of Thomas Robert Malthus,* Vol. VI, (rpt.) London: William Pickering (小林時三郎訳『マルサス経済学原理』上下巻、岩波書店、1968年).

Marshall, A. [1930 (1879)] *The Pure Theory of Foreign Trade, The Pure Theory of Domestic Value,* London: The London School of Economics and Political Science.

Masini, F. [2017] "The Economics of Peace in the History of Political Economy," in Bientinesi, F. and R. Patalano eds., *Economists and War: A Heterodox Perspective,* New York: Routledge, pp. 81-97.

Masini, F. [2018] "Decision-making Processes and Multilayered Institutional Order: Lionel Robbins's Legacy," *Cambridge Journal of Economics,* 42(5), pp. 1459-71 (https://academic.oup.com/cje/article-abstract/42/5/1459/4788689, 2019年11月1日アクセス).

Mathias, P. [1979] "Taxation and industrialization in Britain, 1700-1870," in *The Transformation of England: Essays in the Economic and Social History of England in the Eighteenth Century,* London: Methuen, pp. 116-130.

Mazower, M. [2012] *Governing the World: The History of an Idea, 1815 to the Present,* Penguin. (依田卓巳訳『国際協調の先駆者たち――理想と現実の200年――』NTT出版、2015年).

Meade, J. [1936] *An Introduction to Economic Analysis and Policy,* London: Oxford University Press.

Meyer, H.-D. [1998] "The German Handelshochschulen 1898-1933," in Engwall, L. and Zamagni, V. eds., *Management Education in Historical Perspective,* Manchester: Manchester University Press, pp. 19-33.

Middleton, R. [2008 (2004)] "Hopkins, Sir Richard Valentine Nind," *Oxford Dictionary of National Biography,* online version (https://doi.org/10.1093/ref:odnb/33979, 2019年11月5日アクセス).

Milgate, M. and Stimson, S. C. [1991] *Ricardian Politics,* Princeton: Princeton University Press.

Mill, J. S. [1848] *Principles of Political Economy: with Some of their Applications to Social Philosophy,* London: John W. Parker (末永茂喜訳『経済学原理㈢』岩波書店、1960年).

Mill, J. S. [1909 (1848)] *Principles of Political Economy: with Some of their Applications to Social Philosophy,* Fairfield, N. J.: Augustus M Kelley.

Mill, J. S. [1865 (1861)] *Considerations on Representative Government,* people's edition, London: Longman, Green, Longman, Roberts, and Green.

Milward, A. S. [1979] *War, Economy and Society 1939-1945,* Los Angeles: University of California Press.

Mirowski, P. [1994] *Edgeworth on Chance, Economic Hazard, and Statistics,* Boston: Rowman & Littlefield.

Morgan, M. S. [2012] *The World in the Model: How Economists Work and Think,* Cambridge: Cambridge University Press.

Morineau, M. [1980] "Budgets de l'Etat et gestion des finances royales en France au dix-huitième siècle," *Revue Historique,* 264(2), pp. 289-336.

Morrill, J. S. [1995] "Three Kingdoms and one Commonwealth?: The Enigma of Mid-Seventeenth-Century Britain and Ireland," in Grant, A. and Stringer, K. J. eds., *Uniting the Kingdom?: The Making of British History,* London: Routledge, pp. 76-92（後藤はる美訳「ブリテンの複合君主制1500-1700年」『思想』964、2004年）.

Moskos, C. Jr. [1976] *Peace Soldiers: the Sociology of a United Nations Military Force,* Chicago: University of Chicago Press.

Mun, T. [1910（1664 [1620s]）] *England's Treasure by Forraign Trade,*（rpt.）New York: Macmillan（渡辺源次郎訳『外国貿易によるイングランドの財宝』東京大学出版会、1965年）.

Myrdal, A. and Myrdal, G. [1934] *Kris i befolkningsfrågan,* Stockholm: Bonnier.

Myrdal, A. and Myrdal, G. [1941] *Kontakt med Amerika,* Stockholm: Bonnier.

Myrdal, G. [1944] *Varning för fredoptimism,* Stockholm: Bonnier.

Myrdal, G. [1945] "Relation to Specialized Agencies in the Economic and Social Field," in The Swedish Institute of International Affairs, *Peace and Security after the Second World War: A Swedish Contribution to the Subject,* Uppsala: Almqvist & Wiksells, pp. 173-191.

Myrdal, G. [1953] "The Relation between Social Theory and Social Policy," *The British Journal of Sociology,* 19, pp. 1-42（「社会理論と社会政策の関係」、藤田菜々子訳『ミュルダール——福祉・発展・制度——』、ミネルヴァ書房、2015年、pp. 85-141）.

Myrdal, G. [1955] "Toward a More Closely Integrated Free-World Economy," in Lekachman, R. ed., *National Policy for Economic Welfare at Home and Abroad,* Garden City, N. Y.: Doubleday, pp. 235-92（「いっそう緊密に統合された自由世界経済に向けて」、藤田菜々子訳『ミュルダール——福祉・発展・制度——』、ミネルヴァ書房、2015年、pp. 143-191）.

Myrdal, G. [1956a] *An International Economy: Problems and Prospects,* New York: Harper and Brothers.

Myrdal, G. [1956b] "The Research Work of the Secretariat of the Economic Commission for Europe," in *25 Economic Essays: in English, German and Scandinavian Languages: in Honour of Erik Lindahl, 21 November 1956,* Stockholm: Economisk Tidskrift.

Myrdal, G. [1957] *Economic Theory and Under-Developed Regions,* London: Duckworth.

（小原敬士訳『経済理論と低開発地域』東洋経済新報社、1959年）.

Myrdal, G. [1960] *Beyond the Welfare State: Economic Planning and Its International Implicatons,* London: Gerald Duckworth（北川一雄監訳『福祉国家を越えて――福祉国家での経済計画とその国際的意味関連――』ダイヤモンド社、1963年）.

Myrdal, G. [1963] *Challenge to Affluence,* New York: Pantheon Books（小原敬士・池田豊訳『豊かさへの挑戦』竹内書店、1964年）.

Myrdal, G. [1965] "Preface," in Seligman, B. B. ed., *Poverty as a Public Issue,* New York: The Free Press, pp. 10-19.

Myrdal, G. [1966] "The Vietnam War and Moral Isolation of America," in Myrdal [1973b]（Mutsumi, O. ed., *ssays and Lectures,* Kyoto: Keibunsha, 1973, pp. 73-86）.

Myrdal, G. [1967a] "The Stockholm World Conference on Vietnam: Vietnam-a Moral Problem for the Whole World," in Myrdal [1973b]（Mutsumi, O. ed., *ssays and Lectures,* Kyoto: Keibunsha, 1973, pp. 105-114）.

Myrdal, G. [1967b] "An Economist's Vision of a Sane World," in Myrdal [1973b]（Mutsumi, O. ed., *ssays and Lectures,* Kyoto: Keibunsha, 1973, pp. 87-104）.

Myrdal, G. [1968a] "Political Factors Affecting East-West Trade in Europe," in Myrdal [1973b]（Mutsumi, O. ed., *ssays and Lectures,* Kyoto: Keibunsha, 1973, pp. 127-138）.

Myrdal, G. [1968b] "Twenty Years of the United Nations Economic Commission for Europe," in Myrdal [1973b]（Mutsumi, O. ed., *ssays and Lectures,* Kyoto: Keibunsha, 1973, pp. 139-152）.

Myrdal, G. [1968c] *Asian Drama: An Inquiry into the Poverty of Nations,* New York: Twenty Century Fund（板垣與一監訳、小浪充・木村修三訳『縮冊版　アジアのドラマ――諸国民の貧困の一研究――』上下巻、東洋経済新報社、1974年）.

Myrdal, G. [1969] "The International Organizations and the Role of Their Secretariats," in Myrdal [1973b]（Mutsumi, O. ed., *ssays and Lectures,* Kyoto: Keibunsha, 1973, pp. 247-270）.

Myrdal, G. [1970] *The Challenge of World Poverty: A World Anti-Poverty Program in Outline,* New York: Pantheon Books（大来佐武郎監訳『貧困からの挑戦』上下巻、ダイヤモンド社、1971年）.

Myrdal, G. [1971] "Politics and Economics in International Relations," in Myrdal [1973a], *Against the Stream: Critical Essays on Economics,* New York: Pantheon, pp. 167-81（「国際関係における政治と経済」、加藤寛・丸尾直美訳『反主流の経済学』ダイヤモンド社、1975年）.

Myrdal, G. [1973b] Edited by Mutsumi Okada, *Essays and Lectures,* Kyoto: Keibunsha.

Myrdal, G. [1975] "Peace Research and the Peace Movement," in Myrdal [1979] Edited by Mutsumi Okada, *Essays and Lectures after 1975,* Kyoto: Keibunsha.（Mutsumi, O. ed., *Essays and Lectures after 1975,* Kyoto: Keibunsha, 1979, pp. 23-33）

Myrdal, G. [1990 (1930)] *The Political Element in the Development of Economic Theo-*

ry, New Brunswick: Transaction.

Myrdal, G. [1996 (1944)] *An American Dilemma: The Negro Problem and Modern Democracy*, New Brunswick: Transaction Publishers.

Nakano, S. [2009] "Jevons's Market View through the Dynamic Trajectories of Bilateral Exchanges: a Radical Vision without the Demand Function," in Ikeo, A. and Kurz, H. D. eds., *A History of Economic Theory*, London & New York: Routledge, pp. 169-201.

Negishi, T. [1989] "Competition and the Number of Participants; Lessons of Edgeworth's Theorem," in Feiwel, G. ed., *The Economics of Imperfect Competitions and Employment; Joan Robinson and Beyond*, Macmillan, pp. 212-24.

North, D., Wallis, J. J. and Weingast, B. R. [2013 (2009)] *Violence and Social Orders: A Conceptual Framework for Interpreting Recorded Human History*, paperback, Cambridge: Cambridge University Press（杉之原真子訳『暴力と社会秩序――制度の歴史学のために――』NTT 出版、2017年).

Ohtsuki, T. [2017a] "The Legacy of Belgium and the Netherlands, 'L'Institut Supérieur de Commerce d'Anvers' and Business Education in Japan: from the 1880s to the 1940s," in Warner, M. ed., *The Diffusion of Western Economic Ideas in East Asia*, Abingdon and New York: Routledge, pp. 300-316.

Ohtsuki, T. [2017b] "Economic Research in National Higher Commercial Schools in Wartime Japan," in Ikeda, Y. and Rosselli, A. eds., *War in the History of Economic Thought: Economists and the Questions of War*, Abington and New York: Routledge, pp. 138-156.

Okura, M. and Teranishi, J. [1994] "Exchange Rate and Economic Recovery of Japan in the 1930s," *Hitotsubashi Journal of Economics* 35(1), pp. 1-22.

Osgood, C. E. [1962] *An Alternative to War or Surrender*, Urbana: University of Illinois Press（田中靖政・南博訳『戦争と平和の心理学』岩波書店、1968年).

Paganelli, M. P. and Schumacher, R. [2019] "Do not Take Peace for Granted: Adam Smith's Warning on the Relation between Commerce and War," *Cambridge Journal of Economics*, May 2019, 43(3), pp. 785-97.

Parker, R. [2005] *John Kenneth Galbraith: his life, his politics, his economics*, Chicago: University of Chicago Press（井上廣美訳『ガルブレイス：闘う経済学者』（上中下巻）、日経 BP 社、2005年).

Peden, G. C. [1983] "Sir Richard Hopkins and the 'Keynesian Revolution' in Employment Policy, 1929-1945," *Economic History Review*, 36(2), pp. 281-96.

Peden, G. C. [2000] *The Treasury and British Public Policy, 1906-1959*, Oxford; New York: Oxford University Press.

Peden, G. C. ed. [2004] *Keynes and his Critics: Treasury Responses to the Keynesian Revolution, 1925-1946*, Oxford: Published for the British Academy by Oxford University Press.

Petty, W. [1986 (1662)] *A Treatise of Taxes & Contributions,* in Hull, H. C. ed., *The Economic Writings Of Sir William Petty,* Vol. I, (rpt.) Fairfield: A. M. Kelley（大内兵衛・松川七郎訳『租税貢納論：他一篇』岩波書店、1952年）.

Petty, W. [1986 (1691)] *Verbum Sapienti,* in Hull ed., *The Economic Writings Of Sir William Petty,* Vol. I, (rpt.) Fairfield: A. M. Kelley（大内兵衛・松川七郎訳『租税貢納論：他一篇』岩波書店、1952年）.

Phillipson, N. [2010] *Adam Smith: An Enlightened Life,* New Haven & London: Yale University press（永井大輔訳『アダム・スミスとその時代』白水社、2014年）.

Pigou, A. C. [1921] *The Political Economy of War,* London: Macmillan.

Pigou, A. C. [1940] *The Political Economy of War,* a new and revised edition, London: Macmillan.

Piketty, T. [2014] *Capital in the Twenty-first Century,* translated by A. Goldhammer, Cambridge, Mass.: Belknap Press of Harvard University Press（山形浩生・守岡桜・森本正史訳『21世紀の資本』みすず書房、2014年）.

Plotkin, S. and Tilman, R. [2011] *The Political Ideas of Thorstein Veblen,* New Haven and London: Yale University Press.

Pocock, J. A. [1975] *The Machiavellian Moment: Florentine Political Thought and the Atlantic Republican Tradition,* Princeton: Princeton University Press（田中秀夫・奥田敬・森岡邦泰訳『マキャヴェリアン・モーメント』名古屋大学出版会、2008年）.

Pocock, J. A. [1985] *Virtue, Commerce, and History,* Cambridge: Cambridge University Press（田中秀夫訳『徳・商業・歴史』みすず書房、1997年）.

Pufendorf, S. [1672] *De Jure Naturae et Gentium Libri Octo,* Lund: Adam Junghans; *Of the Law of Nature and Nations,* trans. B. Kennett, 4th ed. (London: J. Walthoe, R. Wilkin, J. and J. Bonwicke, and S. Birt, 1729); *Le Droit de la Nature et des Gens,* trans. J. Barbeyrac, 3 vols. (Londres [Paris]: Jean Nours, 1740).

Rae, J. [1895] *Life of Adam Smith,* London: Macmillan.

Ricardo, D. [1951-1973] Sraffa, P. ed., *The Works and Correspondence of David Ricardo,* Vol. I-XI, Cambridge: Cambridge University Press（日本語版『リカードウ全集』雄松堂書店、1969-1999年）.

Robbins, L. [1939] *The Economic Cause of War,* London: Jonathan Cape LTD.

Robbins, L. [1957] *The Economic Problem in Pease and War; some reflections on objectives and mechanism,* London: Macmillan.

Robbins, L. [1971] *Autobiography of an Economist,* London: Macmillan（田中秀夫監訳『一経済学者の自伝』ミネルヴァ書房、2009年）.

Robertson, J. [1985] *Future Work: jobs, self-employment and leisure after the industrial age,* Gower（小池和子訳『未来の仕事』勁草書房、1988年）.

Robertson, J. [1998] *Transforming Economic Life: a Millennial Challenge,* Schumacher briefing, no. 1, Totnes: Green Books（石見尚・森田邦彦訳『21世紀の経済システム展望：市民所得・地域貨幣・資源・金融システムの総合構想』日本経済評論社、1999年）.

Robinson, J. [1972] "The Second Crisis of Economic Theory," *American Economic Review*, 62(1/2), pp. 1-10.

Rodrik, D. [2015] *Economics Rules: Why Economics Works, When it Fails, and How to Tell the Difference*, Oxford: Oxford University Press（柴山桂太・大川良文訳『エコノミクス・ルール——陰鬱な科学の功罪——』白水社、2018年）.

Ross, I. S. [1995] *The Life of Adam Smith*, Oxford: Clarendon Press（篠原久・只腰親和・松原慶子訳『アダム・スミス伝』シュプリンガー・フェアラーク東京、2000年）.

Rubinstein, A. [1982] "'Perfect Equilibrium in a Bargaining Model'". *Econometrica*, 50 (1), pp. 97-109.

Russell, C. [1987] "The British Problem and the English Civil War," *History*, 72, pp. 395-415.

Russell, C. [1990] *The Causes of the English Civil War: The Ford Lectures Delivered in the University of Oxford 1987-1988*, Oxford: Clarendon Press of Oxford University Press.

Russell, C. [1995] "Composite Monarchies in Early Modern Europe: The British and Irish Example," in Grant, A. and Stringer, K. J. eds., *Uniting the Kingdom?: The Making of British History*, London: Routledge, pp. 133-46.

Sandmo, A. [2007] "Léon Walras and the Nobel Peace Prize," *Journal of Economic Perspectives*, 21(4), pp. 217-28（https://pubs.aeaweb.org/doi/pdfplus/10.1257/jep.21.4.217, 2019年11月1日アクセス）.

Scheidel, W. [2017] *The Great Leveler: Violence and the History of Inequality from the Stone Age to the Twenty-First Century*, Princeton: Princeton University Press（鬼澤忍・塩原通諸訳『暴力と不平等の人類史——戦争・革命・崩壊・疫病——』東洋経済新報社、2019年）.

Schelling, T. C. [1960] *The Strategy of Conflict*, Cambridge: Harvard University Press.

Schelling, T. C. [1980 (1960)] *The Strategy of Conflict, with a new Preface by the author*, Cambridge, Mass.: Harvard University Press（河野勝監訳『紛争の戦略——ゲーム理論のエッセンス——』勁草書房、2008年）.

Schmidt, C. [1987] "Peace and War Economics in Retrospect: Some Reflections on the Historical Background of Defence Economics," in Schmidt, C. and Blackaby, F. eds., *Peace, Defence and Economic Analysis* : proceedings of a conference held in Stockholm jointly by the International Economic Association and the Stockholm International Research Institute, Basingstoke: Macmillan, London, pp. 20-39.

Schumacher, E. F. [1973] *Small is Beautiful: Economics as if People Mattered*, New York: Harper & Row（小島慶三・酒井懋訳『スモール・イズ・ビューティフル——人間中心の経済学——』講談社、1986年）.

Schumacher, E. F. [1977] *A Guide for the Perplexed,* New York: Harper & Row. (小島慶三・斎藤志郎訳『混迷の時代を超えて：人間復興の哲学』佑学社、1980年).

Schumacher, E. F. [1979] *Good Work,* New York: Harper & Row (伊藤拓一訳『宴のあとの経済学』筑摩書房、2011年).

Schumacher, E. F. [1997] *This I believe and Other Essays,* Totnes: Green Books (酒井懋訳『スモール・イズ・ビューティフル再論』講談社、2000年).

Schumpeter, J. A. [1954] *History of Economic Analysis,* edited from manuscript by Elizabeth Boody Schumpeter, New York: Oxford University Press (東畑精一訳『経済分析の歴史』1-7巻　岩波書店、1955-62年).

Sejersted, F. [2011] *The Age of Social Democracy: Norway and Sweden in the Twentieth Century,* Princeton: Princeton University Press.

Seymour, J. and Girardet, H. [1989] *Blueprint for a Green Planet: How You Can Take Practical Action Today to Fight Pollution,* illustrated by I. Penney, London: Dorling Kindersley (飯田岳美ほか訳『地球にやさしい生活術：緑の惑星を守るために、あなたが今日からできること』TBSブリタニカ、1990年).

Silberner, E. [1940 (1939)] *The Problem of War in Nineteenth Century Economic Thought,* translated by A. H. Krappe, Princeton, New Jersey: Princeton University Press.

Sinclair, Sir John [1813] *An Account of the Highland Society of London: From its Establishment in May 1778, to the Commencement of the Year 1813,* London: B. MacMillan.

SIPRI [2017] "History," (http://sipri.org/about/history, 2019年9月18日アクセス).

SIPRI [2019] "SIPRI Yearbook: Armaments, Disarmament and International Security, Summary," (sipri.org/sites/default/files/2019-06/ybi9_summary_eng.pdf, 2019年12月7日アクセス).

Smith, A. [1789 (1776)] *An Inquiry into the Nature and Causes of the Wealth of Nations,* the fifth edition, London: Printed for A. Strahan, and T. Cadell (水田洋監訳・杉山忠平訳『国富論4』岩波書店、2001年).

Smith, A. [1976 (1776)] *An Inquiry into the Nature and Causes of the Wealth of Nations* (abbreviated as *WN*), in Campbell, R. H. and Skinner, A. S. eds., *The Glasgow Edition of the Works and Correspondence of Adam Smith,* 2 Vols., Oxford: Clarendon Press (大河内一男監訳『アダム・スミス　国富論』中央公論社、1988年).

Smith, A. [1976 (1759)] *The Theory of Moral Sentiments,* in Raphael, D. D. and Macfie, A. L. *The Glasgow Edition of the Works and Correspondence of Adam Smith,* Vol. I, Oxford: Clarendon Press (水田洋訳『道徳感情論』(上下巻)、岩波書店、2003年).

Smith, A. [1978] *Lectures on Jurisprudence* (A: 1762-1763; B: 1766) (abbreviated as LJ), Meek, R. L., Raphael, D. D. and Stein, P. G. eds., *The Glasgow Edition of the Works and Correspondence of Adam Smith,* Vol. V, Oxford: Clarendon Press of Oxford University Press.

Smith, A. [1987; 1st ed., 1977] *The Correspondence of Adam Smith,* 2nd ed., in Mossner,

E. C. and Ross, I. S. eds., *The Glasgow Edition of the Works and Correspondence of Adam Smith*, Vol. VI, Oxford: Clarendon Press of Oxford University Press.

Social Insurance, Part I [1944] Presented by the Minister of Reconstruction to Parliament by Command of His Majesty, Cmd 6550, September 1944.

Sombart, W. [1913] *Krieg und Kapitalismus*, München und Leipzig: Verlag von Duncker & Humblot（金森誠也訳『戦争と資本主義』講談社、2010年）.

Steuart, J. [1995 (1767)] *An Inquiry into the Principles of Political Oeconomy, in The Works, Political, Metaphysical, and Chronological, of the late Sir James Stuart of Colness, Bart.&c.*, vol. 1-4, (rpt.) London: Routledge（小林昇監訳、飯塚正朝・奥田聡・加藤一夫・竹本洋・中西泰之・柳田芳伸・渡辺邦博・渡辺恵一訳『J. ステュアート経済の原理』名古屋大学出版会、1993-1998年）.

Sutton, J. [1993] "Echoes of Edgeworth: The Problem of Indeterminacy," *European Economic Review*, 37, pp. 491-99.

The Europaeum [2008] "Still Generating the Geneve Internationale," The Evropaevm: An Association of Leading European Universities, 5(2)（http://www.europaeum.org/europaeum/?q=node/272, 2017年12月31日アクセス）.

Tilly, C. [1975] "Reflections on the History of European State-Making," in Tilly, C. ed., *The Formation of National States in Western Europe*, Princeton: Princeton University Press, pp. 3-83.

Tilly, C. [1990] *Coercion, Capital, and European States, AD 990-1990*, Oxford: Basil Blackwell.

Tomaney, J. [2000] "End of the Empire State?: New Labour and Devolution in the United Kingdom," *International Journal of Urban and Regional Research*, 24(3), pp. 675-88.

Tucker, J. [1931 (1774)] *Four Tracts, together with Two Sermons, on Political and Commercial Subjects, in Josiah Tucker: A Selection from his Economic and Political Writings*, New York: Columbia University Press（大河内暁男訳『政治経済学問題四論』東京大学出版会、1970年）.

U. N. Department of Economic and Social Affairs [1962] *Economic and Social Consequences of Disarmament*, New York: United Nations.

Vanderlint, J. [1970 (1734)] *Money answers all Things*, New York: S. R. Publishers (Wakefield) & Jonson Reprint (New York)（浜林正夫・四元忠博訳『貨幣万能』東京大学出版会、1977年）.

Veblen, T. [1917] INP: *An Inquiry into the Nature of Peace and the Terms of its Perpetuation*, New York: The Macmillan Company.

Veblen, T. [1920] "Review: *The Economic Consequences of the Peace*, by Keynes", in Veblen [1934: 462-470]（雨宮昭彦・若森みどり・凌霄霞訳「ケインズ『平和の経済的帰結』を読む」『経営と制度』9、pp. 81-87）.

Veblen, T. [1921] EPS: *The Engineers and the Price System*, New York: B. W. Huebsch (小原敬士訳『技術者と価格体制』未来社、1962年).

Veblen, T. [1934] ECO: *Essays in Our Changing Order*, edited by Ardzrooni,, L. New York: The Viking Press.

Veblen, T. [1973] ERR: *Essays, Reviews and Reports: Previously Uncollected Writings*, Clifton: Augustus M. Kelley Publishers.

Walker, D. A. [1973] "Edgeworth's Theory of Recontract," *The Economic Journal*, 83 (329), pp. 138-49.

Whatley, C. A. and Patrick, D. J. [2006] *The Scots and the Union*, Edinburgh: Edinburgh University Press.

Wilson, C. [1978 (1957)] *Profit and Power; A Study of England and The Dutch Wars*, second printing, Hague: Martinus Nijhoff (Curtis Brown Academic Ltd.).

Wilson, W. [1917] "Address to a Joint Session of Congress Requesting a Declaration of War Against Germany," April 2, 1917, The American Presidency Project (http://www.presidency.ucsb.edu/ws/index.php?pid=65366, 2017年11月23日アクセス).

Winch, D. [1978] *Adam Smith's Politics: An Essay in Historiographic Revision*, Cambridge: Cambridge University Press (永井義雄・近藤加代子訳『アダム・スミスの政治学』ミネルヴァ書房、1989年).

Winch, D. [1987] *Malthus*, Oxford & New York: Oxford University Press (久保芳和・橋本比登志訳『マルサス』日本経済評論社、1992年).

Wood, B. [1985] *Alias Papa: a Life of Fritz Schumacher*, New York: Oxford University Press (酒井懋訳『わが父シューマッハー：その思想と生涯』御茶の水書房、1989年).

人 名 索 引

以下で，特に参照すべき頁は太字にしてある（事項索引も同様）。

〈ア 行〉

アイゼンハワー，D. D.（Eisenhower, D. D.）
　181
赤松要　20, **257**, 261, 271
アクイナス，T.（Aquinas, T.）　6
アトリー，C. R.（Attlee, C. R.）　134
荒木光太郎　19, **196**, 203, 213-216, 221
有沢広巳　251
アロー，K. J.（Arrow, K. J.）　173, 282
アンダーソン，J.（Sir Anderson, J.）　134
石川興二　265
石橋湛山　19, **195**, 218
石原莞爾　19, **230**, 242, 245
石渡荘太郎　215, 218
イーディー，W. G.（Sir Eady, W. G.）　131,
　141, **143**, 145
犬養毅　204
井上準之助　203, 204
岩畔豪雄　227, 228, **232**, 239
ヴァイナー，J.（Viner, J.）　152, 168
ヴァンダーリント，J.（Vanderlint, J.）　32
ヴィクセル，K.（Wickcell, J. G. K.）　150
ウィグフォシュ，E.（Wigforss, E.）　149,
　154
ウィルソン，T. W.（大統領）（Wilson, T. W.）
　102, 106, 114, 120, 151, 218
上田貞次郎　266
ウェッブ夫妻（Webb, S. and Webb, B.）
　130
ヴェーバー，M.（Weber, M.）　234
ヴェブレン，T. B.（Veblen, T. B.）　9, 17,
　101
ウォルポール，R.（Walpole, R.）　32
宇沢弘文　279
ウールトン卿（Lord Woolton, L.）　138
ウルフ，L. S.（Woolf, L. S.）　102
エイナウディ，L.（大統領）（Einaudi, L.）

　152
エッジワース，F. Y.（Edgeworth, F. Y.）　9,
　17, 77, **97**, 199, 282
エリザベス女王（一世）（Queen Elizabeth I）
　26, 32
エルランデル，T. F.（Erlander, T. F.）　162
エンジェル，R. N.（Sir Angell, R. N.）　9
大河内一男　216
岡田菊三郎　235, 241
岡田啓介　205, 206
小汀利得　203, 205

〈カ 行〉

カッセル，K. G.（Cassel, K. G.）　9, 150
カルドア，N.（Kaldor, N.）　158, 170
ガルトゥング，J.（Galtung, J.）　**12**, 162, 192
ガルブレイス，J. K.（Galbraith, J. K.）　19,
　152, 173, 179, **181**, 190
ガンジー，M. K.（Gandhi, M. K.）　174, 187
カント，I.（Kant, I.）　54, 102, **117**, 119, 120
クインシー，T. D.（De Quincey, T.）　87,
　88
クズネッツ，S. S.（Kuznets, S. S.）　14
クセノポン（Xenophon）　6
クライン，L. W.（Klein, L. W.）　173, 191
クラウゼヴィッツ，C. P. G.（Clausewitz, C. P.
　G. von）　172
クラーク，J. B.（Clarck, J. B.）　9
クレマンソー，G. B.（Clemenceau, G. B.）
　104, 151
グロティウス，H.（Grotius, H.）　21, 56
ケインズ，J. M.（Keynes, J. M.）　i, 10, 15,
　18, 120, 127, **129**, 139, 141, 142, 147, 150, 178,
　182, 195, 200, 203, 213, 219, 221, 279
小磯国昭　224, 233, **244**
小出保治　258
コブデン，R.（Cobden, R.）　8
コモンズ，J. R.（Commons, J. R.）　151, 168

〈サ 行〉

酒井隆　235, 238
作田荘一　256
迫水久常　214, 215
ジェヴォンズ，W. S.（Jevons, W. S.）　17, **77**, 85, 87
ジェームズ，W.（James, W.）　196
塩野谷九十九　213
渋沢敬三　214
シューマッハー，E.（Schumacher, E.）　19, 173, **178**, 190
シュンペーター，J. A.（Schumpeter, J. A.）　9
蒋介石　209, 211, 237
小ピット（Pitt, W.）　68
ロイド‐ジョージ，D. L.（Lloyd-George, D. L.）　104, 151
シンクレア卿（Sir Sinclair, J.）　64, 74
新庄健吉　233, 244
鈴木貫太郎　212
スターリン，J.（Stalin, J.）　158, 159, 191
ステュアート，J.（Steuart, J.）　7, **36**, 49
ストーン，R.（Stone, R.）　144
スペンサー，H.（Spencer, H.）　198
スミス，A.（Smith, A.）　7, 15, 16, **39**, 45, 49, 52, 54, 64, 98, 173, 195, 198, 201, 202, 280
ソルター，A.（Salter, A.）　10
ゾンバルト，W.（Sombart, W.）　9, 12

〈タ 行〉

ダヴナント，C.（Davenant, C.）　22, **28**, 30, 38, 50, 67, 69
高垣寅次郎　213, 214
高田保馬　214
高橋亀吉　19, 196, 203, 205, **206**, 208, 211-214, 221
高橋是清　204, **205**, 206, 221
タッカー，J.（Tucker, J.）　39, **41**, 43, 51
田中王堂　196, 202
谷口吉彦　265
ダレス，J. F.（Dulles, J. F.）　181
チャーウェル卿（Sir Cherwell, V.（Lindemann, F. A.））　134
津田信吾　208
都留重人　270, **280**, 283
テニスン，A.（Tennyson, A.）　79
デフォー，D.（Defoe, D.）　21, **31**, 50
デューイ，J.（Dewey, J.）　**106**, 122, 196
土肥原賢二　235, 245
東郷茂徳　218
トランプ，D.（大統領）（Trump, D.）　171, 191
ドールトン，E. H.（Dalton, E. H.）　143

〈ナ 行〉

永田鉄山　19, **236**, 238
中山伊知郎　214, 216, **217**, 251, 261, 270, 282
ナポレオン（Napoléon, B.）　44, **117**, 231
ニールド，R.（Neild, R.）　162, 170
ヌルクセ，R.（Nurkse, R.）　10

〈ハ 行〉

ハイエク，F. A.（Hayek, F. A. von）　129, **152**, 203
ハイネマン，G. W.（Heinemann, G. W.）　165
橋本群　236
ハーバラー，G.（Haberler, G. von）　10, **152**, 168
浜口雄幸　203, 204
ハマーショルド，D.（Hammarskjöld, D.）　**157**, 161, 167, 170
パルメ，O.（Palme, O.）　166
パレート，V.（Pareto, V.）　9, **78**, 83
ハロッド，R.（Harrod, R.）　144
ハンソン，P. A.（Hansson, P. A.）　153
ピアジェ，J.（Piaget, J.）　152
ビアード，C. A.（Beard, A. C.）　106
ピグー，A. C.（Pigou, A. C.）　9, 10, 88
ヒトラー，A.（Hitler, A.）　153, 156
ヒューム，D.（Hume, D.）　7, 15, 16, 33, 37, 41, 45, 52, 54, 68, 73, 173
ピョートル大帝（Peter the Great）　59
ヒルファーディング，R.（Hilferding, R.）　14

広田弘毅　**206**, 211, 238
フィリップス，T. W.（Philips, T. W.）　133
フォン・ノイマン，J.（Neumann, J. von）
　11
ベヴァリッジ，W. H.（Beveridge, W. H.）
　18, 127, 130, 132, 136, **141**, 144, 145, 152, 279
ベヴィン，E.（Bevin, E.）　**129**, 134, 143
ヘクシャー，E. F.（Hecksher, E. F.）　22, **55**,
　150
ペティ，W.（Petty, W.）　22, **28**, 50, 280
ベンサム，J.（Bentham, J.）　117
ヘンダーソン，H. D.（Henderson, H. D.）
　131, **139**, 140, 143
ヘンリー王（Henry Ⅷ）　32
ホッブズ，T.（Hobbes, T.）　i, **6**, 56, 278
ホプキンス，R.（Sir Hopkins, R）　129, 131,
　137, 141, 143, **145**
ホブソン，J. A.（Hobson, J. A.）　**14**, 102,
　123
ボールディング，K. E.（Boulding, K. E.）
　19, 173, **185**, 190

〈マ　行〉

マカァロク，J. R.（McCuloch, J. R.）　46, 66
マキァヴェッリ，N.（Machiavelli, N.）　**53**,
　66, 73
真崎甚三郎　236
マーシャル，A.（Marshall, A.）　15, 85
マルクス，K.（Marx, K.）　7, 278
マルサス，T. R.（Malthus, T. R.）　8, 14, 16,
　44, 49, 51, 278
マン，T.（Mun, T.）　26, 38
マントー，P.（Mantoux, P.）　151
水谷長三郎　219
ミーゼス，L.（Mises, L. H. E. von）　152,
　203
ミッチェル，W. C.（Mitchell, W. C.）　151,
　168
ミード，J. E.（Meade, J. E.）　129, **131**, 141,
　145
南次郎　235, 238

宮崎正義　232, 239, 241, 245, 250
ミュルダール，アルヴァ（Myrdal, A.）　149,
　152, 162
ミュルダール，グンナー（Myrdal, K. G.）
　18, **149**, 162, 166, 169, 280
ミル，J. S.（Mill, J. S.）　8, 15, **48**, 65, 87
武藤章　243, 245
武藤山治　208
森武夫　**233**, 244, 247, 250
モンテスキュー，C.（Montesquieu, C. L. de
　S.）　7

〈ヤ　行〉

安井琢磨　214
山崎覚次郎　214
山崎靖純　**203**, 205, 208
ヤング，A. A.（Young, A. A.）　104, 113
吉田茂　218, 219

〈ラ・ワ行〉

ラウック，J.（Lauck, J.）　114, 122
ラッパード，W.（Rappard, W.）　151
リカードゥ，D.（Ricardo, D.）　8, 15, 16, 44,
　46, 49, 51, 202, 280
リスト，F.（List, F.）　21, 278
リップマン，W.（Lippman, W.）　**104**, 106,
　108, 121
リンダール，E. R.（Lindahl, E. R.）　150
ルイ14世（Louis XIV）　30, 60, 62
ルソー，J. J.（Rousseau, J. J.）　7, 278
レオンチェフ，W.（Leontief, W.）　173, 191
レーニン，V.（Lenin, V.）　14, **49**, 104, 191
レプケ，W.（Röpke, W.）　152
ロック，J.（Locke, J.）　i, 7, **278**
ロビンズ，L. C.（Robbins, L. C.）　10, 16,
　129, 137, 145, **152**, 279, 282
ロビンソン，J. V.（Robinson, J. V.）　173
ロビンソン・クルーソー（Robinson Crusoe）
　98, **198**, 201
ワルラス，L.（Walras, L.）　9, 17, 22, 83, **84**,
　97, 276, 282

事 項 索 引

〈アルファベット〉

ECSC　161
EEC　161
EFTA　161
ILO　151
IMF　216, **222**, 279
LSE　**152**, 158, 168, 170
NGO　189
SIPRI　ii, 18, **150**, 162, 189, 281
UNECE　18, **150**, 157

〈ア　行〉

アイルランド　**29**, 50, 63, 74
秋丸機関　251, 261, **275**
悪循環　155, 159
安全保障　3, 7, 17, 68, 70, 187, 229
　——（関連法案2015年）　3
　——（スミス）　55, 57, 66, 72
　——（礫岩政体）　64, 71
　——（スウェーデン）　161
　——（パルメ委員会）　166
　——（構造的暴力）　176
　——（石橋湛山）　195, 220
　——（ベヴァリッジ）　280
　——（ケインズ）　283
アントワープ高商　252, 256
イギリス財政正統説　140
イギリスの闘い　135
一般均衡理論　83, **84**, 214, 282
イメージ戦略　19, **189**, 190
イングランド銀行　13, **30**, 47
印紙条例　42
インターナショナル　116, 118
インドネシア独立　274
営利企業　17, 110, 112, **116**
　——（『営利企業の理論』1904）　102
エクサイズ　29, 30
エコロジー　179
エロス　18, **176**, 190

オイコノミア　6
欧州経済共同体　→　EEC
欧州石炭鉄鋼共同体　→　ECSC
オーストリア学派　203, 221
オスロ国際平和研究所　162, 281
オファーカーブ　81
オペレーションズ・リサーチ　11
思いやり　185, 191
オランダ　**27**, 53, 60
　——（経済方式）　13, 32
　——戦争　26, 30
　——（トーマス・マン）　27, 49
穏和な商業　7

〈カ　行〉

開発　**110**, 179, 216, 232, 247, 250, 269
　——（原爆／軍事）　11, 160, 162, 171, 175, 233
　——（開発学／開発経済学）　4, 11, 279
　——（低開発国／未開発国）　18, 109, 110, 119, 159, 167, 182
　——（ヴェブレン）　110, 111, 119
　——（ミュルダール）　159
　——（シューマッハー）　179
　——（ガルブレイス）　182, 183
　——（石橋湛山）　217
核軍縮　163, 166
核戦争　171, 173, 177, **189**
核兵器　i, **171**, 184, 280
家族手当　128, 131, **133**, 136, 144
カーネギー財団　10, 153
貨幣　15, 27, 33, **37**, 48, 50, 150, 203, 266, 279
　——（ロック）　7, 15, 21
　——（ケインズ）　15, 213, 221
　——不足　15, 26, 33
　——（ダブナント）　30
　——（『貨幣万能論』1734）　32
　——（ヒューム／公債）　34, 35, 41
　——（ステュアート）　36-38
　——（特権階級）　30, 38, 49

——（タッカー）　41

——（鋳造権／発行益）　47

——（リカードウ）　47

——（スミス／ペティ）　50, 67

——（エッジワース）　96, 100, 199

——（石橋湛山）　200

華北分離工作　207, 223, **234**, 236, 240, 244

雁行形態論　258

関税及び貿易に関する一般協定（GATT）
　119, 222

関東軍　19, **230**, 232, 235, 239

管理経済　10, 129

管理通貨制度　203, 221

官僚　9, 13, 137, 143, 145, **183**, 214

——（ベヴァリッジ）　18, 128, 133, 134,
　146

——（ケインズ）　140, 143

——（シューマッハー）　180

——（ガルブレイス／官僚機構）　183

——（高等試験／高文）　213

——（石橋湛山）　215

　革新——　221

企画院　**213**, 224, 242, 245

稀少性定義　**11**, 16, 279

北大西洋条約機構　160

キャラコ　27, 28

窮乏　128, **130**, 178

競争の場　79, 81, **82**, 90, 98

協調的説得　18, 127, **145**, 281

競売　82

共和主義　43, 56

金解禁論争　196, **203**, 207, 211, 220

近代国家　14, **25**, 30

金本位制　9, 140, **203**, 221

金融学会　**214**, 216, 219

金融工学　12

繰り延べ払い　129

グローバリズム　3, 118

軍事革命　57

軍事的ケインズ主義　172, 176, 182, 190, **279**

軍事費　i, 11, **58**, 62, 205, 211, 243

——（スミス）　58, 67, 68

——（石橋湛山）　197, 204

——（高橋亀吉）　206

軍需局　229, 248

景気循環　**131**, 150, 258

景気変動　44, 46

経済格差　119, 167

経済学の制度化　213, 220

経済倶楽部　214

経済助言者　**127**, 142, 144

経済調査会　221, **232**, 250, 259, 276

経済統計研究室　254

経済統制　19, 213, 215, 223, **232**

継続的事業体　108

啓蒙主義　6

契約　17, 38, **77**, 87, 98

契約曲線　17, **80**, 90, 94, 99

ケインズ理論　137, **200**, 212

減債基金　13, 22, **68**

コア　73, 90

航海条例　42, 55

恒久的平和　**101**, 110, 117, 122

恒久平和　9, 188

皇国経済論　263

公債発行　16, 25, 62, **67**

——（ヒューム）　35, 68

——（リカードウ）　47

好循環　18, **155**, 159

後進諸国　109

構造的失業　142

交通業　267

高等商業学校　251, 277

功利主義　77, **89**, 117

五ヶ年計画　**232**, 241, 246, 249

国際関係論　ii, **3**, 4, 21, 54, 283

国際研究大学院　151

国際通貨基金　→　IMF

国債発行　47, 278

国際分業　217, 226

国際紛争　**5**, 103, 118, 147, 285

——（緩和）　1, 5, 119, 127, 146, 168, 268,
　282

——（ヴェブレン）　120

——（国際平和研究所）　162

——（ミュルダール）　168

国際貿易　8, **22**, 161, 202
国際連合　**156**, 158, 166, 215
　——（スウェーデン）　161
　——（ミュルダール）　162-166
　——（パルメ委員会）　166
　——（ダンバートン・オークス会議）　157,
　215, 216
国際連盟　9, 10, 122, **151**, 152, 168-170, 279,
　281
　——（ソサエティ）　102
　——（発足／アメリカ不在）　121
　——（国際研究大学院）　151
　——（ミュルダール）　152, 166
　——（ボールディング）　173, 185
　——（石橋湛山）　202
国際労働機関　→ ILO
黒人　98, 187
　——差別問題　153, 154, 155
国防　ii, 16, 19, **52**, 57, 60, 62, 64, 224, 227,
　242, 248
　——（国防国家論）　20, 245, 246
　——（スミス）　53, 55, 58, 59, 71
　——（ハリネズミの国防）　160
　——（ボールディング）　187
　——（石原莞爾）　230, 240
　——（経済調査会）　233
　——（酒井隆）　237
　——（蒋介石）　237
　——（国防国策大綱）　241
　——（国防経済力測定）　269, 270
国民　9, 17, 51, **60**, 63, 66, 73, 135, 154, 204,
　207, 212
　——（ダブナント）　28, 30, 50
　——（ペティ）　29, 30
　——（ヒューム）　34, 35, 68, 73
　——（ステュアート）　37, 38
　——（スミス）　41, 52, 53, 55, 65, 70, 72
　——（タッカー）　42
　——（マルサス）　45
　——（リカードウ）　47, 51
　——（エッジワース）　96
　——（ヴェブレン）　105, 107, 109
　——（ケインズ）　128, 129

　——（ベヴァリッジ）　130
　——（ボールディング）　186, 189
　——（石橋湛山）　197, 200, 212, 219
国民国家　16, 48, 60, **63**, 65
国民最低限保障　**130**, 135, 145
国民所得計算　10, 128
国民的統合　149, **159**, 167
国民統合　18, **130**, 147
国民の家　153
国民扶助　130, 136
穀物価格　44
穀物法　**8**, 15, 44, 47
国連欧州経済委員会　→ UNECE
コスモポリタニズム　**118**, 123, 190
コスモポリタン　18, **116**, 152
国家社会主義　232
国家信用　35
国家総動員　14, 19, **224**, 230, 250
国家理性論　53, 66
国境の廃止　**108**, 115, 120
古典派経済学　**8**, 21, 101, 112, 278
雇用・利子及び貨幣の一般理論　213
雇用政策　15, **127**, 143, 148
　——（『雇用政策』白書1944）　127, 128,
　135, 138, 139, 141, 142

〈サ　行〉

最終決着点　79
財政・軍事国家　**62**, 66, 69
作戦資材　227, 248
サボタージュ資本主義　103, **113**, 121
産業調査会　255, 259
産業調査室　257, 272
産業的効率性　17, 18, **115**, 118
資源局　213, 224, **229**, 242, 247, 250
自己愛　98
市場経済　12, 17, 21, 25, 71, **175**, 220, 246
七年戦争　15, **31**, 40, 42, 53, 60, 68
シティ　53
地主階級　49, 59
地場産業　20, **257**, 261, 264, 274
資本主義的サボタージュ　113, 116, 119
資本蓄積　8, 13, **45**, 47, 70, 73, 197, 278

社会科学方法論　165
社会主義　9, 21, 121, 146, **173**, 175, 181, 191, 199
社会政策　127, **153**, 260
社会保険　128, **130**, 138, 144, 146
奢侈　13, **33**, 37
自由　11, 52, 106, 112, **118**, 122, 140, 175, 215, 280
　　——（スミス）　16, 41, 52, 59, 65, 70
　　——（ダブナント）　30, 50
　　——（デフォー）　50
　　——（ヴェブレン）　112, 118
　　——（ミュルダール）　155
　　——（シューマッハー）　180, 190
　　——（ガルブレイス）　181, 190
　　——（石橋湛山）　201
　　——放任　70, 150, 233, 279
　　——党（イギリス）　130, 136, 281
　　——党（スウェーデン）　168
　　——党（日本）　218
　　——主義　5, 8, 21, 54, 65, 72, 130, 182, 190, 240, 279, 281
　　——主義者　54, 57, 121, 208
重金主義　66
重商主義　**6**, 8, 15, 16, 19, 21, 27, 37, 39, 50, 53, 67, 70, 278
　　——者　6, 16, 26, 48, 55
　　——戦争　25, 30, 32, 39, 44
　　——政策　13, 22, 34
修正資本主義　200, 232
自由貿易　8, 15, 17, 34, 54, 113, 140, 157, **159**, 168, 202, 207, 218, 278
　　——（スミス）　40, 51
　　——（ヴェブレン）　111, 115, 119, 123
　　——（ミュルダール）　156, 158, 160, 167
　　——（高橋亀吉）　208
14か条　218
十四カ条の平和原則　103, 122
主権国家　**6**, 13, 60, 65, 184, 278
出生率　149
小英国主義　202
商業学　253
小日本主義　202, 209

情念　7, 278
常備軍　11, 13, 52, **57**, 59, 62, 64, 70
情報収集　18, 127, **144**, 147
情報分析　18, 127, **145**, 147
昭和恐慌　**204**, 207, 214
植民地　25, 28, **39**, 47, 50, 54, 183, 202, 210, 233, 252, 256, 261, 266, 278
　　——放棄　41, 43, 208
　　——政策　14, 40
　　——研究　20, 264
資力調査　130, 134
新（社会的）自由主義　279
新保守主義　**185**, 190, 191
信用創造　278
スウェーデン・モデル　153
スケールフリー・ネットワーク　218, 220
スターリング・ブロック　207, 208
ストックホルム学派　150, 170
ストックホルム国際平和研究所　→ SIPRI
スペイン　7, **27**, 40, 53, 108
スワラジ　187
正義　7, 17, 52, **55**, 91, 129, 155
　　——（スミス）
生産力拡充　205, 223, 240, 242, **244**
生産力の拡充　224
生存権　130, 145
制度派経済学　168, 173
世界恐慌　19, **204**, 207
世界銀行　216, 222
世界連邦政府　19, 185
積極的平和　**12**, 174, 282
絶対王政　13, 278
節度ある利得　6
ゼロサム　6
　　——ゲーム　278
戦後雇用に関する運営委員会　137, 143
戦時経済特別調査室　**215**, 218, 221
戦時自給経済論　227
戦争回避　10, 17, 48, 77, **86**, 95, 98
戦争目的　**129**, 218, 246
全般的貿易差額説　26
戦費調達　15, 22, 29, 67, 128, **278**
戦費調達論　10, 15, 30, **128**, 145

相互的欲望　36

総需要管理　18, **137**, 279

創造的自由　179

総力戦　3, 14, 21, 175, 195, **224**, 235, 250

　　——体制　20, 174, 214, 230, 238, 246

　　——（経済学者）　214, 275

　　——（資源の確保）　224, 238, 244

租税　29, 33, 38, 62, **67**, 70, 143, 200

　　——制度　25, 67

　　——（『租税貢納論』1662）　29

　　——（ステュアート）　38

　　——（スミス）　41, 56, 66, 69

　　——（マルサス）　45

　　——（リカードウ）　46

ソ連　154, 167, 169, 171, 181, 184, 220, **229**

〈タ　行〉

第一次世界大戦　i, 1, 19, 49, **77**, 101, 122, 153, 156, 195, 202, 203, 218, 223, 244, 248, 278

大恐慌　9, 128, **149**, 152, 166

大航海時代　25

第三院　186, 190

第三の窓　257, 258, 267, 274, **276**

大西洋憲章　218, 220

大東亜共栄圏　209, 270

大東亜大使会議宣言　218

第二次世界大戦　10, 14, 18, 127, 149, **171**, 195, 211, 251, 279, 283

　　——（スウェーデン）　153, 156, 161, 165

太平洋戦争　1, 5, 209, 211, 216, 226, **234**

太平洋問題調査会　210

高橋財政　**203**, 307, 213, 222

タナトス　18, **176**, 189, 191

ダンバートン・オークス会議　157, 215, 216

地政学　60, 262

中央統計局　134, 144

中立　150, **153**, 167

中立化　17, **109**, 118

調査室　216-218, 252, 257, 277

低開発諸国　159, 167

帝国主義　**14**, 22, 49, 54, 64, 67, 75, 106, 156, 176, 191

　　——論　8, 14

　　——（自由貿易）　48

　　——（ヴェブレン）　101, 119, 123

　　——（日本／ドイツ）　102, 202, 246

　　——（『経済帝国主義』1972）　174

　　——（石橋湛山）　202

テロリズム　i, 3, 11, 119, **171**, 177, 280

東亜経済研究所　20, 251, 255, 261, **265**, 275

東京外国語学校　252, 275

東京高等商業学校　253

東京商業学校　253, 275

東京商大　260, 265, **271**

統制経済　199, 213, **232**, 245, 261

東洋経済新報　201, 205, 210, 213, **214**, 215

土地税　13, 29

〈ナ　行〉

内閣経済部　10, **127**, 129, 131, 281

ナチス　10, 155, 166, **241**

ナポレオン戦争　8, 13, 15, 26, 47, 51, **60**, 149

南方調査　20, 251, 269, **270**

日満財政経済研究会　224

日露戦争　**227**, 245, 253

日支関税同盟　225, 226

日中戦争　19, 207, 211-213, 223, **243**, 247

二・二六事件　206, 211

日本経済政策学会　260, 276

日本社会政策学会　260

ネットワーク主義　19, 196, **201**, 211, 219, 221

ネットワーク理論　202, 220

ノード　**202**, 215, 220

ノーベル平和賞　i, 22, **150**, 170

ノルウェー　101, 149, 154, 160, **169**

〈ハ　行〉

ハブ　19, **215**, 220, 221

パレート　9, 78, **83**

比較生産費説　15, 202

東インド会社　26

非暴力抵抗主義　187, 188

ピューリタン革命　28

平等　3, 12, **14**, 22, 46, 123, 128, 155, 184, 217, 220

　　不——　7, 14, 21, 57, 159, 278

広島　165, 236, 285
ファシズム　9
フォーカル・ポイント　280
不確実　94
不確実性　16, **78**, 88, 98, 279
複合国家　17, 60, 63, 71, **73**
複式簿記　**6**, 10, 15, 129, 145
福祉国家　3, 10, 14, 18, **127**, 131, 136, 146, 149,
　　152, 159, 163, 279
　　――の合意　144, 147
　　――（『福祉国家を超えて』1960）　149
福祉世界　18, 149
富裕階級　111
プラスサム　7
プラスサムゲーム　278
フランス革命　43
ブレトン・ウッズ協定　216
ブロック経済　9, 19, **202**, 208-211, 216, 217
分業　8, 17, 34, **57**, 60, 66, 72, 196, 199, 202,
　　217
　　――（石橋湛山）　198, 201, 212, 217
紛争　i, 3, 6, 8, 11, 21, 42, 53, 85, 103, 119, 159,
　　162, **175**, 185, 280
　　――（『紛争の一般理論』1962）　174
　　――（シューマッハー）　178
　　――（ガルブレイス）　184
平和　i, 1, 6, 8, 17, 25, 31, 49, 54, 71, 79, 85, 86,
　　95, 101, 118, 127, 139, 144, 147, 149, 152, 156,
　　159, 166, 171, **174**, 177, 181, 189, 195, 215,
　　278, 280, 283, 286
　　――学　ii, 3, **162**, 174, 281
　　――論　i, 5, 18, 121, 130, 133, 165, 173, 191
　　――（パリ平和条約）　i, 1
　　――（『平和の経済的帰結』1919）　i, 120,
　　123
　　――の配当　3, 11
　　――の経済学　12, 16, 173, **279**
　　――連盟構想　17, 103, **105**, 107, 114, 118
　　――の希求　101, 147
　　――に関する布告　104
　　――のイメージ戦略　190
ベヴァリッジ報告　14, 127, **130**, 133, 142
ベトナム戦争　18, 150, **163**, 165, 166, 174, 182,

185, 279
ベルリン宣言　254
ベルリンの壁　1, 11, 167
ベルリン封鎖　158
ペンタゴン　183
貿易差額　33, 34, 66
貿易の嫉妬　15, **26**, 28, 33, 50, 66
包括的設計　18, 127, **145**, 147
暴力　21, 49, 175, **180**, 282
保護関税　112
ポリティカル・エコノミー　**52**, 56, 60, 64, 66,
　　70, 73

〈マ 行〉

マイナスサム　7
　　――ゲーム　278
マクロ経済学　**10**, 15, 145
マーシャル・プラン　157, 169
マライの独立　274
マルクス主義　8, 73, 123, 187
満洲国　19, 204, **207**, 208-210, 223, 232, 236,
　　239, 244, 250, 266
満洲事変　19, 204, 205, **207**, 209, 223, 230, 244,
　　249
マンチェスター学派　202
見えざる手　9, 70
未開発諸国　109
宮崎プラン　241, 246
民主主義　3, 65, **106**, 110, 118, 123, 151, 155,
　　279, 282
　　――（ウィルソン）　104, 106
　　社会――　130, 279
無差別曲線　17, **81**, 94, 99
無制限潜水艦作戦　103
名誉革命　15, 30, 43, **60**, 67
文部省　**252**, 262, 266, 271

〈ヤ 行〉

羊毛製品　31
余暇　179
ヨーロッパ協調　117
ヨーロッパ経済機構　157

〈ラ 行〉

ランダム・ネットワーク　　220, 221

陸軍士官学校　　223, 226

利己心　　**33**, 34, 36, 198

利潤率　　8, **44**, 47, 49, 111

リスク　　17, 37, 63, 70, **98**, 112, 130, 171

―――（エッジワース）　　86, 97

―――（ヴェブレン）　　115, 123

累積的因果関係　　**159**, 165, 169

冷戦　　1, 3, 11, 16, 22, 150, 159, 172, **283**

―――構造　　11, 16, 155, 166, 173

―――（ミュルダール）　　164, 167

―――（ガルブレイス）　　181, 184

―――（ボールディング）　　184, 187

―――（石橋湛山）　　220

礫岩国家　　60

レッセ・フェール　　112

連邦主義　　147, **152**, 168, 279

盧溝橋事件　　234, **235**, 241, 242, 245

ロックフェラー財団　　151

ロマン主義　　8

《執筆者紹介》（＊は編著者、執筆順）

＊小 峯　　敦［まえがき・序章・第5章・終章・あとがき］
　　　奥付参照

原田 太津男（はらだ　たつお）［序章］
　　　龍谷大学経済学部教授
　　　主要業績
　　　『人間の安全保障──国家中心主義をこえて──』（共著、ミネルヴァ書房、2009年）
　　　『グローバル空間の政治経済学──都市・移民・情報化──』（翻訳、サッセン著、岩波書店、2016
　　　年（オンデマンド版））

千 賀 重 義（せんが　しげよし）［第1章］
　　　横浜市立大学名誉教授
　　　主要業績
　　　『リカードウ政治経済学研究』（三嶺書房、1989年）
　　　"War among the Sovereign States and the Generation of Economics"（『経済学史研究』59-2号
　　　経済学史学会、2018年）

古 家 弘 幸（ふるや　ひろゆき）［第2章］
　　　徳島文理大学総合政策学部・大学院総合政策学研究科准教授
　　　主要業績
　　　"A Language of Taste in the Moral Philosophy of Adam Smith"（*The Kyoto Economic Review,*
　　　79(1), Kyoto University Press, June 2010）
　　　「社会、言語、思想──スコットランド啓蒙の諸相──」（『人文科学研究（キリスト教と文化）』第
　　　46巻、国際基督教大学キリスト教と文化研究所、2015年）

中 野 聡 子（なかの　さとこ）［第3章］
　　　明治学院大学経済学部教授
　　　主要業績
　　　"Jevons' market view through the dynamic trajectories of bilateral exchange: a radical vision
　　　without the demand function," in Ikeo, A. and Kurz, H. D. eds., *A History of Economic
　　　Theory,* London & New York: Routledge, 2009, pp. 169-201.
　　　「『経済人』という人間本性概念を乗り越える──ヴェブレンの経済学リハビリテーション・プラン
　　　──」只腰新和・佐々本憲介編「ジェヴォンズとエッジワースの研究計画とマーシャルの研究
　　　計画の相違──近代経済学の深遠な断層──」『経済研究』（明治学院大学、2015年）

石 田 教 子（いしだ　のりこ）［第4章］
　　　日本大学経済学部准教授
　　　主要業績
　　　『経済学方法論の多元性──歴史的視点から──』（蒼天社出版、2018年）
　　　「ヴェブレンの進化論的経済学における機械論の位置」（『経済集志』第84巻第3号日本大学経済学
　　　部、2014年）

藤 田 菜々子（ふじた　ななこ）[第6章]
　名古屋市立大学大学院経済学研究科教授
主要業績
　『ミュルダールの経済学──福祉国家から福祉世界へ──』（NTT出版、2010年）
　『福祉世界──福祉国家は越えられるか──』（中央公論新社、2017年）

橋 本　　努（はしもと　つとむ）[第7章]
　北海道大学大学院経済学研究院教授
主要業績
　『帝国の条件』（弘文堂、2007年）
　『解読ウェーバー『プロテスタンティズムの倫理と資本主義の精神』』（講談社、2019年）

牧 野 邦 昭（まきの　くにあき）[第8章]
　摂南大学経済学部准教授
主要業績
　『経済学者たちの日米開戦──秋丸機関「幻の報告書」の謎を解く──』（新潮社、2018年）
　『（新版）戦時下の経済学者──経済学と総力戦──』（中央公論新社、2020年）

荒 川 憲 一（あらかわ　けんいち）[第9章]
　至誠館大学ライフデザイン学部教授
主要業績
　『戦時経済体制の構想と展開──日本陸海軍の経済史的分析──』（岩波書店、2011年）
　「通商破壊戦の受容と展開」軍事史学会編『第一次世界大戦とその影響』（錦正社、2015年）

大 槻 忠 史（おおつき　ただし）[第10章]
　東京外国語大学特別研究員
主要業績
　"The Background of K. AKAMATSU's *Gankou Keitai Ron* and its development: Early empirical analysis at Nagoya," in Kurz, H. D., Nishizawa, T. and Tribe, K. eds., *The Dissemination of Economic Ideas*, Cheltenham and Northampton: Edward Elgar, 2011.
　"The Legacy of Belgium and the Netherlands, 'L'Institut Supérieur de Commerce d'Anvers' and Business Education in Japan: from the 1880s to the 1940s," in Warner, M. ed., *The Diffusion of Western Economic Ideas in East Asia*, Abington and New York: Routledge, 2017.

《編著者紹介》

小峯　敦（こみね　あつし）

　1994年　一橋大学大学院経済学研究科博士課程修了
　2011年　博士（経済学、一橋大学）
　現　在　龍谷大学経済学部教授

主要業績

『ベヴァリッジの経済思想』（昭和堂、2007年）
『福祉の経済思想家たち（増補改訂版）』（ナカニシヤ出版、2010年）
Keynes and his Contemporaries, London: Routledge, 2014
"How to Avoid War: Federalism in L. Robbins and W. H. Beveridge", in Ikeda, Y.
　and Rosselli, A. (eds.), *War in the History of Economic Thought: Economists
　and the Question of War*, London: Routledge, pp. 179-196, August 2017.

戦争と平和の経済思想

2020年3月30日　初版第1刷発行　　　＊定価はカバーに
　　　　　　　　　　　　　　　　　　　表示してあります

　　　　　　編著者　　小　　峯　　　敦ⓒ
　　　　　　発行者　　植　田　　　実
　　　　　　印刷者　　江　戸　孝　典

　　　発行所　株式会社　晃　洋　書　房
　　　〒615-0026　京都市右京区西院北矢掛町7番地
　　　　　　　　電話　075(312)0788番(代)
　　　　　　　　振替口座　01040-6-32280

　装丁　尾崎閑也　　　　　印刷・製本　共同印刷工業㈱
　　　　　ISBN978-4-7710-3306-1

アンソニー・B.アトキンソン 著／丸谷 冷史 訳　　　　A 5 判 414頁

福　祉　国　家　論　　　　定価6,000円（税別）
——所得分配と現代福祉国家論の課題——

マーク・A.ルッツ 著／馬場 真光 訳　　　　A 5 判 466頁

共　通　善　の　経　済　学　　　　定価6,400円（税別）
——人間性重視の社会経済学・二百年の伝統——

アラン・ハンター 著／佐藤 裕太郎・千葉 ジェシカ 訳　　　　A 5 判 226頁

人　間　の　安　全　保　障　の　挑　戦　　　　定価2,500円（税別）

サミュエル・フライシャッカー 著／中井 大介 訳　　　　四六判 286頁

分　配　的　正　義　の　歴　史　　　　定価3,500円（税別）

三俣 学 編著　　　　A 5 判 290頁

エ　コ　ロ　ジ　ー　と　コ　モ　ン　ズ　　　　定価3,000円（税別）
——環境ガバナンスと地域自立の思想——

高原 孝生 編　　　　四六判 220頁

戦争をしないための8つのレッスン　　　　定価2,100円（税別）
——二十一世紀平和学の課題——

堀江 正伸 著　　　　A 5 判 260頁

人　道　支　援　は　誰　の　た　め　か　　　　定価5,200円（税別）
——スーダン・ダルフールの国内避難民社会に見る人道支援政策と実践の交差——

月村 太郎 編著　　　　A 5 判 312頁

地　域　紛　争　の　構　図　　　　定価3,000円（税別）

戸田 真紀子・三上 貴教・勝間 靖 編著　　　　A 5 判 322頁

改訂版 国　際　社　会　を　学　ぶ　　　　定価2,800円（税別）

初瀬 龍平・松田 哲・戸田 真紀子 編著　　　　A 5 判 278頁

国際関係のなかの子どもたち　　　　定価2,700円（税別）

晃　洋　書　房